Marya Hornbacher

ALICE IM HUNGERLAND

Leben mit Bulimie und Magersucht
Eine Autobiographie

Aus dem Englischen von Nicole Hölsken

Campus Verlag
Frankfurt/New York

Die Originalausgabe *Wasted* erschien 1998 bei HarperCollins Publishers, Inc.

Die Deutsche Bibliothek – CIP-Einheitsaufnahme

Hornbacher, Marya:
Alice im Hungerland : Leben mit Bulimie und Magersucht: Eine Autobiographie / Marya Hornbacher. Aus dem Engl. von Nicole Hölsken. –
Frankfurt/Main ; New York : Campus Verlag, 1999
Einheitssacht.: Wasted <dt.>
ISBN 3-593-36162-0

Umschlaggestaltung: Guido Klütsch, Köln
Umschlagfoto: © Mark Trockman
Satz: Fotosatz L. Huhn, Maintal-Bischofsheim
Druck und Bindung: Druckhaus »Thomas Müntzer«, Bad Langensalza
Gedruckt auf säurefreiem und chlorfrei gebleichtem Papier.
Printed in Germany

Für Brian

EINLEITUNG
Anmerkungen aus der Unterwelt

Wir waren an einem Wendepunkt angelangt: Wir aßen zusammen zu Mittag. Wir spielten Normalität. Nach Jahren in der Unterwelt waren wir an die Oberfläche getrieben und sahen uns jetzt verstohlen um, wagten kaum zu atmen. Jane, bleich, mit großen, scheuen Augen, war gerade aus dem Krankenhaus entlassen worden. Sie ließ das Haar über das Gesicht fallen, als wolle sie verhindern, daß man sie dabei ertappte, wie sie sündigte, wie sie aß, wie sie ihre Schwäche zur Schau stellte, wie sie zugab, einen Körper zu besitzen, der immer wieder seine unverschämten Forderungen geltend machte. Ich lehnte mich auf meinem Stuhl zurück und dachte darüber nach, wie gut es war, gesund und lebendig zu sein, als sie den Kopf hob und flüsterte: »Mein Herz fühlt sich so komisch an.«

Ich richtete mich auf und fragte: »Was meinst du damit? Hast du Herzbeschwerden?« Sie nickte und sagte: »Es schlägt ganz unregelmäßig, und manchmal setzt es sogar ganz aus.«

Ich fühlte ihren Puls, dann griff ich mit einer Hand nach den Autoschlüsseln, mit der anderen packte ich ihren Arm und zerrte sie zur Tür hinaus ins Auto. Mir schwirrte der Kopf vor Erinnerungen und Statistiken, während wir auf dem schnellsten Weg in die Notaufnahme des Krankenhauses fuhren: Die ersten Monate der »Genesung« sind die gefährlichsten. Zum ersten Mal nach jahrelanger Auszehrung wird dem Körper wieder regelmäßig Nahrung zugeführt, und die physische Reaktion fällt entsprechend heftig aus: Oft kommt es zu Herzversagen, besonders dann, wenn man gerade erst aus dem Krankenhaus entlassen wurde und die Wahrscheinlichkeit, daß das anorektische Verhalten erneut ausbricht, sehr hoch ist. Janes Augen sind geschlossen, sie atmet nur noch stoßweise. Jane ist erst einundzwanzig; ich darf nicht zulassen, daß sie stirbt. Ich weiß genau, was sie jetzt fühlt: die Beklemmung in der Brust, die Panik, der Gedanke Was-habe-ichnur-getan und die Versicherung Aber-ich-habe-es-doch-nicht-ernst-gemeint. Eßstörungen bleiben oft lange unbemerkt. Heimlich und leise höhlen sie den Körper von innen her aus, und dann schlagen sie zu: Das Geheimnis kommt ans Licht. Man stirbt.

In der Notaufnahme überprüfte der Arzt erneut ihren Puls und ignorierte mich – zunächst nur geistesabwesend, dann verärgert – als ich ihn bat, doch bitte ein EKG vorzunehmen, ihren Blutdruck im Sitzen und im Stehen zu messen, ihre Elektrolyte zu überprüfen. Nachdem er Jane hier und dort abgetastet und befühlt hatte, drehte er sich schließlich zu mir um und sagte: »Entschuldigen Sie, Miss, aber der Arzt hier bin *ich*.« Ich sagte ja, aber –. Er machte nur eine Handbewegung, als wollte er mich verscheuchen wie eine lästige Fliege und fragte Jane, wie sie sich fühlte. Sie sah mich an. Eine Magersüchtige zu fragen, wie sie sich fühlt, ist ein vergebliches Unterfangen. Ich sagte: »Hören Sie, sie leidet an einer Eßstörung. Führen Sie doch bitte einfach nur die Untersuchungen durch.« Der Arzt rief ungeduldig: »Was meinen Sie mit *Eßstörung*?«

Ich war am Boden zerstört. Ich sah nur noch eins: den Monitor, auf dem ich ihren schwachen und unregelmäßigen Puls beobachten konnte. Und dieser Mann stand einfach nur da, sah auf mich herab, sagte mir, daß *er* der Arzt hier sei, und daß ich, eine junge Frau, die vierzehn Jahre lang durch die Hölle der Eßstörungen gegangen war, doch bitte den Mund halten sollte.

Ich hielt ihn nicht. Ich begann zu schreien.

Im folgenden Jahr gewannen wir beide an Stärke, Gewicht und Stimme. Jane begann, aufrechter auf ihrem Stuhl zu sitzen und – zunächst leise, dann immer lauter – diejenigen Worte zu sagen, die Millionen von Menschen nicht aussprechen können: Ich habe Hunger.

Ich erkrankte an Bulimie im Alter von neun, an Anorexie im Alter von fünfzehn Jahren. Ich konnte mich zwischen beiden Suchtformen nicht entscheiden und schwankte hin und her, bis ich zwanzig war. Jetzt bin ich dreiundzwanzig und ein recht interessantes Geschöpf mit einer nicht spezifizierten Eßstörung.* In den vergangenen dreizehn Jahren bewegte sich mein

* Im gesamten Buch treffe ich die Unterscheidung zwischen *Anorexia nervosa/Magersucht* einerseits und *Bulimia nervosa/Eß-Brech-Sucht* andererseits. Beide Krankheitsbilder werden auch als Eßstörung bezeichnet, wobei sich die Symptome deutlich unterscheiden. Bei *Anorexia nervosa* handelt es sich um freiwillige Selbstaushungerung (die ethymologische Bedeutung des Wortes Anorexie ist »Appetitverlust«, was allerdings irreführend ist; deshalb sollte der auf psycho-

Gewicht zwischen 68 und 26 Kilo. Ich nahm rasant zu und wieder ab. Ich wurde »gesund«, dann »krank«, wieder »gesund«, schließlich noch »kränker«, usw. – bis heute. Mittlerweile hält man meinen Zustand für »einigermaßen stabil«, wenn ich auch als verhaltensgestört und »extrem rückfallgefährdet« gelte. Ich war sechsmal im Krankenhaus, einmal in der Psychiatrie, habe unzählige Therapiestunden hinter mich gebracht; ich wurde so oft untersucht und beobachtet, klassifiziert, verhört, angespornt, gefüttert und gewogen, daß ich mir zuweilen vorkam wie eine Ratte in einem medizinischen Versuchslabor.

Die Geschichte meines Lebens – zumindest eine Version davon – lagert in riesigen Papierstapeln und Mikrofichekatalogen in diversen Krankenhausarchiven der Stadt, bewacht von mißtrauisch dreinblickenden Frauen, die mich fragten, warum ich sie einsehen wollte, was ich mit den Informationen in den Akten, auf denen mein Name und mein Geburtsdatum standen, anfangen würde. Ich unterzeichnete Formulare, die bestätigten, daß ich ich selbst war und deshalb das Recht hatte, die Dokumentation meines Lebens einzusehen, und weitere Formulare, die bestätigten, daß ich keine Anwältin war und nicht beabsichtigte, das Krankenhaus Soundso verantwortlich zu machen für (Patientenname) (lebendig oder tot). Ich zeigte ihnen meinen Ausweis. Ich widersprach höflich, als man mich in einigen Krankenhäusern darüber informierte, daß es mich nicht gäbe, weil keine Akten vorlagen über – wie war doch gleich der Name? – nein nein, hier ist keine Akte über eine Person dieses Namens. Unvollständig, nicht funktionstüchtig, nicht existent, wie ich war, befeuchtete ich meinen Finger und blätterte mein Leben durch, etwa zweitausend Seiten unleserlicher Notizen.

Ich lernte unter anderem, daß ich »chronisch« krank bin, ein »hoffnungsloser Fall«. Ich saß auf meinem Klappstuhl und betrachtete das Bild,

---

somatische Zusammenhänge hindeutende Begriffszusatz »nervosa« nicht fehlen). Der Begriff *Bulimie* beschreibt eine Eßstörung, die durch wiederholte Episoden von Freßanfällen (schnelle Aufnahme einer großen Nahrungsmenge innerhalb kurzer Zeit) und Maßnahmen, die die Gewichtszunahme verhindern sollen, (selbstinduziertes Erbrechen, übermäßige sportliche Betätigung, Gebrauch von Laxantien oder Diuretika, strenge Diäten und Fastenkuren) geprägt wird. Häufig treten beide Krankheitsbilder – Anorexie und Bulimie – in Kombination auf, obwohl grundsätzlich eine der beiden Krankheitsformen zu überwiegen scheint. In einem solchen Fall spricht man von Bulimarexie. Eine junge Frau mit einem solchen Krankheitsbild schwankt ständig zwischen anorektischen und bulimischen Episoden hin und her.

das diese Aufzeichnungen von mir entwarfen: das Bild einer Invalidin, eines Mädchens mit Wahnvorstellungen, das sein zukünftiges Leben, wenn überhaupt, dann in Krankenhaushemdchen und Krankenhausbetten verbringen würde.

Dieses Bild ist allerdings etwas ungenau. Ich bin weder geistesgestört noch invalide. Im Gegensatz zu jenen Akten, die mein baldiges Ableben prognostizierten, bin ich nicht gestorben. Heute pflege ich Muffins nicht mehr zu sezieren und bis in ihre Atome zu zerlegen, um dann an den Krümeln herumzuknabbern wie ein psychotisches Karnickel. Am Ende einer Mahlzeit springe ich nicht mehr wie von der Tarantel gestochen auf und hechte ins Badezimmer. Ich wohne in einem ganz normalen Haus, nicht im Krankenhaus. Ich lebe von einem Tag zum nächsten und denke nicht länger darüber nach, daß ich eines Morgens aufwachen und feststellen könnte, daß sich mein Hintern über Nacht auf magische Weise vergrößert hat. Das war keineswegs immer so. Es gab Zeiten, in denen ich morgens nicht aufstehen konnte, weil die Muskeln meines ausgezehrten und geschwächten Körpers sich weigerten, mir zu gehorchen. Es gab Zeiten, in denen mir die Lügen leicht über die Lippen kamen, weil es viel wichtiger war, mich selbst zu zerstören als zuzugeben, daß ich ein Problem hatte, geschweige denn, mir von jemandem helfen zu lassen. Jene Aktenstapel, die ich jetzt in diversen medizinischen Archiven der Stadt von Tisch zu Tisch trug, wogen häufig mehr als seinerzeit die Patientin, die sie beschrieben.

Heute ist das anders. Ich habe eine Eßstörung – keine Frage. Die Störung und ich befinden sich im Kriegszustand. Aber das ist mir erheblich lieber als jene Zeiten, in denen wir Bett, Tisch, Gehirn und Körper miteinander teilten, und mein Selbstwertgefühl vollkommen von der Fähigkeit zu hungern abhängig war. Eine seltsame Gleichung, und ein viel zu verbreiteter Irrglaube: Daß der eigene Wert in dem Maße steigt, in dem man körperlich verschwindet.

Ich habe an dieser Stelle keineswegs die Absicht, mich vor Ihnen zu entblößen und Ihnen zu berichten, wie schrecklich mein Leben, wie gemein mein Vater und meine Mutter waren, und daß irgendein Kind mich in der dritten Klasse »fette Kuh« genannt hat, denn nichts davon ist wahr. Ich werde mich auch nicht lang und breit darüber auslassen, daß es bei Eßstörungen darum geht, »Kontrolle« auszuüben, denn das wissen wir alle zur Genüge. »Kontrolle« ist ein Reizwort, das dazu dient, die Wahrheit zu vereinfachen, Menschen in Schubladen zu stecken und sie in mentale Quarantäne zu schicken und dann mit dem Finger auf sie zu zeigen: Da. So sieht jemand aus, der eine Eßstörung hat. Bei dieser Krankheit geht es um ... ja, es *geht* um Kontrolle, aber *genauso* um die Biographie des einzelnen, um Philosophie, um die Gesellschaft, um das Gefühl der Entfremdung von sich selbst und der Umwelt, um Familienprobleme, um autoerotische Erlebnisse, um Mythen, Spiegel, Liebe, Tod, Sadismus, Masochismus, um Illustrierte und Religion, darum, wie das blinde Individuum durch eine Welt stolpert, die ihm immer fremder wird. Die Frage ist nicht, *ob* Eßstörungen tatsächlich »neurotisch« sind und auf eine Geistesstörung hindeuten – selbst *mir* würde es schwerfallen, rational zu begründen, warum man sich zu Tode hungert oder warum man sich der Völlerei hingibt, nur um sofort alles wieder zu erbrechen. Die Frage ist vielmehr, *warum* es eine solche psychosomatische Krankheit überhaupt gibt, was sie auslöst, und warum so viele junge Frauen davon betroffen sind. Warum fällt es uns so leicht, uns für diesen Weg zu entscheiden? Warum tritt die Erkrankung in unserem Jahrhundert häufiger auf denn je? Ist es die Schadstoffkonzentration in der Luft? Ist es eine Laune der Natur, die bewirkt, daß Frauen sich plötzlich und zahlreich mit beispielloser Gewalt der Vernichtung ihres eigenen Körpers widmen, ganz ohne erkennbaren Grund? Der Mensch lebt nicht außerhalb der Gesellschaft. Es gibt auf jeden Fall Gründe für eine solche Entwicklung, die sich kaum allein mit dem Hinweis auf individuelle psychische Störungen erklären läßt.

Dieses Buch ist weder ein Sensationsbericht über den Kampf mit einer geheimnisvollen Krankheit noch das Zeugnis einer wunderbaren Heilung. Aufgezeichnet wird die Geschichte einer Frau, die die dunkle Seite der Wirklichkeit bereist hat und den Entschluß faßte, zurückzukehren. Und zwar zu *ihren* Bedingungen.

Dabei grenzten meine Bedingungen beinahe schon an Ketzerei. Ich mußte sagen: Ich werde essen, was ich will und aussehen, wie es mir paßt. Ich werde so laut lachen, wie es mir gefällt, werde die falsche Gabel benutzen und mein Messer ablecken. Die Lektionen, die ich lernen mußte und die zu viele Frauen niemals werden lernen können, waren merkwürdig und wunderbar zugleich: Ich mußte den Klang meiner Schritte lieben lernen, die Bedeutung von Gewicht und Präsenz, mußte lernen, Raum einzunehmen, den rebellischen Hunger meines Körpers ebenso zu spüren wie seine Reaktion auf Berührung. Ich mußte lernen, mich selbst zu verstehen, und zwar nicht nur intellektuell, sondern buchstäblich mit Leib und Seele. Ich mußte lernen, die Mißklänge unserer Kultur, die mich den lieben langen Tag berieseln, zu ignorieren. Zu viel, zu viel, zu viel. Wie Abra Fortune Chernik, eine Autorin, die selbst unter einer Eßstörung litt, schreibt: »Zuzunehmen und meinen Kopf aus der Toilette zu ziehen war der politischste Akt, den ich jemals vollzogen habe.«[1]

Ich habe dieses Buch geschrieben, weil ich davon überzeugt bin, daß einige Leute sich darin wiedererkennen werden – ob sie nun unter einer Eßstörung leiden oder nicht – und weil ich, was vielleicht naiv ist, glaube, daß sie nach der Lektüre möglicherweise bereit sein werden, ihr Verhalten zu ändern und sich die Hilfe zu suchen, die sie brauchen. Daß sie endlich beginnen werden, ihren Körper zu akzeptieren und einzusehen, daß sie weder zu dick noch zu dünn sind. Ich habe es geschrieben, weil ich die gängigen Ansichten über Eßstörungen nicht teile und weil ich meinen eigenen Beitrag leisten wollte, was immer er wert sein mag. Ich habe es geschrieben, weil Eßstörungen häufig als Ausdruck von Eitelkeit, von Unreife, als Neurose abgetan werden. Diese Faktoren spielen mit Sicherheit eine Rolle. Aber viel eher noch handelt es sich um eine Sucht. Um eine Reaktion, wenn auch eine ziemlich verquere, auf unsere Kultur, unsere Familie, unsere Persönlichkeit. Ich habe es geschrieben, weil ich gegen zwei Mythen über Eßstörungen, mit denen ich trotz ihrer Widersprüchlichkeit häufig konfrontiert worden bin, angehen will: Zum einen sind viele Menschen der Ansicht, daß Eßstörungen ein unbedeutendes Problem darstellen, das sich durch ein paar Therapiestunden, Medikamente und ein paar Streicheleinheiten beheben läßt. Nur eine »Phase« eben, die »Mädchen einfach durchmachen« – ich kenne sogar eine junge Frau, deren Psychiater ihr erzählte, daß Bulimie einfach nur »Teil ihrer normalen Entwicklung sei«. Dann gibt es aber auch wiederum die weit verbreitete Ansicht, daß nur Geistesgestörte und Neurotiker unter Eßstörungen litten, also nur »solche Leute«, deren Gehirn unheilbar krank ist und die ohnehin als »hoffnungslose Fälle« gelten.

Eine Eßstörung ist aber in der Regel keine Phase, und auch nicht notwendigerweise ein Hinweis auf eine Geisteskrankheit. Sie macht einen verrückt, das stimmt, und zwar nicht nur die Angehörigen und die Umgebung der eßgestörten Person, sondern auch die Betroffene selbst. Die Erkrankung wird von einer Reihe grundlegender und tödlicher Widersprüche gespeist: Da ist der Wunsch nach Macht, der einen ohnmächtig werden läßt. Die Geste der Stärke, die schwach macht. Der Wunsch zu beweisen, daß man nichts braucht, daß menschlicher Hunger einem fremd ist, ein Wunsch, der sich gegen sich selbst richtet und sich in eben jenen Hunger verwandelt. Der Versuch, die eigene Identität zu finden, der letztlich jegliches Bewußtsein für das eigene Selbst vernichtet (abgesehen natürlich von der bemitleidenswerten Identität eines »Kranken«). Ein groteskes Hohnlied auf das gesellschaftlich geprägte Schönheitsideal, das niemanden mehr verspottet, als die eßgestörte Person selbst. Ein Protest gegen das Stereotyp der schwachen, bedürftigen Frau, der sie letztlich zur schwächsten, bedürftigsten und neurotischsten aller Frauen macht. Sie glaubt, daß dieses Verhaltensmuster ihr Sicherheit bietet, daß es sie am Leben erhält und ihr Kontrolle über das eigene Sein verleiht – doch natürlich findet sie irgendwann heraus, daß es genau das Gegenteil tut. Diese Widersprüche führen allmählich zu einer Art Persönlichkeitsspaltung. Körper und Geist entfernen sich immer weiter voneinander, und in der daraus entstehenden Kluft kann eine Eßstörung sich zu voller Blüte entfalten – in der Stille und dem Schweigen, das die Verwirrung umgibt, wächst und gedeiht das Geschwür.

In vielerlei Hinsicht ist eine Eßstörung die logische Weiterentwicklung der in unserer Gesellschaft vertretenen Werte und Ideale. Zugegeben: Die Persönlichkeit der betroffenen jungen Frau spielt für die Entwicklung der Krankheit eine große Rolle – häufig sind wir sehr extreme Charaktere, sehr konkurrenzbewußt, unglaublich selbstkritisch, getrieben, perfektionistisch, zu Exzessen und Übertreibungen neigend. Ein weiterer, ebenso zentraler Faktor ist die Familie: Sie bildet den idealen Nährboden, auf dem die Eßstörung gedeihen kann wie eine Treibhauspflanze. Trotzdem glaube ich, daß unsere Gesellschaft ebensoviel, wenn nicht gar mehr Schuld trifft. Anders ist die große Verbreitung von Eßstörungen wohl kaum zu erklären. Auch mir standen schließlich andere Methoden zur Selbstzerstörung zur Verfügung, unzählige Ventile, die ich mir für meinen Perfektionismus, meinen Ehrgeiz, meine übertriebene Intensität hätte suchen können. Es hätte unzählige andere Möglichkeiten gegeben, mich mit der von mir als höchst problematisch empfundenen Gesellschaft auseinanderzusetzen. Doch ich wählte die Eßstörung. Deshalb glaube ich, daß ich mir andere Mittel gesucht hätte, um von der Gesellschaft anerkannt zu werden, wenn ich in einer anderen Kultur aufgewachsen wäre, die »Schlankheit« nicht zu einem hohen Gut erklärt. Vielleicht hätte ich mir Wege gesucht, die meinem Körper keinen ernsthaften Schaden zugefügt und meine Identität nicht dermaßen radikal verzerrt hätten.

Ich habe nur sehr wenige Antworten, weil ich mich zuallererst darauf konzentriere, Fragen zu stellen. Ich habe nicht viel mehr zu bieten als meine Perspektive, meine Erfahrungen mit der Eßstörung. Und die sind nicht ungewöhnlich. Ich war kranker als manche, aber wiederum nicht so krank wie andere. Meine Eßstörung hatte keine exogenen Ursachen und führte auch nicht zu einer Veränderung meiner Grundüberzeugungen, wie etwa bei einer religiösen Konversion oder ähnlichem. Ich bin keine Kuriosität, mein Leben ist noch nicht einmal besonders ungewöhnlich verlaufen. Und das ist gerade das Beängstigende: daß mein Leben so normal war. Denn dann kann das, was mir zugestoßen ist, auch so vielen anderen passieren. Ich möchte meine Reise durch die Hölle eines Spiegelkabinetts niemandem wünschen. Und ich wünsche auch niemandem die schrecklichen Nachwirkungen – das Resultat, das wir während unserer Krankheit nicht voraussehen können: unseren geschädigten Körper, die beständige Versuchung, das Bewußtsein, daß wir gescheitert sind, daß wir nicht wir selbst geworden sind, die Angst, die wir hatten und haben, und die Erkenntnis, daß wir ganz von vorn anfangen müssen, egal wie groß unsere Angst ist. Ich glaube, den meisten Menschen, die an einer Eßstörung leiden, ist zunächst nicht klar, daß man diese Erkrankung nicht einfach »überwindet«. Die Mehrheit der eßgestörten Menschen hat für den Rest ihres Lebens damit zu kämpfen. Man kann sein Verhalten ändern, seine Ansichten über sich selbst und den eigenen Körper, man kann diese spezielle Art und Weise, auf die Welt zu reagieren, aufgeben. Man kann lernen, so wie ich, daß man lieber ein Mensch als die dünne Hülle eines Menschen sein möchte. Vielleicht wird man sogar gesund. Aber man vergißt es nie.

Ich würde alles tun, um andere davon abzuhalten, den gleichen Weg zu gehen, den ich gegangen bin. Und dieses Buch zu schreiben, ist für mich die einzige Möglichkeit, mein Ziel zu erreichen.

In gewisser Weise entspreche ich dem Stereotyp der weiblichen, jungen, weißen Frau aus der Mittelschicht. Dennoch ist mein Fall vielleicht exemplarisch, keinesfalls jedoch zu verallgemeinern. Im Gegenteil: Ich habe dieses Buch geschrieben, um dem Trend, von der individuellen Geschichte auf das Ganze zu schließen, der in der Fachliteratur zum Thema gestörtes Eßverhalten vorherrscht, entgegenzuwirken und ihm zu widersprechen. Ich bin weder Ärztin noch Forscherin, noch Expertin, noch Gelehrte. Ich bin Schriftstellerin. Ich habe keinen College- und keinen Universitätsabschluß. Aber ich lese viel, ich frage nach, ich gehe den Dingen auf den Grund. Ich spreche mit den Menschen. Ich schaue mich um. Ich denke nach. Vielleicht reicht das als Qualifikation nicht aus. Aber eines qualifiziert mich mit Sicherheit: Ich lebe es.

Wenn ich dich langweile, so kann ich es nicht ändern. Wenn ich mich unbeholfen ausdrücke, dann deutet das vielleicht darauf hin, wie kompliziert und schwierig das Thema ist, und wie ernsthaft ich versuche, es so gut es geht zu begreifen; ganz sicher ist es ein Zeichen meiner Jugend, aufgrund derer ich die sogenannte Kunst, das Handwerk, nicht beherrsche; vielleicht ist es ja auch Zeichen meines Mangels an Talent ...

Ein Stück Körper, das mit den Wurzeln herausgerissen wurde, würde den Punkt vielleicht eher treffen.

James Agee

Kapitel 1

KINDHEIT

1974 bis 1982

»Nun, es hat keinen Zweck, wenn du versuchst, ihn aufzuwecken«, sagte Tweedledum, »wo du doch nur eine Gestalt aus seinem Traum bist. Du weißt genau, daß du nicht wirklich bist.«
»Aber ich bin wirklich«, rief Alice und fing an zu weinen.
»Du machst dich um keinen Deut wirklicher, wenn du weinst«, bemerkte Tweedledee. »Es gibt nichts, worum du weinen müßtest.«
»Wenn ich nicht wirklich wäre«, sagte Alice – und lachte beinahe unter ihren Tränen, das alles war so lächerlich – »dann könnte ich doch auch nicht weinen.«
»Ich hoffe du denkst nicht allen Ernstes, daß deine Tränen wirklich sind?« unterbrach sie Tweedledee mit verächtlicher Stimme.

Lewis Carroll, »Alice im Wunderland«

So einfach war das: Vor einer Minute war ich noch eine ganz normale Neunjährige in Shorts und T-Shirt, mit langen, braunen Zöpfen, die in der gelb gestrichenen Küche saß, sich eine Wiederholung von *Bugs Bunny* ansah, eine Tüte Chips in sich hineinstopfte, und dabei den Hund mit dem Fuß kraulte. In der nächsten Minute ging ich, gefangen in einem unwirklichen Nebel, den ich später mit dem Gefühl vergleiche, das das Rauschen der Geschwindigkeit in mir auslöst, zur Küchentür hinaus, die Treppe hinunter, ins Badezimmer. Ich schloß die Tür, hob den Toilettensitz, hielt meine Zöpfe mit der einen Hand zurück, steckte mir die anderen zwei Finger tief in den Hals und übergab mich, bis ich Blut spuckte.

Ich betätigte die Toilettenspülung, wusch mir Hände und Gesicht, kämmte mir das Haar, ging die Treppe durch das sonnige, leere Haus wieder hinauf, setzte mich vor den Fernseher, nahm meine Chipstüte wieder zur Hand und kraulte weiter den Hund mit dem Fuß.

Wie hat Ihre Eßstörung begonnen? fragen mich die Therapeuten Jahre später, während sie mich dabei beobachten, wie ich an den Nägeln knibbele und mich in einen der unzähligen Ledersessel kauere. Ich zucke die Achseln. Verdammt, wenn ich das nur wüßte, sage ich.

Ich wollte einfach nur sehen, was geschehen würde. Neugier, die mir zum Verhängnis wurde.

Erst am nächsten Tag in der Schule wurde mir bewußt, was ich getan hatte. Ich saß im Speisesaal meiner Grundschule in Minnesota zwischen meinen präpubertären, schlaksigen Freundinnen, kauerte über meinen schmerzenden Brustwarzen und starrte auf meinen Teller. Ich hatte es einmal getan und würde damit weitermachen müssen. Panik. Mein Kopf pochte, mein Herz flatterte, und mein Adrenalinspiegel schoß in die Höhe. Die Wände schienen auf mich niederzustürzen, der Boden öffnete sich unter meinen kleinen Turnschuhen. Ich stieß den Teller beiseite. Keinen Hunger, sagte ich. Ich sagte nicht: Lieber verhungere ich, als noch einmal Blut zu spucken.

Und so ging ich durch den Spiegel, betrat die Unterwelt, wo oben und unten sich verkehren und Nahrung gleich Gier ist, wo sich konvexe Spiegel an den Wänden wölben, wo Tod Ehre bedeutet und das Fleisch Schwäche. Der Weg dorthin ist leicht – der Weg zurück um so schwerer.

Ich blicke auf mein Leben, wie man im Kino einen schlechten Actionfilm verfolgt: Ich hocke auf der Kante des Sitzes und schreie: Nein, nein, nicht die Tür öffnen! Dahinter wartet der böse Mann, und er wird dich packen und dir die Hand über den Mund legen und dich fesseln. Und dann wirst du den Zug verpassen, und alles wird ein schlimmes Ende nehmen!« Nur daß es in dieser Geschichte keinen bösen Mann gibt. Der Mensch, der mir hinter der Tür auflauerte, mich packte und fesselte, war unglücklicherweise ich selbst. Mein Alter ego, ein böses, mageres Hühnchen, das mir zuzischte: *Nicht essen. Ich lasse es nicht zu, daß du etwas ißt. Ich lasse dich frei, sobald du dünn bist, das schwöre ich. Wenn du erst einmal dünn bist, ist alles gut.*

Lügnerin. Sie hat mich nie gehen lassen. Und ich konnte mich nie ganz losreißen.

KALIFORNIEN

Fünf Jahre alt. Gina Lucarelli und ich stehen in der Küche meiner Eltern, unsere Köpfe auf gleicher Höhe wie die Arbeitsplatte. Wir suchen nach etwas Eßbarem. Ihr habt gar keine normalen Lebensmittel im Haus. Ich weiß, sage ich entschuldigend. Meine Eltern sind komisch, was Essen angeht. Habt Ihr keine Chips? fragt sie. Nein. Kekse? Nein. Wir stehen beisammen und starren in den Kühlschrank. Wir haben Erdnußbutter, verkünde ich. Sie zieht sie 'raus, steckt einen schmutzigen Finger hinein, leckt ihn ab. Schmeckt komisch, sagt sie. Ich weiß, sage ich. Ist nicht gesalzen. Sie zieht eine Grimasse, sagt igitt. Ich stimme zu. Wir starren in den Abgrund aus Nahrungsmitteln, die sich in zwei Kategorien aufteilen lassen: Gesunde Sachen und Sachen, die wir nicht kochen können, weil wir zu klein dafür sind – Möhren, Eier, Brot, eklige Erdnußbutter, Alfalfa-Sprossen, Gurken, ein Sixpack mit Diäteistee von Lipton, in blauen Dosen mit einer kleinen gelben Zitrone über dem Wort *Tee*. Dose an der roten Lasche öffnen. Wir könnten eine Scheibe Toast essen, biete ich an. Sie wirft einen Blick auf das Brot und erklärt: Es ist braun. Wir packen das Brot wieder weg. Plötzlich habe ich eine Idee: Wir machen uns Cornflakes! Wir öffnen einen der Unterschränke. Wir starren die Cornflakes an. Die sehen aber komisch aus, sagt sie. Ich weiß, sage ich. Ich ziehe eine Schachtel heraus, betrachte die ernährungsphysiologischen Informationen, lasse meine Finger an der Kante entlanggleiten und verkünde mit autoritärer Stimme, sie enthalten nur fünf Gramm Zucker. Ich recke das Kinn und gebe an: Wir essen keine Cornflakes mit Zucker. Das macht nämlich *dick*. Gina will mithalten und sagt, Ich würde noch nicht einmal das da essen. Ich esse nichts, das mehr als *zwei* Gramm Zucker hat. Ich auch nicht, sage ich und werfe die Cornflakes in den Schrank, als ob sie vergiftet wären. Ich springe vom Boden auf, strecke Gina die Zunge heraus. *Ich bin auf Diät*, sage ich. Ich auch, sagt sie, und ihr Gesicht verzieht sich zu einer finsteren Grimasse. Nana-nah-na-nah-nah, sage ich. Ätschi-bätschie, gibt sie zurück. Ich gehe zum Kühlschrank und hole mit viel Getöse den Diäteistee mit der kleinen gelben Zitrone heraus, öffne die Dose und schlürfe, *ttthhhppppttt*. Der Tee schmeckt wie Sägemehl und hinterläßt ein trockenes Gefühl im Mund. Siehst du, sage ich und deute auf das Wort *Diät*, wenn ich groß bin, werde ich genau so dünn wie meine Mutter sein.

Ich denke an Ginas Mutter, von der ich genau weiß, daß sie gezuckerte Cornflakes und Müsli kauft. Ich weiß es, weil wir, immer wenn ich bei Gina schlafen darf, Erdbeerflakes bekommen, deren künstliche Lebensmittelfarbe die Milch rot färbt. Gina und ich saugen sie dann mit Strohhalmen auf und wetteifern darum, wer es lauter kann.

Deine Mama, sage ich aus reiner Boshaftigkeit, ist *dick*.

Gina sagt, zumindest kann meine Mama *kochen*.

Meine Mama hat zumindest *einen Job*, schreie ich.

Meine Mama ist zumindest *nett*, sagt sie höhnisch.

Ich haue ihr eine runter. Sie weint. Baby, sage ich. Ich stürme auf die Terrasse hinaus, klettere auf den Tisch, hole meine blaue Mickey-Mouse-Sonnenbrille aus Plastik hervor und stelle mir vor, daß ich die kultivierte Lady im Badeanzug aus dem Werbespot für Liptons Diäteistee bin, sonnengebräunt, langbeinig und dünn. Ich lehne mich lässig zurück und hebe die Dose an die Lippen. Ich trinke einen bitteren Schluck und verschütte den Rest auf meinem T-Shirt.

Am Abend kocht mein Vater das Abendessen. Ich schmiege mich an seine Knie und verkünde: Ich habe keinen Hunger. Ich bin auf Diät. Mein Vater lacht. Meine Füße baumeln vom Stuhl und stoßen an den Eßtisch, ich starre das Essen an, stochere darin herum, schaue mißtrauisch auf den Teller meiner Mutter, beobachte ihre nervösen, kleinen Bissen. Die Art, wie sie sich auf ihrem Stuhl zurücklehnt, wie sie die Gabel ablegt und hastig mit den Händen gestikuliert, während sie redet. Mein Vater beugt sich über seinen Teller, schlingt das Essen in großen Bissen hinunter. Meine Mutter schiebt ihren Teller von sich, er ist genau zur Hälfte leer gegessen. Mein Vater sagt zu ihr, daß es ihm nicht gefällt, wie verschwenderisch sie mit Nahrungsmitteln umgeht. Meine Mutter antwortet scharf, ich bin satt, *Liebster*. Ich stoße meinen Teller weg und sage laut: »Ich bin satt.«

Alle Augen richten sich auf mich. Komm schon, Schweinchen, sagt meine Mutter. Noch ein paar Bissen. Noch zwei Happen.

Drei, sagt mein Vater. Wütend sehen sie einander an.

Ich esse eine Erbse.

Ich hatte niemals ein normales Verhältnis zum Essen, noch nicht einmal als Baby. Meine Mutter konnte mich nicht stillen, weil es ihr das Gefühl gab, verschlungen zu werden. Ich war gleichermaßen allergisch gegen Kuh- und Sojamilch. Meine Eltern mußten mich mit einer ekligen Mischung aus Schafs- und Ziegenmilch füttern, wovon beiden schlecht wurde. Ich aber trank sie offensichtlich immer bis zum letzten Tropfen leer. Später gaben sie mir Orangensaft in der Flasche, was jedoch meine Zähne ruinierte. Wahrscheinlich hatte ich schon im Mutterleib ein anormales Verhältnis zum Essen; auf jeden Fall waren die Ernährungsgewohnheiten meiner Mutter äußerst bizarr. Als Kind litt ich unter einer ganzen Reihe von Lebensmittelallergien. Zucker, Lebensmittelfarben und Konservierungsstoffe machten mich zu einem hyperaktiven Kind, das nächtelang nicht schlafen konnte und seine Umwelt in Atem hielt. Meine Eltern legten für gewöhnlich Wert darauf, daß wir zusammen zu Abend aßen, daß ich drei Mahlzeiten am Tag bekam, daß ich nicht zu viel Fast Food und genug Gemüse aß. Doch es gab auch sporadisch auftauchende, geradezu paranoid anmutende Phasen, in denen die Familie sich *ausschließlich* »gesund« ernähren sollte. Diese wechselten mit Zeiten, in denen es nur Fast Food gab oder wir oft spontan noch um

11 Uhr nachts ins Restaurant gingen (wo ich dann regelmäßig unter den Tisch rutschte und einschlief).

Ich erinnere mich an Augenblicke, in denen ich normal zu sein schien: Pizzas auf Mitternachtsparties mit meinen Freundinnen, mit neun Jahren einen Sahnewindbeutel, den ich zum Valentinstag bekam, mit vier ein überbackenes Käsesandwich, das ich aß, während ich mich auf dem großen schwarzen Sessel im Wohnzimmer herumfläzte. Erst heute, da ich sie im Zusammenhang betrachte, kommen mir diese Ereignisse irgendwie seltsam vor – beispielsweise die Tatsache, daß ich mich ganz genau an die Pepperoni-Pizza erinnere, daran, wie wir alle betont sorgfältig das Fett mit unseren Papierservietten aufsaugten und daran, wie viele Stücke ich aß (zwei) und wie viele Stücke alle anderen Mädchen aßen (zwei, außer Leah, die nur eines aß und Joy, die sogar vier hinunterschlang), und an die unbezähmbare Angst, die dieser Aktion folgte, die Angst, daß mein Hintern gewachsen war und jetzt aus meinen kurzen Pyjamahosen hervorquoll. Ich erinnere mich daran, wie ich meine Mutter bat, mir Schokoladepudding zu machen. Ich erinnere mich, daß es vorher Steaks mit Erbsen gab. Und ich kann mich daran erinnern, daß meine Mutter am Samstagnachmittag, wenn alles ruhig war, überbackene Toasts oder Rühreier für mich zubereitete. Sie waren etwas Besonderes, weil sie sie für mich machte, weshalb ich überbackene Toasts und Rühreier immer mit Ruhe, meiner Mutter und friedlichen Samstagnachmittagen verbinde. Manche Menschen, die von Lebensmitteln besessen sind, werden Gourmetköche. Andere entwickeln Eßstörungen.

Ich hatte niemals ein normales Verhältnis zu meinem Körper. Er kam mir immer seltsam vor, wie ein fremdes Wesen. So weit ich zurückdenken kann, war ich mir meiner Körperlichkeit bewußt und zwar als eine Last.

Meine erste Erinnerung ist die, wie ich im Alter von drei Jahren aus keinem besonderen Grund von zu Hause weglaufe. Ich denke daran, wie ich den Walnut Boulevard in Walnut Creek, Kalifornien, entlanglaufe und Rosen in den Vorgärten fremder Leute pflücke. Mein Vater, wütend und besorgt, fing mich wieder ein. Ich erinnere mich, wie ich nach Hause geschafft und dort, zum ersten und letzten Mal in meinem Leben, den Hintern versohlt bekam. Ich schrie wie verrückt, daß er gemein und böse sei, dann versteckte ich mich im Wäschekorb, der im Kleiderschrank meiner Mutter stand. Ich erinnere mich daran, wie vergnügt ich darüber war, daß ich genau die richtige *Größe* für den Wäschekorb hatte, so daß ich mein ganzes Leben darin bleiben konnte. Ich saß dort wie ein Maulwurf in der Höhle und kicherte vor mich hin. Ich erinnere mich an die ganze Begebenheit, als ob ich mich selbst *beobachte*: Von der gegenüberliegenden Seite des Zimmers aus sehe ich zu, wie mein Vater mir eine Tracht Prügel verpaßt. Und als ich mich im Wäschekorb verkrieche, ist es, als ob ich mich von oben betrachte. Als ob ein Teil meines Gehirns sich abgespalten hätte und mich im Auge behielte, um ständig zu beobachten, wie ich aussehe.

Ich habe das Gefühl, als ob eine kleine Kamera an meinem Körper angebracht worden wäre, die alles, was geschieht, für die Nachwelt festhält: ein Kind, das sich über sein aufgeschrammtes Knie beugt, ein Kind, das die Mahlzeit auf seinem Teller hin und her schiebt, ein Kind, das mit einem Fuß auf dem Boden steht, während sein Halbbruder ihm den Schuh zubindet, ein Kind, das sich über den Sessel der Mutter beugt, während die Mutter zauberhafte Dinge aus Baumwolle und Spitze näht. Kleider, wie für Engel gemacht, entstanden unter ihren Händen und hingen schließlich auf einem Bügel an der Tür. Ein Kind in der Badewanne, das auf seinen im Wasser liegenden Leib hinabblickt wie auf einen Fremdkörper, der auf unerklärliche Weise mit seinem Kopf verbunden ist.

Die Erinnerungen an meine ersten Lebensjahre schwanken hin und her zwischen sinnlichen und physischen Wahrnehmungen: von der deutlichen Erinnerung an das Parfüm meiner Oma bis hin zu den Ohrfeigen, die ich mir selbst versetze, weil ich mich für fett und häßlich halte – ich sehe den roten Fleck auf der Wange, aber ich spüre keinen Schmerz. Nur wenige Dinge erinnere ich so, als ob ich sie selbst erlebt hätte. Ich erinnere mich nicht daran, wie es war, Dinge zu berühren, oder wie sich das heiße Badewasser auf meiner Haut anfühlte. Ich mochte es nicht, berührt zu werden, aber diese Abneigung war in sich widersprüchlich. Ich ließ mich nicht gerne berühren, weil ich mich zu sehr danach sehnte. Ich wollte, daß man mich ganz fest hielt, damit ich nicht auseinanderbrach. Noch heute, wenn Menschen mich berühren, mich umarmen, mir eine Hand auf die Schulter legen, halte ich den Atem an, wende das Gesicht ab, will weinen.

Ich erinnere mich an meinen Körper wie eine Unbeteiligte, die ihn von außen betrachtet. Es macht mich traurig, wenn ich darüber nachdenke, daß ich ihn so sehr gehaßt habe. Schließlich war es der typische Körper eines kleinen Kindes, rundlich, gesund, ein Körper, der gerne kletterte, nackt war, ein Körper mit sinnlichen Bedürfnissen. Ich erinnere mich an meine Bedürfnisse. Und ich erinnere mich, daß ich mich ihrer schämte und mich gleichzeitig vor ihnen fürchtete. Ich hatte das Gefühl, daß meine Sehnsüchte mir ganz allein gehörten, ebenso wie die Schuldgefühle, die sie verursachten.

Noch bevor ich es aussprechen konnte, lernte ich, daß der Körper –

mein Körper – gefährlich war. Er war ein dunkler, feuchter Sumpf, möglicherweise sogar schmutzig. Und verschwiegen. Der Körper schwieg, und man sprach nicht über ihn. Ich vertraute ihm nicht. Er kam mir vor wie ein Verräter. Ich beobachtete ihn mißtrauisch.

Später lernte ich, daß es sogar breitangelegte Studien gibt, die dieses spezifische Gefühl von Frauen mit Eßstörungen untersuchen, sich selbst von außen zu betrachten, als ob es einen Großen Wächter gäbe, der sie ständig im Auge behielte. Dabei richten sie ihre ganze Aufmerksamkeit auf ihren Körper, an dem sie mit der Zeit immer mehr Fehler entdecken.

Mein ganzes Leben kommt mir vor wie eine Folge von Spiegeln. Meine kindliche Welt war bestimmt von Spiegeln, Schaufenstern, reflektierenden Motorhauben. Überall sah mich mein Gesicht an, ängstlich, suchte nach einem Härchen, das nicht an seinem Platz war, nach etwas, das anders war, prüfte, ob meine Shorts noch richtig saßen oder ob nicht vielleicht die Bluse rausgerutscht war, betrachtete meinen Hintern, der zu dick oder meine Oberschenkel, die zu schwabbelig waren. Mit fünf Jahren begann ich, den Atem anzuhalten, damit mein Bauch sich nach innen wölbte. Und dabei ertappe ich mich manchmal auch heute noch. Ich hastete neben meiner Mutter her, eine kleine Nörglerin, die in jede spiegelnde Oberfläche blickte. Und meine Mutter rümpfte die Nase und sagte: Oh Marya! Du bist so eitel.

Heute glaube ich, daß sie mit dieser Einschätzung im Unrecht war. Es war keineswegs Eitelkeit, die mich veranlaßte, mein Gesicht in jedem Spiegel wieder aufs neue zu suchen. Im Gegenteil: Meine Wachsamkeit hatte einen anderen Ursprung: Ich wollte mich davon überzeugen, daß ich, zumindest oberflächlich betrachtet, akzeptabel aussah, ich hatte das Bedürfnis, mich davon zu überzeugen, daß ich immer noch *da* war.

Ich war etwa vier, als ich dem Spiegel zum ersten Mal völlig verfiel. Ich saß im Badezimmer meiner Mutter, sang vor mich hin und spielte Verkleiden. Ich wühlte mich durch ihre große magische Kiste mit Bühnenmake-up, die einen moschusartigen Duft verströmte, wenn man das Messingschloß öffnete. Ich schminkte mir das Gesicht: Sorgfältig trug ich Blau und Grün auf die Augenlider auf, leuchtend rote Streifen auf die Wangen, grellen orangefarbenen Lippenstift auf den Mund; dann betrachtete ich mich lange im Spiegel. Plötzlich fühlte ich, wie mein Gehirn sich spaltete: Dieses Mädchen dort war mir gänzlich unbekannt. Ich wurde zu zwei Personen: zu dem Menschen in meinem Kopf und dem Mädchen im Spiegel. Es war ein seltsames, aber keineswegs unangenehmes Gefühl der Desorientierung, der Dissoziation. Häufig kehrte ich zum Spiegel zurück, um zu schauen, ob ich dieses Gefühl wiederbeleben konnte. Wenn ich ganz still dasaß und dachte: Nicht ich – nicht ich – nicht ich, immer wieder, dann fühlte ich mich bald wieder wie zwei Mädchen, die einander durch das Glas des Spiegels hindurch ansahen.

Ich wußte damals nicht, daß dieses Gefühl meine Zukunft bestimmen würde. Ich und Abbild. Körper und Geist. Die Phase des »Spiegelstadiums« in der kindlichen Entwicklung bekam für mich eine neue Bedeutung. »Spiegelstadium« – dieser Begriff beschreibt das Wesen meiner Existenz.

Plötzlich tauchten überall Spiegel auf. Ich war vier, vielleicht fünf Jahre alt, in der Ballettstunde. Das Studio auf der Main Street war von Spiegeln gesäumt, die die Sonne des Samstagmorgens reflektierten, ebenso wie eine Gruppe niedlicher kleiner Mädchen in babyblauen Gymnastikanzügen – und mich. Ich hatte einen nagelneuen blauen Gymnastikanzug an, nicht babyblau, sondern strahlend blau. Ich stach wie ein stahlblauer Daumen aus der Gruppe hervor. Ständig löste sich mein Haarknoten. Ich stand an der Ballettstange, betrachtete meinen Körper – wieder und wieder – ich in meinem blauen Gymnastikanzug – und plötzlich packte mich blankes Entsetzen: Ich war in diesem Raum der vielen Spiegel gefangen.

Ich bin keineswegs schmächtig, sondern eher recht stabil gebaut. Eine mesomorphe Statur: wenig Fett, viel Muskeln. Ich kann einen Ball problemlos viele Meter weiter schießen oder einem Typen die Nase blutig schlagen. Mit anderen Worten: Ich bin fürs Boxen und nicht fürs Ballett geschaffen.* So bin ich auf die Welt gekommen – selbst auf Babyphotos sieht man meine stämmige und muskulöse kleine Gestalt durch die Rosen stapfen. Mit vorgeschobenem Kopf renne ich auf das Gartentor zu. Aber mit vier Jahren stand ich, eine winzige Eva, im Ballettsaal und erstickte fast vor Scham über meinen Körper, über die Kurven und die ebene Fläche meines Bauches und meiner Schenkel. Mit vier Jahren wurde mir klar, daß ich den Ansprüchen nicht genügte. Mein stämmiger Körper war einfach zu viel. An diesem Tag kehrte ich vom Tanzkurs nach Hause zurück, zog einen Pullover meines Vaters an, rollte mich auf meinem Bett zusammen und weinte. Abends kroch ich in die Küche, wo meine Eltern gerade das Abendessen kochten. Mit dem Kopf

* Ich glaube, es gibt nur wenige Kurse für zukünftige, weibliche, vierjährige Boxer, und ich glaube meine Eltern wollten durch diesen Kurs erreichen, daß ich mich etwas graziöser bewegte (weil ich immer der Elefant im Porzellanladen war).

reichte ich immer noch nicht ganz bis zum Küchentisch. Ich erinnere mich, wie ich es ihnen sagte, wobei ich das bittere Geständnis kaum über die Lippen brachte: Ich bin dick.

Da ich nichts dergleichen war, hatten meine Eltern keinen Grund, anzunehmen, daß ich tatsächlich daran *glaubte*. Beide zogen ein Gesicht, ein Gesicht, das ich später hassen lernte, ein Gesicht, das mir sagte: *Oh bitte, Marya, mach dich doch nicht lächerlich.* Und sie gaben einen verächtlichen Laut von sich, *zzzzsh*. Sie kochten weiter. Ich schlug mir kräftig auf den kleinen Bauch und brach in Tränen aus. Das Gesicht meiner Mutter verzog sich tadelnd, und sie warf mir diesen bestimmten Blick zu, den ich später das Fliegenklatschengesicht nannte. Es war, als ob sie mich allein dadurch, daß sie mich ansah, zum Verschwinden bringen konnte. *Zzzsh-klatsch*. Ich trat gegen den Schrank, und sie warnte mich: Paß bloß auf. Ich schlich mich auf mein Zimmer.

Und dann erinnere ich mich an das Fitneßstudio für Frauen, in das meine Mutter mich mitnahm. Ich erinnere mich vage, daß vor dem Trainingsraum die Plastikimitiation der Venus von Milo stand, der eine Brust und beide Arme fehlen. Drinnen warf der Fitneßwahn der achtziger Jahre seine Schatten voraus: Frauen hüpften herum, schoben den Hintern rauf und runter und hoben die gewichtbeschwerten Beine wie Hunde am Baum. Sie alle hatten einen gequälten, verängstigten Gesichtsausdruck, der am besten von Galway Kinnell beschrieben wurde: »Als ob es eine Hölle gäbe, und sie entschlossen wären, sie zu finden.« Außerdem gab es in diesem Fitneßstudio eine Art Krabbelstube. Das ganze war als eine Art Käfig angelegt. Zumindest verliefen Stangen vom Boden zur Decke, und die kleinen Gören mit den klebrigen Fingern hängten sich daran und schluchzten nach ihrer Mami. Mami trug einen komischen Badeanzugverschnitt, kugelte sich mit ein paar anderen mageren Damen auf dem Boden herum, die immer knochiger wurden und hinterher gar nichts mehr hatten, worauf das Sitzen Spaß gemacht hätte. Die kleinen Kinder im Kinderkäfig weinten und stritten sich um den einen Ball, der zu unserer Unterhaltung bereitgestellt war. Es gelang mir, die Tür zum Käfig zu öffnen, eine Tür aus schmiedeeisernen Stangen. Ich stellte mich darauf und schaukelte vor und zurück, während ich meine Mutter und den Rest dieser Frauen dabei beobachtete, wie sie herumhüpften und sich auf der Erde rollten, um ihrem Körper etwas mehr Grazie zu verleihen.

Ich erinnere mich daran, wie ich sie in den Spiegeln, die die Wände säumten, beobachtete. Viele, viele verrückte Frauen. Im Kopf teilte ich sie ein, ordnete sie nach Schönheit, Haarfarbe, der Farbe ihrer Sportanzüge und – was mir das meiste Vergnügen bereitete – nach Schlankheitsgrad.

Etwa zehn Jahre später würde ich genau das gleiche tun, während ich in einer kleinen Klinik für eßgestörte Jugendliche – dem Methodist Hospital Eating Disorders Institute – meine Ferien verbrachte. Nur diesmal gehörte ich selbst ebenfalls zu den Gestalten, die ich im Kopf katalogisierte, und so mager wie wir waren, war keiner von uns noch in der Lage, herumzuhüpfen. Wir verfertigten Stickarbeiten im Kreuzstich oder spielten auf dem Boden Solitaire, und aus den Augenwinkeln betrachteten wir aufmerksam die Körper der anderen, ganz ähnlich wie Frauen in einem Fitneßstudio es zu tun pflegen: Immer stellen sie sich die Frage, ob die andere Frau vielleicht schlankere Hüften hat als sie selbst. Und immer finden sie sich zu dick. Immer haben sie das Gefühl, zu viel Raum in der Welt einzunehmen.

Ich wurde in Walnut Creek, Kalifornien, geboren. Meine Eltern sind außergewöhnlich intelligente, humorvolle und wunderbare Menschen, die vielleicht nur besser nie ein Kind bekommen hätten. Aber ich selbst besaß auch keine große Begabung zum Kindsein, das muß ich zugeben. Vielleicht wäre ich besser voll entwickelt zur Welt gekommen, wie das Kind von Mork und Mindy, die einen alten Mann aus einem Ei ausbrüteten, der mit der Zeit immer jünger wurde. Meine Zeugung war ein Unfall. Als meine Mutter erfuhr, daß sie schwanger war, schloß sie sich drei Wochen lang im Schlafzimmer ein und weinte, während mein Vater im Garten unter dem Kirschbaum stand und rauchte wie ein Schlot. Zum Zeitpunkt meiner Geburt hatten sie den Schock dann wohl verarbeitet, denn ich wurde mit erheblich mehr Freude begrüßt, als man es nach solch einem Beginn hätte erwarten können. Ich hatte eine glückliche Kindheit. Ich war zwar kein glückliches Kind, aber zumindest fand ich das Leben spannend. Ganz bestimmt sogar dramatisch.

Ich erinnere mich daran, daß es eine Zeit gab, in der alles vollkommen normal verlief. Ich kletterte auf die Hügel hinter dem Haus, rutschte auf Papiertüten die Abhänge hinunter, spielte im Bach, kletterte auf den Kirschbaum. Ich kann mich nicht erinnern, daß meine Kindheit besonders chaotisch verlief, obwohl ich sie im Rückblick so bezeichnen würde. Ich wußte nie, wie ich andere Menschen einschätzen sollte, was sie als nächstes tun würden, ob sie da sein oder fortgehen würden, ob sie verrückt oder gemein, glücklich oder warmherzig waren. Die Farben, die meine Erinnerung mit jener Zeit verbindet, sind Grün und Gold – die Bäume und die Hügel – und dann die Hitze, die unglaubliche Hitze. An Sommerabenden, wenn die Sonne noch nicht ganz untergegangen war, wälzte ich mich auf dem Bett hin und her. Durch die geöffneten Fenster konnte ich das Klirren von Gläsern und den Klang der Stimmen auf der Terrasse hören. Ich nahm die betäubende Sommerluft wahr, den Staub, den Garten, die herrlichen Blumen, den starken Duft der Eukalyptusbäume, der sich in die Lungen ergoß. Die spätsommerliche Brise, die flimmernde Luft über der Straße hinter dem Bach, das grau gesprenkelte Pferd im Hof am Ende der Straße, die Kirschen, an denen ich mich verschluckte, weil sie so sauer waren und die Zitronenbäume, die Walnußbäume, die Frauen in Weiß. Die rosa Steintreppenstufen und das rosa Stuckhaus, die Orangen, die wir mit einer fremden Frau aßen. Parfüm und Zigarettenrauch, späte Stunden auf Parties, wo ich unter den Mänteln der Gäste auf dem Bett einschlief, die flüchtigen Träume, die diese Phasen des Schlafes begleiteten und die mit Schatten und Worten durchsetzt waren. Der Blick eines Dreikäsehochs auf eine Welt, die er nur auf Hintern-Ebene erlebt, ständig auf der Suche nach dem Hintern der Mutter in der Menge, während er den Geruch und das Schimmern des Weins in den Gläsern wahrnimmt. Das Lachen von Männern mit Bärten und Hängebäuchen, die Smokings, ein Wirbel aus Kostümen und Masken. Ich betrachtete die Welt durch das Schlüsselloch meiner jungen Jahre und streckte meine kleine Hand aus, um sie zu berühren.

Meine Kindheit war nicht unglücklich, nur unbehaglich. Ich hatte das Gefühl, einerseits ein ganz normales Leben zu führen und mich andererseits ständig von außen zu beobachten. Ich sehnte mich danach, dazuzugehören und fürchtete mich zugleich vor dem, was geschehen würde, wenn meine Sehnsucht sich erfüllte. Tatsächlich verlief mein ganzes Leben so: Ich betrat die Alltagswelt und verließ sie wieder, war von ihrer Sinnlichkeit fasziniert, und gleichzeitig machte sie mir angst. Die Parallelen in meinem Verhältnis zum Essen und zu meinem Körper sind offensichtlich: Bulimie – im Essen schwelgen und es dann erbrechen; Anorexie – das Essen verweigern und im Hunger schwelgen.

Als Kind war ich ständig unterschwellig nervös, als ob mir immer Gefahr drohte: Da war immer etwas Dunkles und Bedrohliches, ein tiefer Punkt im Wasser, ein Ort, der still und kalt war. Ich befürchtete, daß der Schah von Iran, den ich im Fernsehen gesehen hatte, unter meinem Bett lag und nur darauf wartete, mich zu schnappen und zu verschleppen. Ich hatte schrecklich, schrecklich viel Angst vor der Dunkelheit und vor meinen Träumen, in denen ein furchteinflößender Ziegenmann mich nachts, wenn ich schlief, kidnappte. Menschen machten mich nervös. Ich zog es vor, bei fest verschlossener Tür auf meinem Zimmer zu bleiben, die Kommode vor die Tür zu schieben (sie wog nicht allzu viel) und mich dann mit einem Buch auf dem Bett zusammenzurollen.

Zehn Jahre später wird in den Therapieaufzeichnungen stehen:

Marya will in ihrer privaten Welt leben ... es fällt ihr schwer, anderen Menschen zu vertrauen ... sie neigt dazu, andere Menschen auszuschließen, wenn sie ihr zu nahe kommen.

Außerdem notieren die Therapeuten folgendes:

Übermäßig wachsam. Ausgeprägte Angst vor dem Verlassenwerden. Kontrolliert diese Verlustangst durch Angst vor Nahrung.

Die Welt außerhalb meines Zimmers kam mir verführerisch, faszinierend, aber auch sehr gefährlich vor. Dieses Bewußtsein der Gefahr wuchs durch die übertriebene, fast schon paranoide Beschützerhaltung meines Vaters. Das Gefühl der Unzulänglichkeit angesichts einer bedrohlichen Welt fand Bestätigung in den Versuchen meiner Mutter, mich zu bremsen. Ich mißdeutete ihre Ratschläge. Heute sagt sie mir, daß sie sich Sorgen wegen meiner hochfliegenden Träume machte und fürchtete, ich würde umso tiefer fallen und mich schlimm verletzen. Ich jedoch sah nur ihre skeptisch in die Höhe gezogenen Augenbrauen, wenn ich ihr erzählte, daß ich am Nachmittag geflogen war. Ich sah nur ihren schmalen, geraden Rücken durchs Haus huschen, während ich hinter ihr her trottete und ihre selektive Taubheit zu durchdringen versuchte: Mama. *Mama.* MAMA! *Was?* sagte sie dann schließlich. Laß das *Geschrei.* Ich war etwa vier: Meine Mutter saß im Wohnzimmer, hielt sich die Ohren zu und versuchte zu lesen, während ich auf dem Klavier herumklimperte: »Mama! Hör doch mal! Mama! Hör doch mal!« »*Was* denn, Marya?« fragte sie. »Ich spiele Bach! Mama!« Sie erhob sich von der Couch und verließ das Zimmer, ihre Stimme und der Duft nach Chanel Nr. 5 wehten hinter ihr her: »Oh Marya«, sagte sie. »Das ist doch nicht *Bach.*«

Ich hörte auf herumzuklimpern. Das *weiß* ich doch, dachte ich.

Laut Therapieaufzeichnungen sahen meine Eltern die Notwendigkeit, »meine Erwartungen herunterzuschrauben«. In einer einzigen Sitzung erwähnten sie, offensichtlich nicht nur einmal, sondern gleich viermal, Pläne, die ich im Alter von drei Jahren für eine Geburtstagsparty machte und die – zugegebenermaßen – ziemlich exaltiert waren. Ihr »Zurückschrauben« meiner Erwartungen kam mir eher vor wie der anhaltende Zweifel an meiner Fähigkeit, mir auch nur die Nase zu putzen. Und dieses Gefühl dauerte von meiner frühen Kindheit bis, oh, bis zum letzten Jahr an. Und es hatte eine interessante Auswirkung: Mein Verhalten wurde immer großspuriger, während ich selbst immer unsicherer wurde und bezweifelte, auch nur die einfachsten Aufgaben ausführen zu können, ganz zu schweigen davon, irgendwelche nennenswerten Erfolge zu erzielen.* Meine Eltern glaubten, daß sich sicher bald alles wieder einrenken würde. Wer weiß? Vielleicht hätte es so kommen können. In den Therapieaufzeichnungen steht: *Ängste, Alpträume, zu viel Phantasie.*

Der Schrei in der Nacht, das Schluchzen, während ich hastig durch das riesige dunkle Haus stolperte, den schier endlosen Weg bis zur Tür meiner Eltern zurücklegte, das unzusammenhängende Gebrabbel über Monster, die Pennies aus meiner Spardose stahlen, das verzweifelte Weinen: Ich weiß noch nicht einmal mehr, *wie viele* noch drin sind, heulte ich. Mein Vater, mit Bartstoppeln und in gestreiftem Pyjama, setzte sich schläfrig in seinem Bett auf, trug mich in mein Zimmer zurück, setzte sich neben mich auf die Bettkante und sang mir im Dunkeln etwas vor, bis ich wieder einschlief. Dann der Kassettenrecorder, den ich unter mein Kopfkissen legte, um mir Geschichten auf Kassette anzuhören. Wenn ich ihnen nachts nur lang genug lauschte, dann würde der Morgen kommen, aber wenn ich nicht zuhörte, dann würde das schreckliche Gebet wahr werden: »Wenn ich sterben sollte, bevor ich aufwache...«.

Die Psychologen kritzeln Worte auf ihre Notizblöcke: Magisches Denken. In ihren Büchern nennen sie dies »eine Disposition, die das Metaphorische als Faktum definiert« und die mit der Neigung einhergeht, Objekten »primitive, magische Kräfte« zuzuweisen.[2] So weise ich auch Nahrungsmitteln magische Kräfte zu. Ich bin drei, als ich auf einem Stuhl stehe und mir selbst ein Erdnußbuttersandwich mache. Ich weiß: Wenn ich dieses Sand-

---

* Was immer Erfolg ist. Weitere Überlegungen über die wechselnde Bedeutung von Erfolg finden Sie in Kapitel 5. Meine eigene Unsicherheit in bezug auf Leistung und Erfolg kombiniert mit meiner Überzeugung, daß Erfolg eine große Bedeutung hätte, machte mich im Alter von sechzehn zum frenetischen Workaholic. Schließlich siegte die Vorstellung, daß eine Eßstörung – oder besser gesagt ein »dünner Körper« – der einzige Erfolg war, den ich jemals ganz erreichen würde.

wich mit genau zwanzig Bissen, nicht mehr und nicht weniger, esse, dann werde ich glücklich sein. Wenn ich mehr als zwanzig Bisse dafür brauche, werde ich traurig sein. Mit neunzehn Jahren und 30 Kilo Körpergewicht entwickle ich dann eine ganz ähnliche Vorstellung: Wenn ich nur einen Becher Joghurt am Tag esse und dafür genau zwei Stunden brauche, und wenn ich zusätzlich alle fünfzehn Minuten eine Zigarette rauche, um mir zu beweisen, daß ich mit dem Essen aufhören kann, wann ich will, dann bin ich in Sicherheit. Auf diese Weise bewahre ich die diktatorische Kontrolle über meinen Körper, mein Leben, meine Welt. Aber wenn auch nur ein Bissen »unsicheres« Essen über meine Lippen kommt, wird es nicht auf die übliche biologische Weise von meinem Körper verarbeitet werden, sondern auf magische Weise dazu führen, daß mein Körper wächst, wie bei Alice im Wunderland, als sie einen Bissen vom falschen Kuchen aß.

Viele Kinder entwickeln komplizierte Selbstschutzmechanismen, die ihnen das Gefühl geben, ihre Umgebung kontrollieren zu können: Sie erfinden imaginäre Freunde, bestimmte Arrangements von Stofftieren, die sie im Arm halten, wenn sie schlafen gehen. Mit zunehmendem Alter halten sie immer weniger an diesen Systemen fest, denn sie entwickeln ein Gefühl der inneren Sicherheit, ein Gefühl, daß die Welt ihnen nicht ausschließlich feindlich gesonnen ist. Meine Systeme – präzise Anordnungen von Nippes auf meiner Kommode, von Stofftieren, die mit »urtümlichen, magischen Kräften« ausgestattet waren, genaue Vorschriften, wie ich die Straße entlanggehen mußte, und ein seltsam ritualisiertes Eßverhalten, selbst in frühester Kindheit (die Anzahl der Bissen, die Größe der Bissen und die Anzahl der Kaubewegungen betreffend) – wirkten wie ein Puffer zwischen mir und der Welt. Meine Konzentration auf Details beruhigte mich. Ich weigerte mich einfach, die Welt als größeren Zusammenhang zu sehen, und wenn ich es doch einmal tat, dann weiteten sich meine Pupillen vor Angst, ich blinzelte und wich ihrem bösen Blick aus.

Auch eine Eßstörung ist ein solches System. Durch sie fühlte ich mich sicher, was letztlich nur ein Indiz dafür ist, wie unsicher ich war.

Im Rückblick bestand das Problem unter anderem auch darin, daß viele widersprüchliche Dinge auf einmal geschahen. Ich lebte in einer vollkommenen kleinen Familie, bestehend aus drei Menschen, wir drei gegen die Welt, eine verschworene Gemeinschaft. Wir standen einander sehr nahe – die meiste Zeit über zumindest. Aber es irritierte uns, wie schnell sich das Leben veränderte. Plötzlich stand die Welt auf dem Kopf, und dann wieder auf den Füßen; die vollkommene kleine Familie wurde von der kleinsten Berührung auseinandergerissen, das Team zersplitterte in kleinere Bündnisse, wobei die Spieler ohne Vorwarnung die Mannschaft wechselten. Mein Vater, ein brillanter Mann, der unter schweren Depressionen litt, war wechselweise voller Bewunderung und voller Unsicherheit. Meine Mutter, eine wundervolle Frau, die ihre Gefühle zu verdrängen pflegte, war wechselweise zärtlich und eisig. Meine Kindheit war der Fahrt in einem Autoscooter vergleichbar. Wir rasten herum wie die Verrückten, stießen zusammen und prallten wieder voneinander ab. Mir machte das damals nichts aus. Normalerweise zog ich mich in mein Zimmer oder ins Bad zurück, wo alles ruhig und beständig war. Die weißen Vorhänge waren immer die gleichen. Der Bettüberwurf mit den kleinen rosa Blumen war immer der gleiche, ebenso wie meine endlosen Sammlungen – Steine, Dosen, Federn, Nippes und Tonenten, die mit Sorgfalt auf meiner Kommode angeordnet wurden – immer wieder – zwanghaft organisiert, abgestaubt und arrangiert. Die Bücher und die Ecke, in die ich mich verkroch, waren immer dieselben.

Meine Eltern dagegen waren niemals dieselben. Wenn ich meine Schlafzimmertür öffnete, konnte ich nie sicher sein, was ich vorfinden würde: meinen Vater, liebevoll, fröhlich und spielbereit? Meinen Vater, der mit rotem Gesicht meine Mutter anschreit? Den Hund tritt? Meine Mutter, heiter und zum Plaudern aufgelegt? Meine Mutter mit steinernem Gesicht, die meinen Vater angiftet? Die in raschelnder Seide zur Tür hinausrauscht? Meine Eltern, eine Einheit, elegant, nach Parfüm und Scotch duftend, die um 11 Uhr nachts noch zum Essen ausgehen will? Meine Eltern, eine Einheit, die mit besorgten Gesichtern wissen will, warum ich denn so weine?

Oder würde ich mich in einem leeren Haus wiederfinden? Die Babysitterin vor dem Fernsehen sieht sich *Loveboot* an, bietet mir ungetoastete englische Muffins mit Honig an. Nein danke, sagte ich. Ich wartete auf meinem Zimmer, unter einer Decke in meinem Schrank, die Taschenlampe in der einen und das Buch in der anderen Hand, bis ich das Auto vorfahren hörte. Dann die gedämpften Streitgespräche, die zuknallenden Türen. Dann schoß ich zu meinem Bett hinüber, zerrte mir die Decke über den Kopf, vergrub den Kopf in den Kissen, preßte die Lider aufeinander und stellte mich schlafend.

Bei bulimischen jungen Frauen geht man davon aus, daß sie aus chaotischen Familien stammen. Bei Frauen, die unter Anorexie leiden, nimmt man an, daß die Ursprungsfamilien eine sehr strenge Kontrolle ausüben. Zufällig war in meiner Familie beides gleichzeitig der Fall.

In unserer Kindheit lernen wir, uns zu beherrschen – uns zu beruhigen, die Tränenflut zu stoppen, unserer Ängste Herr zu werden. Hierbei handelt es sich um einen notwendigen Prozeß. Normalerweise beobachten Kinder ihre Eltern, nehmen sie als Vorbild und ahmen sie nach. Aber man bekommt ganz schöne Probleme, wenn die Mittel der Selbstregulierung, die die Eltern anwenden, etwas seltsam sind.

Mein Vater aß wie ein Scheunendrescher, soff wie ein Loch, rauchte wie ein Schlot und schrie ständig herum. Meine Mutter hörte auf zu essen, wurde immer dünner, schärfer, stiller. Ich beobachtete sie und richtete mich nach beiden: essen, übergeben, verhungern, schreien, ausreißen, verschwinden, wieder auftauchen, schreiend und mager, rauchen, rauchen, rauchen. Natürlich gab es noch zahlreiche andere Faktoren, die zu meiner Eßstörung beitrugen, aber eigentlich tat ich nichts anderes, als die typische Situation am heimischen Abendbrottisch zu verarbeiten und auszufeilen. Meine Beziehung zu meinen Eltern war zwar immer sehr komplex, trotzdem bleibt die einfache Tatsache, daß sie beide Nahrung als Kommunikationsmittel einsetzten: der eine aß übermäßig viel, die andere verzichtete fast völlig darauf. Essen war gleichzeitig Trost und Suche. Es war von Anfang an ein Problem in meiner Familie. Ein großes Problem. In der Psychologie geht man davon aus, daß es zwei Elemente gibt, die allen Ursprungsfamilien anorektischer Frauen gemeinsam sind: zum einen die Konzentration auf Nahrung und Diät und zum anderen eine signifikante Persönlichkeitsstörung bei einem oder beiden Elternteilen.[3] Mein Vater war ein Quartalsäufer, er aß ständig und machte sich geradezu zwanghafte Sorgen um sein Gewicht – er hielt Diät und geißelte sich selbst, wenn er sie nicht durchhielt, bezeichnete sich selbst als Schwein.* Meine Mutter war eine ehemalige – oder vielleicht auch heimliche? – Bulimikerin mit seltsamen Eßgewohnheiten. Eine Weile aß sie normal, dann hielt sie Diät, stocherte in ihrem Essen herum, stieß den Teller weg, starrte im Spiegel ihren Hintern an.

Wenn man die beiden beobachtete, bot sich einem folgendes Bild: Mein Vater, unersättlich, versuchte meine Mutter zu verschlingen. Meine Mutter, hochmütig und mit steifem Rücken, ließ meinen Vater unberührt auf dem Teller liegen. Genausogut hätten sie sich ständig anschreien können: Ich brauche dich/ich brauche dich nicht.

---

* Spitz- und Kosenamen sind natürlich immer primär liebevoll gemeint. Trotzdem ist es sicher nicht unwichtig, daß mein Vater sich Mr. Schwein nannte, daß er meine Mutter Dr. Schwein nannte und mich (bevor meine Eßstörung zutage trat) Schweinchen. Keiner von uns war jemals wirklich dick, und ich habe keine Ahnung, wo diese Namen herkamen.

Und ich saß auf meinem Stühlchen neben ihnen – zwei, drei, vier Jahre alt – weigerte mich, zu essen, was sie von der förmlich greifbaren Spannung zwischeneinander ablenkte. Ich wurde zu ihrem Bindeglied, zu dem einzigen Thema, bei dem sie sich einig waren. Schweinchen, sagten sie, bitte iß etwas.

Ich war, so sagen uns die Psychologen später, die Person, die in unserer Familie die Symptome entwickelte. Man führt ein Pantomimenspiel auf, eine Darstellung der Familienprobleme, und übernimmt alle Rollen. Das Publikum – in diesem Fall die Eltern – applaudiert, und die Pantomimin verbeugt sich. Der eigentliche Hintergrund aber ist, daß die ganze Familie jede Menge Wind um die betreffende Person macht und deshalb für eine Weile mit dem Streiten aufhört. Doch dieser Mechanismus wirkt nur beim ersten oder zweiten Krankenhausaufenthalt. Danach halten sie einen sowieso nur noch für verrückt, deshalb muß man eine neue Legitimation dafür suchen, daß man sich zu Tode hungert. – Denn darauf läuft es immer hinaus. – »Die Eltern anorektischer Personen sind häufig sehr stark auf sich selbst fixiert, scheinen nach außen hin allerdings sehr besorgt um andere Familienmitglieder zu sein.«[4] Ich war das einzige Kind, was ein ziemliches Unglück ist, denn Einzelkinder sind der ganze Stolz der Eltern, die Freude und der Fluch ihrer Existenz – alles auf einmal. Man erhält ein Übermaß an Aufmerksamkeit und beginnt, seine Umwelt zu manipulieren. Aus einer früheren Ehe hatte mein Vater zwei Söhne – Zwillinge –, die sich ab und zu bei uns aufhielten und die ich liebte und bewunderte. Wenn sie nicht da waren, gab es keine mildernden Umstände, nichts, was die Aufmerksamkeit meiner Eltern von mir abgelenkt hätte. Der Zorn meiner Eltern richtete sich in gewisser Weise immer auf mich, wurde durch mich kanalisiert, auf mich projiziert.

Um das, was offensichtlich nicht funktioniert, doch noch zum Laufen zu bringen, reißt man sich ständig beide Beine aus. Man stellt sich vor, ein kleiner Herkules zu sein, die zankenden Eltern auf die Schultern zu hieven und sie umherzutragen. Doch irgendwann ist man es leid. Man weiß, daß man sich eines Tages aus dem Staub machen wird. Erst einmal allerdings immer schwächer wird. Sie dann fallen läßt – oh. Man schlägt seinen ständigen Wohnsitz in einem Krankenhausbett auf, wo man im Zentrum des Interesses steht. Wo man selbst, rachsüchtig und infantil wie man ist, die eingesunkenen Augen auf sie richten und sagen kann: *J'accuse.*

Woraufhin sie prompt anfangen, sich gegenseitig die Schuld dafür in die Schuhe zu schieben, daß man so verkorkst ist.

Ich möchte noch einmal darauf hinweisen, daß es eindeutig nicht ihre »Schuld« ist. Wenn jemand Ihnen sagt, daß Sie von der Brücke springen sollen, dann müssen Sie nicht springen. Aber *wenn* Sie springen, können Sie es sich leicht machen und behaupten, man hätte sie gestoßen. Es wäre so einfach, meinen Eltern die Schuld für alles zu geben, wenn mir nicht schmerzhaft bewußt wäre, wie neugierig ich selbst darauf war, wie es sich anfühlen würde, zu fallen.

Die Psychologie nennt dies »Dreieckskonstellation.« Sie spricht in diesem Fall von Identitäts- und Autonomiekonflikten innerhalb der Familie: Jedes Familienmitglied schenkt den Ideen, Gedanken und Bedürfnissen der anderen mehr Aufmerksamkeit als seinen eigenen. Die Psychologen behaupten, daß »anorektische Personen von frühester Kindheit an gelernt haben, eher auf die Art und Weise zu reagieren, wie andere ihre Bedürfnisse wahrnehmen als auf die Bedürfnisse selbst.«[5] Wir sind Bauchredner auf höherer Ebene: Papa findet, daß Mama ihn grausam behandelt, deshalb lädt er Marya zum Eisessen ein. Marya ist dankbar und anhänglich, weshalb Papa froh und Mama eifersüchtig ist. Mama glaubt, daß Papa sie aus der Familie drängt, deshalb kauft Mama Marya neue Bücher, die Papa für nicht kindgerecht hält, und sie streiten darüber in der Küche, während Papa das Abendessen kocht.* Oma Donna, Mamas Mutter, kommt zu Besuch und sagt zu Marya, daß sie nicht so fett wäre, wenn ihr Vater ihr nicht dauernd etwas zu essen gäbe (Oma Donna ist völlig blind, und Marya ist nicht fett). Oma Ellen, Papas Mutter, kommt zu Besuch und steckt Marya unaufhörlich Süßigkeiten zu, wobei sie bissige Kommentare darüber macht, wie dürr Mama ist.

Ich habe die Erwartungen meiner Eltern nicht erfüllt. Mein Vater erwartete – oder hoffte zumindest darauf –, daß ich ihn bewundern und ihm

* Es gibt Studien, die belegen, daß Streitigkeiten während der Mahlzeiten Eßstörungen verschlimmern können. Auf kultureller Ebene deutet vieles darauf hin, daß der moderne Trend, häufig *allein* zu essen, zu seltsamen Eßgewohnheiten führt. Die Person wählt Nahrungsmittel, die sie nicht zu sich nähme, wenn sie zusammen mit ihrer Familie oder mit anderen Personen äße. Menschen, die allein essen, greifen zu »Trostpflastern« oder – wie in meinem Fall – zu »kalorienreichen« Nahrungsmitten, die viele Kohlenhydrate, viel Salz und viel Fett enthalten, jedoch nicht nachhaltig sättigen und häufig dazu führen, daß man sich überfrißt. Meine Familie nahm das Abendbrot immer zusammen ein, während ich mit zunehmendem Alter immer häufiger allein aß – Kohlehydrate, Zucker und Fett.

das Gefühl geben würde, gebraucht zu werden. Ich sollte immer Kind bleiben, jetzt und in alle Ewigkeit. Im Gegensatz dazu erwartete meine Mutter eine Miniaturerwachsene. Hör auf, dich wie ein Kind zu benehmen, sagte sie. Das verwirrte mich. Ich *war* doch schließlich ein Kind, aber trotzdem hatte ich verstanden. Hör auf, dich wie ein Kind zu *benehmen*. Sei, was du willst, aber laß es keinen merken. Zieh kein Gesicht, lerne auswendig, was du antworten sollst, setz dich gerade hin. Benutze die richtige Gabel, lege die Serviette in den Schoß, sag Entschuldigung, sag bitte, lächle, verdammt noch mal, lächle, hör mit der Heulerei auf, quengle nicht herum, frag nicht dauernd warum, weil ich es gesagt habe, verdammt noch mal, gib keine Widerworte, paß auf, was du sagst, benimm dich, beherrsch dich. Ich hatte immer ein bestimmtes geistiges Bild von mir, Flüssigkeit drang durch die Hülle meiner Haut nach außen, meine Tränen fluteten den Raum. Ich biß mir auf die Lippe, bis sie blutete und legte die Stirn in tiefe, grimmige Falten.

Als ich etwa fünf war, begann ich, ohne daß ich es hätte aussprechen können, zu glauben, daß alles gut würde, wenn es mir nur gelänge, meinen Körper zu beherrschen. Wenn meine Körperflüssigkeiten den Raum nicht mehr erfüllten, hätte ich die Kontrolle. Wenn ich ein schmächtiger, ordentlicher, knochiger kleiner Schatten meiner selbst wäre, dann würde die krachende Flutwelle meines Selbst, das in meiner Haut steckte, verebben, die Gefahr der Überflutung und des Übermaßes wäre gebannt, alles wäre still. Ich schloß mich im Badezimmer ein, stand am Spülbecken und starrte auf den Körper, den ich vor mir im Spiegel sah. Ich weinte. Und dann kniff ich mich selbst, so, daß es weh tat und befahl mir, mich nicht länger wie ein Baby zu benehmen. Heulsuse, dachte ich bei mir. Fettes, kleines Schwein.

Die Verhaltensmuster in eßgestörten Familien sind in gewisser Weise so verschieden und unvorhersehbar wie das Bild in einem Kaleidoskop. Andererseits sind sie aber auch wieder so vorhersagbar wie das Aufgehen und Untergehen der Sonne. In früheren Studien waren die Psychologen absolut davon überzeugt, daß die folgenden Zutaten notwendig wären: eine übermächtige, zudringliche, bedürftige Mutter; ein abwesender und emotional unzugänglicher Vater; ein auf materieller Ebene verwöhntes, aber emotional vernachlässigtes, regressives, passives, unreifes Kind. Diese spezielle Konstellation ist so weit von meiner eigenen Familie entfernt, daß es mir – theoretisch – gar nicht gestattet sein dürfte, eine Eßstörung zu haben. Doch das oben geschilderte Muster läßt sich auf folgende Weise anpassen: eine abwesende und emotional unzugängliche Mutter; ein übermächtiger, zudringlicher, bedürftiger Vater; ein seltsames, von Ängsten heimgesuchtes, hyperaktives, aggressives kleines Mädchen, das sich nach Kräften bemüht, sich wie eine Erwachsene zu benehmen.

Ich war zu klein, um zu verstehen, wie sehr die Eheprobleme meiner Eltern dazu beitrugen, daß beide nicht direkt auf mich reagierten, sondern auf dem Umweg über mich auf den jeweiligen Partner. Mein Vater hatte das Gefühl, daß meine Mutter ihn nicht brauchte, und deshalb wandte er sich mir zu, denn ich brauchte ihn. Meine Mutter hatte das Gefühl, daß mein Vater zu bedürftig war, weshalb sie sich von mir abwandte. Die allumfassenden Bedürfnisse meines Vaters ängstigten sie, wie sie sagte, und meine Bedürfnisse kamen ihr wie eine Verlängerung der seinen vor. Immer wieder erwähnte sie ihr starkes Bedürfnis, sich selbst zu schützen. In dem Versuch, meine ganze Aufmerksamkeit auf sich zu ziehen, teilte mein Vater ihr schon früh seine Ansicht mit, daß sie eine schlechte Mutter sei. Sie glaubte ihm. Ein klassischer Fall von sich selbst erfüllender Prophezeiung.

So weit ich weiß, mochten meine Eltern sich nicht besonders, obwohl sie sich liebten. Sie sind noch immer miteinander verheiratet. Sie schreien und beißen und schlagen drohend mit den Flügeln wie wunderliche alte Gänse, aber sie sind noch verheiratet. Wie viele Eltern eßgestörter Menschen boten sie sich in meiner Kindheit bemerkenswert wenig gegenseitige Unterstützung. Jeder war eifersüchtig auf den Erfolg des anderen; bittere und sarkastische Bemerkungen waren an der Tagesordnung. Die psychologische Literatur geht davon aus, daß Partner, die sich gegenseitig keine Stabilität geben und einander nicht fürsorglich behandeln können, kaum in der Lage sind, einem Kind die beständige emotionale Wärme und Fürsorge zu geben, die es benötigt. In Ermangelung einer ehelichen Allianz werden die beiden sich unabhängig voneinander beide mit dem Kind zu verbünden suchen. Das Kind wird zum Faustpfand, zum Tauschobjekt: Jedes Elternteil versucht, das beste, das liebevollste, warmherzigste, fürsorglichste zu sein. Der Erfolg bemißt sich daran, wen das Kind am meisten liebt. Mein Job bestand darin, mich so zu verhalten, als ob ich sie beide am meisten liebte – wenn der jeweilig andere gerade nicht in der Nähe war.

Wenn also nur *ein* Elternteil anwesend war, dann aß ich auch. Jeder hatte besondere Lebensmittel, die nur er/sie mir geben durfte, alles Trostpflaster, jede Mahlzeit ein Zeichen der Liebe und der Fürsorge, ein Sinnbild dessen, was dem anderen Elternteil fehlte. Die Domäne meines Vaters waren die Schultage und die Mahlzeiten nach der Schule: ein gutes, zünftiges amerikanisches Frühstück, die Grundnahrungsmittel, das tägliche Muß, mein ausgewogenes Pausenbrot in der braunen Tüte. Meine Mutter war die Königin der Leckereien: Tee mit Trüffeln am Nachmittag, Rühreier zum Abendbrot, wenn mein Vater nicht da war, Croissants nach dem Einkaufsbummel, geheime Ausflüge zum Burger King, wo wir Pommes Frites aßen. Sandwiches mit Hüttenkäse und Gurken, wenn wir im Sommer auf der Terrasse frühstückten.

Ich verstand die Bedeutung des Wortes »hungrig« gar nicht, und ich kann mich auch nicht erinnern, einmal gegessen zu haben, weil ich tatsächlich physischen Hunger verspürte. Hunger manifestierte sich nicht in Magenknurren, sondern in der Bitte an meine Mutter, Brot zu backen, und mich einige Zeit in der Nähe ihres Duftes aufhalten zu dürfen, auf einem Stuhl zu stehen – mit ihren Händen auf meinen Händen – und gemeinsam Teig zu kneten. »Hungrig« war, meinen Vater zu beschwatzen, mich zu einem Fruchtsorbet einzuladen und mir auf diese Weise seine Scherze, seine komischen Geschichten, seine lustige Stimme und seine kräftige Schulter zu sichern, an die ich mich anlehnen konnte. »Hungrig« war gleichbedeutend mit dem Gefühl von Einsamkeit und »nicht hungrig« war dasselbe wie Angst.

Meine Erinnerungen an die Kindheit sind fast alle mit Essen verbunden. Die Psychologie versteht Nahrung als »einigermaßen konsistente und verfügbare Quelle der nährenden Fürsorge«[6]. Damit will ich nicht sagen, daß meine Eltern nicht fürsorglich gewesen wären – das waren sie durchaus: meine Mutter in der Hauptsache mittels besonderer Bücher und Leckerbissen, mein Vater, weil er mir ständig etwas zu essen gab, mich in den Arm nahm oder mit mir spielte. Ich war der Liebling meines Vaters, und er zeigte diese Liebe durch Nahrung. In der Schule verschenkte ich mein Pausenbrot, sprang dann ins Auto meines Vaters, und wir fuhren in ein Fast-Food-Restaurant und schlemmten was das Zeug hielt. An bestimmten Tagen »verabredete« er sich mit mir vor der Schule, und wir fuhren zu McDonald's, wo wir Cheeseburger, Pommes und Milchshakes kauften. Dann setzten wir uns in den Park, aßen und unterhielten uns miteinander. Wir sahen uns Baseballspiele an und stopften Popkorn und Lakritze in uns hinein. Als er das Rauchen aufgegeben hatte, aßen wir die ganze Zeit Erdnußflips.

Bei meiner Mutter war das alles völlig anders. Sie aß – manchmal. Sie stocherte in ihrem Hüttenkäse herum, nuckelte an Salatgurken und lutschte zuckerfreie Bonbons. Aber genau wie mein Vater und ich verband sie Essen mit Liebe und Liebe mit Bedürftigkeit. Während mein Vater sich seiner Bedürfnisse schmerzhaft bewußt war, tat meine Mutter alles in ihrer Macht Stehende, um zu beweisen, daß sie keine hatte. Daher die Distanz zu meinem Vater und mir, die sie uns allen auferlegte, ihr übertriebener Ekel vor allem Eßbaren, die ordentlichen Bissen, die sie auf dem Teller übrig ließ, und die jedesmal die gleiche Größe hatten. Daher warf sie mich mit meinem Vater in einen Topf, als ob wir eine andere Rasse wären, eine Rasse, die unmäßig, bedürftig, hungrig und gierig war und damit in scharfem Kontrast zu ihr selbst stand.

Nahrung hat für den Menschen zwei grundlegende Funktionen: Sie sättigt und vermittelt ein Gefühl der Geborgenheit. Das physikalische Essen verwandelt sich in unserem Denken in menschliche und emotionale Wärme, in das Gefühl, das unser grundlegender Hunger gestillt wurde. Selbst wenn man sich in einem Freßanfall Hände voller Pommes in den Mund stopft, hat man das Gefühl, daß die Leere sich füllt, wenn auch nur für kurze Zeit. Zweitens löst Nahrung eine einfache, chemische Reaktion aus, die eine beruhigende Wirkung auf Gehirn und Nervensystem hat. Essen gab mir das Gefühl, daß alles gut werden würde. Wenn ich die Dinge nur auf eine bestimmte Art und Weise zu mir nahm, wenn ich besonderen Speisen den Vorzug gab – Pilzsuppe, Toast, Käsetortillas, Rühreiern – dann standen meine rasenden Gedanken still, ich versank nicht länger im verwirrenden Strudel der Welt, und meine Augen hatten einen Punkt, auf den sie sich konzentrieren konnten: das Buch neben dem Teller, das Essen, die vor mir liegende Hausarbeit. Wenn ich aß, kehrte Ruhe ein.

Ich ging immer nur ein paar Tage lang zur Schule. Den Rest der Zeit über blieb ich im Bett und gab vor, schwer krank zu sein. Ich bezweifle, daß meine Eltern mir glaubten. Doch sie ließen mich gewähren, wahrscheinlich wollten sie meine fast schon ans Hysterische grenzende Angst vor der Schule mildern. Meine Mutter hatte einen Großteil ihrer Kindheit ebenfalls zu Hause mit ihren Büchern verbracht. So blieb ich zu Hause, um zu lesen und zu essen oder genauer: um gefüttert zu werden – passiv – und in die Welt in meinem Kopf zu flüchten, die Welt, von der ich in Büchern gelesen hatte.

In der Hauptsache las ich Märchen, Theaterstücke, Bücher von Ramona Quimby, Anne of Green Gables. Italo Calvinos Sammlung italienischer Volksmärchen, einen Wälzer von 900 Seiten. Ich las ihn von vorne bis hinten durch, um dann noch einmal von neuem anzufangen. Das war mein Lieblingsbuch. Es schien eine ungeheure Macht zu besitzen, es war ein solch *schweres* Buch, bot *unendliche* Ablenkung und konnte die Welt etwas länger fernhalten als andere. Ich war schwer bekümmert, wenn ich ein Buch zu Ende gelesen hatte. Ich glitt aus meiner Sitzposition auf das Bett hinunter, legte die Wange auf das Kissen und seufzte eine ganze Zeit lang vor mich hin. Es kam mir so vor, als ob es niemals ein anderes Buch mehr geben würde. Alles war vorüber, das Buch war tot. Es lag in dem geschlossenen Buchdeckel neben meiner Hand. Was hatte das Leben noch für einen Sinn? Warum mir die Mühe machen und das Gewicht meines kleinen Körpers zum Abendbrot hinunterschleppen? Warum sich bewegen? Warum atmen? Das Buch hatte mich verlassen, und es gab keinen Grund, warum ich hätte weitermachen sollen.

Vielleicht können sie jetzt schon die Reihe meiner schrecklich dramatischen Beziehungen voraussehen, die alle damit endeten, daß ich mich wie die zusammengebrochene Ophelia in meine Bettdecke hüllte. Ich war eine Liebesbeziehung mit Büchern eingegangen, mit den Figuren und ihren Welten. Bücher leisteten mir Gesellschaft. Wenn die Stimmen des Buches leiser wurden, schloß sich der Buchdeckel, wie der letzte Akkord einer Platte verhallt – und ich hätte jedesmal schwören können, daß ich eine Tür ins Schloß fallen hörte.

Aber Bücher waren bei weitem besser als die Schule, und wenn man sehr schnell und ohne Pause las, so daß man noch nicht einmal mehr Zeit hatte, den Flur entlangzulaufen und auf die Toilette zu gehen, wenn man einen Stapel Bücher genau neben dem Bett aufbewahrte und die rechte Hand oben drauf legte, während man ein weiteres Buch las, dann war es sogar noch besser. Man las das Buch zu Ende, schloß es, nahm das nächste zur Hand, las die Titelseite, trank einen Schluck Wasser, öffnete die erste Seite. Keine Pause in der Phantasie, keine Spalte, durch die die Realität hätte hineinsickern können. Also blieb ich zu Hause und schrie sporadisch: Papa! Und manchmal wieder, noch drängender: PAPA! Und Papa kam zu mir und sagte: Was möchtest du haben, Schweinchen? Und ich antwortete: Suppe. Und Ginger Ale. *Bitte.* Und sieh da! Es kam, in einer Schüssel, zusammen mit Crackern, die man mit dem Löffel einweichen konnte. Ich aß die Pilzsuppe im Bett, während wir beide zusammensaßen und uns unterhielten. Und dann nahm er die Schüssel fort, schloß die Jalousien, während ich unter meine Decke kroch und mich vom Geräusch des nachmittäglichen Windes in den Schlaf wiegen ließ.

Voller Panik wachte ich dann wieder auf. Was ist los? Wo ist meine vertraute Umgebung? Was für ein Tag ist heute, wieviel Uhr ist es, muß ich zur Schule gehen, wo ist Papa, sind alle weg? Sind sie fort? Ich spitzte die Ohren, horchte auf den Klang eines Stuhls, der zurückgeschoben wurde, oder auf den eines Seufzers. Kein Geräusch. Sie sind ganz bestimmt fort. Aber wenigstens die Bücher und das Glas Wasser standen noch da. Alles war an seinem Platz. Kein Grund zur Sorge. Nur lesen.

Aus dem Bett klettern, zur Schlafzimmertür schleichen, hinausspähen.

Sich umsehen, nach Monstern Ausschau halten. Nach Papa rufen?

Keine Antwort. Zur Küche rennen, den Kühlschrank öffnen, nach etwas Eßbarem suchen. Schnell. Bevor man Zeit genug hat, um traurig zu werden.

Ganz wichtig: Ich bin im Theater aufgewachsen. Meine Eltern waren Schauspieler und Regisseure, und ich stand mit vier Jahren zum ersten Mal auf der Bühne.* Es gibt keinen anderen Ort auf der Welt, der den Narzißmus so fördert wie das Theater, und aus dem gleichen Grund ist es auch nirgends einfacher, zu glauben, daß man eigentlich leer ist, daß man sich selbst beständig neu erschaffen muß, um das Publikum weiterhin in seinen Bann zu ziehen. Ich war fasziniert von den Verwandlungen, von Trugbildern, Rauch und Spiegeln. Ich lungerte neben meiner Mutter vor dem Spiegel herum, wenn sie ihre Schminktasche herausnahm, wenn sie die Haare zurückkämmte und sich durch das Make-up langsam in eine andere Frau verwandelte. Ich hielt ganz still, als sie mir die Nase puderte und mir das Haar in Locken legte. Ich wuchs in den Seitenflügeln des Theaters auf. Umschlungen von den samtenen Vorhängen beobachtete ich meine Eltern auf der Bühne, wie sie beim Ausgehen der Scheinwerfer verschwanden oder sich in Rauch auflösten.

Ich liebte die Garderobe. Spiegel, die von blendenden Lichtern umgeben waren, Kostüme, das geschäftige Treiben, den Tüll, die Perücken, Masken, Schachteln, die Hüte, die Frauen, die Räume, die lauten Stimmen, das Gelächter, die Gesangsfetzen, die vorbeihuschenden Schatten aus Stoff und Haut. Ich zog mein Kostüm an, jemand machte mir den Reißverschluß zu und band mir die Schärpe um. Ich nahm die Düfte wahr, horchte auf das Plappern, setzte mich vor die Spiegelwand, um den Lippenstift aufzutragen. Ich war fünf. Eine Frau wandte sich mir zu und bot an: Oh, Liebes, komm, laß mich das tun. Mein Lippenstift ging über die Lippenränder hinaus, und er war etwas zu rot. Ich erinnere mich an den Duft von Parfüm und Haarspray, an den moschusartigen Geruch von Samt. Sie raschelte. Sie beugte sich näher zu mir hin und zeigte mir, wie man einen Schmollmund zog: ganz weich, so, führte sie mir vor. Und sie zog mein Haar nach unten, bürstete es

* Ich spielte ein armes, hungerndes kleines Mädchen in einer Theateradaptation von Charles Dickens' *Weihnachtsgeschichte,* das in Lumpen gekleidet und mit weißem Babypuder geschminkt worden war. Heulend und mit ausgestreckten Händen tauchte ich aus dem Mantel des Geistes der gegenwärtigen Weihnacht hervor. Eine mitleiderregende Aufführung.

aus und legte es in Locken: die Hitze des Lockenstabes im Nacken, das weiche Gefühl der gewellten Haare auf meiner Wange. Sie kämmte es zurück, steckte es mit einer Taftschleife fest und drehte mich zum Spiegel: Siehst du? Jetzt bist du richtig hübsch. Ich starrte dieses fremde, ferne Mädchen im Spiegel an, erfreut darüber, wie erwachsen ich aussah. Nicht das ängstliche kleine *Baby* mit den weit aufgerissenen Augen, das mir im Spiegel zu Hause entgegenblickte. Richtig hübsch. Ein neues Ich.

Damals verschmolzen alle Frauen zu einem einzigen, gut riechenden Wesen. Sie nahmen mich auf den Schoß, und dort schlief ich ein, wenn es bei Proben mal wieder spät wurde. Diese Frauen waren unglaublich warm. Ich erinnere mich an das Flattern meiner Augenlider, an Hände, die mit einem weichen Bürstchen meine Augenbrauen bearbeiteten, an das Bemalen der Lippen, der Augenlider, an das Auftragen von Mascara. Halt still, sagten sie. Ich bin fast fertig. Ich hörte alles, merkte mir alles. Sie gaben mir Schokoriegel mit Karamellkern und lachten, wenn ich einen Kopfstand machte. Ich aß die Schokoriegel immer auf die gleiche Weise: Erst die Schokolade, dann die Mitte. Erst am flachen Teil unten knabbern. Dann jede Seite essen, dann den oberen Teil, dann – die Finger klebrig, schokoladenverschmiert- den Karamellkern, dabei viel Schweinerei machen. Wenn man den Schokoriegel auf die falsche Weise aß, würde etwas Schreckliches passieren.

Mein Vater war Regisseur: grimmig, verbissen, phantastisch. Eines Abends war ich völlig außer mir. Ich rannte hinter ihm her, verbarg mein Gesicht in seinen Kniekehlen. Er sagte immer wieder *Verdammt!* Ich weinte und rieb mir die Augen, verschmierte mein Make-up. Schließlich packte er mich an den Schultern, schüttelte mich und befahl: »Kind, wenn du hierher kommst, dann laß deine Probleme zu Hause.«

Diesen Spruch hatte ich schon früher gehört, normalerweise wurde er Schauspielern zugerufen, die sich über irgend etwas beklagten oder jammerten. In solchen Fällen pflegte die Stimme meines Vaters die Luft im Raum förmlich zu zerschneiden: Reiß dich zusammen, bellte er dann. Wenn wir proben, laß deine Probleme zu Hause. Für eine Minute hörte die Welt auf, sich zu drehen. Ich wurde sehr still, errötete, wollte mich bei ihm entschuldigen und alles wieder gut machen. Wenn er sich so verhielt, versteckte ich mich manchmal im Schrank. Aber bis zu diesem Abend hatte er diese Worte niemals zu mir gesagt.

Ich hörte auf zu weinen. Ich putzte mir mit dem Handrücken die Nase. Er stellte mich auf einen Stuhl, wischte mir das verschmierte Make-up aus dem Gesicht und sagte: »Siehst du? The Show must go on.«

Meine Familie und ich, wir trieben es mit der Theater-Metapher ein bißchen zu weit. Schon in frühester Jugend ging ich davon aus, daß nichts so war, wie es schien. Dem äußeren Schein durfte man nicht trauen. Tatsächlich durfte man nichts und niemandem trauen. Die Welt war in Schichten geordnet, und unter jeder Schicht lag eine weitere Schicht, wie bei den russischen Petruschka-Puppen. Es kam immer auf den Zusammenhang an. Es kam darauf an, welches Kostüm und welches Make-up man trug, und welche Rolle man gerade spielte. Wenn einer von uns zu lang monologisierte, begann ein anderer langsam und sarkastisch zu klatschen und mit ausdrucksloser Stimme zu rufen: »Wunderbar, wunderbar.« Unsere Liebligsbeleidigung war: »Oh, komm von der Bühne herunter.« Aber keiner ist dieser Aufforderung je gefolgt.

Irgendwo im hintersten Winkel meines Hirns gibt es die Gewißheit: Der Körper ist nicht mehr als ein Kostüm und kann durch reine Willenskraft verändert werden. Ein neuer Körper würde mich wie ein Kostüm zu einem anderen Menschen machen, einem Menschen, der möglicherweise irgendwann sogar gut wäre.

Ich lernte sehr früh, meinen Text sorgfältig zu wählen. Ich habe immer noch die schreckliche Angewohnheit, Menschen, die zu lange Pausen zwischen den Worten machen, vorzusprechen, was sie sagen sollen. Ich weiß im voraus, was ich sagen soll. Ich kleide mich den Anlässen entsprechend, wie es die Rolle erfordert. In meinem Kleiderschrank hängen verschiedene Frauen auf den Bügeln, jedes Kostüm repräsentiert eine ganz andere Person, jedes Kleid, jedes Paar Schuhe. Ich sammle Kleidungsstücke. Mein Make-up quillt aus den Schubladen des Badezimmerschranks, und es gibt auch eine Frau zu jedem Lippenstift. Das lernte ich schon in sehr jungen Jahren. Ich war nicht so, wie ich nach außen zu sein schien. Es gefiel mir. Ich war ein Zauberer. Keiner konnte erkennen, was ich unter meiner äußeren Hülle verbarg, und das war auch gut so, denn was ich versteckte, war wie rohes Fleisch. Rot, heiß und entzündet.

Wir nahmen unsere Plätze ein und spielten unsere Rollen. Ich war das verrückte Kind, unkontrollierbar, wie eine kleine, tickende Zeitbombe. Meine Mutter war die Frau, die in einer Familie gefangen war, die sie nicht wollte, bitter und voller Groll. Mein Vater war der mißverstandene, sensible Typ, der zu unkontrollierten Wutausbrüchen neigte. Es war entzückend. Wir alle waren unglaublich melodramatisch. Aber natürlich waren wir bei all dem auch einfach nur drei Menschen, die einander liebten und nicht wußten, wie sie miteinander leben sollten.

Als ich zwischen fünf und sieben Jahre alt war, wurde die Ehe meiner Eltern immer schlechter, Ruhe und Chaos wechselten in immer schnellerer Folge. Meine Mutter besuchte Abendkurse, um als Mitarbeiterin in der Schulverwaltung zugelassen zu werden. Danach begann sie tagsüber bei der Schulbehörde zu arbeiten. Abends probte sie oder stand bei Aufführungen auf der Bühne. Sie führte bei verschiedenen Shows Regie und gewann sogar Preise dafür. Mein Vater wurde immer wütender über ihre Abwesenheit, und noch mehr ärgerte ihn ihr Erfolg. Außerdem war er in einen heftigen Krieg mit den Kollegen am Theater verstrickt. Man sprach von Trennung, von Scheidung. Es gab laute Streitigkeiten in der Küche darüber, wer einkaufen gehen sollte, wer der größere Märtyrer war. Genausogut gab es Abende, an denen man einträchtig miteinander ausging, Händchen hielt, Bilder, auf denen beide ein strahlendes Lächeln zur Schau stellen. Und dann gab es die Abendessen, bei denen wir uns glücklich miteinander unterhielten und einander zum Lachen brachten, bis ich einschlief und mit dem Kopf in die Suppe fiel. Es gab spontane Ausflüge, die beide oder auch nur ein Elternteil aus unerfindlichen Gründen mit mir unternahmen und die regelmäßig aus der Stadt hinausführten. Gelegentlich besuchte ich meine Großeltern. Ich besaß einen kleinen, karierten Koffer.

Dunkel erinnere ich mich an einen Streit im Wohnzimmer, während dessen ich auf dem Klavierhocker saß und die Beine baumeln ließ. Ich glaube, meine Mutter und ich sollten nach Portland fahren. Mein Vater schrie meine Mutter an, bat sie, ihn nicht zu verlassen. Und meine Mutter gab lauthals zurück, daß wir auf jeden Fall gehen würden und daß er uns nicht aufhalten könne. Im Geiste summte ich die Lieder der Sonntagsschule vor mich hin und wünschte mir, daß sie sich gleich einen Kuß geben und versöhnen würden. Als die Lautstärke es unmöglich machte, weiter vor sich hin zu summen, sprang ich auf und schrie – lauter als sie – daß ich sie liebte, forderte, daß sie ruhig sein sollten, verkündete, daß alles wieder gut werden würde. Mein Vater weinte, hob mich auf und umarmte mich, und dann verließen meine Mutter und ich das Haus. Meine Mutter kann sich an den Streit erinnern, ebenso wie an die darauffolgende Reise. Mein Vater nicht. Am Telefon seufzt er nur und sagt: »Es gab so viele Auseinandersetzungen dieser Art.« Wir nahmen den Zug. Ich erinnere mich, daß ich lachen mußte, als ich sah, wie in unserem Schlafabteil das Bett aus der Wand geklappt wurde. Ich erinnere mich an das Nickerchen, das ich machte, an die Bäume, die an unserem Fenster vorbeiflogen. Ich erinnere mich daran, daß meine Großmutter mir Toast und Tee brachte, als wir dort ankamen. Danach sagte sie, daß ich eines Tages noch richtig fett werden würde und schob den Toast außer Reichweite.

In den alten Pappschachteln finde ich seltsame Dinge aus dieser Zeit: Briefe, Zeichnungen, erste Zeugnisse, Zeitungsartikel und ein Schild, das ich an die Tür meines Zimmers geheftet haben muß. Darauf stand: WENN DU DARÜBER NACHDENKST, HEREINZUKOMMEN, BESINNE DICH EINES BESSEREN! ICH WILL DICH NICHT SEHEN. Unter diesen Papieren gibt es zwei, die mich neugierig machen. Das eine ist eine Karte, die ich an meine Mutter geschrieben habe und die – der Rechtschreibung und Interpunktion nach zu urteilen – noch aus der Kindergartenzeit stammt: Auf der Vorderseite ist ein Abziehbild von einem traurigen Mädchen zu sehen und darunter in roter Tinte: »für Mama«. In der Innenseite verlaufen die Linien schräg nach unten: »Lihbe Mamma/ich find es gahnich gut./Wenn du wech/ bis. Ich will dich Zurück!/Ich kann nich schlahfen wenn/du aus bis! Lihbe, marya.« Unter der Karte ist ein rotes Herz abgebildet. Herzen malte ich gar nicht gern. Meine Herzen waren immer schief und mager, niemals wie die runden, symmetrischen Herzen, die die anderen Mädchen malten. Dieses besondere, ebenfalls ziemlich entstellte Herz weint rote Tränen.

Ich fragte meine Mutter – über E-mail, wie wir es immer machen – ob sie sich an diese Karte erinnerte. Sie tat es nicht. Sie schrieb zurück: »Möglicherweise war es diese Reise nach London. Aber genausogut kann es einer der Abende gewesen sein, an denen ich auf der Bühne stand ... aaaahh ... Habe ich die Karte überhaupt je bekommen? Und wenn nicht, warum nicht? Wenn ja, wo war ich mit meinen Gedanken? Offensichtlich bei meinem Arsch.« Mein Vater erinnert sich ebensowenig daran. Und den merkwürdigen Brief, den mein Vater mir geschickt hat, als ich sechs war, können sie mir auch nicht erklären. Er wurde während des Sommers geschrieben, als er an einem Theater in Scotsdale, Arizona, Regie führte. Darin ist wiederholt die Rede von seiner plötzlichen Erkenntnis, daß er es nicht aushalten könne, von uns getrennt zu sein, daß er uns ganz schrecklich vermisse und uns in seiner Nähe haben wolle. Nachdem ich dieses Schreiben gefunden hatte, rief ich ihn an und fragte ihn, ob er vorgehabt hatte, ohne uns in Arizona zu bleiben. »Ich glaube nicht«, sagte er. Er hielt inne. »Vielleicht doch. Im Hinterkopf.«

Später erklärte er mir, daß im folgenden Jahr, als ich sieben war, der Tiefpunkt erreicht war. Das erklärt vielleicht, warum mir dieses Jahr nicht im Gedächtnis geblieben ist, abgesehen von vagen Erinnerungsfetzen an mitternächtliches Geschrei und klirrendes Porzellan im Eßzimmer, nachdem meine Eltern aus dem Theater nach Hause gekommen waren. Normalerweise hatte ich die Bettdecke über den Kopf gezogen und las, doch eines Nachts drang ein durchdringender Alkoholgestank aus der Küche, dem ich nachgehen wollte. In der Küche stand meine Mutter und schüttete einige Flaschen mit Schnaps ins Spülbecken. Und dann ist da noch mein siebter Geburtstag (da hatte ich einen Splitter in der Nase). Das nächste, an das ich mich erinnern kann, geschieht ein Jahr später: Ich werde aus heiterem Himmel darüber informiert, daß wir ohne ersichtlichen Grund nach Minnesota ziehen.

Und an folgendes kann ich mich wieder erinnern: Meine Eltern verloren, wie mein Vater es formulierte, »jegliche Kontrolle« über sich selbst und ihre Beziehung. Meine Mutter hatte eine Midlife-Crisis. Mein Vater hatte gleichzeitig eine berufliche und eine Identitätskrise. Meine Mutter wurde vierzig. Mein Vater hatte ein paar korrupte Machenschaften am Theater ausgeplaudert, woraufhin er denunziert und rausgeschmissen worden war. Er sagt, ihm sei damals schmerzhaft bewußt geworden, daß er seinen Traum niemals würde verwirklichen können (»großartig zu sein«). Er sagt, er sei sich plötzlich wie ein Mensch vorgekommen, »der sich so gut wie möglich über die Runden schleppt«. Aber einen solchen Mann konnte er nicht respektieren. »Ich konnte nur eines sehen: daß ich ein Versager war. Und das machte mich verrückt.« Er trank viel zu viel, »in der Hauptsache, um den Schmerz zu betäuben«. Ich erinnere mich an seine Wutausbrüche. Meine Mutter war immer besessener von ihrem äußeren Erscheinungsbild, machte sich Sorgen, ihre Schönheit zu verlieren. Sie begann, sich die Haare zu färben, trug zentimeterlange, perlmuttfarbene Fingernägel (an die kann ich mich ebenfalls erinnern), gab mehr Geld für Kleidung aus, nahm ab und flirtete – zumindest in den Augen meines Vaters – mit zahlreichen Männern (ich erinnere mich an ein paar Blusen mit extrem tiefem Ausschnitt). Mein Vater war, wie er sagt, »verrückt vor Eifersucht und die ganze Zeit hinter ihr her«. Obwohl sie kein Verhältnis mit einem anderen Mann hatte, entfernte sich meine Mutter langsam von ihm. Er glaubte, daß sie darüber nachdachte, ihn zu verlassen. »Natürlich trieb ich sie fort«, sagt er. »Aber ich hatte das Gefühl, daß sie mich angesichts ihrer eigenen Krise mit anderen Augen sah und sich sagte: ›Damit habe ich nichts zu tun.‹ Was immer ich tat, es war viel zu emotional. Meine Nerven lagen blank. Ich war nicht nur dünnhäutig – ich hatte *gar keine* Haut mehr.«

Ich frage ihn, ob er damals selbstmordgefährdet war. »Wahrscheinlich die ganze Zeit über, weißt du? Ohne tatsächlich etwas in diese Richtung zu unternehmen. Schließlich mußte ich für dich sorgen.«

»Du und deine Bedürfnisse«, sagt er, »erhielten mich in diesem Jahr aufrecht. Du warst das einzige, was mir Halt gab.« Er macht eine Pause. »Ich dachte bei mir: Na gut, im Augenblick bist du also das einzig Stabile in meinem Leben. Ich weiß, daß du gerade erst sieben Jahre alt bist, aber-«

Ich falle ihm ins Wort: »Aber gib dein Bestes.«

»Ja.« Er seufzt. »Es war zu viel verlangt.«

Ich und meine Bedürfnisse gaben meinem Vater also Stabilität. Ich und meine Bedürfnisse trieben meine Mutter fort. Ich und meine Bedürfnisse zogen sich zurück, verschwanden im Märchen. Ich begann, mir eine Welt zu schaffen, in der meine Bedürfnisse nicht länger existierten.

Wir alle tragen unendlich viele Kisten und Taschen mit staubigem, altem Krimskrams aus der Kindheit mit uns herum: Sammlungen aus Groll, lange Listen mit Wunden von größerer oder kleinerer Bedeutung, Erinnerungen, die wir verklärt haben, absolute Gewißheiten, die sich später als Irrtümer entpuppen. Menschen tragen emotionale Rucksäcke. Diese Taschen bestimmen uns. Mein Gepäck machte mich zu jemandem, der ich nicht sein wollte: ein unterwürfiges Mädchen, eine empfindliche Pflanze, ein bedürftiges, gieriges Wesen. Ich begann schon in frühen Jahren, mich meines Gepäcks zu entledigen. Ich begann, eine neue Rolle zu konzipieren. Ich legte mir einen Plan zurecht. Als ich sechs war, schrieb ich ihn mit meinem Schönschreibfüller in grüner Tinte nieder und vergrub den Zettel im Hinterhof. Mein Plan: Dünn zu werden. Großartig zu werden. Herauszukommen.

Ich glaubte sogar damals schon, daß ich, wenn ich erst dünner wäre, mein Elternhaus verlassen und großartig in welcher Disziplin auch immer werden würde, wenn ich also wie meine Mutter sein würde, schließlich etwas Eigenes entwickeln könnte – etwas, das ich damals nicht so recht in Worte hätte fassen können und das ich heute mit dem Begriff Identität umschreiben würde. Erst im Rückblick wird mir klar, daß ich versuchte, dem zu entrinnen, was mein Schicksal zu sein schien: eine Imitation eines meiner Elternteile zu werden und auf diese Weise den Zorn des anderen zu erregen. Wie oft schon war es vorgekommen, daß einer von beiden ausgespien hatte: Oh, du bist genau wie dein Vater/deine Mutter. Doch wenn ich etwas tat, was ihnen gefiel, dann frohlockten sie: Oh, du bist genau wie ich.

Als ich acht war, erreichte, ohne daß ich es wußte, der Krieg zwischen meinen Eltern seinen Höhepunkt. Mein Vater informierte meine Mutter, daß er sie verlassen und mich mit nach Minnesota mitnehmen wollte. Meine Mutter antwortete, daß sie mitginge. Er antwortete gehässig, daß er sich nicht erinnern könnte, sie eingeladen zu haben. Sie befürchtete, höre ich, daß er mich von ihr fernhalten würde, was sicherlich nicht völlig aus der

Luft gegriffen war. Rückblickend, so sagt er, ist er »dankbar für ihre Weisheit«. Also teilten sie mir mit, daß wir umziehen würden. Am 4. Juli 1982 machte unsere Familie sich auf den Weg nach Minnesota. Ein Jahr und drei Monate später aß ich meine Chips, kraulte den Hund mit dem Fuß und hastete plötzlich die Treppe hinunter.

Kapitel 2

BULIMIE

Minnesota, 1982 bis 1989

Aber als das Kaninchen tatsächlich eine Uhr aus der Westentasche holte, einen Blick darauf warf und dann weitereilte, sprang Alice auf die Füße, denn wie der Blitz traf sie der Gedanke, daß sie noch nie ein Kaninchen mit einer Westentasche gesehen hatte, am allerwenigsten mit einer Uhr, die es daraus hervorzog. Sie brannte vor Neugier, rannte über das Feld hinter ihm her, und kam gerade rechtzeitig, um zu sehen, wie es in einem großen Kaninchenloch unter der Hecke verschwand.
Hurtig folgte ihm Alice hinein, und dachte auch nicht im geringsten darüber nach, wie um alles in der Welt sie wieder hinauskommen würde.

Lewis Carroll, »Alice im Wunderland«

Wir stiegen in einen riesigen Umzugswagen – es war ein sonniger Tag, auf den Bildern blinzeln wir in die Kamera, beschatten unsere Augen mit den Händen – und fuhren nach Osten Richtung Edina, einem kleinen, sehr wohlhabenden Vorort von Minneapolis.

Meine nachhaltigsten Erinnerungen an diese Reise quer durch das ganze Land – mein Vater zum ersten Mal im Leben am Steuer eines Hertz Trucks mit achtzehn Rädern, meine Mutter am Steuer des alten Ford – sehen folgendermaßen aus: In Reno erstickt mein Vater fast an einem Hühnchenknochen (Essen, Tod), dann, auf der Fahrt durch die Rockies, der Blick aus dem Führerhaus des LKWs: über die geländerlose Felskante, hinab ins Bodenlose. Ich stellte meine Stofftiere um mich herum auf und legte ihnen die Ohren über die Augen, damit sie nichts sahen (Tod). Ich erinnere mich an den gegrillten Lachs, den meine Halbbrüder an ihrem fünfzehnten Geburtstag in Yellowstone aßen (Essen). Und daran, vor einem Spiegel in einem Hotelzimmer in Wyoming zu stehen, über meine Frisur in Panik zu geraten, an meinem Körper hinabzublicken und zu »erkennen«, daß ich fett bin, fett, fett, fett. Meine Schenkel und mein Bauch und mein Gesicht sind Fett (Körper, Essen). Ich breche in Tränen aus. Das Bild, das von diesem Tag im Fotoalbum meiner Eltern klebt – ich in einem geblümten Overall, mein Haar naß, weil ich es in dem besessenen Versuch, meine Frisur in Ordnung zu bringen, zum achten Mal gewaschen hatte –, zeigt mich mit unglücklichem Lächeln, eine in sich zusammengesunkene Gestalt, das Gesicht vom Weinen geschwollen.

In dem Jahr, in dem wir nach Minnesota zogen, gaben meine Eltern den halbherzigen Versuch auf, sich um Stabilität zu bemühen. Sie waren einfach nur deshalb zusammen, weil sie mir Mutter und Vater sein wollten. Punkt. Außerdem hatte keiner von beiden einen Job in Aussicht, was natürlich noch eine zusätzliche Belastung war.

Nachdem sich der Umzugstumult gelegt hatte, vertrugen sich die beiden und begannen, einander wieder zu mögen. Ich hingegen wurde jetzt vollkommen neurotisch. Meine Neurose überraschte sogar mich selbst. Ganz plötzlich versank ich im absoluten Chaos. Gut möglich, daß ich schon vorher latent depressiv gewesen war, eine Angststörung und/oder Manie gehabt hatte, und daß die Verwirrung diesen Störungen einfach nur eine Gelegenheit bot, an die Oberfläche zu kommen. Und sie *kamen* an die Oberfläche! Fast sofort nach unserer Ankunft entwickelte ich eine akute, bizarre Furcht vor allem und jedem. Ich war ein wandelndes Bündel Angst, brach leicht in Tränen aus, fürchtete mich vor der Dunkelheit, vor den Kindern in der Schule, vor den Lehrern, der Sonne, dem Mond, den Sternen. Vielleicht konnte Gott mir ja helfen. Ich begann also, regelmäßig zu beten, verzweifelt, wobei ich ständig über die Schulter blickte, um mich davon zu überzeugen, daß auch niemand zusah. Ich fiel auf die Knie, preßte die Nägel in die Handflächen, bat Gott inständig, mir zu vergeben, murmelte verzweifelte Gebete, die für keinen Gott irgendeinen Sinn ergeben hätten: Bitte Gott es tut mir leid laß mich nicht fett werden es tut mir leid vergib mir Vater denn ich habe gesündigt segne meine Mutter und meinen Vater und den Hund und meine Freunde und es tut mir leid und danke für Bücher und vergib mir und laß mich nicht fett werden es tut mir leid daß ich die Limonade in die Pflanze geschüttet habe.

Plötzlich verfügte jedes Objekt über jene »primitiven magischen Kräfte«, Treppen, Stühle, Bücher, Gabeln, Vorhänge. Alles mußte seine höchst präzise Ordnung haben: Das Bett mußte auf bestimmte Weise gemacht sein, die Uhr mußte immer im Auge behalten werden, damit bestimmte Aufgaben auch pünktlich abgewickelt wurden. Ich erinnere mich, wie ich auf dem Bett meiner Eltern lag und beobachtete, wie die alte Digitaluhr ihre Zahlen wie wechselnde Spielkarten in die Höhe hielt: 5:21, 5:22, 5:23. Ich überzeugte mich davon, daß die Zeit nicht stillstand, daß das Abendessen, wie von meinen Eltern angekündigt, zu einer bestimmten Uhrzeit auf dem Tisch stand. »Jetzt sind wir schon eine Dreiviertelstunde überfällig!« rief ich die Treppe hinunter, wenn es mal wieder nicht klappte, und brach in Tränen aus, wenn das Abendessen dann immer noch nicht fertig war. Die Zeit hatte mich betrogen. Nichts geschah in der richtigen Reihenfolge. Ich führte ständig Selbstgespräche, im Bett, im Bad, im Park, im Garten. Ich erstellte Listen, plante sorgfältig Tag um Tag auf meinem Mickey Mouse Papier. Die Tage, an denen »nichts« geplant war, stürzten mich in tiefe Verzweiflung; was sollte ich nur tun? Mit wem konnte ich spielen? Wer würde mir Gesellschaft leisten und mir dabei helfen, die Zeit zu vertreiben? Ich hob unsere kalifornischen Nummernschilder auf, damit sie nicht traurig waren, weil wir sie wegwarfen. Ich legte mich mit meinem Harlekin, der ein Geschenk von kalifornischen Freunden war, aufs Bett und zog die Puppe auf, damit sie »Send in the Clowns« sang – wieder und immer wieder. Das schrecklich traurige Spiel der Puppe, die silberfarbene Träne, die auf seine Wange gemalt war, brachten mich zum Weinen. Ich sprach mit ihr, lehnte sie ordentlich gegen die Kissen, sagte ihr, daß sie nicht so traurig sein sollte. Daß alles gut würde.

Einer Studie über Anorexie zufolge waren die meisten Patienten in der Kindheit, etwa fünf Jahre vor Ausbruch der Magersucht, an Angststörungen erkrankt.[7]

Während des ersten Jahres in Edina wohnten wir in einem schrecklich häßlichen, braunen Bungalow an einer stark befahrenen Straße. Der Teppich in meinem Schlafzimmer war kotzgrün. Ich bekam neue Schulkleider. Ich trug keine Röhren-, sondern Karottenjeans, und meine Cousine, der ich wie ein Hündchen folgte und der ich in jeder Hinsicht nacheiferte, durfte Röhren tragen, eine Tatsache die, wie ich mich erinnere, zwischen meiner Mutter und meiner Tante lang und breit diskutiert wurde. Ich entwickelte eine tiefe, anhaltende Angst vor Jeans, die ich auch heute noch habe. Ich halte den Atem an und schließe die Augen, wenn ich eine anziehe, jetzt wie damals voller Angst, daß sie an meinen Hüften klebenbleibt. Und dann stehe ich da, eine absurde Gestalt, die ihre ausladenden Hüften anstarrt, die »schlank« sein müßten, wenn sie ein guter Mensch wäre. *Schlank* ist ein seltsames Wort, es scheint förmlich zu grinsen, ist glatt und geschmeidig und kommt einem leicht über die Lippen. Es ist das Zauberwort der achtziger Jahre: schicke Werbespots für Jeans, Mädchen, die wie *Schl*angen in ihre *schl*anken, schicken Jeans *schl*üpfen. *Schllllllannnk.*

Ich war es nicht. Ich war normal. Ich besaß ein graues Kleid, das meine Mutter für »niedlich« hielt. Ich wollte nicht niedlich sein. Ich war es leid, niedlich zu sein. Ich wollte schlank sein. Oder schick. Das Kleid war ein formloser, grauer Sack, der an der Taille durch zwei gelbe Schnüre zusammengehalten wurde. Ich zog es an, als sie es mir mitbrachte, stellte mich auf die Toilette, um mich im Spiegel zu betrachten und jaulte: »Ich sehe aus wie ein Elefant!« Ich brüllte wie am Spieß. Sie sagte, nein, Liebes, du siehst niedlich aus. Ich weinte unaufhörlich, während sie mir die Haare flocht. Ich löste die Zöpfe wieder, weil sie nicht vollkommen waren. Die sind doch völlig unförmig, sagte ich. Entgeistert sah sie mich an, hob in einer Geste der Hilflosigkeit die Hände und verließ kopfschüttelnd das Zimmer. Ich stellte mich erneut auf die Toilette, hob mein Kleid in die Höhe und betrachtete mich im Spiegel von allen Seiten.

Jemandem hätte der Gedanke kommen können, daß ich an der Schwelle zur Pubertät stand. Aber sie kam ja auch ziemlich früh, deshalb hat es wahrscheinlich niemand bemerkt. Und ich wurde mehr als alle anderen davon überrascht, zumal man mir bis dahin nur in sehr abstrakten Begriffen erklärt hatte, was *Sex* überhaupt war. Es hätte mir sicher geholfen, wenn mir jemand gesagt hätte, warum ich – im hohen Alter von acht Jahren – drei höchst unwillkommene Haare an einem absolut unpassenden Ort auf meinem glatten, allerheiligsten Selbst fand, während ich auf der Toilette hockte. Ich nahm eine Pinzette, zog sie aus und fragte mich, ob ich mich in einen Affen verwandeln würde. Je mehr ich Tag für Tag zupfte, um so mehr Haare tauchten auf, seltsame, drahtige, kleine Haare, bis ich etwas hatte, das man nur als kleinen Bart zwischen den Beinen beschreiben konnte. Schließlich wurde mir klar, daß es vergebliche Liebesmüh war, und ich gab die Zupferei auf. Ein paar Jahre später, als ich auf Mitternachtsparties mit anderen Mädchen in Pyjama und Pferdeschwanz bei peinlichen Wahrheitsspielchen Geständnisse austauschte, berichteten diese, daß sie ihre Schamhaare gezählt hatten. Da dachte ich bei mir: Sie zählen? Wo sollte ich anfangen? Mit acht Jahren stand ich auf dem Badewannenrand, so daß ich mich im Spiegel betrachten konnte und beobachtete, wie meine Hüften sich plötzlich verbreiterten, wie meine Handgelenke, meine Knochen und mein Unterbauch schwerer wurden. Meine vage Überraschung angesichts der Tatsache, daß mein Körper mehr Präsenz beanspruchte, meine Neigung, wie ein Elefant im Porzellanladen alles umzuwerfen, trugen dazu bei, daß ich ein latentes Haßgefühl auf meinen Körper entwickelte. Ich hatte blaue Flecken an den Hüften, die im Vergleich zu früher regelrecht ausladend waren. Ich hatte ein gestörtes Verhältnis zum Raum, fühlte mich immer unwohler in meiner Haut und war über meine eigene Größe und Breite, über meine Ellbogen und Knie wütend. Ich war wie Alice, nachdem sie von den Pilzen gegessen hatte.

Die Jahre, die ich in der Grundschule von Edina verbrachte, verschwammen in einem Nebel von Demütigungen. In der dritten Klasse begann ich, mich mit den Mädchen aus der Nachbarschaft herumzutreiben. Wir saßen im Keller, unter der Treppe und gaben meiner wütenden, allnächtlichen Selbstgeißelung für unendlich viele Sünden neue Nahrung. Sex war in meinem Elternhaus ein Tabuthema. Niemand hatte mir je auch nur andeutungsweise erklärt, wo die Babys herkamen, obwohl ich es natürlich herausbekommen hatte und – wie jedes Kind – sehr interessiert an der ganzen Sache war. Dieses Interesse konkurrierte jedoch mit meiner manischen Angst, und plötzlich bekamen die ziemlich unschuldigen Berührungen und das Kichern mit meinen Freundinnen den Ruch des Bösen, Falschen, Schmutzigen, Verwerflichen. Stumm lag ich hinterher auf dem Bett, die Hände gegen die Schläfen gepreßt, um die Kopfschmerzen niederzukämpfen, ebenso wie die rasenden Gedanken. In meiner Brust tat sich ein gähnender Abgrund auf, der so groß war wie der traurige, sonnige Himmel, zu dem ich emporstarrte.

Man nimmt gemeinhin an, daß Frauen mit Eßstörungen eine neurotische Angst vor Sex haben und daß diese Furcht sich in dem verzweifelten Versuch manifestiert, in der Pubertät die immer sichtbarer werdenden Zeichen ihrer Weiblichkeit zu unterdrücken. Manche Frauen haben diese Angst tatsächlich, aber in einigen Fällen ist es vielleicht weniger die individuelle Furcht vor Sex, sondern eher – ich zum Beispiel hatte absolut keine *Angst* vor Sex, ich schämte mich nur, weil ich dermaßen fasziniert davon war. Für die Entwicklung von Eßstörungen spielt oft die Furcht davor, daß andere Menschen einen *sehen*, daß sie einen als *sexuelles* Wesen beurteilen, eine Rolle. Eßgestörte Menschen machen sich häufig sehr viel mehr Sorgen darüber, wie andere sie wahrnehmen als um ihre eigenen Gefühle. Die Furcht vor Sexualität rührt möglicherweise daher, daß unsere Kultur ein höchst zwiespältiges, konfliktbeladenes Verhältnis zur weiblichen Sexualität entwickelt hat, das sich in den Familien spiegelt. Als die Schule meldete, daß ich mit anderen Mädchen über schmutzige Themen sprach – man argwöhnte, meine Freundinnen und ich trieben im Keller unserer Schule Abscheuliches – kamen meine Eltern nicht auf die Idee, sich mit mir zusammenzusetzen und mir zu erklären, daß Sexualität und die damit verbundenen Gefühle völlig normal seien, daß es aber angesichts unserer kulturellen Normen ratsam sei, sie nicht öffentlich breitzutreten. Statt dessen starrten sie mich nur an, befremdet und wütend, und verboten mir, mich in Zukunft dieser »Gossensprache« zu bedienen.

In der vierten Klasse machte ich mir schreckliche Sorgen über die seltsamen und schmerzhaften Schwellungen an meinem Oberkörper, die sich langsam entwickelnden Brustwarzen. Ich zerrte meine Mutter zu mir ins Zimmer, riß mein T-Shirt hoch und sagte: Sieh mal! Mit mir stimmt irgend etwas nicht! Ich habe Krebs! Sie ging mit mir zum Arzt. Der Arzt, der sehr nett zu mir war, sagte: Sie fängt an, sich zu entwickeln. Oh, sagte meine Mutter. Oh, pflichtete ich ihr bei. Wir stiegen wieder ins Auto und fuhren heim. Nach einer Weile frage ich: Was heißt das? Das heißt, daß du Brüste bekommst, antwortete sie. *Oh*, sagte ich. Oh ja. Ich sah aus dem Autofenster, beobachtete, wie wir an McDonald's vorbeifuhren, an Bridgemanns Eisdiele, an Poppins Bistro, in dem es so herrliche Pasteten gab. Der Tag war sonnig, und der Gurt schnitt mir in die Brust. Ich konnte nicht still sitzen. Lieber Gott, ich bereue alles. Die Auffahrten zählen, die Autos, meine Atemzüge, zählen, zählen, zählen, das gleichmäßige, unaufhörliche Pulsieren in meinem Kopf.

Mir ist klar, daß jeder irgendwann in die Pubertät kommt, aber ich war (a) nicht vorbereitet und (b) nicht daran interessiert. Mein Körper, den ich ohnehin schon als ungebärdig und widerspenstig erlebte, tat plötzlich das, was ich insgeheim schon die ganze Zeit über befürchtet hatte: Er wurde zum Feind. Ohne meine Erlaubnis und ohne Vorwarnung begann er, zu »erblühen«. Eines Morgens wachte ich auf und hatte das Gefühl, daß er das ganze Zimmer erfüllte. Schon seit langem war ich der Meinung, daß ich fett war, deshalb kam es, als mein Körper – wie bei allen Mädchen dieses Alters – plötzlich viel mehr Fettzellen entwickelte, zur Krise. In der Pubertät wuchs mein latentes, nagendes Unbehagen zu einer ausgewachsenen, ständigen Zwangsvorstellung heran.

Als ich in der vierten Klasse war, kamen zu meinem ständig weiter anschwellenden, widerlichen Körper auch noch ein neues Haus, doppelt so viel Furcht, Schlaflosigkeit, Alpträume, zwanghaftes Essen, Kopfschmerzen und eine verzweifelte Angst vor dem Alleinsein hinzu. Und da ich Masochistin bin, bat ich meine Eltern, mich nach der Schule nach Hause gehen zu lassen. Sie arbeiteten beide viel, und normalerweise blieb ich bei Babysittern oder Tagesmüttern. Ich war schließlich kein Kleinkind mehr (heulte ich) und mußte nicht ständig bewacht werden. Es war eine Prinzipienfrage. Ich wollte, daß sie mich für verantwortungsbewußt hielten. Ich wollte, daß sie mir vertrauten. Schließlich stimmten sie mir zu, daß ich alt genug war.

In Wirklichkeit jedoch war Alleinsein das Letzte, was ich wollte. Wenn ich um die Ecke bog und die Nancy Lane herunterlief, starrten mich die leeren Augen des Hauses an. Ich begann, mir das Innere vorzustellen: den Spiegel in meinem Schlafzimmer, im Bad, das Bad im Keller, den Waschkeller. Ich begann darüber nachzudenken, was ich essen würde, wenn ich im Haus war. Hatte ich Hunger? Nicht besonders. Ich war von der Zeit überwältigt, all diese unausgefüllte Zeit, die vor mir lag, ein paar Stunden, die sich zu stillen Äonen auszudehnen schienen, das Haus ebenso leer und voll traurigen Lichts wie meine Brust. Wenn ich die Straße hinab und auf das Haus zuging, stieg Panik in mir auf. Ich rannte den restlichen Weg, öffnete hastig die Tür, ließ die Tasche auf den Boden fallen und fand Trost vor dem Kühlschrank, wobei mir das Herz bis zum Hals klopfte. Ich schmolz Käse auf Toast und aß es auf. Noch mehr Käse, noch mehr Toast. Cornflakes. Pilze, die ich in Butter und Brandy briet. Sie füllten den Mund, die Leere in meinem Herzen, die endlosen Stunden mit dem dumpfen Stumpfsinn des Essens.

So verbrachte ich die Nachmittage, sah mir die *Bill Cosby Show* und Wiederholungen von *Baywatch* an, führte mechanisch die Hand mit dem Essen zum Mund. Und wie vorauszusehen war, nahm ich zu. Abends dann stand ich vor dem Spiegel, kniff meine Hüften heftiger, heftiger, bis ich Striemen und blaue Flecken bekam, schlug meinen Hintern, um zu sehen, ob er wackelte, damit ich sagen konnte: Fette Sau. Wie die Tänzerin auf einer Spieluhr drehte ich mich vor dem Spiegel, wieder und wieder, mit verkniffenem Gesicht.

Und so kam es, daß ich eines Tages, vollgestopft mit Chips, einen kleinen Ausflug nach unten ins Bad unternahm. Niemand hatte mich auf diesen Gedanken gebracht. Es schien mir naheliegend zu sein, daß man das, was man hineingestopft hatte, auch wieder herausholen konnte.

Als ich zurückkehrte, war alles anders. Alles war ruhig, und ich fühlte mich rein. Alles war in Ordnung. Alles war, wie es sein sollte.

Ich hatte ein Geheimnis. Es löste Schuldgefühle aus, zugegeben. Aber es war unzweifelhaft meins. Jetzt hatte ich etwas, an das ich mich halten konnte. Es leistete mir Gesellschaft. Es hielt mich ruhig. Es erfüllte mich und schenkte mir gleichzeitig eine wohltuende Leere.

Bulimie ist immer beides: verführerisch und beängstigend. Sie teilt den Geist in zwei Teile: man kann etwas aufnehmen, man kann es verweigern; man braucht, man braucht nicht. Diese Spaltung ist kein besonders schönes Gefühl, auch nicht am Anfang. Doch zu Beginn scheint mehr dafür zu sprechen als dagegen. Man hat ein Zentrum gefunden, die Gedanken beruhigen sich etwas. Sie bekommen Struktur, eine Reihenfolge: nach Hause gehen, essen, erbrechen. Das Problem im Leben ist der Körper: Er ist klar definiert, er hat Anfang und Ende. Das Problem wird gelöst, indem man den Körper schrumpfen läßt. Sich selbst bändigt.

Das Öffnen der Haustür ist nicht mehr bedrohlich. Man muß nicht mehr befürchten, kopfüber in das weiße Licht der stillen Stunden und wilden Sorgen zu stürzen, während man den Flur auf und ab wandert, auf der Couch sitzt und aus dem Fenster starrt und das Leuchten auf der anderen Seite des Sees beobachtet. Im Licht, den fehlenden Konturen verloren zu gehen, dazusitzen und den Worten zuzuhören, die durch die Ohren rauschen, auf den Atem oder den Wind oder das Licht zu lauschen, das in der leeren Höhle der eigenen Brust widerhallt. Zu vergessen, wer man ist, wo man ist und ob man ist. Sich zu verlieren in dem Gedanken, daß alles vielleicht nur Ausgeburt der eigenen Phantasie ist, daß man sein Leben träumt. Man hält seine Hand in die Höhe, betrachtet sie: Sie ist umgeben von Licht, und das Herz schlägt wild, während man denkt: Ich träume, ich bin noch nicht einmal hier, ich existiere gar nicht. Dieser Gedanke, daß man nicht *ist*, ist allzu faszinierend. Der Gedanke, daß man den See nur lang genug betrachten muß, um sich in den weißen Flammen des Lichts, das über dem Blau lodert, und das nur wenige Zentimeter vom eigenen Gesicht entfernt zu sein scheint, aufzulösen. Es zieht einen in seinen Sog, wie gebannt starrt man hinein, hat nur noch ganz wenig Angst. Und wenn dann die Mutter zur Tür hereinkommt, schreit man laut auf vor Schreck. Mit einem Schlag landet man wieder auf der Erde. Es ist dunkel. Es ist Abend. Man ist in seiner vertrauten Umgebung, und die Mutter sieht einen an und fragt: Was ist los?

Hör auf damit. Verrücktes Mädchen. Du hast sie nicht mehr alle. Komm jetzt runter, essen. Erfülle den Raum mit deinem Körper. Bleib' auf dem Boden der Tatsachen.

Sie erfährt die Welt manchmal als seltsam und entpersonalisiert ... Die an Bulimie erkrankte Person ist häufig nicht in der Lage zwischen dem, was außerhalb und innerhalb des Körpers ist, zu unterscheiden ... die Freßanfälle sind der Versuch, Identität zu erleben, indem sie das kontrolliert, was in ihren Körper hineinkommt ... Das Erbrechen definiert ihre körperliche Grenze, indem sie bestimmte Dinge wieder an die Außenwelt abgibt ... Das Individuum ist auf der Suche nach dem Gefühl, am Leben und voll(ständig) zu sein, indem es ... Substanzen ... einnimmt, und diese Suche wird paradoxerweise gespeist von der Erfahrung, daß es selbst – und der eigene Körper – eigentlich leer oder tot ist.[8]

Kurz nachdem ich an Bulimie erkrankt war, ging ich in die Bibliothek, um mir ein Buch über Magersucht auszuleihen, das auch für das Fernsehen verfilmt worden war. Ich wollte sein wie die Hauptdarstellerin: in sich gekehrt, reserviert, kühl, ganz und gar in ihrer Zwangsvorstellung gefangen, vollkommen rein. Das Ganze ist ein ziemlich romantisierter Bericht, geschrieben von einem Arzt, der in der Hauptsache nicht die Eßstörung beschreibt, sondern seine eigenen Heilungserfolge herausstellt. Im Buch stand, daß man an einer Eßstörung sterben könne. Das machte mir nichts aus. Nur auf eines wurde nicht hingewiesen: Wenn die Krankheit einen nicht *sofort* umbringt, dann muß man für den Rest seines Lebens damit leben und stirbt letztendlich an den Folgen. Ich wünschte, ich hätte das gewußt. Ich beschloß, daß ich, wenn ich schon sonst nichts mit meinem Leben anfangen würde, als Erwachsene magersüchtig werden wollte. Bulimie schien mir ein guter Anfang zu sein.

Wie sich herausstellte, war ich in dieser Disziplin hervorragend.

Meine Babysitterin, Kelly, lachte mich aus, als ich damit prahlte, einen ganzen Laib Brot allein aufessen zu können. Nein, kannst du nicht, sagte sie. Entschlossen schnitt ich mir ein paar Scheiben ab und steckte sie mit klopfendem Herzen in den Toaster. Ich erinnere mich an das Toastbrot, an die Butter, die ich darauf strich, an das Knuspern des Brotes zwischen meinen Zähnen, an die Liebkosung der Butter auf meiner Zunge. Ich erinnere mich, daß ich Stück für Stück verschlang, daß ich wütete, daß mein Hunger unstillbar war, daß sich kein Gefühl der Sättigung einstellte. Ich erinnere mich, wie ich mich fröhlich auf den Weg ins Badezimmer gemacht habe. Nacht, sagte ich. Dann schloß ich die Badezimmertür ab, drehte den Wasserhahn auf, beugte mich über die Toilette und erbrach mich in einer Woge des Glücks.

Aber das Glück dauerte nicht lange. Durch die tägliche Völlerei nahm ich zu, und obwohl ich keine Verbindung sah, wurde ich immer launischer. Zunächst erbrach ich mich nur relativ selten – vielleicht ein oder zweimal die Woche –, und genau in dieser Zeit begannen meine Probleme in der Schule. Ich geriet häufig in Streit. Meine Noten schwankten, die Lehrer schickten meinen Eltern Nachrichten über mein aufrührerisches Verhalten: Ich gab Widerworte, war sarkastisch, war eine Aufwieglerin. Ich begann, noch mehr Zeit auf meinem Zimmer zu verbringen, auch wenn meine Eltern zu Hause waren, und malte Bilder von skelett-dünnen Frauen. Meine Eltern und ich bekamen Streit miteinander. Eine unerklärliche Wut bahnte sich langsam ihren Weg an die Oberfläche, steigerte sich in den darauffolgenden Jahren, bis ich meinem Vater vorkam wie eine »Zeitbombe«.

Mit neun, zehn, elf Jahren blätterte ich die Teenager-Zeitschriften aus Clancys Drugstore durch. Während meine Freundinnen vor den Lipgloss-Regalen, wo es die wildesten Farben für 99 Cent gab, standen, brütete ich über den Diättips, starrte die Models auf den Seiten an, saubere, haarlose, grinsende Mädchen (»Mandi trägt muschelrosafarbenen Lipgloss«) mit glatten Zahnstocherbeinen, die fröhlich vor sich hin tänzelten. (Meine Beine in ihren Karottenjeans waren zu dick und zu behaart). Ich schlug die Zeitschrift zu. Zu Hause vor dem Schminkspiegel unterzog ich mein Gesicht dann einer kritischen Betrachtung: runde Wangen, runde, sommersprossige Wangen, Kuhaugen. Nachts lag ich auf dem Boden meines Zimmers und machte Oberschenkelgymnastik. Ich befeuchtete meinen Finger und blätterte die Zeitschriften durch, betrachtete die Gesichter. Mandi und Sandi und Kari und Shelli mit ihrer muschelrosafarbenen Haut und den strahlendweißen Zähnen, die mit sexy Augenaufschlag in die Kamera sahen und mit knabenhaften Körpern herumstolzierten. Ich übte ihren Blick, warf meinem Spiegelbild Schlafzimmerblicke zu, wackelte mit den Hüften und warf das Haar über die Schulter. Mit meinem Körper stimmte etwas nicht – meine Brüste stachen unter meinem T-Shirt hervor, mein Hintern ragte heraus, kurvenreich und furchtbar verkehrt. Alles war verkehrt.

Während der Grundschulzeit wachte ich jeden Morgen um 6.30 Uhr mit einem Schreck davon auf, daß der Radiowecker die fürchterlichen Popsongs der achtziger Jahre spielte. Unter die Dusche, raus aus der Dusche, mit einem Handspiegel auf die Toilette klettern: beobachten, betrachten, prüfen, kritisch beäugen. Zuerst von vorn. Die Beine zu kurz, zu rund, die Oberschenkel berühren sich. Die Zeitschrift *Seventeen* sagt, daß sich die Oberschenkel nicht berühren sollten. Meine berühren sich. Ich bin potthäßlich. Das Ende. Wie kann ich das alles nur verstecken? Was soll ich tun, um nicht immer mit krummem Rücken dazustehen? Wie kann ich mich nach innen krümmen, als ob ich implodieren wollte? Linke Seite: Hintern zu rund, ragt vor, riesig, ohmeingott, der Hintern, dieser schreckliche Hintern, der Hintern, den man so gar nicht verleugnen kann. Von hinten: Die Hüften verbreitern sich unter der Taille. Sind das vielleicht schon Reiterhosen? Hintern, der Hintern! Zwei Handspannen breit. Oh zur Hölle damit! Rechte Seite! Dieser verdammte Hintern! Wer hat gesagt, daß ich einen Hintern wollte? Warum kann ich nicht einen *flachen* Hintern haben, die Art, die förmlich in der Tasche der Guess Jeans zu verschwinden scheint, wenn man das Bein nach hinten stellt? Ich will das Ding nicht, nicht diesen runden, alles beherrschenden, stolzen kleinen Hintern.

Ich bin vielleicht neun oder zehn: Morgens nach dem Aufstehen setze ich mich auf die Couch und nehme eine Zeitung zur Hand. Auf der ersten Seite ist die Geschichte eines Mädchens zu lesen, die in meiner Stadt, in Edina, wohnte und Selbstmord begangen hat.

Betrachten wir dieses Ereignis etwas näher. Folgendes weiß ich: Das Mädchen war sechzehn Jahre alt, lebte in der gleichen Stadt wie ich und ist implodiert. Sie hat sich in das Auto ihrer Mutter gesetzt, ist auf einen Hügel gefahren (es gibt keine Hügel in Minnesota, ich stelle es mir nur so vor, ein James Dean Hügel). Sie hat das Auto dort abgestellt. Sie trägt Jeans. (Ob das in dem Artikel zu lesen war? Warum sollte man so etwas erwähnen? Habe *ich* sie mir in Jeans vorgestellt? Mit langem, braunem Haar.) Sie hat einen Kreis aus Benzin um sich gezogen. (Benzin aus dem Kanister? Feuerzeug oder Streichhölzer?) Sie hat das Benzin angezündet. Sie hat sich selbst verbrannt.

Ich weiß, daß sie magersüchtig war. Ich weiß, daß sie einen Abschiedsbrief hinterlassen hat, in dem stand, daß sie nicht weiterleben wollte, weil sie es nicht aushalten könnte, noch länger in ihrem Körper zu leben. Die Bürde war zu schwer für sie.

Mein erster Gedanke: Das verstehe ich.

Ich lese den Artikel, dann die Comics, das Horoskop, die Wettervorhersage, die überregionalen Nachrichten, das Feuilleton. Ich stand auf, als mein Vater mich zum Frühstück rief, frühstückte, tschüs Papa, verließ die Nancy Lane linker Hand, bog dann nach rechts ab und ging zum Ufer des Sees am Ende der Straße, ging zu ein paar Bäumen hinüber, hielt meinen Pferdeschwanz zurück, steckte den Finger in den Hals, schob mit dem Fuß Blätter über den Dreck, spuckte, steckte mir zwei Kaugummis in den Mund. Ging aus dem Wäldchen wieder hinaus, die St. John's Avenue hinunter, auf die Concord Elementary School zu, dachte über Gewicht nach, die unerträgliche Bürde des Gewichts und verstand. Das Mädchen tat mir leid. Ich war traurig, daß sie niemals heiraten oder Kinder bekommen würde. Und voller Trauer verstand ich sie, und ich entschuldigte mich bei Gott, weil ich nicht gedacht hatte: Oh nein! Wie schrecklich! Wie konnte sie das tun? Wie konnte so etwas nur passieren? So eine Verschwendung! So eine Schande! Statt dessen dachte ich: Ich könnte es tun.

Ich könnte es tun. Was für ein Schock! Ich bleibe stehen. Narzißtin. Aufmerksamkeitsgeile Egozentrikerin. Immer denkst du nur an dich selbst. Bete für das Mädchen!

Aber ich kann nicht. Ich denke an die unerträgliche Bürde des Gewichts. Ich denke darüber nach, wo man Benzin herbekommen kann.

In der Stadt, in der ich wohnte, drehte sich alles um Geld. Geld – also sozialer Status – und Eßstörungen stehen in einem direkten Verhältnis zueinander. In unserer Kultur wird Schlankheit mit Wohlstand, mit sozialem Aufstieg und Erfolg gleichgesetzt. Müßig auszuführen, daß all dies mit Selbstkontrolle und Disziplin einhergeht: die Yuppifizierung des Körpers und der Seele, vollkommene Menschen mit hoch angesehenen Jobs und persönlichen Trainern. Beim Lächeln stellen sie ihre ebenmäßigen Zähne und ihr ach-so-glückliches Leben zur Schau. Im Gegensatz dazu wird Dicksein mit Schwäche, Faulheit und Armut gleichgesetzt. Schlankheit ist zum Ideal geworden, das »Selbstdisziplin, Kontrolle, sexuelle Freizügigkeit, Selbstbewußtsein, Konkurrenzbewußtsein und die Zugehörigkeit zu einer höheren sozioökonomischen Klasse symbolisiert«[9]. Um es auf den Punkt zu bringen: Der neue Fitneßwahn, das Bedürfnis, durchtrainiert und sportlich zu sein und nicht einfach nur dünn, ist Ausdruck von Sexualität – aber »einer kontrollierten, beherrschten Sexualität, die nicht auf peinliche und unerwünschte Weise auszubrechen droht«[10]. Den Fitneßwahn zu teilen erfordert Zeit und Geld, ein Privileg, das nur denen zusteht, die auch die Mittel dazu haben. Der »vollkommene Körper wird zum öffentlichen Ausdruck dieser Mittel«. Der Körper als kostspieliges Schmuckstück.

Meine Generation ist mit den Medien aufgewachsen, mit dem Fernsehen, mit Teenagerillustrierten, mit Plakaten, die uns entgegenschrieen: »Wenn du deinen Körper wählen könntest, welchen würdest du wählen?« Mit Bildern durchtrainierter, stahlharter Körper, die in durchgestylten Fitneßstudios immer härter wurden. Und was zum Teufel glauben Sie, würde ich wählen? Den vollkommenen Körper natürlich. Die Frauenzeitschriften sind randvoll mit Tips, wie man ihn erreichen kann. »Runter mit dem Babyspeck!«, »So purzeln die Pfunde!« Wir lesen die endlosen, langweiligen Serien der *Sweet Valley High* Liebesromane wie die Bibel, verschlingen diese furchtbar fröhlichen Geschichten von Zwillingen, die natürlich die beliebtesten Mädchen der ganzen südkalifornischen High School sind. Sie sind klug und schön, und sie bekommen natürlich immer ihren Traumtyp. Und jeder einzelne Band erinnert uns daran, daß sie blond, blauäugig und rank und schlank sind. Die personifizierten Barbiepuppen. Wir lasen diese Bücher in der Schule, versteckten sie hinter unseren Mathebüchern. Hinterher standen wir auf der Schultoilette, diskutierten über die Handlung und verglichen unsere Oberschenkel miteinander. Sieh dir das an, sagten wir und schlugen unsere Körper so heftig, daß sich weiße Striemen auf unserer Haut bildeten. Sieh mal, wie mein Fett wabbelt. Aber du – sagten wir dann zu einem anderen Mädchen – du hast so etwas wie den *vollkommenen* Körper.

Es ist wichtig, auf die Sprache zu achten, mit der wir über den Körper sprechen. Wir reden, als ob es einen kollektiven, vollkommenen Körper gäbe, eine einzige Einheit, hinter der wir alle her sind. Das Problem ist nur, daß wir *tatsächlich* alle hinter diesem einen Körper her sind. Wir sind mit der Idee aufgewachsen, daß unter unserem Fleisch, tief vergraben hinter den überzähligen Winkeln und Falten unseres gesunden Leibes, der vollkommene Körper verborgen liegt, der nur auf seinen Durchbruch wartet. Er sieht genauso aus wie der vollkommene Körper aller anderen. Ein Klon der gestaltlosen, androgynen Models, der unbehaarten Pornostars mit den Silikonimplantaten. Der Natur zum Trotz würden wir zahnstocherdünne Schenkel und üppige Brüste haben, einen stahlharten Hintern und flache, feste Bäuche. Wie Andy Warhol schrieb: »Je mehr man nach dem genau Gleichen Ausschau hält ... um so besser und leerer fühlt man sich.«

Ich bin in einer Welt aufgewachsen, in der die Kinder unnatürlich sauber waren, angezogen mit Kleidern, die alle aus demselben Geschäft stammten. Sie spielten Erwachsene – sie waren Vorzeigeehefrauen im Miniaturformat, denen Miniaturanwälte zur Seite gestellt waren. Sie tänzelten auf dem Schulhof herum, mit vollkommenen Zähnen, vollkommenem Haar und sonnengebräunter Haut – entweder aus den Ferien in Mazatlán oder, im Winter, aus dem Sonnenstudio. Perfekt gefaltete Banknoten und Seifenoper-Grundschuldramen. Ich war eine unbestimmte Größe. Man mochte mich zwar, aber ich war keineswegs besonders begehrt. Ich war zu schrullig, um richtig beliebt zu sein, zu vorlaut und zu jähzornig, recht klug, ans Verrückte grenzend, zu wild.

Außerdem gab es an meiner Schule ein Kastensystem. Ich stammte aus dem falschen Viertel, in dem die Häuser zu einfach und zu klein waren, planlose Bauwerke im Stil der fünfziger Jahre. Ich wohnte in dem Teil der Stadt, in dem auch die öffentliche Schule lag, eine Gegend, in der die Mütter arbeiten gingen und die Kinder Schlüsselkinder waren. Auf der anderen Seite, in der Nähe des Country Club, standen Häuser im viktorianischen Landhausstil: Dort hatte man Haushälterinnen und Gärtner, das Grundstück war von hohen Steinmauern umgeben und darauf wuchsen große Eichenbäume; in der für drei Autos ausgelegten Garage stand ein BMW. Die Mütter gingen einkaufen und schmückten zwanghaft das Heim. Ihre schlaksigen Kinder trugen Kleidung von Ralph Lauren und Laura Ashley. Die Väter schienen auf dem Speicher versteckt worden zu sein und tauchten nur dann und wann auf, um ihren Töchtern beim Abendessen den Hintern zu tätscheln. Schon in der fünften Klasse gingen die Mädchen zur Maniküre, fluchten nicht, aßen mittags in diesem schrecklichen Speisesaal weißes Brot und gaben ein geziertes Lachen von sich, das zu ihren zierlichen Schultaschen paßte, auf die sie mit Kugelschreiber »I luv (Name).« geschrieben hatten.

In der ersten Zeit in Minnesota unternahm ich einen verzweifelten Kreuzzug, um meine Eltern dazu zu bringen, all das zu kaufen, was »die anderen« auch besaßen: Mikrowellen, Videorecorder, Reproduktionen zweitklassiger Kunstwerke in goldenen Rahmen, weiche Sofas, Sportwagen, teure Kleider, aus denen ich innerhalb weniger Wochen herausgewachsen sein würde. Sie weigerten sich. Also gab ich auf und konzentrierte mich stattdessen darauf, dünn zu werden.

Wir schreiben das Jahr 1984. Es ist Herbst, und ich bin in der fünften Klasse bei Mrs. Novakowski. Ich lebe im Land des Hübschen Blonden Mädchens in Weiß. Ich bin kein hübsches blondes Mädchen. Ich bin klein, stämmig, habe braunes Haar, Sommersprossen, eine Stupsnase und eine laute Stimme. Ich kann nichts dafür. Ich versuche, zierlich und angenehm und nett zu sein. Es funktioniert etwa fünf Minuten am Stück, dann plötzlich lache ich wieder zu laut, schreie in der Klasse herum oder gerate mit Mitschülern in Streit. Nach dieser Katastrophe bin ich immer schrecklich fett. Ich ziehe mir den Pullover über den Hintern, weil er zu dick ist. Auch meine Oberschenkel sind zu dick, und meine Titten ragen unter meinem T-Shirt hervor. Ich kreuze die Arme über der Brust und lege die Hand über den Mund, um mich am Reden zu hindern. Ich bin zu viel. Es gibt zu viel von mir. Meine Eltern sind seltsam, und ich trage Lee Jeans und nicht Guess Jeans. Außerdem kotze ich in der Pause auf dem Schulklo, und das ist ganz bestimmt nicht anmutig. Eindeutig unappetitlich. *Iiii* rufen die blonden Mädchen im Aufklärungsunterricht, während wir auf dem Bildschirm den seltsamen Querschnitt des weiblichen Unterkörpers betrachten. Der Körper ist rosafarben und beginnt plötzlich zu bluten, als eine mütterliche Stimme den blonden Mädchen verkündet, daß auch sie irgendwann Blutungen bekämen und daß es in dieser Phase ihrer Entwicklung besonders wichtig sei, auf die Ernährung zu achten, damit sich keine Zysten bildeten oder sonstige Probleme entstünden. Unterdessen blute ich unter dem Schreibtisch heimlich vor mich hin. Ich stelle mir meinen Körper im Querschnitt vor. Ich kreuze die Arme über der Brust und sage übertrieben laut *Iiii.*

In jenem Jahr begann ich, meiner Mutter Briefe zu schreiben: eine Nachricht im Nähzimmer, ein elfseitiges Schreiben auf meinem besten Briefpapier, das ich ordentlich zusammengefaltet in ihr Schmuckkästchen legte. Und ungefähr zur gleichen Zeit sagte mir mein armer Vater, daß ich einen BH bräuchte, weil ich in einem weißen T-Shirt (er stand auf, starrte seine Schuhe an) etwas (er rieb sich die Bartstoppeln am Kinn), ich sähe eben ein bißchen (er zuckte zusammen und zupfte sich am Ohr), naja, ich hätte eben *Busen*. Die Briefe an meine Mutter, in denen ich förmlich um ein paar Daten über den weiblichen Körper und über das, was sich *theoretisch* auch in meinem irgendwann abspielen könnte, flehte, wurden nie beantwortet. Die einzige Reaktion kam von meinem Vater. Er flippte aus. Er war eifersüchtig, daß im Haus Briefe mit der Aufschrift PERSÖNLICH kursierten. Er begann, mich zu meiden. Meine Mutter wandte die Augen ab, als ich sie fragte: Hast du meinen Brief gelesen? Ja und? Wir reden später darüber.

Irgend etwas mußte geschehen. Schließlich stellte ich sie im Wohnzimmer zur Rede und forderte, mir einen BH zu kaufen. ICH MUß EINFACH EINEN BH HABEN, erklärte ich. Warum? fragte sie. Ich brach in Tränen aus, weil sie nicht erkannte, daß ich in alle möglichen Richtungen wackelte und wabbelte und daß ich viel lieber ein gutes Fleischermesser gehabt hätte, um die Rundungen kurzerhand abzuschneiden. Einmal drohte ich tatsächlich damit, es zu tun, als ich gerade in düsterer Stimmung mit meinem Vater im Auto saß. Er glaubte mir. Aber meine Mutter seufzte nur tief und sagte, na gut. Und der Rest verlief in eisigem Schweigen: unsere Fahrt zum Kaufhaus, unser Gang durch die Läden, unsere Suche in der Kinderabteilung des Dayton's, wo natürlich keines dieser verdammten Dinger passen wollte. Aber wir kauften trotzdem welche, häßliche, weiße Sport-BHs, die überall kratzten und zwickten. Sie waren zu eng. Meine Mutter war auf unerklärliche Weise wütend, deshalb beschloß ich, verdammt noch mal den Mund zu halten.

Meine erste Periode bekam ich ebenfalls im Alter von zehn. Ich nahm eine Fünf-Dollar-Note von dem Geld, das ich zurückgelegt hatte, um mich über Wasser halten zu können, wenn ich von zu Hause ausreißen würde und stapfte zum Valley View Drugstore. Dort knallte ich eine Schachtel Tampons auf den Ladentisch, starrte angestrengt zur Decke und zahlte. Wieder zu Hause schloß ich mich im Badezimmer ein und las mir sorgfältig die Gebrauchsanweisung durch. Ich haßte die Zeichnungen, die Querschnitte halbierter weiblicher Körper. Aber ich war, um die Wahrheit zu sagen, gleichzeitig dankbar dafür. Aus irgendeinem unerfindlichen Grund hatte ich das Gefühl, daß die Menstruation durchaus ein Segen war. In der Literatur über Eßstörungen wird durchgängig behauptet, daß Magersüchtige ihre Menstruation haßten. Ich liebte sie und vermißte sie sehr, als sie dann zwei Jahre später aussetzte.* Ich glaubte, daß ich dem Erwachsensein nun ein Stück näher gekommen wäre, und daß es nun nicht mehr lange dauern könnte, bis ich aus dem Haus kam. In dieser Phase meines Leben hatte nichts Gültigkeit, was meine Mutter nicht lobte. Und in diesem Fall war meine Mutter wirklich die Person, von der am allerwenigsten Lob zu erwarten war. Also behielt ich mein perverses Vergnügen an den Blutungen für mich. Tatsächlich behielt ich sogar die Blutungen für mich und erzählte meiner Mutter fast ein ganzes Jahr nichts davon. Doch dann hatte ich kein Geld mehr und mußte gestehen. Ich murmelte, daß ich wohl gerade zum ersten Mal meine Periode bekommen hätte und ob sie mir, hmmm, irgend etwas, hmmm, besorgen könnte. Sie kaufte Binden und ging der Sache natürlich nicht weiter nach.

Fast zwölf Jahre später finde ich heraus, daß sie die Menstruation bestenfalls für ein Ärgernis hält, auf keinen Fall aber für einen Grund zum Feiern. Ich war also in der fünften Klasse, blutete wie ein angestochenes Schwein und wurde mit einer einzigen Binde zur Schule geschickt. Beiläufig fragte ich sie, ob sie eine einzige Binde für ausreichend hielte. Natürlich, antwortete sie, und verzog das Gesicht, weil ich so überaus dumm war. An diesem Tag trug ich eine neue, weiße Guess-Jeans und ein T-Shirt, das ich von meinem eigenen Geld gekauft hatte, und stand in der vordersten Reihe des Chors in der Aula. Irgendein Idiot schrie plötzlich: He, Marya, wo hast du dich denn 'reingesetzt? Ich drehte mich um und betrachtete meinen Hintern: Blut von der Taille bis zu den Kniekehlen. Ich ging den schier endlosen Weg vom Chor zur Tür, das Kinn in die Luft gereckt und suchte die Schulkrankenschwester auf, die mich darüber informierte, daß sie keine Binden hatte, weil (dummes Kind) dies doch eine Grundschule sei. Ups! Entschuldigung, ich dachte, ich wäre schon auf dem College. Sie nahm den Hörer ab, um meine Mutter anzurufen. Ich sagte ihr, daß meine Mutter nicht zu Hause sei. Wo ist sie? Sie arbeitet. Oh. (Diese Art Mutter.) Und wer ist dann zu Hause? Mein Vater. OH, ich verstehe. Nun. Sie rief meinen Vater an, der mit weit aufgerissenen Augen zur Schule gerast kam und anbot, mich zum Arzt zu

* Das Aussetzen der Menstruation in Folge von Unterernährung und mangelndem Körperfett bezeichnet man als Amenorrhöe.

fahren. Danach schlug er einen Besuch in der Eisdiele vor. Er zuckte zusammen, als ich ihm zu Hause die Tür meines Zimmers vor der Nase zuknallte. Ich kroch in mein Bett, ließ die Jalousien herunter und kam eine ganze Woche nicht mehr raus. Ich konnte die flüsternden Stimmen durch die Wand hindurch hören: Was stimmt nicht mit ihr? Flüster flüster. Flüster verrückt flüster. Flüster.

Im folgenden Sommer war ich elf und fuhr allein an die Westküste. Ich wohnte bei meinem Großvater und meiner Stiefgroßmutter, die beide ununterbrochen tranken und buchstäblich nie aßen. Ich erinnere mich an ein Hors d'oeuvre (Sie sagten mir, daß ich keine richtige Vorspeise bestellen sollte, das wäre zu viel gewesen) aus Muscheln in Weißwein. Ich aß, während sie mit dem Besitzer des Restaurants plauderten und Brüderschaft tranken. Ich entschuldigte mich, ging ins Bad, kaufte einen Tampon aus dem Automaten. Er kostete zehn Cent. Ich betrachtete mein Spiegelbild, das rosaweiß gestreifte Kleid, das extra für die Reise gekauft worden war, und dachte darüber nach, wie erwachsen ich aussah. Bei meinen Großeltern nahm ich ab, zumal ich vornehmlich von Cocktails namens Mint Julep und Shirley Temple lebte und ansonsten mit meinem Großvater um die Wette soff (Martinis). Ein Brief an meine Eltern, in dem die Zeilen meines Gekrakels nach unten laufen, endet mit dem P.S.: »Ich nehme kein Gramm zu!!!!!«

Als ich wieder zu Hause war, stritten meine Eltern und ich uns noch häufiger. Grundlos bekam ich Wutanfälle oder Heulkrämpfe. Ich wurde immer öfter »krank«, blieb zu Hause, stopfte alles in mich hinein, rollte mich auf der Couch zusammen und sah mir Seifenopern oder Quizshows an. Wenn ich alles aufgegessen hatte, übergab ich mich, kehrte nach oben zurück und holte mir noch mehr zu essen. Dann übergab ich mich wieder usw. Meine Bulimie entwickelte sich proportional zu meinem Körper. Bald übergab ich mich täglich. Wenn ich »krank« zu Hause lag, erbrach ich mich sogar mehrmals täglich. Mit elf Jahren trafen sämtliche diagnostischen Kriterien für Bulimia nervosa (in schwerem und unkontrolliertem Ausmaß) auf mich zu; mit elf Jahren war mein Körper voll entwickelt.

»Voll« ist das Schlüsselwort, und zwar sehr zum Vergnügen der älteren Jungs an meiner Schule, die im Flur an meinem BH zogen oder in der Mittagspause zu mir kamen und lüstern fragten: »Marya, trägst du einen BH?« Nein, sagte ich und starrte auf mein Essen, den klebrigen Ball aus Kartoffelbrei, die grauen Erbsen, das Boeuf Stroganoff, das wie Erbrochenes auf dem Teller lag. »Doch, das tust du. Gib es zu«, quälten sie mich grinsend weiter. Einer zeichnete auf meinem Rücken mit dem Finger die Umrisse meines BHs nach, sanft, fast schon verführerisch; dann zog er daran und ließ ihn hart zurückschnellen. »Und was ist dann das hier?« fragten sie. »Hmmm? Hmmm? Ist das etwa *kein* BH? Wachsen dir etwa *Brüste*? Sag es!« riefen sie, wobei sie immer lauter wurden. »Sag: ›Ich kriege Titten‹.« Sie lachten. Vor Zorn errötete ich vom Kopf bis zu den Zehenspitzen. »Oh, jetzt wird sie auch noch rot! Werden deine Titten auch rot, Marya? Was für eine Größe trägst du denn?« Ich blickte auf, sah den Typ an, der mir gegenüberstand, einen blonden Hurensohn in einer Edina Hockey-Jacke, oder den brünetten, rotgesichtigen, mageren Knirps, dessen kleiner Schwanz in seiner Jeans zu sehen war, obwohl er die Hand in der Hosentasche vergrub, um ihn zu verbergen. Zwecklos. Sie alle waren ein und dieselbe gräßliche Kreatur. Ich zermarterte mir das Hirn auf der Suche nach einer schlagfertigen Antwort, doch schon platzte ich heraus: »Fuck off.« Ooooh, sagten sie und erzählten es gleich der Lehrerin, die gerade die Aufsicht hatte. Sie wiederum packte mich am Arm und zerrte mich aus dem Speisesaal hinaus. Ich drehte mich um und sah, daß sie mich auslachten. Einer legte zwei Finger in einem V vor den Mund und wackelte mit der Zunge dazwischen herum. Ich hatte keine Ahnung, was er damit meinte. Im Bad zog ich meinen BH aus, stopfte ihn dann in meine Schublade und kreuzte die Arme über der Brust.

Inzwischen gibt es eine Vielzahl von Daten, die die Beziehung zwischen Pubertät und Eßstörungen dokumentieren. Die Wissenschaft wendet sich mittlerweile von der lange vertretenen Überzeugung ab, daß Eßstörungen das Ergebnis angeborener Neurosen seien und richtet die Aufmerksamkeit auf das gesellschaftliche und familiäre Umfeld. Zum Thema Gesellschaft muß ich wohl nicht allzu viel sagen. Wenn die vorpubertäre Figur (leicht zu beeindruckenden, pubertierenden) Mädchen als Ideal vor Augen gestellt wird, dann ist es nur zu verständlich, daß diese sich gegen die plötzliche, stumme Weigerung ihres Körpers, den kulturellen Normen zu entsprechen, sträuben. Wenn sie sich körperlich normal entwickeln, reißen sie sich den Arsch auf, um die eigene Natur zu besiegen. Es ist nicht leicht, sich in einem Körper wohlzufühlen, der das genaue Gegenteil des gesellschaftlichen Ideals ist. Statt sich an der eigenen Weiblichkeit, an Zyklen und Kurven zu erfreuen, geraten Mädchen in Panik und wehren sich dagegen.

Die Pubertät ist in unserer Kultur ein perverser Übergangsritus. Die nette Schulkrankenschwester kommt in die Klasse und erzählt, wie aus einem Mädchen »eine Frau wird«. Man möchte vor Entsetzen am liebsten schreien, weil einem sofort Visionen von Zellulitis im Kopf herumspuken. Mädchen, die zu Frauen werden, die anfangen, die älteren Frauen in ihrem Leben nachzuahmen: Sie halten Diät. Sie eignen sich das Vokabular ihrer Mutter an, deren Ausdrücke und Manierismen. Zwischen dem Brüten über Divisionsaufgaben und dem Völkerballspiel in der Pause diskutieren sie mit merkwürdig erwachsen klingenden Stimmen darüber, wie sie »ihr Gewicht in den Griff kriegen« können, wobei sie ein wissendes Lächeln aufsetzen. Sie kneifen in ihre Bäuche und verkünden: »Heute esse ich nichts zu Mittag, oh nein, das sollte ich wirklich nicht tun.« Eine Frau zu werden bedeutet, ein vom eigenen Körper getrenntes Dasein zu führen und ihn zu verabscheuen. Sich ständig als fehlerhaft wahrzunehmen.

Selbst der *Zeitpunkt, an dem* die Pubertät einsetzt, ist für die Entwicklung von Eßstörungen von großer Bedeutung. Untersuchungsergebnisse stützen die Annahme, daß ein frühes Einsetzen der Pubertät eine signifikante Voraussetzung dafür ist, daß junge Frauen Eßprobleme entwickeln, während Mädchen, deren Pubertät später oder zum gleichen Zeitpunkt wie bei ihren Altersgenossinnen einsetzt, ein eher positives Körperbild und seltener Probleme mit dem Essen haben. Ich war nicht die einzige, der plötzlich schmerzhaft bewußt wurde, daß ihr Körper sexuell »gereift« war, während alle Mitschülerinnen noch schlaksig und kindlich waren. Genausowenig war ich die einzige, die versuchte, ihren Körper zu bekämpfen. Immerhin war er der sichtbare Beweis dafür, was alles falsch mit mir war: Ich hatte Hüften, einen Hintern, Titten und Kurven, was mich eindeutig als jemanden auswies, der Nahrung zu sich zu nehmen pflegte. Ich war ein Mensch und infolgedessen den ätherischen, blassen Mannequin-Typen oder dem großen, dünnen, blonden, blauäugigen skandinavischen Bikini-Typ, von dem meine kleine turnhallengroße Welt vornehmlich bevölkert war, diametral entgegengesetzt. Schlimmer noch: Ich war voll entwickelt und deshalb eindeutig ein sexuelles Wesen, und das zu einer Zeit, da die Jungs einem normalerweise immer noch auf die Schulter klopften und einen »Kumpel« nannten.

Zu diesen inneren Widersprüchen kommt, daß weibliche Sexualität gemeinhin mit sexueller Unersättlichkeit gleichgesetzt wird, mit Schwäche, mit der Unfähigkeit, den eigenen *Appetit*, den *Hunger*, die *Bedürfnisse* zu kontrollieren. Manche Experten gehen davon aus, daß Nahrung und Essen die Stelle der Sexualität als größtes kulturelles Tabu eingenommen haben.[11] Bis zu einem gewissen Grad teile ich diese Auffassung, möchte aber hervorheben, daß dieses Tabu sich nicht gegen Nahrung, gegen Sex oder das Fleisch selbst richtet, sondern gegen den Verlust von Kontrolle. Selbstbeherrschung gilt in unserer modernen Gesellschaft als persönliche »Macht« (im übrigen war dies auch innerhalb meiner Familie so). Blättert man die philosophischen Meisterwerke durch, stößt man auf Äußerungen des Heiligen Augustinus und anderer, die mit der gleichen Furcht und Bösartigkeit über Frauen sprachen wie wir heute von Nahrung: Sie war etwas »Sündiges«, etwas, das den Menschen »in Versuchung führt«, etwas, das zum Verlust der Kontrolle führt. Augustinus beispielsweise spricht von der schleimigen Begierde des Fleisches. Beachten Sie: Nicht das Fleisch selbst ist schlecht, sondern die Begierden, die es provoziert und die uns die Kontrolle verlieren lassen.[12]

Also *meine* Kontrolle oder zumindest das bißchen, das ich hatte. Meine sexuelle Entwicklung versetzte mich in Angst und Schrecken, und zwar nicht aus den Gründen, die Psychologen oft zitieren, sondern weil ich ohnehin schon voller Angst vor meinen Bedürfnissen, vor meinen Leidenschaften und – zugegebenermaßen – auch vor meinem Hinterteil war. Das letzte, was ich mir wünschte, war *mehr* von den oben erwähnten Dingen. Ich glaubte, daß meine Umwelt mich ohnehin schon als unkontrollierbar wahrnahm, weshalb ich aufs höchste beunruhigt war, als sich auch noch mein Körper meiner Kontrolle entzog – und zwar sowohl innerlich als auch äußerlich – und ich war beunruhigt angesichts der Reaktionen, die dies hervorrief. Es war, als ob meine Umwelt schon durch die bloße Anwesenheit meiner Brüste *sehen* konnte, daß ich schlecht war, daß ich ein sexuelles Wesen mit diversen Begierden war. Ich schreckte vor meinem Körper zurück, als ob er mich zu verschlingen drohte.

Die Mißklänge in meinem Kopf waren jedoch keinesfalls ausschließlich kulturell bedingt. Meine Familie, die beim Thema Sex immer nervös wurde, reagierte auf meine Pubertät, die sich vom achten bis zum zwölften Lebensjahr hinzog, zunehmend bizarrer. Sie schienen ebenso überrascht und verärgert darüber zu sein wie ich. Jahre später sagte mein Vater, daß ich so etwas wie »ein fremdes Tier« für ihn wurde. Meine Mutter wußte schlicht und ergreifend nicht, wie sie sich verhalten sollte. Diese Situation ist keineswegs ungewöhnlich. Väter fühlen sich angesichts des Erwachsenwerdens ihrer Töchter häufig unbehaglich, und bei meinem Vater war die Reaktion ziemlich extrem. Meiner Mutter jagte meine körperliche Entwicklung solche Angst ein, daß sie verzweifelt alle möglichen Bücher zum Thema *Das begabte Kind* oder *Das Kind, das zu schnell erwachsen wird* las. Die Nähe die ich vorher mit meiner Familie geteilt hatte – so seltsam und zaghaft sie auch gewesen war – verschwand nun vollkommen, und Schuld an dieser Entwicklung war in meinen Augen nur eines: mein Körper.*

Meine körperliche und intellektuelle Entwicklung waren meiner emotionalen um Längen voraus. Meine Mutter war berechtigterweise besorgt, denn ich hatte gar nicht die emotionalen Mittel, der Verwirrung, die aus den neuen sexuellen und intellektuellen Möglichkeiten erwuchs, Herr zu werden. Bis zum Rand voll mit Hormonen schwadronierte ich am Abendbrottisch wie besessen über meine Noten und darüber, daß ich mit fünfzehn, also nach der High School, die Columbia Medical School besuchen und Neurologin werden wollte, um mit zwanzig einen Weg gefunden zu haben, alle Krankheiten der Welt zu heilen. Meine Eltern starrten mich nur an und ermahnten mich, etwas realistischer zu sein. Da bekam ich einen Wutanfall, der meinem Alter durchaus entsprach.

Neuere Studien gehen davon aus, daß Leistungsdenken und akademischer Ehrgeiz eine ebenso wichtige, wenn nicht sogar noch wichtigere Voraussetzung für die Entwicklung von Eßstörungen sind wie die sexuelle Reifung.[13] Insofern lassen sich Eßstörungen auf eine Kombination verschiedener Faktoren zurückführen: eine Familie, die hohe Erwartungen an die Leistungen ihres Kindes stellt (was sich deutlich von positiver Ermutigung unterscheidet, durch die das Kind angespornt wird, seine intellektuellen Fähigkeiten zu entwickeln); ein Kind, das dazu neigt, sich selbst übermäßig unter Druck zu setzen und das ein ungewöhnlich hohes Maß an Intelligenz und Begabung zeigt. Die Kombination dieser Faktoren hat oft genug eine geistige Lähmung des Kindes zur Folge. Es sagt sich von den Erwartungen – vor allem von seinen eigenen – los und flüchtet sich in vollkommen irrationale Verhaltensmuster, denen jedoch eine hoch organisierte Struktur zugrundeliegt.

Meine eigene Erfahrungen sahen folgendermaßen aus: Plötzlich war ich zutiefst und leidenschaftlich an allem interessiert. Ich konnte nicht aufhören, nachzudenken. Ich wachte nachts auf, mein Herz klopfte, meine Gedanken rasten. Ich schaltete das Licht an und begann, auf Notizzetteln Pläne zu entwerfen. Planen war – und ist immer noch – die einzige Möglichkeit,

---

* In einer Familie, in der keine »gesunde Abhängigkeit« herrscht, also eine Situation, in der Bedürfnisse geäußert, akzeptiert und erfüllt werden, wenn sie angemessen sind, ist es möglich, daß eine Tochter beginnt, Beziehungen auf sehr ungesunde Weise zu beurteilen: »Abhängigkeit kommt der Sklaverei gleich; Intimität bedeutet die Aufgabe der eigenen Integrität; und *Sexualität bedeutet den Kontrollverlust über ihre Begierden, ihren Hunger.*« (Zerbe, S. 132; Hervorhebungen durch die Autorin)

die Gedanken in einen langsameren Rhythmus zu zwingen. Und so plante ich mein Leben Schritt für Schritt, plante mein Vorgehen, um alle Aufgaben rechtzeitig zu lösen, damit letztlich alles gut würde. In der Hauptsache plante ich meine berufliche Laufbahn – wie ich Ärztin, Schauspielerin, Politikerin, Schriftstellerin, Geologin, Sängerin, Violinistin, Fußballspielerin, Schwimmerin, Professorin werden konnte. Alles schien möglich. Und alles schien *notwendig*, weshalb ich natürlich *sofort* damit anfangen mußte, mich auf jede mögliche Laufbahn vorzubereiten, denn sonst war es zu spät. Ich steigerte mich in helle Aufregung hinein. Ich besuchte zu viele Proben, nahm an zu vielen Sportkursen und Musikstunden teil, las bis spät in die Nacht unter der Bettdecke, las in der Schule, las in der Badewanne, fragte meine Eltern wieder und wieder: Glaubt Ihr, daß ich das tun könnte? Dieses? Jenes? Sicher, antworteten sie. Warum nicht? Als ich etwa zwölf war, entwickelte ich ein zwanghaftes Verhältnis zur Zeit, war immer sicher, zu wenig Zeit zu haben, daß ich Zeit verschwendete und immer noch nichts Besonderes, Großartiges war. Ich begann, College-Kataloge zu lesen und meine Eltern zu nerven, mich ins Internat zu schicken, in der Hoffnung, daß ich dann schneller vorwärts kommen würde.

Konfrontiert mit einer scheinbar unendlichen Anzahl von Möglichkeiten gab ich schließlich innerlich auf. An einem bestimmten Punkt der Entwicklung droht man, im stetig anschwellenden Meer der Gedanken zu ertrinken. Diese Erfahrung überwältigt und überfordert einen jungen Menschen, der eigentlich noch damit beschäftigt ist, die Funktionsweise von Tampons zu verstehen und sich ansonsten mit der Frage herumquält, wie das Liebesbriefchen an den Mitschüler zu formulieren ist. Ich wollte Chirurgin werden und wünschte mir gleichzeitig nichts sehnlicher als daß Chad mir etwas zum Valentinstag schenkte. Ich wollte, daß meine Mutter mich auf den Schoß nahm und daß sie mich – *sofort* – aufs College schickte. In dieser Phase der Entwicklung sind die Dissonanzen im Gehirn besonders extrem. Einige Kinder haben die Fähigkeit, sie zu ertragen. Ich hatte sie nicht. Der Gedanke an meine Zukunft erregte und ängstigte mich gleichermaßen. Es war, als stünde ich am Rand einer sehr steilen Klippe – ich konnte fliegen oder fallen. Ich wußte nicht, wie man fliegt, und ich wollte nicht fallen. Also wich ich zurück und machte mich auf die Suche nach einer klaren, vorgesehenen Flugbahn, der ich folgen konnte. Wie bei einer Diät.

Heranwachsende Mädchen können dieses Emanzipationsstreben als Forderung an sie auffassen (...), sie *müßten* irgend etwas Besonderes tun. Viele meiner Patientinnen haben das Gefühl (...), sie könnten zwischen zu vielen Wegen wählen und lebten in der Furcht, nicht die richtige Wahl zu treffen.«[14]

In der sechsten Klasse begann ich, mir immer mal wieder »ein paar Tage frei« vom Essen zu nehmen, um »meinen Körper zu reinigen«. Ich warf mein Mittagessen in den Abfalleimer und behielt nur die Möhren und den Apfel. Wenn ich heute darüber nachdenke, erkenne ich, daß ich damals begann, mich in mich selbst zurückzuziehen, mich abzuwenden vom Lachen und dem Lärm meiner Freundinnen, daß ich mich statt dessen auf die Empfindung des Hungers konzentrierte, auf das herrliche, wirbelnde Gefühl in meinem Kopf, daß ich mich aus Unterhaltungen ausblendete und wieder hineindriftete. Während mein Mund vor sich hin schwatzte, wanderten meine Augen in die Ferne, und meine Gedanken wandten sich dem Schmerz in meiner Magengrube und dem Gefühl absoluter Macht zu, das so stark war, daß es mir Herzklopfen verursachte.

Schließlich brach ich wieder zusammen und aß. Und aß und aß und aß. Auf dem Nachhauseweg hielt ich am Supermarkt in der Nachbarschaft an, um mir gläserweise scharfe Saucen, Karamellcreme, Marshmallow-Creme zu kaufen. Ich löffelte jedes Glas leer. Der Freßanfall lieferte mir eine vollkommen vernünftige Entschuldigung, um mit dem Essen wieder aufzuhören. – An manchen Nachmittagen war ich mit zwei Freundinnen aus der Nachbarschaft verabredet. Wir gingen zu Sarah nach Hause und setzten uns in die gemütliche Küche ihrer Eltern. Dort pflegten wir eine Art kleine Gemeinschaft mit hysterischem Gelächter gefolgt von plötzlichem Schweigen und Essen. Während wir über unsere Hausaufgaben sprachen oder uns auf der weißen Couch vor dem Fernseher räkelten, aßen wir: süße Mürbekuchen mit Butter, Eiscreme mit Schokoladensauce, Kartoffelchips, Doppelkekse mit Schokoladenfüllung, Hamburger, die wir in der Mikrowelle zubereitet hatten, Bisquitrollen mit Fruchtcreme, Multivitaminbonbons. Schließlich hörten die anderen beiden auf zu essen. Ich nicht. Erst kurz vor der Abendessenszeit trennten wir uns wieder. Ich ging nach Hause, übergab mich, aß mit meinen Eltern zusammen zu Abend, stritt mit dem einen oder der anderen, machte meine Hausaufgaben, nahm noch einen Snack zu mir, badete (übergab mich) und ging dann zu Bett.

Schlaflos lag ich da. Warf mich herum. Der Kopf pochte. Die Finger geschwollen, die Kehle aufgebläht wie die eines Ochsenfrosches. Das Licht ausgeschaltet, die Dunkelheit und die rasenden Gedanken. Die Ängste. Die Gebete.

> Nach dem Erbrechen kommt es vor, daß sich im Körper der an Bulimie erkrankten Person Flüssigkeit sammelt ... was Ödeme an Händen und Beinen verursacht ... Störungen im Elektrolythaushalt führen außerdem zu den verschiedensten anderen Symptomen. Hierzu gehören allgemeine Schwächeanfälle, Verwirrung, Gedächtnisverlust und Denkstörungen sowie emotionale Labilität.[15]

Meine Freundinnen waren allesamt erstaunlich intelligent und phantasievoll, wenn auch ein paar von ihnen etwas eigenartig waren. Und traurig. Die Mädchen in unserer Clique, die sich in den folgenden Jahre zusammenfand, ertasteten sich den Weg durch eine puppenhausgroße Welt, erzählten sich gegenseitig Geheimnisse, übernachteten gelegentlich beieinander und probierten vielleicht auch ein oder zweimal aus, wie es sich anfühlte, einander zu berühren. Mädchen, die mit vorsichtigen, gedämpften Stimmen die schmutzige Familienwäsche voreinander ausbreiteten. Die Familien hatten Geheimnisse, die keiner von uns wirklich mit Gewißheit je durchschaute: eine verrückte Mutter, ein inzestuöser Vater, Geld, das mehr Schmerz als Freude verursachte, eine kleine, bösartige Anwandlung von Katholizismus, ein Hauch davon, ein Spritzer hiervon. Meine eigene Familie war für sie ebenso ein Geheimnis wie ihre Familien es für mich waren. Sie wußten, daß ich häufig Streit mit meinem Vater hatte und selten mit meiner Mutter sprach. Sie wußten, daß ich meinen Körper haßte. Sie wußten schon fünf Jahre vor meiner ersten Krankenhauseinweisung, daß ich eine Eßstörung hatte. Aber was hätten sie tun sollen? Wir hätten einander so gern etwas Tröstliches gesagt, aber es gab nichts. Wir lagen dicht beieinander in unseren Betten und besprachen die typischen Ängste, unter denen Teenager leiden: Jungs, Schule, die Zukunft, Sex, unsere Körper, das Leben. Diese Mädchen halfen mir eine ganze Weile, geistig relativ gesund zu bleiben.

Kurz darauf endete meine Kindheit und mit ihr das existentielle Gefühl von Angst. Heute weiß ich, daß sie lediglich sublimiert, hinuntergeschluckt, ausgekotzt, weggehungert wurde. In dem Sommer, der zwischen Grundschule und Junior High School lag, verwandelte ich mich in eine junge Frau mit Namen Miss Unmöglich. Ich erinnere mich nicht daran, was in jenem Sommer geschah. Aber auf dem Foto, das mich an meinem ersten Schultag in der sechsten Klasse zeigt, trage ich einen knielangen blauen Rock und eine karierte Bluse, Socken und Tennisschuhe, Pferdeschwanz, Haarschleife und lächele ins teuflische Auge der Kamera. Ein Jahr später lehne ich an unserem Haus, trage die Haare offen und einen langen schwarzen Rock mit einem unförmigen Top; kein Lächeln, das Gesicht dünner, Lippenstift, Morgenlicht. Ich bin zwölf Jahre alt. Und sehe aus wie zweiundzwanzig.

Während der Übergangsphase von der Grundschule zur Junior High School begann ich, förmlich mit dem Spiegel zu verschmelzen. Meine Mutter fand, daß ich aussah wie eine Vagabundin, mein Vater schwankte zwischen Wut, Sorge und Schweigen hin und her. Mein Gesicht verblaßte, verwandelte sich vom Kindergesicht in etwas Schmaleres mit klareren Konturen. Meine Knochen wuchsen zu etwas beinahe Hübschem heran: Ich wurde größer, und mein Körper verlor das linkische Aussehen, das die Brüste der kindlichen Gestalt verliehen hatten. Stundenlang stand ich vor dem Spiegel, steckte mir das Haar hoch, ließ es wieder hinunter, probierte Kleid um Kleid an. Beobachtete die winzigen Bewegungen der Haut, die sich um die magere Gestalt spannte, horchte auf das seltsame Rauschen der Seidenbluse auf der nackten Haut. All dies sah ich und sagte, daß es gut sei.

Meine Eltern jedoch hielten es keineswegs für gut. Im Rückblick ist ihre Reaktion verständlich – wenn die Tochter viel zu schnell erwachsen wird, verursacht das Angst –, aber zum damaligen Zeitpunkt konnte ich das nicht nachvollziehen. Mein ganzes Leben lang hatte ich geglaubt, daß meine Eltern die Kindheit für einen wenig erstrebenswerten Zustand hielten und daß sie sich ein erwachseneres Verhalten von mir wünschten. Als ich schließlich unwiderruflich *tatsächlich* älter wurde, erlebte ich ihre Reaktion als Ablehnung. Sie schienen meinen Anblick zu meiden. Ich manövrierte und drängelte mich in ihr Blickfeld, ich stritt mit ihnen: SEHT HER! sagte ich. SEHT HER, ich werde erwachsen, was ist daran so schrecklich? Wo seid Ihr hingegangen? Warum will mich noch nicht einmal jemand *ansehen*? Wie die Befürchtung, daß mein Körper zum Feind überlaufen würde, so war auch die Angst, meine Eltern würden eines Tages verschwinden, wahr geworden.

Eines Tages ging ich ins Badezimmer, zog die Schublade auf, in der meine Mutter ihr Make-up aufbewahrte und ließ das, was ich als sehr kleines Kind getan hatte, auf merkwürdige Weise noch einmal geschehen: Ich schminkte mich. Schwarzer Eyeliner im Cleopatra-Stil, grüner Lidschatten, leuchtend roter Lippenstift, dick aufgetragene Wimperntusche. Ich trat zurück und betrachtete mein Werk im Spiegel. Ich befeuchtete meine Lippen. Dann wollte ich mich auf den Weg zur Schule machen. An der Tür kam mir mein Vater entgegen. Er sah mich an und fragte: Hast du etwa Make-up aufgetragen? Ja, sagte ich. Wasch' es ab, befahl er. Ich ging zur Tür hinaus und tänzelte davon, während er im Pyjama auf der Treppe stand und hinter mir her schrie.

Als ich zur Tür hineinkam, rümpften meine Mitschüler die Nase. Ist das Parfüm? Meine Mutter wiederholte die Worte, die ihre eigene Großmutter geprägt hatte: Du kannst dich verkleiden wie du willst, aber dein Arsch bleibt trotzdem derselbe. Ich stand im Badezimmer, Stapel von Kleidungsstücken auf dem Boden, auf dem Bett, auf dem Stuhl, ich zog erst dieses an, dann jenes, jede mögliche Kombination von Kleidern, irgend etwas, das mich älter aussehen ließ, etwas, das die endlose Spanne zwischen hier und dort verkürzen würde.

Im Rückblick kann ich die Angst meiner Eltern durchaus verstehen. Später sagen sie mir, sie befürchteten, daß ich drogensüchtig war, daß sie nicht beurteilen konnten, was als normale Stimmungsschwankungen und Rebellion eines Teenagers anzusehen war und wo die wirkliche Störung begann. Und so verschoben sie die Grenzen dessen, was als normal gelten konnte, immer weiter. Meine Mutter sagt, daß sie glauben *wollte*, mit mir sei alles in Ordnung. Schließlich war ich objektiv gesehen zu jung, um auszusehen, wie ich aussah, und daherzureden, wie ich daherredete. Wenn ich heute darüber nachdenke, fühle ich mich hin und her gerissen zwischen der kleinlichen Haltung der Erwachsenen, die ein Kind mit hohen Absätzen und toupierten Haaren ablehnen (Hure) und meinen eigenen Erinnerungen an jene Zeit. Ich sah nicht aus wie ein Kind und fühlte mich auch nicht so. Mit mir geschah irgend etwas Unfaßbares: Gift war in mein Blut gedrungen. In meinem Geist wird alles dunkel: Die Farben dieser Zeit sind düster und allgegenwärtig, Blutrot und Schwarz, Schatten, dunkle Zimmer, dunkle Flure und sehr dunkle Begierden.

Nach der Schule stand ich in der Küche, schlang Essen herunter ohne den Geschmack wahrzunehmen, starrte auf das Fernsehen, ohne etwas mitzubekommen. Ich lebte routinemäßig: wusch mein Geschirr ab, ging ins Badezimmer, kotzte. Im Schlafzimmer starrte ich in den Spiegel. Als ich mit zwölf in die Junior High School kam, übergab ich mich schon seit drei Jahren fast täglich. In der siebten Klasse steigerte sich die Rate auf zwei bis dreimal am Tag. Mittlerweile erbrach ich mich, wann immer ich Gelegenheit dazu hatte.

Bis zu meinem zwölften Lebensjahr hatte ich wahrscheinlich immer noch Angst vor der Bulimie, obwohl meine Erkrankung immer ernster wurde. In der morbiden Stille meines Elternhauses fraß und kotzte ich nach der Schule täglich. Meine Gedanken fliehen vor diesen frühen Jahren, wollen sie nicht näher betrachten. Mein Hirn sagt: Das sind nur die Aufwärmübungen. Die Schulzeit. Es war doch alles gut. Ich durchlebte die üblichen Auseinandersetzungen auf dem Schulhof, die melodramatischen Krisen. Ich hatte viele Freunde, enge Freunde, die ich sehr liebte und schließlich verlor. Nichts war wirklich *so* schlimm, sagte ich mir immer wieder. Es gab nichts, was nicht durch einen kleinen Gewichtsverlust wieder hätte behoben werden können.

Aber nach meinem zwölften Geburtstag verblaßte die Angst vor der Bulimie immer mehr, und das ist der springende Punkt! Man sollte schließlich Angst vor selbstquälerischen Aktionen haben. Doch das Gegenteil war der Fall: Sie führten mich in Versuchung. Sie bettelten und lockten. Der dunkle Ort, in den mein Geist sich verwandelte, verschmilzt in meiner Erinnerung mit dem dunklen Schoß der Kirche: dem Gesang, der Fuge des Gebets, der seltsam erotischen Energie, die ich verspürte, als ich mir mit einem Nagel ein kleines Kreuz in den Oberschenkel ritzte.

In der grellen, gleißenden Bilderbuchsonne der kleinen Stadt schuf ich mir sorgfältig meine eigene, private Hölle.

Und hier beginnen die Bilder vor Hitze zu flimmern, zu schmelzen, weiße Flecken auf dem Bildschirm, kein Bild. Die Chronologie endet – Zeit und Sprache kreisen um sich selbst, verwandeln sich in etwas anderes. Die Zeiten, Vergangenheit, Gegenwart und Zukunft verlieren ihre Bedeutung. Jetzt wird mein Leben zu einem Theater des Absurden: die Verwechslung von Identitäten, die schrecklichen Zufälle, die übertriebenen Gesten, die leeren Auseinandersetzungen, zwei Handlungsstränge, die einander umkreisen, die den Kontakt um den theatralischen Bruchteil einer Sekunde verpassen. Mein Ich am Tag, mein Ich bei Nacht. Das Leben innerhalb der vier geblümten Wände meines Kinderzimmers und das Leben in den widerhallenden, makellosen, weißen Fluren des Elternhauses, der Schule, der Kirche. Hinter der Bühne und auf der Bühne. Hinter den samtenen Vorhängen des Bühnenvorraums saß ich vor dem Spiegel, nahm die kalte, weiße Creme und die Papiertücher und wischte mir das dunkle Schwarz von den Augen, dann das Rosenrot und den weißen Puder von den Wangen, das Blutrot von den Lippen.

Ich saß da und starrte schweigend, auf das weiße Nichts, das übrig geblieben war. Auf die ovale Abwesenheit, umrahmt von wildem, schwarzem Haar.

In dem Jahr, als ich in die Junior High School kam, veränderte sich alles. Zum einen diktierte die Bulimie nun mein Leben. Sie war nicht länger eine Nachtwanderung, ein Strudel, in den ich dann geriet, wenn meine Gedanken wieder einmal besonders verrückt spielten, wenn ich wütend, einsam, traurig war oder mich leer fühlte. Sie begann, Macht über mich auszuüben und ein Eigenleben zu führen. Von diesem Zeitpunkt an gibt es keinerlei Erinnerungen mehr, die nicht mit Essen, meinem Körper oder dem Erbrechen verbunden sind. Die Bulimie wurde zur Zentripetalkraft, die mich aufsog, sie war etwas, das ich kannte und brauchte. Verzweifelt. Ständig. Bei jedem Bissen, den ich in den Mund steckte, mußte ich unwillkürlich daran denken, ob, wann und wo ich mich übergeben würde. Ich sah nicht ein einziges Mal in den Spiegel, ohne das ich dachte: *Fett.*

Denken wir zum Beispiel an die Parties, die wir auf der Junior High School feierten. Sie begannen um 7 Uhr abends und endeten um 22 Uhr. Wenn man Glück hatte, etwas später. Vorher probierte man jedes einzelne Kleidungsstück an, das man selbst oder die Mutter besaß, auf der Suche nach dem einen Teil, in dem man besonders dünn aussähe. Fünfzehn etwas seltsam wirkende Kinder versammeln sich im Keller eines eleganten, riesigen Hauses. Und alle fangen an zu essen. Bis dahin ist alles noch relativ normal. Das tun Menschen auf Parties nun einmal. Sie essen Mäusespeck, Brezeln und Chips, und keiner rührt die Salate an. Man knabbert Kekse und Schokoküsse, die irgendeine Mutter in eine Schüssel aus geschliffenem Kristall gefüllt hat. Eine andere Mutter lauert im Türrahmen und wirft der Mischung aus Jungen und Mädchen nervöse Blicke zu. Dann wird die Pizza bestellt. Jemand legt einen Film in den Videorecorder ein.

Wie auch immer. Wenn man an Bulimie leidet, dann zieht man sich zurück, sobald die Lichter ausgehen und die kindlichen Paare sich zusammenfinden, sich abknutschten und ungeschickt auf den Sofas zusammenhocken und aneinander herumfummeln. Das Gesicht ist rot vor Angst, daß das Essen verdaut ist, bevor man es herausbekommt. Man fragt die liebreizende, perfekt gestylte Mutter im Türeingang, wo das Badezimmer sei. Sie zeigt einem den Weg und lächelt liebenswürdig. Man geht ins Badezimmer, nimmt die Messingarmaturen am Waschbecken wahr, die Laura Ashley Tapete, die frischen Blumen in der Waterford Vase, den Weidenkorb mit Zeitschriften, unter denen sich der *Condé Nast Traveler* und das *Forbes*-Magazin befinden. Man erstellt im Geiste eine Inventarliste all dieser Dinge und betrachtet prüfend sein Gesicht im Spiegel. Man betet zu Gott, daß man auch nach der Kotzerei noch normal aussieht, dreht das Wasser voll auf, um das Würgen und Platschen zu übertönen und betet zum Teufel, daß die Wände dick genug sind, so daß niemand etwas hört. Man hebt den Toilettensitz, läßt die Finger vorsichtig in den Mund und die Kehle hinabgleiten und kotzt bis man orangefarbene Flecken vor den Augen hat. Der Mäusespeck. Ihn hat man zuerst gegessen, weil man, wie die meisten Bulimiker, ein System von »Markierungs-Lebensmitteln« entwickelt hat. Man ißt Nahrungsmittel mit kräftigen Farben zuerst, damit man hinterher sehen kann, wann alles draußen ist, und es kommt alles heraus, in umgekehrter Reihenfolge: die Pizza, die Kekse, die Chips, die Brezeln, der Mäusespeck, alles schwimmt in einem dunklen Colastrudel.

Man richtet sich auf und spült. Dann dreht man das Wasser herunter, hält die Hände darunter, schrubbt sie mit der Seife aus dem Designer-Seifenspender und mit der Nagelbürste. Man schrubbt kräftig, riecht dann an Händen und Unterarmen. Man betrachtet das Gesicht. Danke Gott. Nicht aufgedunsen, die Augen ein bißchen wäßrig, aber nicht rot oder verquollen. Man spült den Mund mit Wasser aus, dann sucht man im Unterschrank nach Mundwasser, findet es, schüttet es in den Mund, spült. Trägt neuen Lippenstift auf. Lächelt seinem Spiegelbild zu, die Augen strahlend und weit geöffnet. Öffnet die Tür, geht die Treppe hinunter.

Die Freunde wenden sich um und sagen: »Warum hast du das Wasser laufen lassen?« In den Häusern in Minnesota laufen die Wasserrohre durch die Mitte des Hauses und enden im Keller. Man kann auch noch drei Stockwerke darunter hören, wie das Wasser rauscht. Man lacht und sagt: »Ich bin ein bißchen paranoid, wenn andere mich pinkeln hören.« Alle lachen. Der Freund sagt neckend: »Wir haben es trotzdem gehört.«

Man erstarrt, immer noch lächelnd.

»Nein, das war nur ein Scherz«, sagt er. Man lacht nervös, nimmt seinen Platz neben ihm ein, setzt sich auf die Hände, um ihr Zittern zu verbergen, ebenso wie die Kratzer auf den Knöcheln der ersten beiden Finger der rechten Hand.

Selbst-induziertes Erbrechen ... verursacht Abschürfungen auf dem Rücken der beherrschenden Hand oder den Knöcheln, wo sich auch Narben bilden können.[16]

Mein Freund war süß. Unsere Teenager-Liebe war denkbar unschuldig. Doch sowohl meine als auch seine Eltern gerieten in Panik. Du bist viel zu jung für so etwas, sagten sie. »So etwas«, das waren Teddybären am Valentinstag, Samstagnachmittage, die wir händchenhaltend auf der Couch saßen und uns Filme ansahen, während mein Vater unzählige Entschuldigungen fand, um durch den Raum zu schleichen und uns mißtrauische Blicke zuzuwerfen. Wir küßten uns zum Abschied, flüsterten bei nächtlichen Telefonaten dramatische Liebesschwüre, tauschten in den Schulfluren Liebesbriefe aus. Alles war vollkommen sittsam. Ich begann, mich zu fühlen, als ob mir in großen Neonschriftzügen die Worte FUCKED UP auf der Stirn stünden. Es gab keinen sichtbaren Grund, warum seine Eltern mir hätten mißtrauen sollen und auch keinen, warum meine Eltern diese Beziehung so mißtrauisch beobachteten. Ich hatte das Gefühl, sie wußten, daß etwas mit mir nicht in Ordnung war, sie den Grund kannten, warum ich schwierig war, ihn jedoch nicht in Worte fassen konnten.

Das gleiche galt in der Schule. Gerüchte über mich – daß ich schwanger sei, daß ich leichtfertig sei, daß ich Drogen nähme – machten in der siebten Klasse die Runde, was mich wütend machte, denn nichts von all dem war bis zu diesem Zeitpunkt wahr. Die Schule war die Hölle für mich. Meine Noten wurden schlechter. Aus den Einsern wurden Dreier und Vierer, gelegentlich auch mal eine Fünf. Ich hatte die ganze Zeit über Probleme. Ich gab Widerworte, saß in der hintersten Reihe des Klassenzimmers, las während des Unterrichts Romane, schwatzte, schrieb Briefchen und Zettelchen und prügelte mich mit den Jungen, die mich wütend machten. Meistens waren es die Mitschüler, die Geld hatten, die Hockey spielten, die den Mädchen in den Hintern kniffen, schmutzige Witze erzählten, die einen zum Erröten brachten und denen es immer gelang, mich zu einer lautstarken Schimpfkanonade aus Obszönitäten zu provozieren. Ich verbrachte ziemlich viel Zeit mit Nachsitzen, mit Strafarbeiten oder wurde einfach nur aus dem Klassenzimmer verbannt.

Eines Tages mußte ich nach der Schule wieder einmal nachsitzen: Ich las ein Buch und aß eine Tüte Chips. Die Lehrerin wußte nicht, daß diese Chips das erste waren, was ich an diesem Tag zu mir nahm und daß es auch das letzte sein würde. Sie wußte nicht, daß ich an Bulimie litt. Sie war eine nette Frau, die mich dazu ermutigte zu schreiben und die mich häufig genug zu sich rief und mich mit sehr besorgter Stimme darauf hinwies, daß ich mein Potential nicht ausschöpfte. Sie meinte es gut, weshalb ich ihr nicht vorwerfe, daß sie in diesem Augenblick den Finger vor meiner Nase hin und her schwenkte und mit Blick auf die Chips, die ich gerade in mich hineinstopfte, sagte: »Eine Sekunde auf der Zunge, für immer auf den Hüften.«

Ich hielt mitten im Kauen inne. Betrachtete ihre Hüften. Sie waren sehr ausladend. Sie lächelte mir zu. Ich lächelte zurück. Auf dem Weg zur Tür warf ich die Tüte mit den restlichen Chips in den Mülleimer. Dann lief ich geradewegs zur Toilette und übergab mich in der ersten Kabine neben der Tür. Heftiger Schwindel befiel mich, als ich den Flur hinabging, meine Schritte hallten seltsam laut wider. Ich stolperte, als ich die Treppe hinunterging, stieß mir den Kopf an der Wand. Ich rieb mir die Beule und betrachtete das Muster auf dem Kachelboden, das sich meinem Gesicht zu nähern und dann wieder zurückzuweichen schien.

Ungefähr ab diesem Zeitpunkt begann ich, regelmäßig unter schweren Migräneanfällen zu leiden, die mich zu strikter Bettruhe zwangen. Zitternd lag ich in der künstlichen Nacht der heruntergezogenen Jalousien unter kalten Tüchern. Ich bekam heftige Menstruationskrämpfe, litt im Sportunterricht unter Schwindelanfällen. Dann zog ich mich in den Umkleideraum zurück, wo ich kotzen und mich in aller Ruhe hinlegen konnte. Auch in anderen Schulstunden wurde mir schwindlig. Schwarze Punkte tanzten mir vor den Augen, wenn ich das Klassenzimmer verließ und mich auf den Weg zur Schulkrankenschwester machte, wo ich mich hinlegen konnte. In ihrem Büro war es immer sehr still. Man hörte nur, wie sie mit den Papieren raschelte. Ich bekam heftige Rückenschmerzen. Meine Mutter massierte mich, wobei sie Knoten behandelte, die so groß waren wie ihre Faust. Meine Eltern gingen mit mir zu verschiedenen Ärzten. Viele Jahre verbrachte ich damit, mit Neurologen, Spezialisten für Biofeedback, Orthopäden, Kieferorthopäden, Gynäkologen, Kinderärzten und Rückenspezialisten über meine diversen Leiden zu sprechen. Ich saß in den Wartezimmern, blätterte die Frauenzeitschriften durch, las die Diätartikel und die Anzeigen, die die neuesten Methoden zum Fettabsaugen anpriesen. Man gab mir Tabletten und versuchte, die Ursache herauszufinden, aber niemand kam dahinter. Seltene und geheimnisvolle Krankheit. Psychosomatische Beschwerden.

[Bulimische] Patienten neigen dazu, zu somatisieren, d.h. andere Körpersymptome zu entwickeln. Diese Patienten werden häufig zu anderen medizinischen Spezialisten überwiesen, denn sie klagen über Kopf- und Rückenschmerzen, Atembeschwerden, Bauchkrämpfe und Übelkeit, Muskel- und Gelenkschmerzen und so weiter ... Zweifellos ist der Schmerz da, aber er taucht sozusagen am falschen Ort auf. Die Gefühle sind es, die den Körper von innen heraus zu sprengen drohen ... [der Patient] aber möchte viel lieber eine konkrete und behandelbare Krankheit haben als eine peinliche, diffuse, potentiell nicht behandelbare psychische.[17]

Eines Abends setzte ich mich an den Abendbrottisch, sah meine Mutter an und beobachtete, wie sie den Mund aufriß und schrie. Was zum Teufel? sagte ich und entschuldigte mich gleich wieder. Mein Gott, sagte mein Vater und starrte mich an, als ob mir gerade Hörner gewachsen wären. WAS? fragte ich. Liebes, was ist mit deinen Augen los? Er streckte die Hand nach mir aus. Ich riß mich los und hastete zum Spiegel, der über dem Büffet hing. Ich sah hinein: Die untere Hälfte des Weißen in meinen Augen war tief rot. Meine Augen sahen aus, als ob sie blutige Tränen weinten. Tatsächlich waren beim Erbrechen an diesem Nachmittag sämtliche Blutgefäße geplatzt, und die rote Flüssigkeit lag nun unter der schimmernden, durchsichtigen Haut. Ich schrie und lief auf mein Zimmer.

Mein Leben war in zwei Teile geborsten, endgültig und definitiv, genau zu diesem Zeitpunkt, in der siebten Klasse. Die äußere Welt rückte in weite Ferne, zog sich schließlich ganz in den Hintergrund zurück. Kalter Schweiß rann mir das Gesicht hinunter, während ich auf den Fluchtpunkt zulief. Damals hatte ich nicht das Gefühl, daß es endgültig sei. Es war mir nur peinlich. Ich hatte Pech und wäre beinahe erwischt worden – mehr nicht. Manchmal denke ich darüber nach, wie anders mein Leben verlaufen wäre, wenn ich das getan hätte, was ich hätte tun sollen: Ich hätte beichten sollen. Ich hätte Angst haben sollen. Ich hätte auf diesen Fingerzeig des Schicksals, daß es nur noch schlimmer werden könnte, achten sollen.

Doch das tat ich nicht. An diesem Abend übergab ich mich erneut, wobei ich fast befürchtete, daß meine Augäpfel explodieren würden. Aber es war viel viel wichtiger, das Abendessen loszuwerden. Natürlich war das Erbrechen zu diesem Zeitpunkt der einzige Weg, den ich kannte, um mit meinen Ängsten klarzukommen. Dieses Paradox bestimmte mein Leben: Man weiß, daß das, was man tut, einem Schaden zufügt, einen vielleicht sogar umbringt, und man hat Angst davor – aber trotzdem hält man an der Vorstellung fest, daß es einen retten könne und daß letztlich alles gut würde.

Irgendwann hat eine Eßstörung nichts mehr mit den Umständen zu tun. Es geht nicht mehr um die Familie oder um die Kultur, in der man aufwächst. Die Störung wird einfach zur Sucht, emotional und körperlich. Und sie verwandelt sich in einen Kreuzzug. Wer ehrlich zu sich selbst ist, der glaubt irgendwann nicht mehr daran, von seiner Umwelt zu einem solchen Verhalten »gebracht« worden zu sein – wer sollte so etwas tun, die Eltern vielleicht? Sie wollen, daß man sich zu Tode hungert? Nicht sehr wahrscheinlich. Die Umgebung? Der könnte es kaum gleichgültiger sein. Man tut es für sich selbst. Man nimmt die Abkürzung, um ans Ziel zu gelangen, ein Ziel, das jedoch nur Frauen ohne Eßstörung wirklich erreichen können: Respektiert zu werden und Macht auszuüben. Die Eßstörung ist ein Wutanfall. Eine wirkungslose Aussage über diesen oder jenen Mißstand, ein groteskes, selbstzerstörerisches Spottgedicht auf das kulturelle Schönheitsideal und die Frauenfeindlichkeit in unserer Gesellschaft. Sie ist ein Schlag gegen die Eltern, auf die man wütend ist.

Und eine Eßstörung ist auch so verführerisch. Sie beruhigt, sie verschlingt einen mit Haut und Haaren, und sie ist unterhaltsam.

Am Anfang.

»Nun!« dachte Alice bei sich. »Nach einem solchen Fall würde es mir wahrscheinlich noch nicht einmal mehr etwas ausmachen, die Treppe herunterzufallen! Zu Hause werden sie bestimmt darüber staunen, wie mutig ich bin! Nein, ich würde noch nicht einmal mehr einen Mucks von mir geben, wenn ich vom Dach eines Hauses hinabfiele!« ...
Hinab, hinab, hinab. Würde der Fall jemals enden?

Die Zeit auf der Junior High School ist für die meisten Menschen eher unangenehm. Für mich war sie das jedenfalls ganz sicher. Meine Familie versank in wütendem Chaos. Meine Eltern kamen, wie üblich, nicht besonders gut miteinander aus, und ich kam sowieso mit niemandem gut zurecht. Mein Vater und meine Mutter waren extrem unberechenbar. Wenn ich mit meiner Mutter heute darüber spreche, sagt sie, daß sie sich damals in der Familie nicht willkommen fühlte. Damit sind wir schon drei. Wir flatterten zur Tür hinein und wieder hinaus. Wir kauerten uns auf der Couch zusammen, wir schleppten uns durch die ritualisierte Farce des Abendessens, bei dem das Besteck gegen die Teller klirrte. Meine Mutter ist, ebenso wie ich, ein Workaholic von erstaunlichen Ausmaßen, und sie tauchte in Meetings und Konferenzen unter. Mein Vater hatte ungewöhnliche Arbeitszeiten und war häufiger zu Hause als sie. Aber er und ich lebten im unausgesprochenen Kriegszustand. Nichts war uns unwichtig genug, um darüber nicht mit roten Gesichtern lautstark zu streiten. Ich entdeckte die kathartische Wirkung der Zerstörungswut, wobei meine Aktivitäten sich auch gegen unsere Türrahmen richteten (sich jedoch keinesfalls darauf beschränkten), die von meiner Angewohnheit, ständig die Türen zu knallen, in Mitleidenschaft gezogen wurden. Ebensogern stürzte ich mich von der Tür direkt aufs Bett, vergrub das Gesicht in den Kissen und trat und schlug gegen die Wände.

Jahre später, als wir uns im Rahmen einer Familientherapie mal wieder anschrien, wurde uns unsanft vor Augen geführt, daß wir nur aus einem einzigen Grund so heftig und so häufig miteinander stritten: Dies war die einzige Verbindung, auf die wir uns einigen konnten. Wir quälten und peinigten uns, schlugen aufeinander ein, zerrten und zogen aneinander – aber auf diese Weise blieb zumindest der Kontakt erhalten. Wir hatten die Sicherheit, daß die anderen noch *da* waren, daß sie wußten, daß *man selbst* da war, daß wir alle die uns gebührende Aufmerksamkeit erhielten, daß *wir noch zusammen waren*, und sei es auch nur zu dem einzigen Zweck, einander zu bekämpfen. In Ermangelung von Zärtlichkeit zogen wir den Kampf einem langsamen Rückzug voneinander, den das Schweigen zur Folge gehabt hätte, vor. Haß ist der Liebe viel verwandter als Gleichgültigkeit. Als ich älter wurde, wurden auch unsere Auseinandersetzungen immer härter. Wahrscheinlich hatten wir alle Angst vor dem unabwendbaren Augenblick, da es still werden würde auf unserem gemütlichen kleinen Schlachtfeld. Wir fürchteten den Moment, da unsere Familie auf die verbrannte Erde und die Ruinen unseres getrennten Lebens zurückblicken würde.

Und wo genau lag das Problem? Eine interessante Frage, auf die es möglicherweise keine eindeutige Antwort gibt. Es gab kein klar umrissenes und ausgesprochenes Problem. Alles, so lautete die Parole, war in Ordnung. Die Leute, die wir in der Kirche trafen, hielten uns für die vollkommene Familie. Meine Freunde fanden meine Eltern absolut reizend. Die Freunde meiner Familie hielten mich für ein liebes, wenn auch etwas hyperaktives und vorlautes kleines Ding. Später sagten die Therapeuten: »Ihre Familie hatte sich ein sorgfältiges Selbstbild konstruiert, das besagte: Wir sind eine gute, bodenständige Familie. Alles in Ordnung.« Und wir bemühten uns alle verzweifelt, daran zu glauben. Niemals diskutierten wir über die emotionale Abwesenheit meiner Mutter, über ihren beißenden Sarkasmus, über ihre ätzenden Kommentare zu meiner Kleidung (»Du siehst aus wie eine Nutte« war meine persönliche Lieblingsbemerkung), über ihre höhnischen Äußerungen zu meinen pubertären Ängsten, über ihr melodramatisches Nachäffen meiner Klagen (»Du sollst mich nicht VERSPOTTEN, Mama«, schrie ich, und mit hochtönendem Wimmern, wobei sie meinen Minnesota-Akzent imitierte, antwortete sie: »Du solls mich nich VERSPOATN, *Maaahhmaa*«). Wir sprachen auch nie über die gereizten Seufzer, mit denen sie auf jede noch so kleine Frage meinerseits reagierte oder über das totale Schweigen. Auch die unglaubliche Panik meines Vaters angesichts meiner abrupten Verwandlung zur Frau war niemals ein Thema, ebensowenig wie seine unausgesprochenen und fehlgeleiteten emotionalen Bedürfnisse oder seine grundlosen Wutausbrüche. Von dem Zeitpunkt an, als ich dreizehn war bis zu dem Augenblick, als ich im Alter von fünfzehn mein Elternhaus verließ, diskutierten wir lang und breit über meine Defizite: über melodramatische Ausbrüche, Ansprüche, Stimmungsschwankungen, Wutanfälle, schlechtes Benehmen, Verantwortungslosigkeit, Kindlichkeit, Altklugheit, vorlaute Bemerkungen, verrücktes Gebaren, etc. *Ich* war das Problem. Aber niemand fragte sich, warum ich mich so verhielt.

Und niemals erwähnten wir, daß ich nicht nur das Problem *war*, sondern auch eines *hatte* – aber vielleicht war uns das ja auch gar nicht bewußt. Mir ging es wie dem Alkoholiker, der in den hintersten Windungen seines Gehirns ahnt, daß er ein Problem hat, der jedoch davon überzeugt ist, alles unter Kontrolle zu haben. Das Bequeme bei einer Eßstörung ist, daß man per definitionem zunächst davon ausgeht, daß die eigene Eßstörung nicht außer Kontrolle geraten *kann*, weil sie ja Kontrolle *ist*. Man glaubt, daß sie das einzige Mittel ist, um das eigene Leben in den Griff zu bekommen, wie also sollte es dann möglich sein, daß *sie* das Heft in die Hand nimmt?

So weiß man beispielsweise durchaus, daß man außer Kontrolle geraten ist, wenn man sich eines Abends ein ganzes Pfund Makkaroni kocht, sie förmlich in Butter ertränkt und sich dann in den Mund schiebt. Aber das ist nicht schlimm, sagt man sich, denn man wird ja schließlich alles wieder auskotzen. Man wird von dem unkontrollierbaren Reflex, sich zu übergeben, überwältigt und erlangt dadurch die Kontrolle wieder. Danach atmet es sich wieder leichter, der Magen ist nicht mehr aufgebläht und das Gesicht nicht länger aufgedunsen. Die Seele fühlt sich leicht. Man hat den genialen Einfall, etwas zu trinken. Man geht in die Küche, trinkt schlechten Rotwein, bis man blau und glücklich wie ein Schwein auf der Kleewiese ist, dann geht man im Flur auf und ab, jongliert mit Orangen, und schließlich fällt einem ein, daß Wein Kalorien hat. Also kehrt man ins Badezimmer zurück, erbricht sich, geht schlafen. Ein Problem? Ja, Essen ist eindeutig ein Problem. Man muß mit dem Essen aufhören.

Ich muß auf die naheliegende Frage antworten: Wie ist es möglich, daß meine Eltern von all dem nichts mitbekamen? Sie bemerkten, daß etwas nicht mit mir stimmte – meine Wut war völlig außer Kontrolle geraten. Ich wurde Tag für Tag verrückter –, aber Bulimie, besonders bei jemandem, der noch so jung ist, ist keineswegs das erste, woran Eltern denken, wenn ihre dreizehnjährige Tochter ausflippt. Ich kotzte, wenn sie nicht zu Hause waren, wenn ich draußen war oder hinter verschlossener Badezimmertür, während das Wasser in die Badewanne lief. Mir wurde immer klarer, daß ich eine außergewöhnlich talentierte Lügnerin war. Meine Eßstörung war für mich, wie für so viele von uns, das einzige, das wirklich mir gehörte, etwas, das ich für mich behalten konnte. Mein Vater respektierte meine Privatsphäre in keiner Weise. Das war seine Methode, mit seinen Ängsten vor meiner physischen Reife und den unzähligen Problemen, die sie mit sich bringen konnte, fertigzuwerden. Ich will nicht ungerecht sein: Ich verhielt mich tatsächlich etwas merkwürdig, und meine Eltern fragten sich, was zum Teufel eigentlich mit mir los war. Mein Vater quälte mich mit unangemessenen und intimen Fragen. Er stöberte in meinen Schubladen, in meinem Papierkorb, las meine Briefe, er bestrafte mich schwer für kleine Verstöße. Er befürchtete, daß ich ernsthafte Probleme hätte und hatte Angst, sein kleines Mädchen zu verlieren. Dafür habe ich Verständnis. Aber der Schuß ging nach hinten los.

Psychologen bezeichnen dieses Verhalten als »emotionalen Inzest«. Ich persönlich halte den Begriff für etwas übertrieben. Mein Vater war nicht anders als viele andere Väter auch: Er flippte aus, als ich in die Pubertät kam, und er begann zu vermuten, daß ich überaus freizügig sei. Wenn er mir einfach nur gesagt hätte, daß er sich Sorgen um mich machte, wäre vielleicht alles viel besser gelaufen. Aber leider verhielt er sich wie ein eifersüchtiger Liebhaber. Er entwickelte einen übertriebenen Beschützerinstinkt, wurde immer ängstlicher und zorniger. Wie die meisten Jugendlichen lehnte ich seine Einmischung in mein Leben ab. Das wiederum nahm er persönlich und tat sein verdammt noch mal Bestes, um mir zu zeigen, wer hier der Boß war. Wir steigerten uns dermaßen in unsere Zwangsvorstellungen hinein, daß ich mich wundere, daß wir beide noch am Leben, geschweige denn Freunde sind.

Eine Umgebung, die die Autonomie des Kindes fördert, so die Psychologen, trägt dazu bei, daß das Kind ein Gefühl des eigenen Wertes entwickelt, der Selbstbestimmtheit, der Eigenständigkeit. Kurz: Wenn die Familie davon ausgeht, daß das Kind in der Lage ist, selbst etwas zu bewerkstelligen, verinnerlicht es diese Annahme ebenfalls und verhält sich entsprechend. Es entwickelt ein stabiles Selbstwertgefühl, einen Glauben an die eigene Kraft. Wenn es jedoch in einer Familie aufwächst, in der seine Fähigkeit, Entscheidungen zu treffen und unabhängig zu handeln, beständig in Frage gestellt wird, entwickelt es tiefe Selbstzweifel. »Das Gefühl, etwas wert zu sein, ist in einem solchen Fall von äußeren Belohnungen und der Einschätzung anderer abhängig.«[18]

Viel zu häufig gehen Psychologen davon aus, daß eine Eßstörung eine Strategie sei, die Entwicklung zur Frau zu verhindern, Sexualität und Verantwortung zu umgehen, indem die physische Entwicklung in einem frühpubertären Stadium eingefroren wird. Aber vor kurzem haben ein paar sehr kluge Menschen festgestellt, daß einige von uns von ganz anderen Motiven getrieben sind, dem Wunsch nach Raum zum Atmen oder – so verrückt es klingen mag – nach *weniger* Aufmerksamkeit oder einer anderen Art von Aufmerksamkeit. Dem Wunsch nach Macht. Eine Eßstörung scheint die perfekte Antwort auf den Verlust von Autonomie zu sein. Indem man die Nahrungsmenge kontrolliert, die aufgenommen und wieder abgegeben wird, glaubt man, das Ausmaß kontrollieren zu können, in dem andere Menschen Zugang zu den persönlichen Gedanken, zum eigenen Herzen haben. Außerdem verursacht man ein gehöriges Familienchaos, das die Beteiligten praktischerweise von ihrem endlosen Gezänk ablenkt, weil sich ihre Sorge ja auf die »Verrücktheit« des Eßgestörten richtet, während dieser selbst sich leise davonmacht. Die Psychologen haben dem Resultat der Eßstörungen viel zu viel Aufmerksamkeit gewidmet – sie betrachten ihre Patienten, wenn sie schon vollkommen machtlos geworden sind, wenn sie in ihrer Illusion gefangen sind, im Zentrum der Aufmerksamkeit stehen und in einen passiven, infantilen Zustand regrediert sind – und so behandeln sie sie auch als passive, infantile Wesen und verurteilen damit ihre Heilungsbemühungen selbst zum Scheitern. Das Endergebnis einer solchen Krankheit besteht *nicht* darin, daß der Patient seine ursprüngliche Absicht verwirklicht und übermenschlich wird, mit Haut wie aus Stahl, unerschütterlich, auch angesichts der größten Widrigkeiten, dem Zugriff der anderen entzogen. »An Anorexie erkranken Kinder, deren Bemühen um Unabhängigkeit gescheitert ist.«[19] Und damit ist diese Krankheit nicht der verzweifelte Versuch, wieder ins Nest zurückzukehren, sondern der hochfliegende Sprung nach *draußen*.

Nein, es funktioniert nicht. Aber damals glaubte ich daran. Die Magersucht war meine Große Idee, mein Bestreben um Unabhängigkeit, Identität, Freiheit, Rettung etc., etc. Es ist schon erstaunlich, wie viele Eier man in einen Korb legen kann, wieviel symbolisches und emotionales Interesse man an einer kleinen Krankheit entwickeln kann. Die Anorexie – nicht einfach nur eine »Diät«, nicht einfach nur Gewichtsverlust, sondern ein absolutes, unweigerlich auf den Tod durch Verhungern hinauslaufendes Riesenproblem – schien mir der Königsweg zum Glück zu sein. Das ist eine sehr häufig anzutreffendee Entwicklung bei Bulimikern, die über den Zaun springen. Die Bulimie stieß mich ab, und ich war angewidert genug von mir selbst, um mich auf eine Alternative einzulassen. Als ich dreizehn war, begann ich also, mich Zentimeter um Zentimeter auf die Magersucht zuzubewegen.

Man erkrankt nicht einfach daran, so wie man eine Erkältung bekommt; zunächst ist da nur ein Gedanke. Man spielt geistig die einzelnen Verhaltensweisen durch, beobachtet, ob sie sich festsetzen. Die meisten Menschen entwickeln die Magersucht schneller als ich es getan habe, aber viele Menschen wechseln nahtlos zwischen Bulimie und Anorexie, hin und hergerissen zwischen zwei Geliebten. Und genau das tat ich auch. Ich wollte magersüchtig sein; aber ich war gleichzeitig so süchtig nach der Bulimie, daß ich sie nicht einfach aufgeben und fallenlassen konnte. Ich hatte das Gefühl, verrückt zu werden. In meinem Kopf herrschte niemals Ruhe. Ruhe ist das Gleichgewicht zwischen Lärm und Schweigen, zwischen den seltsamen Blackouts, die ich jetzt immer häufiger erlebte – einer absoluten Stille, die nicht wie der Schlaf, sondern wie der Tod war – und dem teuflischen, kreischenden Durcheinander meiner eigenen Gedanken und der Stimmen draußen.

Und dann das scharfe Flüstern dieser einen Stimme. Es begann ganz leise, als ob sie unter Moosschichten begraben läge – oder unter Fleisch –, bis sie dann mit der Zeit so laut wurde, daß sie alles andere übertönte: *Dünner*, sagte sie. *Du mußt dünner werden.*

Aber selbst zu diesem Zeitpunkt weiß man, daß dieses Wort falsch ist. Es ist mehr als das Dünnsein, nach dem man sich verzehrt. Es ist die Vorstellung, die dahinter steht. Die stille Drohung. Die Ähnlichkeit mit Houdini, die man erlangt, wenn man dünn wird: Man geht auf heißen Kohlen, ohne zusammenzuzucken, man schläft auf einem Bett aus Nägeln. Man möchte das Dünnsein vor sich her tragen, wie eine kühl lächelnde Gallionsfigur. Durch ein unsichtbares, schwingendes Band, wie es auch Liebende miteinander verbindet, möchte man ständig mit dem Dünnsein Kontakt haben – auf einer Party, auf der Straße, überall. Man will das Band spüren, das leise zwischen einem selbst und dem Tod summt.

In der Zeit zwischen jetzt und dünner suchte ich nach etwas anderem, das die Leere füllen konnte. Im Sommer 1987 verlor ich jeden Kontakt zu meiner Selbstachtung und damit auch den letzten Rest an Vorsicht. Mir war alles egal – bis auf die Selbstzerstörung. Die interessierte mich außerordentlich.

In der achten Klasse war ich es leid, zwischen zwei verschiedenen Persönlichkeiten zu wechseln – der guten Schülerin/der Unruhestifterin, dem netten Mädchen/der gemeinen Ziege – und ich warf das Handtuch. Entschlossen tauchte ich hinab, lebte das Leben einer Nutte. Ich färbte mir die Haare in einem dunkleren Schwarzton, kaufte einen neuen Lippenstift, bestritt die Gerüchte nicht, die in der Schule über mich kursierten. Auf einem Bild aus dieser Zeit blicke ich mit glasigen Augen in die Kamera: die Lippen schimmern, schwarze Locken fallen mir verführerisch über das eine Augen. Ich war dreizehn. Im Sommer hatten mein Freund und ich uns getrennt, weil ich mit einem Typ aus dem Ferienlager herumgemacht hatte (ich hatte mit ihm geschlafen, obwohl das niemand wußte). Meine neue Persönlichkeit zwang mein Kinn in die Höhe, wenn die Freunde meines Exfreundes mich auf dem Schulflur als Hure beschimpften. Ich rauschte an ihnen vorbei. Ich wurde in ein Wechselbad von Verliebtsein und Vögeln geworfen. Über die Jungs, für die ich schwärmte, wußten meine Freundinnen Bescheid. Es waren diese Junior High School Typen mit Sonnenbrille und coolen Namen. Die Bumserei erwähnte ich nicht. Sie fand außerhalb der Schule statt. Mit schlaksigen Schwachköpfen aus der Stadt oder aus den angrenzenden Vororten, die ein kleines Entenschwänzchen im Nacken und einen obszönen, an Schambehaarung erinnernden Schnurrbart im Gesicht trugen. Ich lernte sie in Einkaufszentren oder im Kino kennen. Sie drückten sich in den Vororten herum, auf der Suche nach einem Mädchen, das ihnen auf den Leim ging. Die Unterhaltung verlief immer gleich: Hey / Hey. Dann die Routine-Anmache, und man steht da, schlägt die Augen nieder und denkt, wie potthäßlich sie sind. Telefonnummern werden ausgetauscht. Verabredungen getroffen. Sie sagen, Hi, gut siehst du aus. Dann stecken sie dir die Zunge in den Hals, und der Rest ist Geschichte.

Möglichkeiten, Möglichkeiten. So viele Mittel zur Selbstzerstörung, so wenig Zeit. Ich expandierte. Ich erweiterte meinen Horizont. Warum sich auf die Kotzerei beschränken, wenn man jeden Tag in der Schule herumbumsen konnte, ohne daß jemand es merkte? Warum nicht Wodka in einer Mineralwasserflasche mit in den Chor nehmen und ihn während des Singens trinken? Und wenn einen sowieso jeder für eine Hure hielt, warum nicht beweisen, daß sie recht hatten? Warum nicht mit Fremden flirten und vögeln? Warum nicht mit Fremden schlafen, die mit Drogen dealen oder die der Freund eines Freundes sind, der mit Drogen dealt und mit sexy Schmollmündchen (den hatte ich vor dem Spiegel geübt) fragen, ob man auch etwas haben dürfe? Warum nicht quengeln ›Das ist nur fair‹? Und dann strahlen vor Glück, wenn man ein Tütchen mit Pillen oder Pulver bekommt, die Beine aus dem Auto schwingen und mit süßer Stimme »Danke« sagen. Den Rest des Nachhauseweges zu Fuß zurücklegen, mit der Hand über das zerwühlte Haar fahren, denken, ich brauche eine Dusche.

Ich hörte nicht auf zu fressen und zu kotzen. Ich machte damit weiter, normalerweise zweimal am Tag. Ich ergötzte mich an der Illusion, daß die Bulimie nicht so interessant wie andere Dinge war. Sie schien plötzlich zur Nebensache zu werden, ein Bestandteil des Alltags, so grundlegend und voraussagbar wie das Atmen. Ich hatte Besseres zu tun als meine Zeit mit kindischen Dingen wie Essen zu verbringen. Dieses ganze Jahr ist wie in Nebel getaucht. Das einzige, an das ich mich mit großer Klarheit erinnere, sind die

Schultoiletten (im Untergeschoß, im Obergeschoß, neben den Umkleidekabinen), die Toiletten zu Hause, die Toiletten in der Kirche. Das einsame Trinken von geklautem Alkohol, die Drogen. Das Gefühl an meinem Hinterkopf, wenn ich gegen den Griff einer Autohintertür stieß, der Klang des Atmens über mir. Meine Zeugnisse, auf denen nur noch Vierer auftauchten. Ich wurde aus dem Förderprogramm der Schule gestrichen und mit traurigen Seufzern und tiefem Mitgefühl für meine Eltern als leistungsschwach bezeichnet. Meine Eltern führten lange und sorgenvolle Gespräche mit meinen Lehrern. Ich starrte nach oben, zählte die kleinen Punkte in den Deckenpanelen, während sie sich darüber unterhielten, warum ich mein Potential nicht ausschöpfte. Meldungen wurden nach Hause geschickt, in denen stand: Schwatzt zu viel. Strengt sich nicht an. Ist streitsüchtig. Hausaufgaben nunvollständig. Mein Lieblingsbrief dieser Art, ein Brief, der in der Mitte des Schuljahres nach Hause geschickt wurde und auf dem eine obszöne Fünf prangte, lautet: »Marya ... scheint sich zu isolieren ... ihre Arbeitsqualität hat sich drastisch verschlechtert. Sie macht den Eindruck, als ob sie der Situation völlig ›gleichgültig‹ gegenüberstünde.«

Ich *war* gleichgültig. Ich erinnere mich, wie meine Gedanken während der Schulstunden abdrifteten, im Kopf schrieb ich Geschichten, richtete den Blick auf die besondere Gestalt eines Zweiges vor dem Fenster. Dann hörten die Geräusche auf. Ich sah mich um. Die Stunde war vorbei. Ich ging aus dem Klassenzimmer, hinunter zum Mittagessen, aß eine Minipizza und ein Eis am Stil, ging auf die Toilette, um mich zu übergeben, ging zur nächsten Schulstunde. Manchmal verließ ich die Schule, wanderte allein die Straße hinab. Ließ mich treiben. Kam zurück, wenn nach der Schule Musicalproben stattfanden oder die Schulzeitung geschrieben wurde. Danach ging ich ins Jugendzentrum neben der Schule, kaufte mir einen Schokoladenriegel und Chips. Aß sie im Toilettenvorraum des leeren Gebäudes, übergab mich.

Während ich bei den Schulaufführungen mit breitem, glücklichen Lächeln vor mich hin tanzte und sang und lächerliche Klugscheißer-Artikel für die Schülerzeitung schrieb, während ich meinen Eltern erzählte: »Ich gehe mit ein paar Freundinnen bummeln«, stahl sich mein Schatten davon, schloß die Badezimmertür hinter sich ab, öffnete die Schublade seines Nachttisches, griff mit der Hand dahinter, löste das kleine Plastikbeutelchen mit Kokain, das er vorher mit Tesafilm an die Rückseite geklebt hatte, schob sich das Pulver mit dem Finger in die Nase und atmete heftig ein: unendlich viele Glassplitter, die in die graue Masse meines Gehirns flogen.

Mindestens 30 %, vielleicht sogar bis zu 50% aller an Bulimia nervosa leidenden Patienten neigen oder neigten zu regelmäßigem Drogenmißbrauch ... Ihre Sucht ist häufig nicht auf die sogenannten Straßendrogen beschränkt ... Valium, Stilnox, Dalmadorm werden von diesen Patienten ebenfalls eingenommen, weil sie unter Schlaflosigkeit leiden.[20]

Zitternd lag ich in einem dunklen Feld aus beißendem Gras und Nesseln und beobachtete die Sterne, die sich wie stecknadelkopfgroße Räder drehten, biß mir auf die linke Seite meiner Unterlippe, um nicht zu schreien. Ich habe Spritzen immer schon gehaßt. Mein Rock war hochgeschoben, der trockene Staub und das Unkraut zerkratzten meine Schenkel, der zerfetzte Streifen eines Autoreifens um meinen rechten Arm quetschte mir die Haut zusammen. Ich lehnte mich zurück, angespannt, fiel in die unbeholfene Umarmung eines Jungen, der leise auf mich einsprach. Ich erinnere mich an den Gedanken, daß eine gute Krankenschwester aus ihm werden konnte. Ich lachte dreckig, und er sagte Psst. Sein Daumen fuhr die Innenseite meines Armes auf und ab. Im blauen Licht sah es aus, als ob das Gelenk sich vom Arm gelöst hätte, als ob es gebrochen wäre, auf traurige Weise keine Verbindung mehr mit meinem Körper hätte, und ich begann um den Verlust meines Armes zu weinen. Er klopfte mit dem Daumen leicht auf den Hügel der Vene und sagte wieder Pssst. Die Nadel grub sich beißend in meinen Arm. Ich spürte den scharfen Schmerz der Flüssigkeit in der Vene, stellte mir vor, daß ich ihren Weg in mein Gehirn nachvollziehen konnte. Ich stand auf, taumelte davon, setzte mich an den Rand eines in der Nähe liegenden Tümpels. Er folgte mir und setzte sich neben mich. Ich betrachtete die trübe Reflektion unserer Gesichter im brackigen Wasser, blasse, mondbeschienene Ovale. Er sagte: Erstaunlich, nicht wahr? Ich sagte: Erstaunlich.

Er war irgend jemand, wie alle anderen auch. Ich erinnere mich nicht an sie, nur an ihre Hände. Oder vielleicht nicht so sehr an ihre Hände, sondern an meinen Körper unter ihren Händen. An die Art, wie ich meinen Körper unter ihre Hände gleiten ließ, wie man vielleicht eine Notiz unter der Tür hindurchgleiten läßt. Ich wollte ihre Hände, die klammernden Hände von Jungen, die das Gewicht ihrer Körper ebensowenig kennen wie das Gewicht ihrer Worte, so daß sie beides sorglos auf einen herabfallen lassen, und einen verletzen, obwohl sie einen nur berühren wollen.

Ich wollte verletzt werden. Ich wollte wissen, daß ich existierte. Ich wollte berühren und berührt werden, und sei es nur, um der alles begrabenden Explosion der Nervenenden willen, die mir zurief *Ich bin hier er ist da wir sind hier.* Und ich wollte mich benutzt fühlen. Oder mich zumindest nützlich fühlen. Und ich wollte, ewige Masochistin, die ich bin, hinterher nach Hause gehen, meine Schenkel betrachten, meinen Hintern, mich mit zusammengekniffenen Augen begutachten und mein Spiegelbild beschimpfen.

Sex ist wie das Fressen der Versuch, die Leere zu füllen ... Patienten, die an Bulimie erkrankt sind, neigen dazu, in Vergangenheit wie Gegenwart mehr sexuelle Beziehungen zu haben [als Magersüchtige] ... sie neigen dazu, sexuell aktiver zu sein als Menschen, die keine Eßstörungen haben ... wobei es sich nicht so sehr um die Suche nach dem passenden Partner handelt als um den Versuch, sich selbst als ganz und lebendig zu erfahren ... Sex lindert die schreckliche Angst und schafft Nähe zu einem anderen Menschen ... so stark, daß die Patientin irgendwann die Grenze zwischen sich selbst und ihrem Partner nicht mehr wahrnimmt ... erschreckendes Erlebnis ... zeitweiliger Verlust von Identität ... der Körper beginnt ... endet ... Fragmentierung ...[21]

Nachts blieb ich immer lange auf: Ich legte ein Handtuch vor die Türritze, um zu verhindern, daß die dünne Klinge des Lichts die Dunkelheit des Flurs durchschnitt und ließ nur die Nachttischlampe an. Ich lag vor dem Spiegel auf dem grünen Teppich des Schlafzimmerbodens auf der Seite und beobachtete, wie meine Beine sich auf und ab bewegten, auf und ab, in endlosen gymnastischen Übungen, jede genau abgezählt. Selbst wenn die geschwächten Muskeln zu zittern begannen, hob und senkte ich die Beine weiter, dachte immer wieder *faules Schwein.* Linke Seite zuerst, dann die rechte Seite, dann aufstehen, dann auf dem Rücken, dann auf dem Bauch. Ich beobachtete jeden Zentimeter meines Fleisches, wie es sich anspannte und entspannte, verlor mich in der Wiederholung, löste mich von meinem Spiegelbild, stellte mir vor, wie ich kleiner und immer kleiner wurde, bis ich dünn und flach wie ein Papierfetzen war. Ich spreizte die Schenkel, um zu sehen, wie sie wohl aussehen würden, wenn ich mager wäre, kniff in das Fleisch, das mich noch davon trennte, versuchte, die Quelle der Angst zum Schweigen zu bringen, die in meiner Brust zu sprudeln begann, wenn ich dachte: *Ich bin fett.* Wenn das Entsetzen nicht nachlies, versprach ich mir: morgen kein Essen. Gar keins. Dann konnte ich wieder leichter atmen. Die Strafe schien gerecht, schien die Dinge leichter zu machen, organisierter, der beruhigende Schmerz des Hungers in der Brust würde mich daran erinnern, daß alles gut war. Dann legte ich mich auf das Bett, öffnete die Schublade meines Nachttisches.

In der Schublade Tabletten für die Nacht, Pulver für den Tag, meine kleine Tasche voller Tricks, meine Erweiterung des Geistes, mein großes Experiment, mein Mr. Hyde. Das glasig dreinblickende, grinsende Gesicht, das mir allmorgendlich entgegenblickte, ist das Leben nicht aufregend, was sollen wir denn heute spielen, wie ist das alles traumatisch, dramatisch, so hoch und schrill, das undeutliche Summen der Zahnrädchen in meinem Kopf.

Meine Freundinnen sahen mich an, wunderten sich vielleicht ein oder zweimal über den hysterischen Ton meiner Stimme, über meine Stimmungsschwankungen, mein Lachen und mein Schreien, die kaum einen Atemzug voneinander entfernt waren. Ich war lebhaft, rebellisch, unverschämt, häufig krank, manchmal grausam, und manchmal brach ich auf dem Boden der Umkleidekabine zusammen. Normalerweise kochte ich vor Wut über irgend etwas, riß nachts von zu Hause aus. Schlüpfte zur Hintertür hinaus, über die gefrorene, weiße Stille des Sees hinter dem Haus meiner Eltern, über die weiß-blau schimmernde Ruhe der vom Schnee reingewaschenen Wiesen, durch die knirschenden, von Laternen beleuchteten Straßen. Manchmal stand ich auf der eisüberzogenen Brücke, die über die Autobahn führte, meine kalten nackten Hände umklammerten den Metallzaun, und beobachtete die vorbeirasenden Autos.

Später fragten sich meine Eltern, wo ich die Drogen her hatte. Sie fragten sich, wer sie mir gegeben hatte und wie. Sie wollten wissen, wann. Sie saßen auf der Couch des Therapeuten, starrten mich an, verwirrt, ungläubig, wollten wissen, wie das rotwangige, stubsnasige kleine Mädchen, an das sie sich erinnerten, unter ihrem Dach einen solch phantastischen Betrug hatte inszenieren können. Meine Schauspieler-Eltern im Familien-Theater saßen da, sahen aus dem Fenster und stellten immer wieder die gleiche absurde Frage, wo ich gelernt hätte, so gut zu lügen. Sie beschlossen, mir nicht zu glauben. Das ist nur fair.

Ich lernte Sex, wie man das Schreiben lernt: indem man es tut. Niemand hat mir je erklärt, wie es geht. Im Aufklärungsunterricht sprachen wir über die Menstruation. Niemand hat in meiner Gegenwart je über Verhütung gesprochen. Die Psychologen sagen übrigens, daß es eine starke Verbindung zwischen dem frühen Kontakt zum anderen Geschlecht und extremen Sorgen über das eigene Gewicht gibt. Meiner Erfahrung nach gibt es eine starke Verbindung zwischen Sex, einem vorübergehenden Adrenalinschub und dem alles verschlingenden Gefühl, fett zu sein und sich übergeben zu müssen. Trotz meiner sexuellen Aktivitäten und meiner Faszination wußte ich ziemlich wenig über die Zusammenhänge.

Mit neun Jahren, als ich noch unbestreitbar Jungfrau war, stand ich vor dem Spiegel, steckte meinen kleinen Bauch heraus und fragte mich voller Panik, ob ich von den Arztspielen, die ich mit einem Jungen unternommen hatte als ich fünf war, wohl schwanger geworden war, ob ich immer noch schwanger war, und wie ich es meinen Eltern erklären sollte? Was würden sie sagen?

Fünf Jahre später, mit vierzehn, stand ich vor dem Spiegel und wußte, daß ich tatsächlich schwanger *war.*

Wie sollte ich das meinen Eltern erklären? Was würden sie sagen?

Ich fragte meine Freundinnen, was sie tun würden, wenn ich schwanger würde. Sie waren an meine seltsamen, morbiden, hypothetischen Fragen gewöhnt. Ich fragte sie regelmäßig, was sie tun würden, wenn ich starb. Nein, ernsthaft, sagte ich. Was würdet Ihr tun? Beiläufig sammelte ich Ansichten über eine Abtreibung: ein einstimmiges Nein scholl mir entgegen, hallte wider von der selbstgerechten Sicherheit katholischer Mädchen, die noch nie mit einem Mann geschlafen hatten. Wir einigten uns darauf, daß Abtreibung falsch war. Ich fragte meine Mutter, was sie mir raten würde, wenn ich schwanger wäre. Sie fühlte sich bei diesem Thema eindeutig unbehaglich, antwortete aber, daß sie in einem solchen Fall eine Abtreibung für mich arrangieren würde.

Dann eines Abends am Abendbrottisch, als ich gerade eine kleine Stadt aus Kartoffelbrei und Erbsen baute, spürte ich, wie irgend etwas in meinem Inneren *Schnapp* machte. Es war ein witziges Schnappen, nicht als ob man sich die Knochen bricht, sondern anders, eher wie das kleine Schnapp eines Fadens, vielleicht eher ein *Schnipp*. Plötzlich merkte ich, wie ich blaß wurde, mir wurde von Grund auf übel. Ich entschuldigte mich. Ging ins Bad, wobei ich mich mit der Hand an der Wand entlangtastete. Ich verschloß die Tür, setzte mich auf die Toilette, kippte vorn über. Es fiel mir schwer, den Wasserhahn der Badewanne aufzudrehen. Ich konnte nicht verhindern, daß mir die Hände zitterten. Ich sah mein Gesicht im Spiegel: ein häßliches Grau. Ich hatte ein dumpfes, schneidendes Gefühl im Bauch. Dann plötzlich nahm es an Heftigkeit zu, stach zu. Ich erinnere mich, wie ich ganz klar dachte: Naja, das war ja ganz leicht. Ich erinnere mich, wie ich mich auf den Toilettensitz stellte, als es vorüber war, wie ich meinen Rock in die Höhe hob und das Blut betrachtete, das das Innere meiner Schenkel bedeckte. Und dann erinnere ich mich daran, wie etwas mich ablenkte. Ich drehte mich auf die Seite und betrachtete meinen Hintern. Fetter Arsch, dachte ich. Schwein.

Von diesem Zeitpunkt an beschleunigt sich alles. Um die Drogen zu bekommen, schlafe ich mit dem Freund einer Freundin eines Freundes, wann immer es möglich ist. Morgens bringe ich mich mit einem Aufputschmittel in Schwung, das ich mit dem lauwarmem Wasser im Glas auf meinem Nachttisch herunterspüle; wenn ich mich nach dem Mittagessen übergeben habe, nehme ich Beruhigungsmittel. Nach der Schule begann die Zeit des Tages, die ich am meisten fürchtete: Ich öffnete den Kühlschrank. Trank etwas Wein, nippte an den selten genutzten Flaschen in unserer Bar, schlief oder las, aß zu Abend, übergab mich, nahm Beruhigungsmittel, schlief. Mitten im Strudel der Ereignisse gibt es ein paar klare Blitze: ein Junge auf dem Rücksitz eines Autos, die Hand auf meinem Bauch, der sagt: Was für ein hübscher Bauch, was für ein hübscher, kleiner Körper. Und der Gedanke, der mir durch den Kopf schießt: Ich muß diesen Bauch loswerden. Die Feuchtigkeit der Betonwand im Toilettenvorraum neben den Umkleidekabinen, die schweißnasse Hand, die sich nach oben tastet, nach etwas sucht, woran sie sich festhalten kann, der Kopf schummrig, Mittagessen und Blut wirbeln umher. Diese deutlichen Bilder, die sich irgendwie, auch heute noch, wo ich weiß, daß es so war, nicht mit dem Menschen in Einklang bringen lassen, der ich war oder für den ich mich hielt oder der ich zu sein schien; die alltäglichen, sonnendurchfluteten Flure der Southview Junior High School und ich nur ein weiteres junges Mädchen, das auf Abwege geraten war.

Meine Eltern glaubten, daß ich dabei war, den Verstand zu verlieren.

Die Raupe und Alice sahen einander eine Zeitlang schweigend an: Schließlich nahm die Raupe die Wasserpfeife aus dem Mund und sprach sie mit langsamer, schleppender Stimme an.

»Wer bist du?« fragte die Raupe.

Das war keine allzu ermutigende Einleitung für eine Unterhaltung. Alice antwortete einigermaßen schüchtern: »Ich-ich weiß es nicht so genau, Sir, jedenfalls im Augenblick nicht – das heißt heute morgen, als ich aufstand, wußte ich noch, wer ich war, aber ich glaube, seitdem bin ich einige Male verwandelt worden.«

»Was meinst du damit?« fragte die Raupe streng. »Erkläre dich!«

»Ich fürchte, ich kann mich nicht erklären, Sir«, sagte Alice, »weil ich nicht ich selbst bin, versteht Ihr?«

»Ich verstehe nicht«, sagte die Raupe.

»Ich fürchte, ich kann es nicht deutlicher ausdrücken«, antwortete Alice sehr

höflich, »denn ich verstehe es ja selbst nicht; außerdem ist es sehr verwirrend, an einem einzigen Tag so viele verschiedene Größen zu haben.«
»Das ist es nicht«, sagte die Raupe ...
»Nun, vielleicht empfindet Ihr das etwas anders«, sagte Alice. »Ich weiß nur eines: Mir kommt das alles sehr seltsam vor.«
»DIR!« sagte die Raupe verächtlich. »Wer bist DU?« ...
Weil die Raupe offensichtlich sehr schlechter Laune war, wandte Alice sich ab ...
»Komm zurück!« rief die Raupe hinter ihr her. »Ich habe dir etwas Wichtiges zu sagen!«
Das klang vielversprechend. Alice wandte sich um und kehrte zurück.
»Du mußt dich beherrschen«, sagte die Raupe.
»Ist das alles?« fragte Alice.

Der Psychiater, der mich haßte, weil ich ihn Doktor Freud nannte – vielleicht auch aus anderen Gründen – , war ein sehr kleiner, grauer Mann in Maßanzügen und schwarzen, mit Spucke auf Hochglanz polierten Schuhen, die im Lampenlicht höhnisch funkelten. Ich wußte nicht genau, warum ich gerade ihn aufsuchen sollte. Er war der Psychiater meiner Mutter, wahrscheinlich war es also leichter, mich zu ihm zu schicken als zu einem anderen. Meine Kopfschmerzen waren noch immer rätselhaft, ebenso wie die gelegentlichen Besuche bei der Schulkrankenschwester, weil ich ohnmächtig geworden war. Ich hielt das Problem nicht für ein medizinisches. Ich fragte mich, ob ich wegen meiner Noten zu einem Psychiater geschickt worden war, aber ich konnte mir nicht vorstellen, wie er mir dabei helfen sollte. Trotzdem ging ich hin, und zwar durchaus nicht widerwillig, denn an diesen Tagen mußte ich nicht zur Schule.

Bei meinem ersten Besuch öffnete er die Tür, deutete mit einer ausladenden Geste auf das Zimmer und hieß mich eintreten. Ich stand regungslos da, ging nirgendwo hin. Er deutete auf einen Sessel. Im Zimmer war es sehr still, die klimatisierte Luft brannte in der Nase. Ich setzte mich in den Sessel. Er war aus schwarzem Leder, und ich glaube, er hatte Rollen. Er war dem Schreibtisch zugewandt. Eine Pflanze stand, glaube ich, am Fenster zu meiner Rechten, von dem aus man auf den Parkplatz des Bürokomplexes blicken konnte, in dem wir waren, sowie auf den wohl gepflegten Park, die Autobahnbrücke und auf Amerikas erstes Einkaufszentrum, Southdale, errichtet im Jahre 1958, ein wichtiges Datum, das wir in der Grundschule oft genug gelernt hatten.

An der mir gegenüberliegenden Wand standen Bücherregale: in der

Hauptsache Freud oder über Freud oder über den Freudschen Ansatz in bezug auf irgend etwas. Dann noch etwas Jung, die DSM-Kriterien*, ein paar abnorme Psychologiebücher. Voller Schrecken erkannte ich ein Buch wieder, das meine Mutter gelesen hatte: *Das Drama des begabten Kindes*. Ich hatte es ihr geklaut, es gelesen und als vollkommen lächerlich verworfen, vor allem, weil ich annahm, daß sie es las, weil mit mir etwas nicht stimmte. Des weiteren viele Bücher, deren Titel nicht zu erkennen waren, so daß ich den Hals reckte, um sie zu entziffern.

»Was tust du da?« fragte er.

Ich schrak zusammen. Er hatte auf seinem Stuhl gesessen und mich beobachtet. »Ich betrachte die Bücher«, sagte ich. Er trug eine große, viereckige, schwarze Brille, wie sie in den fünfziger Jahren modern war, weshalb er etwas gemein und übertrieben väterlich aussah.

»Warum?« fragte er.

Ich hatte keine Ahnung. »Warum nicht?« antwortete ich.

Er machte sich eine Notiz. Er schrieb auf liniiertem, gelbem Din-A4-Papier und benutzte einen schwarzen Füller mit breiter Feder. Ich reckte den Hals, um zu sehen, was er schrieb. Er entzog mir den Block. Wir saßen keine zwei Meter voneinander entfernt, und ich brauchte eine Brille, hatte es aber noch niemandem gesagt. Seine Handschrift war sehr klein, sehr kantig, Druckbuchstaben, alles in Großschreibung. Ich konnte die Umrisse erkennen, aber nicht lesen, was er schrieb. Er beschrieb, wie ich später bemerkte, immer nur eine Seite des Papiers, wobei er jede volle Seite mit etwas übertriebenem Schwung zurückschleuderte, um dann in affenartigem Tempo weiterzuschreiben. Einmal machte ich eine Bemerkung darüber, daß das Papierverschwendung sei. Er sah mich an und machte sich eine Notiz.

Zu meiner Linken stand eine schwarze Ledercouch. Ich sagte halb im Scherz: »Muß ich auf der Couch liegen?«

Er sah mich an, die buschigen Augenbrauen hoben sich. »Willst du das denn?« fragte er.

Ich fühlte mich gedemütigt. »Nein«, sagte ich. »Warum sollte ich auf der Couch liegen wollen?«

Er sah mich an. »Ich weiß nicht«, sagte er. »Warum willst du auf einer Couch liegen?«

* Das *DSM* ist ein aus den Staaten stammendes Handbuch diagnostischer Kriterien für alle bekannten psychischen Erkrankungen. Diese Kriterien finden auch in Deutschland Anwendung. Hierbei werden den einzelnen Krankheiten bestimmte Achswerte zugeschrieben.

»Ich WILL ES NICHT«, sagte ich und warf ihm einen wütenden Blick zu. Schweigend saßen wir ein paar Minuten da. Ich blickte auf den Parkplatz hinaus.

»Möchtest du gehen?« fragte er.

»Wie bitte?«

»Willst du gehen?«

»Eigentlich ist mir das egal«, sagte ich, was der Wahrheit entsprach. Wir saßen da. Er machte sich Notizen.

»Was schreiben Sie denn da?« fragte ich.

»Notizen.«

»Vielen Dank«, sagte ich vorlaut. »Das ist sehr hilfreich. Notizen über was?«

»Beobachtungen.«

»Beobachtungen über mich?«

Er hielt im Schreiben inne und sah mich an. »Es ist dir wichtig, wie andere Menschen dich wahrnehmen?«

»Nicht wirklich«, antwortete ich, was eine glatte Lüge war, »ich wundere mich nur, weil ich bislang ja noch gar nichts gesagt habe.«

Er antwortete nicht. Ich nahm eine Zeitschrift zur Hand und blätterte sie durch. *National Geographic*. Giraffen.

Er lehnte sich in seinem Stuhl zurück. »Mayra«, sagte er, nachdenklich.

»Marya.«

»Verzeihung?«

»Marya. Ich heiße Marya. Nicht Mayra. M-A-R-Y-A.«

»Ah«, sagte er. »Maria-«

»MARYA. MAR-YA. Zwei Silben. Nicht Maria. Nicht Myra, nicht Mayra, nicht Mara. Marya.«

»Stört es dich, wenn man deinen Namen falsch ausspricht?«

»JA.«

Er machte sich Notizen. Ich begann, in meinem Sessel nach unten zu rutschen.

Während der ersten paar Besuche wiederholte sich dieses Ritual: Ich kam herein. Er sah mich an. Ich starrte wütend zurück. Ich sah aus dem Fenster. Er stellte mir Fragen, von denen ich später auf der Journalistenschule lernte, daß es Suggestivfragen waren (»Du hast also Angst vor Schlangen, ja?«). Ich stellte Gegenfragen. Dann begann ich, mich zu langweilen, und weil ich eine Stunde lang nichts Besseres zu tun hatte, begann ich ihm – ziemlich unvermittelt –, die Wahrheit zu erzählen.

»Worüber willst du heute sprechen?« fragte er.

»Nun, ich glaube, ich habe eine Eßstörung.« Ich zog die Knie hoch in den schwarzen Ledersessel und knibbelte an dem zerfransten grauen Baumwollstoff meiner Hose.

»Oh?«

»Ja. Ich denke schon. Ich habe ein paar Bücher gelesen.«

Er machte sich Notizen.

»Und ich trinke viel. Wenigstens, naja, viel für, naja, ich denke, für mein Alter, oder so.«

Pause.

»Und ich schlafe mit allen möglichen Typen, und ich nehme manchmal Drogen.«

Lange Pause.

»Zum Beispiel Heroin.«

Er warf mir über die Brille hinweg einen Blick zu.

»Und?« sagte er verwirrt.

»Hmm. Naja, ich weiß nicht.« Ich zog an meinen Sohlen, die sich von meinen Schuhen lösten. Mit arroganter Geste warf ich das Haar zurück. »Ich denke, es ist irgendwie gut. Ich meine, was auch immer. Ich meine, wen kümmert es schon? Es ist irgendwie keine große Sache.«

Er machte sich Notizen. Während der restlichen Sitzungen redete ich unaufhörlich. Ich erzählte ihm alles, was mir gerade in den Kopf kam, schwadronierte fröhlich vor mich hin, fluchte wie ein Matrose. Zog die Ärmel meiner Bluse hoch, um ihm die Druckstellen am Arm zu zeigen, öffnete den Mund so weit, daß er die wunde Stelle in meiner Kehle sehen konnte, die wie Feuer brannte, wenn ich Orangensaft trank. Rieb die gleichmäßige Reihe aus Wundschorf, kleinen Narben und Zahnabdrücken, die die Hast auf den Knöcheln der Zeige- und Mittelfinger meiner rechten Hand zurückgelassen hatte. Dann schwieg ich, lehnte mich im Sessel zurück und reckte das Kinn in die Höhe, forderte ihn heraus, damit er das alles als Bluff abtat.

Aber es war kein Bluff.

Er sprach nie ein Wort – zumindest nicht bis zum letzten Tag, an dem ich ihn wie so häufig anschrie, weil er nichts sagte. Warum sagte er nie etwas? Es machte mich so verdammt NERVÖS, und was schrieb er da überhaupt vor sich hin? Wollen Sie das etwa mal verarbeiten? Das ist irgendwie alles andere als HELFEN, Sie ARSCHLOCH und überhaupt, WARUM KNÖPFEN Sie meinen ELTERN dieses ganze verdammte GELD ab, etwa nur, damit Sie da SITZEN und ÜBER MICH LACHEN?«

»Glaubst du, daß die Leute über dich lachen, Maria?«

»MARYA! ICH HEIßE MARYA, Sie Arsch! Wollen Sie mir jetzt endlich sagen, was mein PROBLEM ist, oder WAS? Los, sagen Sie 'was! SAGEN Sie mir, was mit mir nicht STIMMT!« brüllte ich mit rotem Gesicht, zitternd und wütend über die unerschütterliche Gelassenheit dieses Bastards.

»Ich denke«, sagte er ruhig und lehnte sich lächelnd in seinem Sessel zurück, »daß du«, fuhr er fort und ließ die Kappe auf seinen eleganten Füllfederhalter gleiten, »eine sehr wütende junge Dame bist.«

Ich war schon fast zur Tür hinausgerannt, als ich mich umdrehte und begann, wie eine Hyäne zu lachen, schreckliche, krächzende Laute. »Das ist alles?« sagte ich. »Sie haben all diese Zeit gebraucht, um DAS festzustellen? Brillant! Sie sind verdammt noch mal wirklich brillant! Oh mein GOTT!« Und ich schlug die Tür hinter mir zu, hoffte, daß sie aus den Angeln fallen würde. Das tat sie nicht. Aber ich kehrte niemals zurück.

Tatsächlich ging ich erst drei Jahre später wieder zur Therapie, und zwar als ich zum ersten Mal ins Krankenhaus eingeliefert wurde.

Jahre spielen hier eine ungeheuer wichtige Rolle. Forschungsergebnisse haben gezeigt, daß die Dauer einer Krankheit einer der wichtigsten Faktoren bei »chronischen« Eßstörungen ist. Als ich im Alter von sechzehn Jahren professionelle Hilfe bekam, hatte ich die magische Grenze von fünf Jahren schon deutlich überschritten, die Grenze, nach der die Ärzte sich die Akte ansehen, die Augenbrauen hochziehen, die Köpfe schütteln und sagen: »Seit Sie neun Jahre sind, hmm?« Man nickt und wirft einen Blick auf die Waage, die kalt und teilnahmslos an der Wand steht und nur darauf wartet, die Sohlen deiner schuppigen Füße aufzureißen. »Wollen Sie gesund werden?« fragen sie. Man zuckt die Achseln und schaut auf die Waage, fragt sich, wie gut sie geeicht ist, ob sie lügen wird und ihnen sagen wird, daß man drei Pfund mehr wiegt, als es tatsächlich der Fall ist. Dann ist man verpflichtet, diesen Fehler zu korrigieren – aus Prinzip – um die eigene Seele zu retten, und für die eigenen Anstrengungen bekommt man eine neue Adresse: Station für Eßstörungen, achter Stock, denn damit hat man ihren Verdacht bestätigt: Welcher Mensch mit einem Puls von dreiundvierzig und einem systolischen Blutdruck, der gleich Null ist, gibt auch nur einen Furz darum, ob die Wage drei Pfund mehr anzeigt. Nur eine Magersüchtige, sonst niemand. Und kümmert es sie, daß sie stirbt? Zum Teufel, nein.

Am Ende der achten Klasse verriet mich eine Freundin, die ich aus dem Kirchenchor kannte. Wir standen uns nicht besonders nahe, kannten uns aber schon ziemlich lange und durch den Konfirmationsunterricht hatte sie mehr von mir mitbekommen als die meisten meiner besten Freundinnen. Sie erzählte der Schulpsychologin, daß ich mich ständig erbrach. So wütend ich mich damals auch aufführte, ich war niemals in meinem Leben dankbarer für etwas gewesen. Ich wurde in das Büro der Schulpsychologin gerufen. Als ich dasaß und über ihre Schulter vorbei zum Fenster hinausstarrte, spürte ich keinerlei Scham. Ich hatte noch nicht einmal Angst. Ich fühlte mich geschmeichelt. Und ich war stolz. Es hatte sich etwas bestätigt: Ich war es wert, daß man sich mit mir beschäftigte; ich entwickelte mich zu einer erfolgreichen Kranken. *Krank* ist man erst dann, wenn sie es sagen. Natürlich war ich schon seit fünf Jahren krank. Aber jetzt, vielleicht war ich jetzt *wirklich* krank. Vielleicht war ich ja gut darin, gut genug, um meiner Umwelt einen Schrecken einzujagen. Vielleicht würde ich ja fast sterben, und am Rande des Abgrundes balancieren, während ihnen beim Anblick meiner todesmutigen Kapriolen der Atem stockte, sie einander hilfesuchend an den Armen packten und mir schließlich Beifall zollten.

Aber wer zur Hölle waren SIE? Was versuchte ich zu beweisen, und vor allem wem? Dies ist eine der schrecklichen, banalen Wahrheiten über Eßstörungen: Mit ihrer schlanken Figur beweist eine Frau in unserer Kultur ihren Wert, und zwar auf eine Weise, der keine Leistung, keine noch so steile Karriere, absolut gar nichts gleichkommt. Wir glauben, daß sie etwas geschafft hat, was Jahrhunderte des kollektiven Unbewußten für unmöglich gehalten haben – sie hat die Kontrolle über sich selbst erlangt. Eine Frau, die sich auf diese Weise im Griff hat, ist fast so gut wie ein Mann. Eine dünne Frau kann ALLES HABEN. Vor dem Spiegel zog ich die Haut meines Gesichts straff und verzog die Lippen zu einem unheimlichen, knöchernen Grinsen.

Die Schulpsychologin war sehr besorgt, und zwar auf eine Weise, wie Menschen es sind, die keinen blassen Schimmer haben, wie sie sich verhalten sollen oder worin das Problem besteht. Sie sagte, eine von uns würde es meinen Eltern erzählen müssen, entweder sie oder ich. Ich dachte darüber nach, versprach, es ihnen selbst zu erzählen, weil ich glaubte, daß sie es weniger ernst nehmen würden, wenn ich es ihnen selbst sagte. Ich hatte richtig getippt.

Als wir an diesem Abend am Eßtisch saßen, fing ich an MamaundPapaichmußeuchwassagen. Den Blick auf meinen Teller gerichtet beichtete ich, daß ich mich selbst zum Erbrechen gebracht hatte.

Es folgte eine lange Pause. Das Licht im Zimmer war gedämpft. Das

Fenster zu meiner Linken gab den Blick in die Nacht frei. Der Spiegel zu meiner Rechten reflektierte die Steinwand. Auf dem Teller wartete mein Abendessen. Die Gabel in meiner Hand zitterte und klirrte gegen das Glas.

Meine Mutter sagte: »Das habe ich auch gemacht.«

Mein Vater sagte: »Ich hab' es gewußt!«

Mit ausdruckslosem Gesicht saß ich da. Mein Vater sagte: »Siehst du?« und tippte sich an die Stirn. »Mr. Schwein weiß alles. Kannst du dich an den Tag erinnern, als ich in dein Zimmer kam, und ich dich fragte, ob du Zwangsvorstellungen wegen deines Gewichts hättest?«

Ich sagte ja. Ich sagte, hmm, du hattest recht.

Ich weinte. Ich sagte, ich hätte aufgehört. Aus irgendeinem Grund fingen wir an zu lachen. Ich hatte nicht aufgehört. Meine Eßstörung hatte sich dramatisch verschlimmert. Ich fraß, allein, wann immer ich konnte, gab mein ganzes Geld dafür aus. Fast-Food-Restaurants, Imbißbuden, Essen von zu Hause, Essen aus den Kühlschränken anderer Häuser. Stundenlang machte ich in meinem Zimmer Gymnastik. Ich war zwar erst vierzehn, trotzdem fragte ich mich, ob ich mir von einem Schönheitschirurgen das Fett absaugen lassen sollte. Jedes Fettmolekül meines Körpers sollte abgesaugt werden, so daß hinterher nur noch die fröhlich klappernden Knochen übrig blieben. Ich lag jede Nacht im Bett und starrte meinen Körper mit einem Haß an, der mir sogar heute noch die Galle hochkommen läßt. Mein Haß auf die Bulimie wuchs ebenfalls ständig. Dieser Haß verwandelte sich im Laufe der Zeit in absolute Hingabe an das Ziel, magersüchtig zu werden. Ich aß weniger regelmäßig, begann, »Diäten« zu machen, log meine Freundinnen an, die mich natürlich fragten, warum ich nichts aß, ob ich mich wieder übergäbe, was zum Teufel mit mir los sei. Ich begann, in der Schule immer häufiger ohnmächtig zu werden. Die Grippe, sagte ich. Kopfschmerzen. Eine allergische Reaktion, fix und fertig, zu wenig Schlaf, schlimme Erkältung, Bronchitis.

Bulimie ist für die Umwelt nur schwer zu erkennen, weil sie den Körperumfang nicht verändert. Und sie ist gefährlich. Ich gab einem Jungen nach dem anderen den Laufpaß, Telefonsex bis tief in die Nacht. Aufrisse im Kino. Ich sah jetzt wirklich gut aus, älter. Ich hatte meinen Babyspeck verloren und hielt mein natürliches Gewicht, eine hübsche Stundenglasfigur, die ich in tief ausgeschnittene Pullover und kurze Röcke hüllte.

Mein Leben drehte sich jetzt um Männer, wie das bei vielen Frauen der Fall ist. Wir saßen zusammen – ein paar Mädchen, deren Wortkargheit beim Thema Sex sich natürlicherweise schnell verflüchtigte – und diskutierten über Schwänze. Ich gab bis zu einem gewissen Grad vor, unwissend zu sein, aber bei einem Großteil der Themen war ich tatsächlich völlig ahnungslos. Ich wußte, wie man jemandem vernünftig einen blies und zum richtigen Zeitpunkt stöhnte, aber wahrscheinlich hätte ich nicht erklären können, was *Hoden* sind, wenn man mich gefragt hätte. Ebensowenig hätte ich die biologischen Hintergründe für das bizarre Phänomen eines Steifen erklären können. Die Natur des Schwanzes war ein Mysterium für uns – die Funktionsweise des Schwanzes, das Zittern des Bauchs, während die eigenen vorsichtigen, spinnenartigen Hände sich nach unten tasteten. Wir diskutierten über die Richtung von Schwänzen: Peters deutete nach rechts oben, Davids nach links, Brians geradewegs nach unten, wie ein Pfeil. Wir waren sicher, daß sie eigentlich nach *oben* deuten sollten. Wir lachten und lachten. Wir diskutierten: Konnte man schwanger werden, wenn man jemandem einen blies? Ein Mädchen sagte ja; ein anderes sagte nein, zumindest, solange man nichts schluckte. Ich beharrte darauf, daß es nur möglich wäre, wenn er ein Geschwür hätte und der ganze Mist irgendwie rauskam, und wir stellten uns vor, wie die kleinen, blinden Kaulquappen sich ihren Weg durch unsere Eingeweide bahnten, mit den Köpfen gegen die Leber und Milz stießen und einen Umweg machten. Leslie hatte zum Thema Schwanzrichtung noch die Alternative parat, daß er immer auf die Frau zeigte. Wirklich wahr, sagte sie und nickte bekräftigend. Ihre Mutter hatte ihr das erzählt. Daß Schwänze direkt auf die Frau deuteten. Ich fragte mich laut: Was also, wenn man aufsteht und vor ihnen auf und ab geht, wechselt der Schwanz dann die Richtung? Wie ein Radar? Ich stellte mir meinen Hund vor, der dem Knochen folgte, den ich über seinem Kopf kreisen ließ.

Allein die Vorstellung, den Körper eines Mannes kontrollieren zu können, war berauschend; daß man bewirken konnte, daß sein Kopf sich nach dir umdrehte, daß er deinen Schritten folgte, daß man sich auf bestimmte Weise zu ihm beugen, mit ihm sprechen oder ihn einfach nur ansehen und den Kopf in den Nacken werfen konnte, und schon hatte man ihn in der Hand. Das Wunder des weiblichen Körpers mit all seinen unmöglichen Geheimnissen kann man zwar instinktiv verstehen, aber nicht leicht in Worte fassen. Die Sprache ist zu begrenzt und man selbst zu unerfahren, um zu wissen, warum der eigene Körper bei einem anderen Menschen solch eine plötzliche, wenn auch ungeschickte Reaktion auslösen kann. Genausowenig kann man erklären, wie man selbst seinen Körper spürt, kann man das innere Trommeln beschreiben, das man empfindet, wenn man der warmen Haut eines anderen Menschen nahe ist. Was man fühlt, ist ein verwirrendes Knäuel aus Widersprüchen: Macht, Freude, Angst, Scham, Frohlocken, das seltsame Bedürfnis, Geräusche von sich zu geben. Man kann nicht beschreiben, wie sich diese Dinge irgendwo im Unterleib und im Blut zu einem Ganzen verweben.

Wir wußten, was wir tun und fühlen konnten, aber wir konnten nicht sagen, warum. Ich glaube, wir verstanden, daß der weibliche Körper mehr ist als die Summe seiner stummen Einzelteile. Wir mißverstanden die Macht, die wir spürten, ebenso wie unseren Geruch, unsere Gestalt. Was wir entdeckten, während unsere erhitzten Leiber übereinander lagen und vor sich hin zappelten, war etwas Körperliches, Sinnliches, Sexuelles, Greifbares, und es war Macht. Warum muß die Macht des weiblichen Körpers die Macht des weiblichen Geistes auslöschen? Haben wir so viel Angst davor, beides zu besitzen? Welche Bedeutung hätte das für die Frau? Es ist kein Problem für eine Frau, klug zu sein, solange sie eine graue Maus ist, mit Brille, schüchtern, denn dann ist sie offensichtlich kein Objekt der Begierde. Ebenso unproblematisch ist es für eine Frau, sinnlich zu sein, mit wippenden Titten und hervorquellendem Hintern, denn dann ist sie offensichtlich keine Konkurrenz im Kampf um intellektuellen Ruhm. Was aber, wenn sie beides ist? Wir beklagten uns bitterlich darüber, daß diese doppelte Moral nicht fair sei: Wenn ein Mädchen sexy aussah, wurde es gleich als Nutte abgestempelt; wenn ein Typ sexy aussah, galt er als guter Aufreißer. Aber wahrscheinlich glaubten wir in gewisser Weise selbst daran.

Ich war Lichtjahre von der ersten Lektüre feministischer Literatur entfernt, ganz zu schweigen davon, mein eigenes Verständnis von Feminismus, von Sexualität, von Intellekt und – letztlich – von Gesundheit zu entwickeln. Lautstark bezeichnete ich mich als Feministin, aber das war eine rein programmatische Äußerung – ohne Substanz. Ich hatte keine Ahnung, was Feminismus wirklich bedeutete, mal abgesehen von der Tatsache, daß ich es für Scheiße hielt, wenn den Jungs in den Kursen für besonders begabte Schüler und Schülerinnen die Füße geküßt wurden, weil sie mal wieder eine hingeschmierte Seite über irgendwelche phantastischen, wissenschaftlichen Errungenschaften abgaben, wohingegen meine Freundinnen und ihre vor Fußnoten nur so strotzenden Analysen des Amerikanischen Rechtssprechungssystems, ihre Kunstwerke, ihre Gedichte, meine Geschichten, belächelt, dann mit einer Auszeichnung für besondere Kreativität versehen und anschließend ignoriert wurden. Wo ich herkomme, ist »Feministin« ein Schimpfwort. Meine Freundinnen – von denen später einige feministische Seminare an der Universität besuchten – nahmen mich gelegentlich beiseite und sagten mir, daß ich »irgendwie etwas militant« in bezug auf diese ganze

»Feminismus-Geschichte« sei. Ich hatte schon mehr als einmal nachsitzen müssen, weil ich den Kunstlehrer als sexistisch beschimpft hatte oder weil ich Jeff Seick geboxt hatte, der mich ständig Möse nannte. Um die Wahrheit zu sagen, *Möse* klang mir in den Ohren wie *Getöse*, deshalb war mir der Begriff an sich egal.

Aus irgendeinem für mich nicht nachvollziehbaren Grund interessierten sich die lüsternen und unverschämten Jungen in meiner Schule ebenso wie die schlaksigen Hurensöhne, die ich wie patinaüberzogene Pennies in der Gosse der Nachbarstädte auflas, außerordentlich für meinen Körper. Ich hatte die Vorstellung, daß meine Macht über sie proportional zu meinem Gewichtsverlust ansteigen würde. Es gibt jede Menge Untersuchungen zu diesem Thema, die mir zeigen, daß ich mit diesem Glauben nicht allein dastand. Studien zeigen, daß Mädchen Schlankheit sowohl mit akademischem als auch mit sozialem Erfolg gleichsetzen.[22] Ich betrachtete sie als Voraussetzung für Erfolg jeglicher Art. Als Fahrkarte hinaus aus dem erstickenden Vorortleben, aus dem Strom widerspenstiger Gedanken, der meinem Kopf entsprang, und der darauf hinauslief, daß ich einfach nicht gut genug war.

Der anorektische Körper scheint zu sagen: Ich brauche nichts. Er sagt: Ich habe Macht über mich selbst. Und unsere Kultur vertritt mittlerweile buchstäblich die Auffassung, daß Macht über den Körper einen Schneeballeffekt hat: Macht über den Körper, Macht über das Leben, über die Menschen in der Umgebung, Macht über eine Welt, die wahnsinnig geworden ist.

Wir können jetzt den systematischen, vollkommenen Verlust jeglicher Macht am Beispiel eines ganz bestimmten Menschen verfolgen: mir selbst.

Vierzehn Jahre alt, am Ende der achten Klasse. Ein surrealer und höllisch heißer Sommer folgte. Ich lauschte sentimentalen Liebesliedern von den Beatles und von Simon and Garfunkel, während ich im Erdgeschoß auf der Couch lag und versuchte, mich an diesem langen, gleißend hellen Nachmittag abzukühlen. Ich wanderte in die Küche, aß, kotzte, legte mich wieder hin. Legte mich im Garten in die Sonne und las. Die Tage verschmolzen miteinander, eine Folge von Mahlzeiten, Badezimmern und Dösen. Die neunte Klasse begann, das letzte Jahr auf der Junior High School, und ich begann, ernsthafte Pläne zu schmieden, um auszubrechen. Ich haßte Edina und hatte nicht das geringste Interesse daran, hier auf die High School zu gehen. Ich bat meine Eltern, mich ins Internat zu schicken, mich in ein eigenes Appartement ziehen zu lassen, mich irgendwohin gehen zu lassen, egal wohin. Ich wollte mich von dem Ort, an den ich gebunden war, ebenso befreien wie von der Person, die hier aus mir geworden war, wollte einen neuen Menschen erschaffen.

Das Mädchen steht jeden Morgen auf und erschafft sich selbst aus Stoff und Farbe. Nachts schreibt sie über die Männer, die ihr nachgestarrt haben, Jungen, die sie berührten und über Gewicht. Sie schreibt über ihre große Schwäche, die sie zum Schrank trieb und sie zum Essen veranlaßte. Das Schreiben ist nicht genug. Die Beichte reicht nicht aus. Die Absolution kann nicht durch Worte kommen, nur durch Buße. Sie denkt an die Heiligen: an ihre Geißeln, die Betten aus Nägeln, die jahrhundertelange Abbitte, die Buße für Eva, für die Sünden der Welt, die sie auf ihre Schultern genommen haben. Sie tragen härene Gewänder oder Rasierklingen auf der Haut.

Sie liest Bücher über die Heiligen. Die geheiligten Machtsüchtigen, die in heiliger Askese darauf beharrten, daß Gott ihnen aufgetragen hatte, zu verhungern. Sie denkt über Gott nach. Sie beschließt, daß er ihr, wenn sie miteinander sprechen würden, ganz sicher befehlen würde, für die Sünden der Welt zu verhungern. Ihr härenes Gewand ist ihre eigene Haut, die auf der wunden Oberfläche dessen, was darunter liegt, scheuert. Ihre Willenskraft triumphiert über das Fleisch: kein Essen, kein Sex, keine Berührung, kein Schlaf. Sie schnupft Kokain in ihrem geblümten Zimmer, um nicht dem Schlaf nachzugeben, dieser Schwäche, und sie, die selbst schon viel zu schwach ist, weigert sich, aufzugeben. Die Bulimie und die Drogen führen zu Schlaflosigkeit und einem gestörten Gleichgewicht ihres Organismus. Die Schlaflosigkeit führt zu Manie, zu rasenden Gedanken und sadistisch lebendigen Bildern – »die grausame Klarheit der Schlaflosigkeit«, wie Borges es nennt – die Gedanken rasen in einer endlosen Spirale, pfeifen im Innern des Gehirns schrill wie ein Teekessel.

Sie kommt zu lange ohne Schlaf aus und wird verrückt.

Sie weiß nicht mehr, wann es beginnt. Sie entwickelt eine ungeheure Angst vor der Dunkelheit. Ihre Eltern erinnern sie daran, daß sie zu alt dafür ist. Jeden Abend bittet sie ihren Vater, jedes Schloß zu überprüfen, jedes Fenster und jede Tür, das gesamte Erdgeschoß nach dem Mann zu durchsuchen, von dem sie weiß, daß er gekommen ist, um sie zu überfallen, dem Mann mit dem Messer. Sie liegt im Bett, steif wie ein Leichnam, und wartet auf die Schritte auf der Treppe. Sie kann nicht schlafen. Jedes Knacken oder Seufzen im Haus, jeder Windstoß, der die Wände und Bäume berührt, lassen sie kerzengerade vor Schreck im Bett sitzen und nach ihrem Papa schreien. Papa kommt und bemüht sich nach Kräften, sie zu verstehen. Sie kann nicht allein zu Hause bleiben. Sie ist seit ihrem neunten Lebensjahr immer allein zu

Hause geblieben. Mit vierzehn wird das unmöglich. Wenn sie von der Schule nach Hause kommt, setzt sie sich auf die Vordertreppe und wartet dort, bis jemand nach Hause kommt. Das Zittern: Sie erinnert sich vornehmlich an das Zittern, ihr ganzer Körper, angespannt und zitternd, in Erwartung des Mannes, der sie in ihrem Zimmer in die Ecke drängt und sie mit seinem Messer aufschlitzt.

Rückblickend hält sie diese Zeit für eine Phase der Vorahnung. Dies ist das letzte Jahr, das sie zu Hause verbringt. Sie will, daß ihre Mutter und ihr Vater sie retten. Sie spricht es aus, und Papa fragt ganz ernst: Wovor?

Vor mir selbst.

Meine Angst vor der Nacht hörte ebenso plötzlich auf, wie sie begonnen hatte. Ich bewarb mich für High Schools mit künstlerischem Schwerpunkt. In meinen drei Jahren auf der Junior High School hatte ich einige Preise für meine schriftstellerischen Versuche gewonnen, hatte ein paar Hauptrollen im Schultheater gespielt. Jeder behauptete, daß ich singen könnte, jeder sagte, daß ich das Zeug für den Broadway hätte bla bla bla. Ich wollte mich einfach nur vom Acker machen, und »Talent« war eine genauso gute Entschuldigung wie alles andere. Zu diesem Zeitpunkt war ich genauso fest wie alle anderen davon überzeugt, daß ich nicht besonders intelligent sei. Ich hielt mich für eine Niete mit vernünftigen Titten, die für einen Fick und ein paar Lacher gerade gut genug war.

Im Winter in der neunten Klasse tippte ich meine Gedichte und Geschichten sorgfältig ab, heftete sie in ein blaues Ringbuch und übte zwei Monologe ein. Mein Vater probte mit mir. Zum ersten Mal seit ich ein kleines Mädchen war, bat ich meinen Vater um Rat. Im März schickte ich meine Bewerbung zur Interlochen Arts Academy, einer kleinen Schule im Norden Michigans und wurde zum Vorsprechen eingeladen. Ich verliebte mich sofort in die Schule: die lauten, theatralischen Stimmen, die Bäume, die Schlafsäle, die Studenten, die Klassenzimmer, die Bühnen. An meinem ersten Abend, den ich zusammen mit meiner Mutter dort verbrachte, sagte ich begeistert zu ihr: Es ist herrlich hier. Ich muß die Aufnahmeprüfung einfach schaffen. Ich muß es einfach.

Ich schaffte sie.

Kapitel 3

DIE ROLLE DER SCHAUSPIELERIN

Michigan, 1989 bis 1990

Hüte Dich vor dem Spiel, vor des Schauspielers Rolle
Der Rede, die entworfen, gelernt, gesprochen wird, denn sie wird Dich verraten und dann stehst du da, wie ein nackter kleiner Junge, der in sein Kinderbettchen pinkelt.

Anne Sexton, »Rat an einen Ganz besonderen Menschen«, 1974

Sommer 1989. Ich war fünfzehn und fühlte mich ungeheuer erwachsen. Es war ein klebriger, schweißtreibender Sommer in Minnesota. Ich war high und betrunken durch die neunte Klasse gestolpert und hatte sie auf die gleiche Weise hinter mir gelassen. Endlich würde ich, so sagte ich zu meinen Freundinnen während der Abendessen, die die ganze Nacht dauerten, während ich Kaffee trank, das Haar zurückwarf und den Jungen Rauch ins Gesicht blies, zum Teufel noch mal aus diesem Kleinstadtnest herauskommen. Ich bereitete mich auf meine Abreise ins Internat vor und hatte nicht die Absicht, jemals wieder zurückzukehren. Ich verbrachte faule Sommernächte damit, in fremden Autos herumzufahren, die Fenster heruntergekurbelt, über die Musik hinwegschreiend. Ich betrachtete mein Spiegelbild im Heckfenster, probierte neue Gesichter aus, Gesichter, die einem Mädchen von Welt besser zu Gesicht standen, einem Mädchen, das seinen Weg machen würde, einem selbständigen Mädchen: Schlafzimmerblick, gleichgültiger Blick, flüchtiger Blick, langsames Lächeln. Ich stellte mir vor, wie ich meine Eltern von der Schule aus anrief, ihnen beiläufig von meinen großartigen Leistungen berichtete. Ich stellte mir vor, in einer Wolke von Parfüm nach Edina zurückzukehren, das Gesicht nur noch Wangenknochen und Augen. Jeder würde dieses neue Wesen voller Verwunderung anstarren – meine Güte, hast du aber abgenommen! Ich konnte förmlich hören, wie sie das sagten – und ich würde eine lässige Handbewegung machen und in beiläufigem Ton von dieser Vorlesung oder jenem Schriftsteller sprechen und natürlich davon, wie absolut überflüssig Nahrung für eine Künstlerin sei, die sich nur von ihren Gedanken ernährte. Ich war fünfzehn, unglücklich, auf der Suche nach meinem inneren Gleichgewicht und gab mein Bestes, um jemand anderes zu werden als ich selbst. Nichts Ungewöhnliches für einen Teenager. Teenager wie mich, die verzweifelt auf das Gaspedal treten, um innerhalb von Sekunden von null auf hundert zu beschleunigen, die alles niedermähen, was sie auf dem Weg aus ihrer privaten Hölle behindert, einschließlich ihrer Vergangenheit. Einschließlich ihrer selbst. Teenager wissen nicht, daß die Vergangenheit und das Selbst sich nicht plattbügeln lassen, daß sie an ihnen kleben bleiben und ihnen überall hin folgen, wohin sie auch gehen. Wie ein Schatten oder ein Geist.

In diesem Sommer hatte ich einen Job bei McDonald's. Ich genoß es, hinter der Theke zu stehen, genoß es, daß die Männer aus der Fabrik nebenan mit mir flirteten. Ich lebte für die Geschwindigkeit, die acht Stunden gaben meinem Tag Struktur, Ordnung. Ich mochte den Pausenraum, das schmutzige Gerede durch den Nebel aus mentholhaltigem Rauch und die Frühschicht – alte Männer in schwarzen Mänteln und Hüten, die auf Stöcke gestützt hineinschlurften, zwei Kaffee mit Milch und ein Wasser, Schatz, bestellten und mir zublinzelten. Sie nannten mich Polly mit den Grünen Augen. Ich genoß es, einer von ihnen zu sein, zwang mich zu lautem Lachen, wenn irgendein frettchengesichtiger Kerl laut sagte: »Mösen sind potthäßlich.« Alle Frauen erröteten, außer mir. Kein mädchenhaftes Erröten mehr für mich. In diesem Sommer verhärtete sich mein Blick. Ich betrachtete meine Augen im Spiegel, beobachtete das höhnische Grinsen, das ich geübt hatte. Klatschte mir Wasser ins Gesicht, spülte die Reste des Erbrochenen vom Mund ab, tastete meine Drüsen ab, ob sie geschwollen waren, trug neuen Lippenstift auf, schenkte meinem Spiegelbild ein kühles Lächeln. Schlang die Finger um meine Handgelenke und ging den Flur entlang, zur Tür hinaus, fühlte die Knochen.

Ich war ERWACHSEN: Ich ging fort, zur Schule. Ich hatte einen Job. Ich ließ alles hinter mir. Ich spürte die Trauer wie einen Stich. Ein ziemlich heftiger Stich, eher wie ein Messer, das einem zwischen die Rippen gerammt wird. Ich war ganz schön mies drauf, weil ich meine Freunde verlassen mußte. Denn im Hinterkopf wußte ich, daß die Freundschaften mit dem Sommer enden würden, wenn ich ging. Die Wege trennen sich etc. Wir versprachen, einander zu schreiben. Sie waren das einzige, das verhindert hatte, daß ich in all den Jahren vollends verrückt geworden war, und ich liebte sie verdammt noch mal sehr. Natürlich war ich auch traurig, daß ich meine Eltern verlassen mußte, obwohl dieses Gefühl deutlich schwächer ausgeprägt war – sie würden auch nach dem Ende dieses Sommers noch meine Eltern bleiben. Und natürlich hatte ich Angst vor dem, was geschehen würde, wenn das Sicherheitsnetz weggezogen würde. Ich hatte die üblichen Ängste der Menschen, die in die Welt hinaus ziehen. Mit der Trauer und der Angst kam der Zwang der Notwendigkeit. Das Bedürfnis zu gehen. Ein Bedürfnis, das so heftig war, daß ihm nur zwei Bedürfnisse in meinem Leben gleichkamen: zu essen und mich zu übergeben.

Mir schien, daß es zwei existentiell wichtige Dinge gab, mit denen ich meinen Wert und meine Kontrolle beweisen konnte, wobei das eine ohne das andere nicht ausreichte: »Erfolg«, dieser leere Begriff, und Gewichtsverlust. Ich mußte mich von allem losreißen, was mich nach unten zog: den Sorgen meines Vaters, den Zweifeln meiner Mutter, meiner kleinen Stadt, meinem Körper. Ich würde beweisen, daß sie falsch lagen, dieses Große Sie, für das ich immer gelebt habe. Ich würde beweisen, daß es kein Kind gab, keine weinerliche, schwache, kleine Kreatur, kein herumhüpfendes, lächelndes kluges-aber-faules, albernes Baby, keinen verrückten Teenager, nichts von dem, was sie in mir sahen. Ich würde verschwinden, um in neuer Gestalt wieder aufzuerstehen. Bei meinen kurzen Besuchen würde ich nicht mehr wiederzuerkennen sein.

Dieser Traum wurde wahr, wenn auch nicht ganz so, wie ich es mir vorgestellt hatte. Als ich den Entschluß faßte, mich neu zu erschaffen, verdrängte ich, daß ich dazu zunächst per definitionem das Selbst, das es schon gab, auslöschen mußte. Viele Jahre später fragte ich mich, ob die totale Auslöschung nicht eigentlich von Anfang an meine Absicht gewesen war.

Nachts hatte ich das Gefühl, schwerelos zu sein; ich spürte das Gewicht meiner weißen Bettdecke nicht mehr. Ich schoß in die Höhe: Im Halbschlaf hatte ich geträumt, ich ging den Bordstein herunter, der Fuß ertastete den Grund und fand nichts als Luft unter dem Schuh. Ich wachte kurz bevor ich fiel auf und tastete nach dem lauwarmen Wasser auf meinem Nachttisch, trank. Drückte mich ins Bett, umklammerte das Kissen, etwas Greifbares, rief mir ins Gedächtnis, Nur ein Traum. Das ist das Gute an Träumen, daß man aufwacht, bevor man fällt.

Es war eine Zeit des Wartens. Warten in der Vorhölle der zu Ende gehenden Kindheit auf die Ankunft des Lebens. In gewisser Weise spürte ich, obwohl ich es nicht ausdrücken konnte, daß die letzten Stunden verstrichen, in denen ich noch zurückkehren konnte. Ich hatte vor, mit dem Essen aufzuhören, sobald ich die Grenze des Staates Minnesota überquert haben würde. Ich hatte genug von der Bulimie. Sie kam mir so grob, so linkisch, so ganz anders vor als der Mensch, in den ich mich verwandeln wollte: eine Frau, dunkel und geheimnisvoll, majestätisch. Wie meine Mutter. Ich wollte, daß sie die Köpfe nicht in geilem Spott oder in lüsterner Verwirrung nach mir umwandten, sondern vor Ehrfurcht und Bewunderung. Ich wollte unberührbar werden, grausam, glitzernd, schlank und hochmütig wie eine Katze. Ich wollte Anlauf nehmen und springen, die Jugend überspringen, ganz sauber in der Welt der Erwachsenen landen, wo ich – endlich – gut genug sein würde.

Bei McD's hatte ich eine Kollegin, viel älter als ich, zwei Kinder, ein Mann, der sie sitzengelassen hatte, blauer Lidschatten, Übergewicht. Sie und ich saßen essend beieinander und sprachen über Diät und Gewicht. Jetzt, wo ich darüber nachdenke, merke ich, daß die meisten Frauen, mit denen ich zusammenarbeitete, über Diät und Gewicht sprachen. Aber diese Frau, die wahrscheinlich fünfzig oder sechzig Pfund mehr wog als ich, dafür aber genauso groß war, sagte eines Tages zu mir: »Du bist richtig pummelig. Aber dir steht das. Siehst richtig *niedlich* aus. Du siehst aus wie ich.«

Es ist nichts Ungewöhnliches, daß übergewichtige Menschen schlankeren erzählen, daß auch sie Übergewicht haben. Aber zum damaligen Zeitpunkt wußte ich das noch nicht. Seit diesem Zeitpunkt bedeutet niedlich für mich pummelig. Wenn andere mir sagen, ich sehe »niedlich« aus, dann höre ich »pummelig«, egal wie weit weg von beidem ich auch sein mag. Ich höre, daß sie mir sagen, ich sei immer noch das stubsnasige kleine Mädchen mit den zu großen Brüsten und dem runden Arsch, das zu laut und zu intensiv und insgesamt viel zu viel ist. In diesem Sommer hatte ich beschlossen, daß »niedlich« das letzte war, was ich sein wollte.

In der Mittagspause aß ich einen Big Mac mit Käse, eine große Portion Pommes und eine Kirschtasche. Dann erbrach ich mich in der antiseptisch riechenden Toilette, wusch mir das Gesicht und ging an meinen Arbeitsplatz zurück, mit glasigen Augen, überwach. Nach der Arbeit kaufte ich mir einen Big Mac mit Käse, eine große Portion Pommes und eine Kirschtasche, aß alles auf dem Nachhauseweg, übergab mich zu Hause bei laufendem Wasserhahn, aß zu abend, übergab mich, ging mit Freunden aus, übergab mich, ging nach Hause, fiel bewußtlos ins Bett.

In diesem Sommer nahmen meine Eltern meine Verwandlung wahr, denn das ständige Erbrechen führte zu schneller Gewichtsverminderung. Bulimikerinnen schwanken häufig zwischen »normalen« Phasen, in denen sie in Gesellschaft anderer essen, und einsamen Freß-Brech-Phasen hin und her, so daß sie ihr Durchschnittsgewicht halten. Ich hatte den »normalen« Teil der Bulimie bereits hinter mir gelassen. Ich nahm Drogen, die meinen Augen einen seltsamen Schimmer verliehen und schlief auf den Rücksitzen diverser

Autos mit irgendwelchen Männern, die dumm wie Stroh waren. Ich hatte rote Flecken auf den Wangen, und mir war ständig schlecht. Ich ignorierte meine Eltern, denn ich war sicher, daß ich eines Tages in ihr Haus treten würde, schlank wie ein Model, kühl und gesammelt, eine neue Frau, du kommst von weit her, Baby. Und *dann* würden sie schon sehen. *Dann* würden sie erkennen, daß sie mich die ganze Zeit falsch eingeschätzt hatten. Ich würde in ihr vollkommenes weißes Wohnzimmer rauschen und mich auf die Couch setzen, würde die (auf magische Weise lang gewordenen) Beine übereinanderschlagen und sie gelangweilt ansehen. *Dann* wären sie beeindruckt.

Ganz sicher!

Ich war auf den großen Amerikanischen Traum hereingefallen, auf die weibliche Version, und zwar total. Wie viele junge Frauen glaubte ich aufrichtig daran, daß, wenn ich Nur Ein Paar Pfund Verlöre, auch plötzlich ein neues Ich entstünde. Männer, die aussähen wie Barbies Ken, würden meinen dünnen Beinen hinterherjagen und die Straßen, auf denen ich wandelte, mit Blumen bestreuen. Ich wäre reich und berühmt und strahlend, würde meine Sommersprossen verlieren, blonde Haare bekommen und mindestens eins achtzig groß werden. Ich würde eine coole, intellektuell aussehende Brille tragen und ein Oxford-Hemd für Männer, würde in einer sonnendurchfluteten Wohnung in New York wohnen, Kaffee schlürfen und dabei Mmmmm machen und meine Zeitung ordentlich falten, und Er würde hinter mich treten und mich mit bewunderndem Blick ansehen. Mit verführerischem Hüftschwung würde ich mich in mein rotes Cabriolet schwingen, und der Wind würde mir durchs Haar wehen, während ich durch irgendeine große Stadt fuhr, aus dem Aufzug stieg und (mit weiblichem und dennoch gebieterischem Schritt) in mein Büro ging, wo jeder von meinen weiblichen und dennoch gebieterischen Worten beeindruckt wäre. Am Abend würde ich heimfahren und Delikatessen auf den Tisch zaubern und drei Bissen davon essen, und Er würde mich im Kerzenlicht ansehen, und ich wäre eine Superfrau, die Göttin der achtziger Jahre, ja ganz sicher. Sobald ich erst meine Heimatstadt verlassen und ein paar Kilo verloren haben würde.

Irgendwie gelang es mir, diesen Schwachsinn zu glauben (den ich mir ausdachte, während ich auf der Seite auf dem grünen, struppigen Teppich meines Vorortzimmers lag, die Artikel über Diäten in irgendwelchen Teenager-Magazinen verschlang und endlos oft die Beine hob und senkte), obwohl ich mir zweier Tatsachen durchaus bewußt war: (1) Ich wollte eigentlich nur eines, und zwar Gedichte schreiben, und (2) Ich hatte diesen geleckten Typen aus meinen Träumen ja schon kennengelernt, und er hatte mich zu Tode gelangweilt. Ganz zu schweigen von der Tatsache, daß ich zu jener Zeit sogar mit Absätzen nur einssiebzig groß war und eine Zukunft als ruhige, kühle und gesammelte Frau angesichts meiner Persönlichkeit kaum in Aussicht stand. Aber egal. In Amerika konnte man schließlich alles erreichen, wenn man nur hart genug dafür arbeitete, und ich war verdammt noch mal *bereit*, hart zu arbeiten.

In der Fachliteratur kann man nachlesen, daß Kinder sich Schritt für Schritt von ihren Eltern lösen. Nicht ohne Schmerzen, aber die kleinen Risse im Herzen verheilen mit der Zeit. Ich stand abrupt auf und riß mich selbst an den Wurzeln heraus. Natürlich stand ich dadurch haltlos da. Aber für meine Eltern muß es viel schlimmer gewesen sein. Die Fragen, was ist schiefgegangen, was geschieht hier, das Gefühl tief im Herzen, daß *etwas mit meiner Tochter nicht stimmt*, von all dem habe ich lediglich eine vage Vorstellung. Ich habe kein Kind, ich weiß nicht, was es bedeutet, wenn man zusehen muß, wie ein Teil seiner selbst zu eitern, zu schrumpfen und zu sterben beginnt.

Auf eine bestimmte Weise war ich mir bewußt, daß meine Eltern sich Sorgen machten. Ich versuche, mir die Unterhaltung im Schlafzimmer meiner Eltern vorzustellen, die Gedanken, die sie im Jahr vor meiner Abreise quälten. Vielleicht lief es so ab: Sie sitzt den ganzen Tag im Dunkeln wie ein Vampir. Ich komme herein, sage, zieh die Jalousien hoch, mach die Fenster auf, du brauchst Licht. Sie sagt: Ich hasse Licht. Laß mich allein. Das Zimmer riecht nach Krankheit und Schweiß. Sie liegt auf dem Bett, mager, das Gesicht zur Wand. In der Nacht hört man Geräusche aus ihrem Zimmer. In ihrer Tasche sind Tabletten. Was nimmt sie? Ist sie süchtig? Was ist los? Warum? Warum? Warum? Irgend etwas stimmt nicht mit ihren Augen, was ist es? Sie schreit und weint beim kleinsten Anlaß. Sie lügt. Ich sehe doch, daß sie lügt. *Aber weshalb lügt sie?*

Ich stamme aus einer Familie begnadeter Lügner. Überall ist der Geruch der Lüge, der Geruch des Unausgesprochenen. Ich habe nie verstanden wieso, aber in jenem Sommer *war* ich die Lüge, die wandelnde Lüge, der Elefant im Wohnzimmer, den jedoch niemand erwähnte, weil es taktlos gewesen wäre. Mittlerweile erbrach ich mich drei- oder viermal am Tag. Ich nahm ständig einen Übelkeit erregenden Drogen-Cocktail, und ich trank Alkohol. Ich begann jetzt recht offen mit meiner »Diät« umzugehen. Meine Eltern waren keineswegs prinzipiell dagegen, vor allem deswegen nicht, weil ich ständig darauf hinwies, wie gesund ich mich jetzt fühlte, und weil mein Vater, solange ich denken kann, die ein oder andere Diät machte (er schlug sich auf den Bauch, sagte Dieses Ding muß ich unbedingt loswerden), und weil meine Mutter sich ständig, wenn auch nur auf implizite Weise, Sorgen über mein Gewicht und über das ihre und über das aller anderen Menschen gemacht hatte. Ein Mittagessen, das ich in jenem Sommer zusammen mit meiner Mutter in einem Café einnahm, lief dann folgendermaßen ab: Ich bestelle den Diätteller, Hüttenkäse in einem »Nest« aus Salatblättern, zwei Dosenpfirsiche. Ich erinnere mich daran, daß ich sagte: Das ist richtig cool, Mama, ich kann eine kleine, gesunde Mahlzeit wie diese zu mir nehmen und irgendwie total satt sein! Sie nickte. Ja, das kannst du, sagte sie. Ich war zu gut für die Bulimie geworden und zog mich langsam von ihr zurück. Dies war mein letzter Hurraschrei auf der Achterbahnfahrt des Essens und Erbrechens.

Die folgende Bewertung ist etwas heikel, weil es sich um eine rein subjektive Einschätzung meiner eigenen Beziehung zu Bulimie und Anorexie handelt. Bulimie ist in meinem Leben verbunden mit Phasen intensiver Leidenschaften, Leidenschaften jeder Art, aber in der Hauptsache emotionaler Leidenschaften. Die Bulimie erkennt den Körper explizit an, und zwar verzweifelt, leidenschaftlich. Sie greift den Körper an, aber sie *verleugnet* ihn nicht. Abscheu und Bedürfnis werden gleichermaßen zum Ausdruck gebracht. Diese Abscheu und dieses Bedürfnis betreffen sowohl den Körper als auch die Emotionen. Die Bulimikerin empfindet sich als übertrieben, zu emotional, zu leidenschaftlich. Dieses Gefühl wird auf den Körper übertragen. Der Körper trägt die Schuld, ist aber *nicht* das vornehmliche Problem. Die Bulimikerin ist vom Gefühl der Hoffnungslosigkeit befallen, ein Naja-ist-ja-sowieso-alles-egal, dann kann ich auch fressen. Dies ist eine gefährliche Aussage, aber der bulimische Impuls ist trotzdem erheblich realistischer als der anorektische, denn trotz seines schrecklichen Nihilismus versteht er, daß man dem Körper *nicht entkommen* kann.

Die Magersüchtige handelt unter dem Einfluß der erstaunlichen Illusion, daß sie dem Fleisch, und damit natürlich auch ihren Gefühlen, entkommen kann. Im Sommer, bevor ich ins Internat abreiste, verstand ich mich zum letzten Mal als menschliches Wesen und behandelte mich gelegentlich auch noch als solches. Ich war auf dem Wege zur Magersucht. Das bedeutet, ich, das Mädchen, das ich als mein Selbst wahrnahm, sollte verschwinden. Sie sollte eine Leerstelle im Spiegel werden, dort, wo mein Körper vorher gewesen war. Sie sollte nicht mehr sein als eine sehr leise Stimme.

Ich wußte es – sei es durch Vorahnungen, durch einen Verdacht oder weil ich es bewußt geplant hatte. Ich wußte es, und ich hatte Angst. Doch ich wünschte es mir mehr als alles auf der Welt.

Irgendwann hatte sich die Intensität meiner Lebenslust, die Erotik der Kindheit, der natürliche Hunger und die instinktive, kindliche Reaktion, diesen Hunger zu befriedigen, in meine größte Angst verwandelt. Mein Geist, mein Körper begannen, mich zu ängstigen. Ich war ein unkontrollierbares Kind. Egal wie sehr ich mich bemühte, ich war nicht in der Lage, meinen Geist zu bändigen, seine Streifzüge in ferne Königreiche, seine dunkle Neugier. Die Tiefe meiner Phantasie wurde zur Bedrohung. Leidenschaft ist etwas Seltsames. Meine ist grimmig, allumfassend, ein unbezähmbarer Wille zu leben. Als Kind wußte ich bereits, daß es ihn gab, und ich lebte ihn, als Neigung zur Explosion, zu Flammen, zu Lärm. Diese Seite der Leidenschaft war meine erste Perversion. Die Neigung zum Exzeß geriet außer Kontrolle und wurde zur Bulimie, zu diesem Zustand aus Furcht und Begierde, diesem gewaltsamen Vor und Zurück zwischen Hunger und der Austreibung von Hunger, zwischen dem Aufnehmen und dem Zurückweisen dessen, was man am meisten braucht und nach dem man instinktiv verlangt: Nahrung. Das Brot des Lebens.

Und es gibt die andere Seite der Leidenschaft. Der Teil von mir, der das Feuer fürchtete und sich nach dem Eis sehnte, der bei Lärm zusammenzuckte und der nach Stille hungerte, der vor der Berührung zurückschreckte und sich so lange betäuben wollte, bis er im Nichts aufging. Der implodieren wollte. Dies war die zweite Seite der Leidenschaft, die mich hinabzog. Vielleicht als Reaktion auf die erste. Ich fürchtete die Geschwindigkeit und die Kraft des Lebens und meine eigene Kraft und wandte mich dem Tod zu. Ich fürchtete das beständige Donnern in meinem Geist, das die Bulimie mit sich brachte, und wandte mich der Stille der Anorexie zu. Ich fürchtete mich vor der eindeutigen Leidenschaft der Bulimie und suchte das, was ich mit dem leidenschaftslosen Zustand des Verhungerns verwechselte.

Ich wußte nicht, daß Leidenschaft sich verschiedener Masken bedienen kann. Ich hatte keine Ahnung, daß der Hunger nach Nahrung und ihrer lebensspendenden Kraft sich ins Gegenteil verkehren konnte, wenn er boykottiert wurde, daß er sich in eine andere Art Hunger verwandeln konnte: in den Hunger nach Hunger, den Hunger nach seiner lebensverzehrenden Kraft.

Lange Zeit glaubte ich, der Tod sei das Gegenteil der Leidenschaft. Ich irrte mich. Leidenschaft und Tod bedingen einander, das eine verbirgt sich im anderen. Und an der Grenze des funkensprühenden Lebens angelangt, beginnt die Unterwelt. Ich kann diesem Weg nachspüren, der mich an Orte führte, so heiß, daß sie mir die Lungen versengten. Ich kehrte nicht um. Ich ging weiter, und schließlich überschritt ich die Grenze, hinter der wiederum ein Ort liegt, der wortlos und kalt ist, so kalt, daß dort, wie auf dem Merkur, eine eisige, blaue Flamme brennt.

Manche sagen, die Welt, sie endet im Feuer,
manche sagen in Eis.
Doch ich habe von der Begierde gekostet,
und halte es mit denen, die für Feuer plädieren.
Doch wenn sie zweimal untergehen müßte,
dann weiß ich genug vom Haß,
um sagen zu können, daß zur Zerstörung Eis
ebenfalls ein hervorragendes Mittel ist
und genügen würde.

Robert Frost, »Feuer und Eis«, 1922

Juni 1989: Im flackernden, blauen Licht des Erdgeschosses meines Elternhauses richtet die chinesische Regierung in Peking ein Massaker unter den Studenten an. Ich hing über dem Abfalleimer, und mir war entsetzlich schlecht, ohne daß ich es selbst provoziert hatte. Zwei Wochen später bestieg ich zusammen mit meinem Chor ein Flugzeug, das uns in den Fernen Osten bringen sollte. Auf Hawaii, unserer ersten Station, gingen wir an den Strand. In meinem Kopf sah ich schrecklich fett aus, wenigstens im Vergleich zu den anderen Mädchen. Auf den Bildern grinsen wir breit in die Kamera, unsere Haut glänzt vor Schweiß, wir haben einander die Arme um die Schultern gelegt. Ich sehe müde aus, bleich und ziemlich dünn. Ich hatte die kluge Idee, mich im Bikini zwölf Stunden lang ohne Sonnenschutzmittel an den Strand zu legen. Ich habe extrem weiße Haut. In dieser Nacht schlief ich unter einem riesigen Aloe-Blatt, meine Haut war von Kopf bis Fuß übersät mit Blasen und Verbrennungen zweiten Grades.

Wir flogen nach Japan, mein Gesicht entstellt von Blasen und Haut, die sich schälte. Meine Erinnerungen an die alten Städte des Ostens werden überlagert von der Erinnerung an meinen BH, der über meine wunde Haut scheuert. Und durch das unbehagliche Schuldgefühl in meinem Bauch. Nichts zu essen wäre eine Beleidigung meiner Gastfamilien gewesen, aber wenn ich aß, wo sollte ich mich dann übergeben? Ich erinnere mich an jede einzelne, gottverdammte Mahlzeit: was uns serviert wurde, was ich aß, was ich erbrach. Das ängstigt mich. Es ist fast acht Jahre her, und ich erinnere mich an die Hähnchenflügel, die ich in der U-Bahn-Station auskotzte, an die

Fischfrikadellen, die ich in meiner Serviette versteckte und aus dem Fenster warf, als meine Zimmergenossin schlief. Und ganz genau erinnere ich mich an die Forelle, die uns als kalte Platte zum Frühstück gereicht wurde, an die Mädchen, die um den Tisch herumsaßen, den Fisch mit gezückten Stäbchen anstarrten und darüber nachdachten, wie sie den Kopf abbekommen sollten.

Gemeinsam mit meiner Freundin, die ebenfalls an Bulimie litt, klagte ich über die mangelnde Gelegenheit zum Kotzen. Wir saßen in unserer Unterwäsche auf dem Bett unseres Gästezimmers auf Hawaii und zuckten zusammen, während wir uns gegenseitig den Rücken mit Aloe einrieben. In Osaka verliebte ich mich unglücklicherweise in sie. Ich hielt den Mund und wandte das Gesicht ab, als sie nackt in der großen Wanne unseres gemeinsamen Badezimmers stand und sich darüber beklagte, daß sie zu dicke Schenkel habe. Ich betrachtete erst ihre Schenkel, dann schlug ich die Augen nieder. Ich war nicht in der Stimmung, Schenkel zu vergleichen, wo ich doch schon Probleme hatte, die Hände von ihr zu lassen. Ich bat sie, mit dem Erbrechen aufzuhören, sagte, daß sie großartig aussehe, drehte sie herum, damit sie ihre nackte Gestalt im Spiegel betrachten konnte, während sie weinte, weil sie gerade gegessen hatte. Die Berührung ihrer Haut machte mich fast ohnmächtig. Wahrscheinlich zum ersten Mal in meinem Leben nahm ich eine Frau wirklich wahr, die elementare, weibliche Gestalt, nicht im Vergleich, sondern in einer schrecklichen, möglichen *Verbindung* zu mir selbst. In der Hoffnung, sie dazu zu bringen, zu essen, ohne sich zu übergeben, verkündete ich eines Tages, daß ich mich ab sofort nicht mehr erbrechen würde und daß ich es nicht zulassen würde, wenn sie damit weitermachte. Fortan kotzte ich heimlich. Wahrscheinlich tat sie das gleiche.

Wir reisten im Rahmen eines internationalen Austauschprogramms, verbreiteten Goodwill und Brüderlichkeit, sangen sechsstimmig »Home on the Range« und die japanische Nationalhymne, die wir nicht verstanden, zu der wir aber trotzdem lächelten. Irgendwie war das alles sehr traurig. Es gibt ein paar Photos, auf denen ich mit meiner Zimmergenossin zu sehen bin, lächelnd, in den traditionellen Kleidern, die uns unsere Gastfamilien gegeben hatten. Wir sehen beide ziemlich weiß aus. Ohne daß jemand darüber sprach, schwebte die Peking-Krise wie ein Damoklesschwert über uns. Wir fuhren nach Guangzhou, das sich damals noch Kanton nannte. Ich habe ein paar Photos, auf denen wir beide zusammen mit der Frau zu sehen sind, bei der wir wohnten: eine winzige Frau mit zwei Kindern und einem Ehemann, der den Blick von uns abwendet, und wir alle halten zwei Finger in die Höhe. Als der Blitz ausgelöst wurde, sagte sie, PEACE.

Wir gingen in einen Tanzclub, an dessen Tür ein riesiger Buddha aus rosafarbenem Gips prangte, die Farbe blätterte von seinen Fettrollen aus Gips ab, ein geisterhaftes, pupillenloses Lächeln lag auf seinem Gesicht. Drinnen rauchten junge Männer mit dauergewellten Haaren einen Joint und forderten uns zum Tanz auf. Ich empfand es als schmerzhaft peinlich, Amerikanerin zu sein. Wir tanzten, und die glitzernde Discokugel drehte sich an der Decke. Wir sangen lange Konzerte, wobei wir täglich ermahnt wurden, unsere Knie zu beugen, damit uns nicht schwindelig wurde, und wir in einem Wirbel aus rosa Taft die Treppenstufen hinunterfielen. Ich beugte die Knie immer wieder, und trotzdem schwankte ich und mußte mich an der großen Schleife des vor mir stehenden Mädchens festhalten. Große Konzerthallen, ein Nebel aus Gesichtern, die hinter den Scheinwerferlichtern kaum zu erkennen waren, heiß wie die Hölle, nicht genug Luft. Ich aß kaum etwas. Reis, kleine Fischstückchen. Ich perfektionierte die Kunst des lautlosen Kotzens: kein Husten, kein Würgen, nur vorn über beugen und die Nahrung per Willenskraft hinausbefördern.

In Hongkong wohnten wir in einem Hotel. Die Mädchen schwärmten aus und ermahnten einander, schnell etwas zu kaufen, denn schließlich würde Hongkong bald in den Besitz der Chinesen übergehen. Wir kauften wie verrückt ein, schoben uns durch die engen, von Menschenmassen wimmelnden Gassen, die gelben Bögen von McDonald's warfen ihr seltsames, gelbes Licht in den späten Abend. Auf dem Marktplatz, an einem heißen, sonnigen Tag, kaufte ich Unmengen von Calamares, aß sie auf, während ich durch die schmalen Reihen der Marktstände ging, die mit bunten Tüchern bedeckt waren. Ich schlich mich in eine Seitengasse, beugte mich vor und leerte meinen Magen. Dann erhob ich mich. Am anderen Ende der Gasse stand ein sehr alter Mann, der mich mit ausdruckslosem Gesicht beobachtete. Ich hatte das Gefühl, etwas sagen zu müssen. Ich tat es nicht. Ich eilte in die Hitze des Tages zurück, mein Kopf schwirrte von der Austrocknung, der sengenden Sonne und einem unerklärlichen Entsetzen. Ich hatte das Gefühl, beten zu müssen. Aber ich konnte nur an eines denken, das ich irgendeinem tauben Gott hätte sagen können: Es tut mir leid.

Als die Reise vorüber war, flog ich nach Seattle, wo ich mich mit meiner Mutter treffen wollte. Wir wollten meinen alkoholkranken Großvater und seine magersüchtige, alkoholkranke Frau besuchen. Ich hatte beide seit meinem zehnten Lebensjahr nicht mehr gesehen. In der Zwischenzeit war ich natürlich nicht nur älter geworden, sondern hatte mein Ich-bin-ein-kleiner-Liebling-Gesicht verloren. Jetzt wurde ich von meiner Stiefgroßmutter als Bedrohung empfunden. Sie hatte mir ein Outfit gekauft, das einer Zehnjährigen gepaßt hätte. Es war viel zu eng, so daß ich darin aussah wie eine Wurst. Als meine Mutter und ich allein im Gästezimmer waren, fing ich an zu weinen und sagte, daß ich fett sei. Meine Mutter schniefte und befahl mir, aufzuhören.

Ich bewahrte das Kleid auf. Ein paar Jahre später im Krankenhaus trug ich es fast jeden Tag. Damals war ich siebzehn, und das Kleid hing mir von den knochigen Schultern und Hüften herunter und beulte sich aus wie ein Sack.

Die Spannung im Haus meines Großvaters vibrierte wie die Saite einer Violine. Meine Mutter hat ihr ganzes Leben mit dem Bemühen zugebracht, ihrem Vater zu gefallen, und ich wiederum habe mein ganzes Leben lang versucht, meiner Mutter zu gefallen. Plötzlich wurde mir klar, daß das Flehen nach Lob und Zustimmung ein ermüdendes, fruchtloses Unterfangen war. Ich spielte den Hampelmann für sie, sie spielte den Hampelmann für ihn, und er starrte derweil zum Himmel hinauf, betrunken wie ein Pfarrer im Urlaub. Drei Frauen – meine Mutter, meine Stiefgroßmutter und ich – konkurrierten um den Titel der Perfekten Frau. Meine Mutter beschimpfte mich, ich beschimpfte sie, Jeanne, meine Stiefgroßmutter, beschimpfte alles, was einen Rock trug, und mein Großvater trank einfach weiter. Wir stocherten in unserem Essen und wetteiferten darum, wer am wenigsten aß.

In der Familie meiner Mutter galten dicke Menschen als Menschen zweiter Klasse. Sie gehörten der Unterschicht an und wurden höhnisch verlacht. Die Familie meiner Mutter war der Ansicht, daß dicke Menschen sich nicht unter Kontrolle haben, nicht wie die perfekte, zierliche Familie Williams mit ihren perfekten, mageren Genen. Meine Mutter hat mir erzählt, daß meine Urgroßmutter, eine stattliche Person, immer verspottet wurde. Essen wurde als Ärgernis betrachtet. Mahlzeiten waren eigentlich nur eine Entschuldigung, um ein paar Drinks zu sich zu nehmen. Man sollte in seinem Essen lediglich herumstochern. Kein Wunder, daß meine Mutter seltsame Eßgewohnheiten hatte. Kein Wunder, daß alle anderen diese Eßgewohnheiten teilten. Und kein Wunder, daß ich immer den heimlichen Verdacht hatte, daß meine Mutter mich für fett hielt. Arme Frau, einem normal großen Kind das Leben zu schenken. Wie konnte es nur sein, daß ich aus ihrem Körper kam, dieses kleine runde Ding, das sich so ungebärdig verhielt, das schrie und sich schmutzig machte und weinte? Du bist genau wie dein Vater, sagte sie.

Heute, im Alter von sechsundfünfzig, sagt mir meine Mutter, daß das

Problem nicht darin bestand, daß ich wie mein Vater war, sondern daß ich wie sie war. Intensiv. Temperamentvoll. Getrieben. Bulimisch. Leidend.

Meine Mutter und ich gingen spazieren. Ich berichtete ihr über meine Reise in den Fernen Osten, wie sehr sie mich verändert hatte, daß ich das Gefühl hatte, ein paar Dinge über die Welt und über mich selbst gelernt zu haben, daß ich jetzt bereiter denn je war, auf die High School zu gehen. Sie schwieg. Ich fragte sie, was los sei. Sie sagte, Du sprichst ziemlich viel über dich selbst, Marya.

Das stimmte. Es ist normal bei Teenagern, die (1) ihre Mutter eine ganze Weile nicht gesehen haben und (2) bald ihr Elternhaus verlassen werden und (3) gerade von der Reise in einen politisch explosiven Teil der Erde zurückgekehrt sind. Als ich sie später danach frage, sagt sie mir, daß ich überdreht war, zu erregt, nervös, daß ich vor mich hinbrabbelte, und daß sie besorgt war. Meine Mutter ist und bleibt mir manchmal ein Rätsel.

Wir gingen zusammen Mittagessen, wir vier. Nach dem ersten Drink begann meine Stiefgroßmutter, mich zu beschimpfen, und zwar ohne Unterbrechung, ohne auch nur eine Pause zu machen, um zu essen, und zwar während des Salats, des zweiten und des dritten Drinks, der Vorspeise, dem vierten und fünften Drink. Sie zankte weiter, während ich mich plötzlich stark für die Serviette in meinem Schoß zu interessieren begann. Meine Stiefgroßmutter war eine eloquente und phantasievolle Frau, weshalb sie detailliert auf meine Arroganz einging, auf mein anmaßendes Gehabe, das ich jetzt, da ich auf eine dieser dreckigen Kunstschulen gehen sollte, an den Tag legte. Sie sagte, daß ich jetzt wahrscheinlich erst recht eingebildet werden würde, daß ich mich für *etwas Besonderes* halten würde, daß meine Eltern mich völlig verzogen hätten und daß ich wahrscheinlich zu einem schrecklichen Menschen heranwachsen würde, wenn sie mich weiterhin der Überzeugung überließen, daß ich talentiert und klug sei.

Es ist auch heute noch faszinierend anzusehen, welche Mühe meine Familie darauf verwendete, mich daran zu hindern, mein Selbstbild, das immer einem Haufen Scheiße glich, zu überwinden.

Als ich sicher war, daß sie fertig war, entschuldigte ich mich, ging auf die Toilette und übergab mich. Als ich zurückkam, machten meine Mutter und mein Großvater gerade Smalltalk, während meine Stiefgroßmutter vor sich hin trank: Ihr Kopf wackelte dabei ständig auf merkwürdige Weise hin und her, und sie ließ mich nicht aus den Augen.

Dies war das letzte Mal, daß ich sie sah. Sie starb ein Jahr später an einem Krebsleiden, von dem niemand etwas geahnt hatte. Mein Großvater starb vor zwei Jahren, drei Monate, nachdem er seine dritte Frau geheiratet hatte. Er und ich sprachen uns nur ein paarmal im Jahr. Die Unterhaltung lief immer gleich: »Na, bist du wieder klar im Kopf?« »Haha, ich glaube schon, Opa.« Meine Mutter und ich kehrten nach Minnesota zurück, wo ich für die Schule packte, mich von allen verabschiedete und zu meinen Eltern ins Auto stieg. Dann begann das, was sich als endlose Folge aus Abschieden und Ankünften, Kommen und Gehen entpuppen würde, die Große Suche nach etwas, das ich nie finden würde.

Wir fahren durch Wisconsin, dann auf die kommaförmige »Halbinsel« Michigans, anschließend beschreiben wir einen Kreis nach Süden und schließlich wenden wir uns nach Westen in Richtung Interlochen. Im Hotel bestelle ich einen Chef-Salat. Mein Vater klagt, daß ich nicht genug esse, daß ich kaum etwas gegessen habe, seit wir Edina verlassen haben. Meine Eltern bekommen jetzt plötzlich doch mit, daß ich nur in meinem Essen herumstochere. Ich habe plötzlich kein Interesse mehr daran, es zu verbergen. Abends auf unserem Zimmer absolviert mein Vater seine Gymnastikübungen und ich die meinen. Wenn wir über Sport reden, sind wir plötzlich Konkurrenten. Mein Vater sagt: Du machst sie jeden Abend. Ich sage, Ja, stimmt. Woher weißt du das? Er sagt hmmm und streckt den Rücken. Auch später reagieren meine Eltern ganz unterschiedlich auf mein Problem. Ein Jahr später, kurz nach meinem ersten Krankenhausaufenthalt, stehe ich vor dem Spiegel, während meine Mutter im Sessel sitzt. Ich wiege 51,5 Kilo. Ich versuche, eine neue Sicht auf mich selbst zu finden und übe meine Affirmationssätze. Ich sage: Ich bin ziemlich dünn. Und meine Mutter antwortet: Ich würde dich nicht als dünn bezeichnen.

Wir kommen in der winzigen Stadt an, in der ich ein Jahr bleiben werde. Es ist eines der schönsten Jahre meines Lebens. Interlochen, Michigan, besteht aus einer Tankstelle, zwei Pizzerien, einem Pfannkuchenhaus, einem Waschsalon, einer Bar. Kilometerweiten Wäldern. Einem See mit glasklarem, grünem Wasser, gesprenkelt mit regungslos daliegenden Booten, zusammengehalten durch eine dunkle, dicke Grenze aus Pinien. Schwere Bäume überschatten die Schule, winzige Straßen winden sich zwischen den Schlafhäusern, der Kapelle, der Aula, den Studios entlang. Weiter draußen in den Wäldern der Tanzsaal, die Bühne, das Technikum, leere Hütten, in denen alt aussehende, langhaarige Kinder sich treffen, pärchenweise, im geheimen, und die leere Stille auf den nackten, durchgelegenen Matratzen nutzen, die von der Zeit befleckt sind.

Wir trugen meine Kisten mit Kleidern und Büchern in das Mozart-Beethoven-Haus, wo ich schlafen sollte, und das neben dem Brahms-Haus und gegenüber von Hemingway und Picasso, den beiden Jungen-Schlafhäusern, lag. Das Zimmer war winzig klein. An der Wand, unter den Fenstern, stand ein langer Schreibtisch mit Bücherregalen an jeder Seitenwand und zwei Klappstühlen aus Metall. Es gab einen sehr kleinen Ankleidetisch, über dem ein Spiegel hing, ein kleines Bad, einen kleinen Kleiderschrank.

Meine Zimmergenossin war bereits eingezogen, ihre beeindruckende Gegenwart zeigte ein riesiger, schwarzer Schrankkoffer an, der das halbe Zimmer einnahm. Ich kann mich nicht daran erinnern, daß meine Eltern gingen. Doch irgendwann müssen sie sich von mir verabschiedet haben, denn das nächste, woran ich mich erinnere, ist ein drahtiges Mädchen mit üppiger, roter Mähne, das ich später Tigger nennen würde. Sie hüpfte ins Zimmer, unglaublich nervös, sah sich mit wildem Blick um. Dann platzte sie heraus: Ich habe mir noch kein Bett ausgesucht, du kannst also wählen. Mir ist es egal, auf welchem ich schlafe.

Sie hatte unglaublich lange Beine. Sie trug ein riesiges Sweatshirt und Jeans. Sie schritt, sie sprang, sie hüpfte – ich finde keine Worte, um die Bewegung ihrer Beine zu beschreiben – zum Schrank, riß die Tür auf und begann wie wild, in ihren Kleidern herumzuwühlen, die sie schon aufgehängt hatte. Dann sagte sie, mehr zu den Kleidern gewandt als zu mir, Übrigens, ich heiße Lora.

Ich antwortete, ich bin Marya.

Sie drehte sich vom Schrank zu mir um, sah mich an, wandte den Blick dann wieder ab und sagte, Ja, ich weiß.

Das konnte ja heiter werden. Vor meiner Ankunft hatte ich über ein paar ernste Fragen nachgedacht, die man sich wahrscheinlich immer stellt, bevor man in eine kleine Gemeinschaft wie diese einzieht, und auf engstem Raum mit einem anderen Menschen zusammenleben soll: Wie kann ich mich möglichst unauffällig übergeben? Wie kann ich nachts meinen Sport machen, während ich ein Buch lese? Ich vermute, daß ich nicht die einzige war, die diese Sorgen hatte. Ich wußte von einem Mädchen, die nach Interlochen gegangen war, daß in den Schlafhäusern die Bulimie grassierte. Sie hatte mir erzählt, daß sie und ihre Zimmergenossin Pizza bestellten und sich dann in die leeren Schachteln übergaben. Später fand ich heraus, daß Internate eigentlich immer Brutstätten für Eßstörungen sind. Ich hörte, daß die Betreuungspersonen (»Hausmütter«) sich an den Toiletten postierten, um im Zweifelsfall die Köpfe der Mädchen aus den Toiletten zu ziehen. Später merkte ich, daß die Gerüchte stimmten: Die Toiletten in den Schlafhäusern funktionierten selten, weil die Rohre ständig durch Erbrochenes verstopft waren.

Es mag durchaus etwas dran sein an der gängigen Annahme, daß das Verlassen des Elternhauses Wellen der Angst und inneren Unsicherheit auslöst, daß Eßstörungen mit der Trennung von der Mutter einhergehen. Ich persönlich denke, daß junge Menschen – ich selbst eingeschlossen –, die nicht länger unter elterlicher Beobachtung stehen, alles riskieren und sich nicht länger darum bemühen, ihre Eßstörung geheimzuhalten. Das Verlassen des Elternhauses ist kein derart traumatisches Ereignis, daß es bei denen, die eine glückliche Kindheit verlebt haben, eine Eßstörung auslösen könnte. Im Gegenteil: Die meisten Jugendlichen sind erleichtert und erleben einen Freiheitsrausch. Schrecklich viele von uns halten die Ablösung vom Elternhaus für einen Freifahrschein zur ungestörten Selbstzerstörung.

Ich hatte nicht damit gerechnet, mit Lora auf einem Zimmer zu wohnen. Ich glaube, ich hatte erwartet, mit einem hochnäsigen Mädchen in raschelnden, hauchdünnen Röcken zusammenzuwohnen, die ständig vor dem Porzellangott niederkniete.

Loras Mutter war eine renommierte Therapeutin für Eßstörungen. Eine ganze Weile hatte ich davon keine Ahnung, und Lora hielt es zunächst auch nicht für wichtig – bis zu dem Zeitpunkt, als ich durch meine Eßstörung jegliche Kontrolle über mich selbst verlor, und sie in meiner Anwesenheit fast verrückt wurde. Doch zunächst einmal kümmerten wir uns um die Stellung der beiden schmalen Einzelbetten. Ich sagte, daß ich neben der Tür schlafen wollte. Sie sagte, sie wollte am Fenster schlafen. Also schoben wir die Betten hin und her. Egal, wie man sie stellte, die Betten (zusammen mit dem Schrankkoffer) nahmen den gesamten Raum ein. Schließlich schoben wir alle drei Möbelstücke zusammen, um mehr Platz zu haben. Das bedeutete, daß ich entweder über sie hinüberkrabbeln mußte, um aus dem Bett zu steigen, was sie ablehnte, oder ich mußte es über das Fußende verlassen, weil ich meine schmutzigen Klamotten zwischen mein Bett und die Wand stopfte und sie dort liegen ließ, bis Lora damit drohte, auszuziehen. Im Gegensatz zu mir wusch sie ihre Wäsche regelmäßig, faltete ihre Kleider zu ordentlichen Stapeln zusammen: Jeans, Sweatshirts, T-Shirts, Socken. Sie roch immer nach Vanille und frischer Luft.

Es war Herbst. Ich liebte diese Jahreszeit heiß und innig, ebenso wie Michigan und Interlochen. Blätter fielen von den Bäumen herunter, die die Wege säumten, und türmten sich auf der Wiese zu riesigen Kissen auf. Eicheln knirschten unter unseren Stiefeln. Abends schien der See langsam zu verbrennen, wenn die Sonne hineinsank und ihre rote Hitze in die Wellen sandte, so daß der Dampf in die kalte Luft aufstieg.

Die Magersucht setzte nur langsam ein. Es brauchte seine Zeit, bis ich mich in den Wahn hineingesteigert hatte, der eine wichtige Voraussetzung für diese Krankheit ist. Auf Interlochen gab es unglaublich viele extrem magere Mädchen. Die meisten von ihnen waren Tänzerinnen. Die Besessenheit vom Körpergewicht schien beinahe überall vorzuherrschen. Mit sehnsüchtigem Blick und bewunderndem Flüstern folgten wir denjenigen, die eindeutig magersüchtig waren. Wir saßen an den Tischen in der Cafeteria, diskutierten leidenschaftlich über die Kalorien von Salat, Sellerie, einem Vollkornbrötchen, Reis. Wir lebten in zwei Welten. Wenn wir unsere Stühle zurückschoben und in die Kurse gingen, die wir als Hauptfächer gewählt hatten, verwandelten wir uns. Mädchen, die eben noch vor dem Spiegel gestanden hatten und den Tränen nahe gewesen waren, waren plötzlich voller Leben, die Finger flogen über eine Harfe, eine Geige, die Körper vibrierten, Stimmen schlenderten genüßlich durch den Shakespeareschen Wald der Worte.

In den Kursen über kreatives Schreiben saß ich da, nuckelte an zuckerfreien Pfefferminzbonbons, die Finger meiner linken Hand umklammerten die Kante des Schreibtisches, das Gesicht war nur wenige Zentimeter vom Papier entfernt, die rechte Hand hielt den Stift so fest wie die Faust eines Babys. Am Ende eines Workshops war mein ganzer Körper steif, meine Hand arthritisch, mir schwirrte der Kopf. Ich habe niemals erklären können, was in jenem Jahr mit mir geschah, in jenen Workshops, in den Literaturkursen. Sie ließen uns lesen und lesen und nochmals lesen. Und dann schreiben, bis ich glaubte, niemals mehr auch nur ein Wort schreiben zu können. Ganze Seiten waren schwarz vor wütenden Streichungen, Anmerkungen, triumphierende Entdeckungen des genauen Wortes, genau dieses Wortes, Notizbuch um Notizbuch, zerfetzt, zerrissene Halbseiten, zusammengeheftete Fotokopien mit Listen dessen, was man beim Schreiben nicht durfte, Notizzettel mit flüchtig notierten Gedankenfetzen, zusammengehalten von Büroklammern.

In Biologie, Geometrie und Deutsch saß ich angespannt da, als ob die Furchen sich für immer in meine Stirn eingraben sollten. Ich kam nicht mit. Ich konnte mich nicht auf den Stoff konzentrieren, aber mein Stift wanderte an den Rand meines Heftes, entwarf immer neue Geschichten, kritzelte Gedichtfetzen. In Mathe, den Naturwissenschaften und Sprachen hatte ich in den Jahren in Edina ständig schlechte Noten gehabt. Aber während dieser Schulstunden hatte ich die Arbeiten verfaßt, mit denen ich die Aufnahmeprüfung für Interlochen geschafft hatte. Ich bemühte mich ernsthaft, nicht in sämtlichen Fächern durchzufallen, die nichts mit meinem Hauptfach zu tun hatten. Die Schule hielt allabendlich Tutorien ab, die ich treu und brav besuchte, die aber auch nichts brachten. Lora saß mit meinen Büchern auf dem Bett, während ich wild im Zimmer auf und ab schritt und versuchte, ihren Ausführungen über mathematische Beweise, die Entwicklung von Körperzellen und den Konjunktiv zu folgen. (Mar, *willst* du jetzt, daß ich dir helfe oder nicht? JA. Dann SETZ DICH HIN. ICH KANN NICHT.)

Langsam wich der Herbst dem Winter. Morgens war es dunkler, die Tage waren kürzer, die Nächte lang und schlaflos und schwarz. Der erste Schnee fiel und schmolz wieder. Zu Fuß gingen wir die zwei Meilen in die Stadt, kauften Zigaretten, drückten uns im Waschsalon herum, rauchten und schwatzten. Wir saßen im Café, teilten unsere Mentholbonbons, tranken unseren Kaffee, warteten auf den Winter. Wenn es dunkel wurde, machten wir uns auf den Rückweg, die letzten pergamentenen Blätter klammerten sich im scharfen Wind an den langen, zerbrechlichen Zweigen fest, als ob es um Leben und Tod ginge. Lastwagen um Lastwagen rollte vorbei. Wir gingen in den Pub am Ende der Straße und spielten Pool Billard.

Lora und ich verbrachten außerhalb unseres Zimmers nicht sehr viel Zeit miteinander. Sie war schon im Jahr zuvor nach Interlochen gekommen und hatte ihren eigenen Freundeskreis. Ich hing mit einer wirren Gruppe zusammen, deren Zusammensetzung sich ständig veränderte: ein paar Tänzerinnen, ein paar Musikerinnen, ein paar Leute vom Theater, ein oder zwei Schriftsteller. Als der Winter begann, schien alles intensiver zu werden. Die Kälte zwang uns nach drinnen, wir rückten enger zusammen, gingen im Kreis, verloren uns in der Arbeit. Ich wurde vollkommen manisch. Und ich war nicht die einzige.

Es überrascht nicht, daß ein solcher Ort mit solch erstaunlich intensiven Kindern irgendwann zu brodeln beginnt. Der Enthusiasmus für unsere zukünftige Arbeit hatte uns schließlich hergeführt. Das Arbeitspensum war immens. Viele von uns, ich eingeschlossen, hatten so viele Kurse, Workshops, Hausaufgaben und Proben, daß wir sechs Tage die Woche zehn Stunden am Tag beschäftigt waren. Die Tatsache, daß wir schon in jungen Jahren unser Elternhaus verlassen hatten und in eine Welt eingetreten waren, mit deren intellektuellen und künstlerischen Ansprüchen unsere emotionale Entwicklung gar nicht mithalten konnte, war schon an und für sich bemerkenswert. Heim und Kindheit hinter uns zu lassen, war nicht genug. Wir wollten mehr. Und wir fanden mehr. Doch viele von uns fühlten sich verloren und suchten in der Kunst nach Orientierung. Doch was wir eigentlich brauchten, war Religion.

Wenn wir einen Gott gehabt hätten, dann wäre es vielleicht Dionysos gewesen. Wir, seine Jüngerinnen, hielten uns selbst für Mänaden*; zur Hälfte glaubten wir daran, vom Göttlichen erfüllt zu sein, zur Hälfte spotteten wir darüber. Wie auch immer, es war eine wahrhaft dionysische Zeit. Immerhin erzählt man sich, daß nicht nur die Mänaden, sondern auch Dionysos selbst zeitweise dem Wahnsinn verfallen waren. Auf Interlochen gab es mehr Informationen über die Welt, über unsere Möglichkeiten, über die Grenzen und ihre Dehnbarkeit, als wir wahrscheinlich verarbeiten konnten. Etliche von uns – zu viele – verfielen der alten, romantischen Legende vom wahnsinnigen Künstler, dem Genie, das das beständige An- und Abschwellen der Musik, der Sprache, der Farben auf der Leinwand, die allesamt endlos, wie besessen, in seinem Kopf durcheinander wirbeln, zum Wahnsinn treibt. Und solch ein wahnsinniges Genie wollten wir sein, ein Opfer unserer Geisteswelt. Der Faden der Selbstzerstörung, der Wut und der Freude verwirrte sich, lief durch die Flure, die Straßen, die Schlafhäuser.

Wir waren sehr hungrig.

Ich hatte schon vor einiger Zeit beschlossen, 10 Kilo abzunehmen. Die meisten von uns kannten das abscheuliche Gerücht, daß Mädchen in ihrem ersten Collegejahr zunächst einmal 15 Pfund zulegen. Wir nahmen an, daß für uns das gleiche gelten würde. Es schien ein Initiationsritus zu sein, der sich unserer Kontrolle entzog, 15 Pfund, die auf magische Weise auf unserem Hintern landeten, eine Gefahr, gegen die man sich nur durch erhöhte Wachsamkeit wappnen konnte. Auf dem gleichen Flur wie ich wohnten ein paar Tänzerinnen, eine Geigerin, eine Sopranistin, eine Harfinistin sowie Lora und ich. Schon früh hatte ich mich mit der Sopranistin und der Harfinistin, die Zimmergenossinnen waren, angefreundet. Wir waren uns einig, daß wir alle Gewicht verlieren wollten und schworen bei allen Qualen der Hölle, einander dabei zu helfen. Gleichzeitig versicherten wir einander immer wieder, daß die jeweils anderen beiden es doch eigentlich gar nicht nötig hatten, abzunehmen. Wir sprachen unaufhörlich über Essen und Gewicht, darüber, wieviel Gewicht wir verlieren wollten, fragten einander: Sehe ich aus, als ob ich zugenommen hätte? Abgenommen hätte? Sieht mein

* In der griechischen Mythologie auch »die Rasenden« genannt. (Anm. d. Übers.)

Hintern in diesem Rock dick aus, in diesen Jeans, wenn ich so stehe? Ragt mein Bauch hervor, schwabbeln meine Schenkel? Die beiden hatten einen kleinen Kühlschrank im Zimmer, in dem sie Mineralwasser und kleine Thunfischdosen aufbewahrten (»Ein hervorragendes Mittagessen«, sagte eine von ihnen zu mir. »Es hat nur 60 Kalorien, und danach ist man pappsatt«), ebenso wie Studentenfutter und jede Menge Joghurt. Samstags fuhren wir mit dem Bus in die Stadt, zu Meijer's, einem der dortigen Supermärkte, und kauften tütenweise Lebensmittel: Bananenchips, zuckerfreie Bonbons, Rosinen (alles mit abführender Wirkung). Wir beluden uns mit Diätlimonade und Popkorn und standen stundenlang vor den Appetitzüglern und Abführmitteln. Wir diskutierten über die Vorzüge von Agiolax und Diurapid. Wir fragten uns allen Ernstes, wie lang ein Mensch wohl überleben konnte, wenn er ausschließlich Mineralwasser trank.

Man kann seinen Körper nicht auf Dauer überlisten. So seltsam es uns, die wir an ein Denken in Dualismen gewöhnt sind, auch scheinen mag, unser Körper ist eng mit unserem Gehirn verbunden. Wer Diät macht, dem passiert unweigerlich etwas sehr Elementares: Wenn man nicht genug ißt, verändern sich die Denkprozesse. Man ist plötzlich vom Essen wie besessen. Es gibt zahlreiche Studien, die diesen Zusammenhang nachweisen, und trotzdem glauben wir immer noch, daß wir einfach nur Fett, Zucker und Kalorien reduzieren müssen, um Gewicht zu verlieren, und ansonsten bliebe alles beim alten, nur daß wir eben dünner wären. Nichts bleibt beim alten. Man verspürt den ständigen Drang, über Essen zu reden. Man will über den Geschmack von Essen reden. Salzig? Süß? Bist du satt? Man möchte ständig irgendeinen Geschmack auf der Zunge haben: Wie schmeckt das? fragt man die anderen, während man seine bizarren Mahlzeiten verspeist. Man kaut Kaugummi, man ißt unzählige Tüten zuckerfreier Bonbons, man lutscht Tic Tacs (nur anderthalb Kalorien pro Stück!). Man bevorzugt *intensiv* schmeckende Produkte. Jede normale Haltung gegenüber dem Essen wird von der verzweifelten Suche nach der Geschmacksexplosion ohne Schuldgefühle verdrängt. Wenn schon nicht der Körper, so soll sich wenigstens der Mund voll fühlen, um dem Geist Sättigung vorzugaukeln. Man streut jede Menge Salz und Pfeffer auf die Lebensmittel. Man ißt Schüsseln mit zuckerumhüllten Cornflakes (kein Fett). Man schüttet Honig und Rosinen auf seinen *Reis*.

Eßstörungen sind eine Sucht. Plötzlich ist man nach den Folgen süchtig. Die beiden wichtigsten sind das reine Adrenalin, das den Körper durchflutet – man ist high, kann nicht schlafen, ist voller frenetischer, schwankender Energie – und die erhöhte Intensität des Erlebens, die – zumindest am Anfang – mit der Eßstörung einhergeht. Zuerst schmeckt und riecht alles intensiv, der Tastsinn ist erheblich sensibler als sonst, man hat deutlich mehr Energie und Antriebskraft, ist übermäßig konzentriert und zielstrebig. Außerdem hat man das sehr intensive Gefühl der Macht. Man bemerkt jedoch nicht, wie schnell man abhängig wird. Und das ist der Punkt. Es ist genau wie bei Drogen: Je länger die Sucht andauert, um so mehr braucht man, um das Hochgefühl wieder auszulösen.

Man geht davon aus, daß jeder Gewicht verlieren will, deshalb merkt keiner, wenn man von den üblichen Themen am Abendbrottisch – Kurse, Hauptfächer, Jungs – zum Essen überschwenkt, und zwar fast ausschließlich. Keiner hält diese Entwicklung für besonders merkwürdig, zumindest am Anfang. Später scheren ein paar Mädchen aus. Wir reden über nichts anderes als Essen, sagt eine von ihnen und kaut an ihrem Apfel herum. Ich hab' es satt. Aber bis dahin dauert es noch. Zuerst folgen wir unseren Diätplänen mit religiösem Eifer, sie sind eine Art Kult, ein Pakt.[23]

Ich schloß einen Pakt mit einem großen, dünnen Mädchen, das mir angeboten hatte, mir beim Abnehmen mit Rat und Tat zur Seite zu stehen. Als ich nach Interlochen kam, hatte ich ungefähr mein normales Gewicht, das etwa bei 60 Kilo liegt. Aber 60 Kilo waren mir viel zu viel, und ich beschloß, 10 Kilo abzunehmen. Ich wollte 50 Kilo wiegen, ebenso wie die Tänzerinnen und die verhungerten Künstler, und ich posaunte überall herum, daß ich eine Diät machte. Dieses Mädchen kam eines Abends auf mein Zimmer und hielt mir einen äußerst herablassenden Vortrag darüber, was man essen dürfe und was nicht. Sie ermutigte mich zu meiner Diät und wies mich darauf hin, wieviel besser ich hinterher aussehen würde. Und dann, eines Abends, passierte mir ein »Ausrutscher«. In der Cafeteria sollte es Eis geben. Die Mädchen hatten den ganzen Tag darüber gesprochen – die zukünftigen Virtuosinnen von Weltruhm, die Crème de la Crème, trallala, hatten die ganze Zeit mit gedämpften Stimmen darüber diskutiert, ob man die Disziplin fahren lassen und ein Eis essen sollte. Ob wir stark sein könnten und nur die Sahne und keine Eiscreme essen würden? Das hätte weniger Fett, nicht wahr? Was, wenn wir den ganzen Tag, ebenso wie den darauf folgenden Tag nichts essen würden, wäre dann alles wieder in Ordnung? Vergib mir Vater, denn ich habe gesündigt und ein Eis gegessen. Ich ging in die Cafeteria, holte mir ein Eis und setzte mich zu den anderen Mädchen. Wir lachten – endlich hatten wir mal wieder Zucker im Körper, endlich aßen wir mal wieder normal wie jeder andere Teenager auch – bis Miß Diät-Polizei plötzlich hinter mir auftauchte, sich vornüber beugte, mir mein Eis aus der Hand nahm, zum Abfalleimer ging und es hineinfallen ließ.

Das wütende, kleine Kind in mir gewann die Oberhand und wurde stocksauer. Ich schob den Stuhl zurück und rannte meinem verschwindenden Eis hinterher. Das Mädchen drehte sich um, und ich versetzte ihr eine Ohrfeige. Hast du sie nicht mehr alle? schrie sie. Ich versuche, dir zu helfen, schließlich wolltest du doch meine Hilfe beim Abnehmen, und jetzt flippst du wegen deines Eis aus! Den Tränen nahe wandte ich mich ab. Ich kam mir vor wie ein Vollidiot. Was will ich eigentlich? dachte ich, als ich in meinen Schlafraum hinaufrannte. Bin ich so eine blöde Kuh, daß ich noch nicht einmal ohne so ein dämliches Eis leben kann? Keine Selbstbeherrschung, überhaupt keine. Schwein.

Manchmal wird man einfach schwach. Körper und Seele protestieren gegen die Vernachlässigung. Auch wir wurden von Zeit zu Zeit schwach, bestellten Pizza oder Hähnchen, saßen in unserem Aufenthaltsraum vor dem Fernseher und aßen. Manchmal übergab ich mich hinterher, manchmal nicht. Wir hatten eine seltsame, unausgesprochene Regel: Wenn wir zusammen essen, ist alles gut, dann ist es uns allen erlaubt zu essen. Das waren die guten Augenblicke, in denen ein Teil von uns normal und gesund sein wollte, und wir das Essen ebenso liebten wie jeder andere. Kichernd saßen wir auf dem Boden und mampften vor uns hin. Diese Augenblicke kamen für mich immer seltener und in immer größeren Abständen. Marya, willst du nicht auch eine Pizza bestellen? Nein danke, ich habe schon gegessen. Dann verschwand ich auf mein Zimmer, um zu arbeiten. Manchmal kam ich hinterher wieder heraus, saß mit meinen Freundinnen zusammen, aß die übriggebliebenen Krusten.

Alle offensichtlichen Symptome einer Eßstörung waren jetzt voll ausgebrochen: seltsame Lebensmittelkombinationen, die Reste anderer aufessen, Mahlzeiten auslassen. Das wurde mir zunächst allerdings gar nicht so richtig klar, denn mein Verhalten war alles andere als außergewöhnlich. Doch eines Tages, im Spätherbst, standen wir nach dem Unterricht im Aufenthaltsraum zusammen. Ein Mädchen aß gerade eine Tüte mit Popcorn aus der Mikrowelle und bot mir etwas davon an. Ohne nachzudenken nahm ich eine Handvoll und steckte es mir in den Mund. Noch kauend bat ich um die Tüte. Ich las die ernährungsphysiologischen Informationen und spuckte das Popcorn in den Papierkorb. Sie sagte, Marya, jetzt verhältst du dich aber wirklich komisch. Ich sagte, das ist nicht komisch, dieses Popcorn ist unglaublich fetthaltig. Ein anderes Mädchen, das auf der Couch saß, pflichtete mir bei. Ich hätte es auch ausgespuckt, sagte sie. Das Popcorn-Mädchen sagte, das ist Bulimie. Ich sagte, was für ein Quatsch! Ich muß es wissen, schließlich hatte ich einmal Bulimie, und dabei spuckt man seine Nahrung nicht aus. Sie zuckte die Achseln. Sieht aber aus wie Bulimie, sagte sie.

Ich wollte eindeutig nicht als Bulimikerin betrachtet werden. Ich wollte magersüchtig sein. Ich hatte eine Mission: Ich wollte zu einem anderen Menschen werden, einem Menschen, dessen Leidenschaft der Askese und nicht dem Hedonismus galt, der es schaffen würde, der sich im Griff hatte, dessen Antrieb und Ehrgeiz konzentriert und rein waren, dessen Körper erst an dritter Stelle kam, immer, und zwar hinter seinem Geist und hinter der Kunst. Ich brachte keine Geduld für meinen Körper auf. Ich wollte, daß er verschwand, damit ich reiner Geist, ein wandelndes Gehirn wurde, bewundert wegen meiner unglaublichen Selbstkontrolle. Die Bulimie paßte einfach nicht mehr in dieses Bild. Ich hatte jetzt seit sieben Jahren Bulimie. Es ist nicht leicht, eine solche Sucht zu überwinden. Aber mein Interesse hatte sich verschoben.

Bis zu diesem Punkt hatte die Bulimie ein Eigenleben geführt. Sie war nichts anderes als eine emotionale Reaktion auf die Welt – unter Druck, fressen und brechen; traurig und einsam, fressen und brechen; hungrig, fressen und brechen – und sie hatte, ob Sie es glauben oder nicht, wenig mit meinem Wunsch abzunehmen zu tun. Sicher, ich wollte immer dünner sein, aber ich wollte auch essen. In dem Jahr, in dem ich auf das Internat kam, begann ich, meinen Körper mit so unglaublicher Intensität zu hassen, daß meine Liebe zum Essen starb. Die masochistische Seite meiner Persönlichkeit trat an die Oberfläche, und die Anorexie wurde zum erklärten Ziel.

Ein Grund dafür war die Eigendynamik von Eßstörungen. Die Sorgen über das eigene Gewicht lassen nicht nach, egal wieviel Kilos man verliert. Im Gegenteil: Sie steigern sich noch. Und je mehr Sorgen man sich über das eigene Gewicht macht, um so stärker ist die Bereitschaft, entsprechend dagegen anzugehen. Und man muß seinen Körper schon ziemlich hassen, um sich rational davon zu überzeugen, daß das Verhungern eine vernünftige Methode ist, dünner zu werden. Normalerweise verfügt die Psyche über Selbstschutzmechanismen, die das Gehirn von wirklich gefährlichen Aktivitäten abhalten, egal wie wünschenswert der Effekt des entsprechenden Verhaltens auch sein mag. Eine Frau kann sich beispielsweise durchaus wünschen, Gewicht zu verlieren, aber sie respektiert ihr körperliches Selbst und schreckt deshalb vor ungesunder Ernährung zurück. Ich hatte keinen derartigen Selbstschutzmechanismus. Wenn man kein Gefühl der physischen Integrität besitzt – kein Empfinden, daß die eigene Gesundheit wichtig ist, daß der eigene Körper, egal wie er aussieht, etwas ist, das man pflegen und nähren muß, und daß er als biologischer Organismus Respekt verdient – dann geschieht etwas sehr Einfaches, allzu Häufiges, wirklich Beängstigendes: Man überschreitet eine Grenze: Der diffuse Wunsch, dünner zu werden wird zum zügellosen Angriff auf das eigene Fleisch.

Man betrachtet den eigenen Körper nicht länger als Teil seiner Identität, als etwas, das einen von einer Stelle zur anderen transportiert, das für einen denkt und fühlt und das für diese Leistungen auch ein gewisses Maß an Energie benötigt. Man beginnt, ihn als überflüssiges Anhängsel anzusehen, wie eine Warze, die man sich entfernen lassen will. Wenn man überhaupt über ihn spricht, so neigt man zu Formulierungen wie »Ich habe einen Körper.« Man sagt nicht: »Ich bin ein Körper.« Er ist eine getrennte Größe, die das ›Ich‹ besitzen kann; das ›Ich‹ und der Körper bilden keineswegs das, was die Grammatik suggeriert: eine Einheit ... Körper werden wie launische Frauen behandelt, denen man zeigen muß, wer der Boß ist, selbst wenn das bedeutet, daß man sie manchmal schlagen muß.[24]

Und wer sich selbst keinen Wert beimißt, der wird auch dem Leben keinen Wert beimessen. Es hat nur insofern eine Bedeutung, als es die Voraussetzung für den Kreuzzug gegen sich selbst ist. Eine Kamikaze-Mission. Das Leben und das Selbst sind viel unwichtiger als das Ziel, das man nicht mehr aus den Augen läßt. »Schlankheit« ist ein ebensoguter Name für mein Ziel wie alle anderen. 10 Kilo, sagte ich. Koste es, was es wolle.

Im Winter litt ich an Auszehrung. Unterernährung ist kein Spaß. Ob man nun mager ist oder nicht, der Körper verhungert. Als die Temperaturen fielen, begann mir eine Art Flaum zu wachsen, den man in der Fachsprache als Lanugo bezeichnet. Damit reagiert der Körper auf eine zu niedrige Kalorienzufuhr, die über einen längeren Zeitraum erfolgt. Er versucht, die Körpertemperatur von innen heraus aufrechtzuerhalten (schon interessant, daß wir Kalorien immer als den Antichrist, nicht aber als Energiequelle betrachten). Ich mochte meine Flaumbehaarung. Ich fühlte mich wie ein kleiner Bär. Ich entwickelte Pelz auf meinem Bauch, auf den Rippen, am Kreuz, auf den Wangen, feiner, flaumig weicher, blaßweißer Pelz. Als die Sonne nur noch ein weißes, durchscheinendes Licht spendete, wie es im Norden im Winter üblich ist, wurde auch meine Haut immer weißer, viel heller als sonst. Ich sah aus wie ein Geist. Ich stand unter der Dusche, fühlte die Knochen in meinem Kreuz, die beiden kleinen Punkte am Hintern. Ich ertastete meine Beckenknochen, zwei kleine Spielzeugbeile. Ich nahm Agiolax und Diurapid. Ich trank literweise Wasser. Mir war ständig kalt.

Morgens hievte ich mich um 5 Uhr aus dem Bett, zog die Laufschuhe an und ging durch das violette Licht, das von den schwarzen Armen der Bäume wie von einem Schattengitter durchzogen war, öffnete die Türen, die in den langen Flur des Hauptgebäudes führten, und fing an zu rennen. Das war eigentlich das Seltsamste an der damaligen Entwicklung. Einsamer Sport war mir stets zuwider gewesen. Früher hatte ich Fußball und Racquetball gespielt und war im Schwimmverein gewesen, aber allein zu laufen war mir immer verhaßt gewesen. Ich war sehr stolz auf mich, weil ich meinen Körper zum Laufen zwang. Laufen. Laufen. Und nochmals Laufen. Unterernährung fördert Manien. Das gleiche gilt für Geschwindigkeit. Beides gab es hier, und zwar in großen Dosen. Und Masochismus – die Unterwerfung des Selbst und/oder des Körpers unter Schmerz und Angst, die schließlich in dem flüchtigen Gefühl des Sieges über Schmerz und Angst kulminiert. Jeden Morgen rannte ich fünf Meilen lang diesen Flur auf und ab, berührte an jedem Ende die Tür, das gehörte zu meiner Zwangsvorstellung. Ich mußte die Tür berühren, sonst zählte es nicht. Man denkt sich diese Regeln selbst aus, und wenn man sie bricht, dann helfe einem Gott, man muß eine zusätzliche Meile laufen, um es zu büßen. Wenn ich fertig war, ging ich die Treppe hinunter in den Fitneßraum, um mich zu wiegen.

Tagsüber barst der Fitneßraum fast vor Schülerinnen. Sie standen auf der Waage, schindeten sich auf den Fahrrädern, mit den Hanteln, an der Rudermaschine. Etwas Sport konnte schließlich nicht schaden. In einer kleinen Gemeinschaft wie dieser kommt man nicht umhin, die Veränderungen bei den anderen wahrzunehmen. Man sieht, wie die Mitschülerinnen Tag für Tag mehr zusammenschrumpfen. Später traf ich sie auf dem Campus wieder: Sie saßen frierend in den Klassenzimmern, bei Lesungen, bei Konzerten, immer in zahllose Wollschichten gehüllt. Ich wog mich und ging wieder. Wir wußten voneinander und wußten es auch wieder nicht. Man kann den ganzen Tag mit seinen Freundinnen über Essen reden und seine Geheimnisse trotzdem für sich behalten. Oberflächlich betrachtet tut man dies in aller Freundschaft, eine verdammte, unaufhaltsame, vor sich hin diätende Armee, die zusammen untergehen wird. Aber heimlich konkurriert jede mit jeder darum, wer die Dünnste, die Disziplinierteste, die Standhafteste ist, und man führt seinen eigenen privaten Kreuzzug, auf den einen niemand begleiten kann, es sei denn, der Betreffende wäre genauso hirnrissig wie man selbst.

Mitte des Winters joggte ich morgens, aß zum Frühstück jede Menge Grapefruits (jemand hatte mir gesagt, daß sie nur acht Kalorien hatten. Als ich herausfand, daß das nicht stimmte, lief ich zehn Meilen, um all die Grapefruits wieder wettzumachen), ging in meine Kurse. Zur Mittagessenszeit machte ich – ebenfalls auf jenem Flur – Walking und las dabei ein Buch, dann ging ich wieder zum Unterricht. Abends lief ich erneut, noch einmal fünf Meilen, ging dann in die Cafeteria, aß Karotten mit Senf. Bald schuf ich mir eine neue Regel: Jetzt mußte ich auch nach dem Abendessen noch einmal laufen. Im Januar lief ich fünfundzwanzig Meilen pro Tag, ungeachtet der massiven Knieprobleme, die sich bereits eingestellt hatten.

Im Krankenhaus sind Magersüchtige immer erstaunt, daß sie wirklich die Energie aufgebracht haben, stundenlang zu laufen, auf ihren Fahrrädern zu sitzen und wie verrückt dem sich immer weiter entfernenden Ziel in ihren Köpfen hinterherzustrampeln. Je nach Grundhaltung sprechen sie darüber entweder mit einer Art traurigem Stolz oder völlig schockiert. Letzteres kommt allerdings selten vor. Eine solche Reaktion beobachtet man nur bei Frauen, die verstanden haben, daß ihre Lebensweise unnatürlich war und daß sie dieses Leben nicht aufrechterhalten können. Die Stolzen jedoch neigen dazu, die grandiose Illusion zu nähren, sie seien übermenschlich.

Auch ich begann, mich dieser Illusion hinzugeben. Ich war übermenschlich. Wenn man über einen beträchtlichen Zeitraum hinweg ohne Essen auskommt und immer noch am Leben ist, beginnt man diese Trottel zu verspotten, die doch tatsächlich glauben, daß sie etwas essen müssen. Man steht morgens auf, man tut seine Arbeit, man läuft, man ißt nicht, man lebt.

Langsam vergißt man, was es heißt zu leben. Man vergißt Dinge. Man vergißt, daß man sich früher einmal ganz gut gefühlt hat, weil man sich im Hier und Jetzt einfach ständig beschissen fühlt und man sich nicht mehr erinnern kann, wie es vorher war. Die Menschen halten es für selbstverständlich, satt zu sein. Sie halten es für selbstverständlich, daß sie beim Gehen nicht schwanken, daß ihre Hände nicht zittern, daß ihr Kopf nicht schmerzt, daß ihre Kehlen nicht wund vor Galle sind, daß sie keine kleinen Wunden haben, die sie sich mit den Fingernägeln selbst beigebracht haben, als sie in aller Eile den Kotzpunkt zu finden suchten. Daß ihre Mägen sich nicht aufzulösen beginnen, weil sie mit einer Mischung aus Koffein und Tabletten gefüllt sind, die ebenso ätzend ist wie Batteriesäure. Daß sie nachts nicht von Krämpfen in Waden und Schenkeln geweckt werden, weil sich ihre Muskeln aufzulösen beginnen. Und vielleicht wachen sie nachts nicht von ihrem eigenen unerklärlichen Schluchzen auf.

Man verläßt sich auf seinen Hunger, man genießt die heisere Rebellion, mit der der Körper auf die kleinen Qualen reagiert, die man sich selbst zufügt. Wenn es einem schließlich besser geht, fühlt sich Gesundheit falsch an, sie macht einen verrückt, sie verwirrt einen. Also wird man wieder krank, denn mit Kranksein kennt man sich aus.

Ich kann nicht erklären, warum ich an dieses Jahr mit einer solchen Freude zurückdenke. Vielleicht, weil es erst der Anfang war. Dies ist das letzte Jahr, in dem ich mich »vollständig« fühlte, obwohl ich es nicht mehr war. Doch meine private Selbstmißhandlung wird von den Erinnerungen an Interlochen überstrahlt. Im Rückblick habe ich diese Zeit zweifellos glorifiziert, trotzdem war sie herrlich. Die Luft schien vor Leidenschaft zu vibrieren. In Ateliers und Konzertsälen schien sie förmlich greifbar zu sein: Ich erinnere mich an die ständige Musik, die von den Übungszimmern im Keller durch die Entlüftungsschlitze in die Schlafhäuser drang, die dramatischen Stimmen und wild gestikulierenden Arme abends in der Cafeteria, das Gelächter, den unzweifelhaften, wilden Wahnsinn, die Extreme.

Vielleicht war ich dort deshalb so glücklich, weil ich zum ersten Mal in meinem Leben die Erfahrung machte, mit meiner extremen Haltung dem Leben gegenüber nicht mehr allein dazustehen. Tatsächlich war ich ein vergleichsweise harmloser Fall.

Aus verschiedenen Gründen verabredete ich mich in jenem Jahr mit Jungen, die sehr jung waren, fast körperlos, harmlos. Ich haßte meinen Körper. Im Laufe des Jahres steigerte sich dieses Gefühl immer mehr, und es wurde nicht durch die Tatsache gelindert, daß ich abnahm. Es war mir buchstäblich unmöglich, auch nur den leisesten physischen Kontakt zu jemandem zuzulassen, ohne mich abstoßend, ausgeliefert, schmutzig und fett zu fühlen. Nachts, in irgendeinem Zimmer der Schlafhäuser, bei halboffener Tür (wenn wir Besuch vom anderen Geschlecht hatten, durften wir die Tür nicht schließen), gab ich mechanisch die notwendigen Geräusche von mir, tat, was man von mir erwartete, was aber nicht allzuviel mit Sex zu tun hatte, dann verließ ich ihn, stand unter der Dusche, hielt mich eine Stunde lang an meinen Hüftknochen fest, die Augen fest geschlossen.

Angesichts meiner früheren Erfahrungen war dies etwas seltsam für mich. Vielleicht aber auch wieder nicht. Vielleicht hatte ich Sex auch nur satt. Traurig, aber möglicherweise trotzdem wahr. Und vielleicht hatte ich Angst vor der Intimität, dem Ausgeliefertsein, der Verletzbarkeit. Vielleicht war es auch etwas anderes, etwas, von dem viele eßgestörte Frauen berichten: die Angst davor, daß man ihren Körper als unersättlich wahrnimmt, daß ihre Gesichter eine Reaktion zeigen, daß ihre Stimme zu laut klingt, unaufgefordert, unkontrolliert, daß ihre Leidenschaft von Ihrem Ziel – dem Tod – abgelenkt wird und sich etwas noch viel Angsteinflößenderem zuwendet: dem Leben. Einer der Jungen sagte seinem Zimmergenossen – in besorgtem Ton – daß ich dabei »ganz schön keuchte«. Ich hatte nur so getan als ob, aber trotzdem fühlte ich mich gedemütigt und behielt meine Reaktionen, ob sie nun vorgetäuscht oder echt waren, beim nächsten Mal, da er seine magere Gestalt an der meinen rieb, keuchte, seine Erektion bekam und ansonsten den Blick abgewandt hielt, für mich. Ich horchte auf das Lachen und die Rufe der Menschen, die im Flur an seinem Zimmer vorbeigingen. Im Stillen dankte ich Gott für die Schwerkraft, die dafür sorgte, daß mein Bauch zu meiner Wirbelsäule hinuntersank, wodurch sich eine kleine konkave Höhle zwischen meinen Beckenknochen bildete.

Ein Jahr später, im Krankenhaus, verberge ich das Gesicht in den Händen, als eine schöne Frau in der Gruppe zu weinen beginnt, während sie damit herausplatzt, daß sie Angst vor ihrer eigenen Leidenschaft hat, vor ihrer körperlichen Leidenschaft, ihrem Verlangen nach einem Liebhaber. Der Rest der Gruppe sitzt betreten schweigend da, starrt zu Boden, jede einzelne Frau gibt vor, nicht zu wissen, um was es geht, jede versichert sich selbst, daß sie nicht versteht, was sie meint: So haben wir nie empfunden. Später treiben wir unseren Scherz mit diesem Thema: Sex ist doch nur gut zum Kalorienverbrennen, oder? Und wir lachen. Doch ich hatte verstanden, was die Frau meinte. Mein Gesicht brannte, als ob mein Verständnis mich als eine derjenigen Frauen entlarvte, die sich gehen ließen, deren Gefühle ihrem Innern entsprangen, deren Körper sich manchmal in wortloser Freude dem Partner entgegenbäumen. Ich wollte keine von diesen Frauen sein. In dem Jahr, das ich im Internat verbrachte, versuchte ich, genau diesen Teil meines Selbst wegzuhungern. Die Aufnahme von Nahrung, die Aufnahme eines Geliebten wird als Eingeständnis der Schwäche und der Bedürftigkeit betrachtet, als Eingeständnis des Wunsches nach körperlicher Befriedigung, als Zeichen, daß man sich der »niederen«, der minderwertigeren Seite seines Selbst unterwirft. Eine lose Frau, das ist man, wenn die Leidenschaften außer Kontrolle geraten. Die Regeln unserer Kultur schreiben vor, daß eine gute Frau Sex und Nahrung mit einem Seufzer der Unterwerfung annimmt. Stumm soll sie zur Decke blicken und nur die Reste knabbern.

Außerdem machte mich Sex immer hungrig. Ebenso wie Marihuana. Also mied ich beides.

Nachts lagen Lora und ich nebeneinander in unseren Betten. Das Winterlicht war hell und blau und tauchte das Zimmer in unheimliche Schatten. Sie schlief fast noch schlechter als ich. Wir lagen da und redeten unaufhörlich, von Gedichten und Geschichten, von Schriftstellern und Sprache, heiße Schauer aus Worten. In den frühen Morgenstunden wurden unsere Stimmen leiser, bis sie schließlich ganz verstummten. Wir sprachen darüber, wohin wir gehen wollten. Was wir schreiben würden. Selten sprachen wir über das Leben, das wir hinter uns gelassen hatten. Wenn die Uhr dem Morgengrauen entgegenkroch, redeten wir nur noch Unsinn. Sie nannte mich Max.

Der Winter dauerte an, länger als lang, und wir standen kurz davor, den Verstand zu verlieren. Meine Manie steigerte sich in Wahnsinn. Nachts saß ich im Lesesaal, tippte wie wild auf der Schreibmaschine herum und verfaßte surrealistische Geschichten. Ich saß an meinem Schreibtisch in unserem Zimmer, trank Tee, flog mit Höchstgeschwindigkeit. Auf einer Woge des Zorns fegte sie ins Zimmer. Oder sie fegte hinein und lachte wie eine Irre. Oder sie fegte ins Zimmer und setzte sich unter den Schreibtisch, um dort ein Glas Erdnußbutter in sich hineinzustopfen. Sie war süchtig nach Zucker. Sie verschlang ihn päckchenweise, ebenso wie die langen, bunten Zuckerstangen. Sie war ständig in Bewegung. Zuerst fragte ich mich, ob auch sie ein Problem mit dem Essen hätte, da sie hauptsächlich von Zucker und Weißbrot mit Erdnußbutter oder Gelee lebte, aber meine Sorge war (wie sie mir darlegte) »reine Übertragung, ernsthaft, Max. Vielleicht hast du ja auch einfach nur Hunger.« An manchen Samstagen fuhren wir zusammen in die Stadt, kauften tütenweise Bonbons, Bisquitröllchen mit Cremefüllung (wir bevorzugten beide Vanille; sie roch immer köstlich und benutzte reines Vanilleextrakt als Parfüm, was mich wiederum hungrig machte), Gummibärchen und saure Drops, bei deren Genuß man unwillkürlich das Gesicht verzog, sowie Karamellbonbons. Wir lagen rücklings auf den Betten, lauschten der Musik von The Who und Queen und bellten mit klebrig-vollem Mund: »I AM THE CHAMPION, YES I AM THE CHAMPION«, oder wir hängten uns an die Rohre über dem Bett und fielen mit wildem Gekreische zu Boden.

Man denkt gemeinhin, daß Menschen, die unter einer Eßstörung leiden, nichts essen. Falsch. Sie entwickeln Regeln, die festlegen, was sie essen dürfen: »sichere Nahrungsmittel«, wie wir sie ein paar Monate später im Krankenhaus nennen. Zucker gehört natürlich dazu: Nicht nur, daß er kein Fett hat, er gibt einem auch jede Menge Energie, und denk doch nur, wieviel

Arbeit du geschafft bekommst, wenn du randvoll mit Kokain, Koffein und Zucker bist! Meine Schreibmaschine spuckte einen stetigen Strom seltsamster Kurzgeschichten aus, merkwürdig und immer merkwürdiger, atemlos und noch atemloser – und abstrakt.

Wenn ich sie heute, Jahre später, lese, kann ich fast vor mir sehen, wie ich mich von meinem Stuhl erhebe, dann mitten in der Bewegung verharre, ins Leere starre, mich wieder hinsetze, weiterschreibe. Die Worte, die ich ausspucke, sind reiner Geist, haben keinen Bezug zur körperlichen Realität, magischer Realismus, halluzinatorische Bilder, eine klare, bizarre Folge von Geschichten über Frauen, die immer stiller, blasser, dünner und dünner wurden, Geschichten, die sich zu einem bemitleidenswerten literarischen Dokument dieses Jahres verdichten. Ich schrieb über eine Frau, die sich in Luft auflöst. Dann über eine, die während eines Spaziergangs zu Porzellanstaub zerfällt. *Beunruhigend und aufwühlend,* schrieb einer der Lehrer. *Unheimlich, ohne Grundlage.* Und auf der letzten: *Marya, komm wieder auf den Boden. Mit dieser Geschichte bist Du nun wirklich zu weit gegangen.*

Mit ihrem lila Füllfederhalter schrieb auch Lora wie eine Verrückte und steigerte sich in unglaubliche Zustände hinein, wenn sie versuchte, die Worte ihrer Gedichte genau richtig hinzubekommen. Ich surrte förmlich vor übernatürlicher Energie. Wenn man nichts ißt, ist es einfach, sich in eine Manie hineinzusteigern, denn natürlich muß man die Gedanken so weit wie möglich vom Essen fernhalten. Nahrung behindert den eigenen Fortschritt, und man muß sich wach halten, denn wenn man einschläft, verbrennt man keine Kalorien mehr und bekommt auch nichts geschafft. Bei einer Manie ist die Zeit von grundlegender Bedeutung. Man muß alles schaffen, alles, alles, und man muß es bald schaffen, der weiße Hase, der wie verrückt durch die Gegend rast, auf seine Taschenuhr schaut, Ich komme zu spät! Ich komme zu spät! Die Welt bleibt für mich nicht stehen, und ich muß sie einholen, bevor sie vorbeigeflogen ist und ich meine Chance, unglaublich zu werden, verpaßt habe. Für Unglaublichkeit gibt es eine eindeutige Deadline, und die Zeit vergeht unaufhaltsam. Meine Tage und Nächte waren in Viertelstundenabschnitte unterteilt. Ständig sah ich in meine Notizbücher, um festzustellen, was ich als nächstes tun mußte.

Lora und ich stritten uns aus keinem besonderen Grund. Nun, eigentlich war es nicht wirklich Nichts.

Ich zog mein Hemd aus, hatte ihr den Rücken zugedreht.

»Max, ich will deinen Rücken sehen.« Ihre Stimme klang scharf. Ich hatte mich nicht mehr in ihrer Gegenwart umgezogen. Jetzt war mir ein Fehler unterlaufen.

»Was? Nein.« Ich zog mein Pyjama-Oberteil an und ging ins Bad, verschloß die Tür hinter mir.

»Max!« Sie pochte an die Tür. »Was ist zum Teufel noch mal los mit deinem Rücken?«

»Wovon sprichst du überhaupt?« Meine Hände fuhren panisch über die Knochen meines Rückens, über die Schlüsselbeine, ertasteten die Handgelenke, die Knie.

»Max, du ißt nichts mehr! Komm sofort raus!«

Ich kam heraus und stellte mich vor den Spiegel, bürstete mir das Haar. Es fiel in dünnen, dunklen Wolken herab.

Sie stand an ihrem Schreibtisch, knallte mit der Faust darauf. »Weißt du, Max, das ist irgendwie Scheiße.«

Ich antwortete nicht. Ich betrachtete mein Profil im Spiegel. Ich war dünner, aber noch lange nicht dünn genug.

»Ich meine, du könntest doch irgendwie mit jemandem darüber reden oder so.«

Ich stieg ins Bett und öffnete entschlossen ein Buch.

»MAX«, schrie sie.

Ich sah auf, wartete.

»Leck mich am Arsch«, sagte sie. »Und das meine ich ernst. Leck mich einfach am Arsch.«

Türknallend rannte sie aus dem Zimmer.

Ich wurde zur Kettenraucherin. Ich stand auf den Toilettendeckeln in den Schlafhäusern, dicht gegen ein anderes Mädchen gepreßt, unsere Gesichter nach oben gewandt, wie die Köpfe von jungen Vögeln, unsere Zigarette, mit der wir den Rauswurf aus der Schule riskierten, am Dunstabzug. Ich meldete mich für lange Spaziergänge bei der Hausmutter ab, ging, manchmal allein, manchmal in Begleitung, die alte Straße hinunter und in die Wälder. Dies war das erste Mal in meinem Leben, daß ich es genoß, allein zu sein. Ich hatte die Einsamkeit immer sehr gefürchtet, aber jetzt waren diese Spaziergänge notwendig. Ich wollte mich bewegen. Wir hatten uns gefragt, wie lang der Weg vom Campus zur Geschäftsstraße am Rande Interlochens wohl sein mochte. Wir schätzten ihn auf eine Länge von etwa zwei Meilen, und wir debattierten lang und breit darüber, ob man die auf dem Weg verbrannten Kalorien über die Länge des Weges oder über die Zeit, die man dafür brauchte, berechnen sollte. Ich plädierte für die Länge, weil ich dies mit mehr Kalorien gleichsetzte.

Ich wünschte mir Einsamkeit. Ich ging, mein Schritt paßte sich dem Rhythmus der Worte in meinem Kopf an. Worte, ein plötzlicher, immerwährender Begleiter. Links abbiegen am Schultor, atmen, eine Weile gehen, und dann kamen die Worte, schwangen in meinem Kopf wie ein Metronom. Ich gehe, und mit jeder Zeile atme ich ein, atme aus, Schritt um Schritt.

An den Wochenenden machten sich alle 350 Kinder schick, um an den abendlichen Vorführungen teilzunehmen, Auftritte, wie ich sie seitdem nicht mehr gesehen habe. Still wie Schnee saßen wir auf der Zuschauertribüne, hielten allesamt den Atem an, lauschten der Musik in der Dunkelheit. Unsere Finger umklammerten die Programmhefte in unserem Schoß, unsere Muskeln folgten, unwillkürlich, verlangend, den tanzenden Gestalten auf der Bühne. Dienstagabends bewegten wir unsere Köpfe im Takt zu der barfüßigen und ziegenbärtigen Jazz Combo, deren schwielige und verführerische Hände das Saxophon und den Baß so lange streichelten, bis ein Lied entstand, dessen Vibrato jeder in dem wogenden, schwitzenden Raum bis in die Bauchhöhle hinein spüren konnte.

Der Winter schob sich immer weiter in unsere kleine Welt hinein, schlich durch die schmalen Ritzen unserer Wände, der Wind lehnte seine Schulter an die Häuser, ließ sie stöhnen und seufzen, der Hof war hoch und weiß, die Straßen knirschten unter unseren Füßen. Der Schnee fiel in leisen Wellen, weiße Steppdecken, die über unseren Köpfen schwebten. In Wolle und Schals gehüllt wurden wir von Kurs zu Kurs geweht, der Atem entrang sich unseren Mündern in kleinen weißen Explosionen. Atemlos drinnen angekommen klebten uns dicke Flocken im Haar, deren perfekte Geometrie zu kristallförmigen Tropfen zerschmolz.

In der Cafeteria goß ich mir Kaffee ein und tröpfelte ein Drittel Teelöffel Sahne hinein. Ein kleiner Teller: Möhren, Sellerie, Senf. Mittlerweile pflegte ich mir einen geradezu lächerlichen Senfberg auf den Teller zu häufen, wobei ich die Möhren eher als Löffel denn als Nahrungsgrundlage benutzte. Damals kam mir das gar nicht so merkwürdig vor, egal, wie häufig mich meine Umwelt auf mein seltsames Verhalten aufmerksam machte oder Witze darüber riß. An erster Stelle stand für mich nach wie vor der Gewichtsverlust, und zum Teufel, wenn Senf und Möhren kein Fett und keine Kalorien hatten und mich zudem auch noch satt machten, was kümmerte mich verdammt noch mal das Gerede der anderen? Sonst ernährte sich ja schließlich auch keiner normal, also was erlaubten sie sich? Die meiste Zeit über standen wir in großen Gruppen zusammen und schwadronierten über Diäten und darüber, wieviel wir abgenommen hatten. Manchmal sah es so aus, als ob die ein oder andere uns um ein paar Nasenlängen voraus war: Soundso steckt sich den Finger in den Hals, sagt eines der Mädchen, und wir alle regen uns ganz fürchterlich auf. Oh nein! rufen wir, als ob wir es nicht alle auch täten. Das ist schrecklich! Oder die berühmte Magersüchtige auf dem Campus, eine Tänzerin, die (flüsterten wir) einmal sogar im Krankenhaus war (keuch) und (wir rückten näher zusammen) nur noch 4 Prozent Körperfett hatte. Wir sagten, UNMÖGLICH. Meinst du das ERNST? (Bei einer gesunden Frau bewegt sich der Körperfettanteil zwischen 18 und 25 Prozent. Ob uns der Gedanke kam, daß 4 Prozent möglicherweise lebensgefährlich waren? Nein. Wir waren eifersüchtig.) Natürlich wurde bei den Tänzerinnen regelmäßig der Körperfettanteil gemessen, ein Termin, von dem sie alle weinend wiederkamen. Wenn aber eine von uns, die normalerweise mehr aß als der Rest, eines Abends auf die Idee kam, Sellerie zu essen, stürzten wir uns auf sie wie ein Rudel Wölfe, kläfften und knurrten Kommentare wie Das ist GANZ GEFÄHRLICH, dann bekommst du ja gar keine Energie. HÖR SOFORT DAMIT AUF! Sie brach dann in Tränen aus und sagte, daß ihr Freund von ihr verlangt habe, daß sie abnahm. So ein Arsch! Gar nichts mußt du! Schrien wir und nahmen sie in den Arm.

Wenn ich ganz furchtbar hungrig war, aß ich ein paar Brezeln, etwas Mais oder etwas Reis mit jeder Menge Salz. Eigentlich eher mit einer abscheulichen Menge Salz. Dehydration, verursacht durch unaufhörliches Erbrechen und Nährstoffmangel, führt dazu, daß man sich nach Salz förmlich verzehrt. Senf wird zur Delikatesse. Man möchte Salz lecken. Die Leute starren einen an und versuchen, den Blick abzuwenden, wenn man mehr und mehr und noch mehr Salz auf sein Essen streut. Man blickt auf und sagt: »Was?« Wenn man ins Krankenhaus kommt, schreit man die Krankenschwester, den Ernährungsphysiologen, den Arzt, den Wäschejungen an, weil man nur diese winzig kleinen Salztütchen zu seiner Mahlzeit bekommt. Man will das Salz kiloweise herunterschlingen.

Sonntags fraßen wir, was das Zeug hielt. In der Cafeteria gab es einen großen Brunch, ein Buffet mit zuckerhaltigen Anstaltsbrötchen, Muffins, dänischen Butterkeksen, Kaffee, Kuchen, riesige Tabletts aus rostfreiem Stahl mit knusprigen Bratkartoffeln, Eiern, Würstchen, Schwarzbrot. Wir aßen, aßen und aßen. Aber wir nahmen seltsame Lebensmittelkombinationen zu uns: sieben Blaubeermuffins, eine ganze Platte mit salzigem Kartoffelpürree, vierzehn Chocolate Chip Cookies. Am Sonntagnachmittag fand man uns dann mit verkniffenen Gesichtern im Fitneßraum: Wir hüpften im Takt der Musik auf und ab, strampelten wie wild auf den alten Heimtrainern herum. Eines Sonntags stand ich zusammen mit Lora in der Cafeteria und aß gefrorenen Joghurt, da sagte eine ihrer Freundinnen zu mir: Mein Gott, tust du eigentlich auch mal etwas anderes als essen und rennen?

So viel esse ich doch gar nicht, verteidigte ich mich.

Das Schlimmste war die Angeberei. Ich höre und sehe sie in den Schulen des ganzen Landes, in Cafés, in Restaurants, in Bars, im Internet, in Bussen, auf Bürgersteigen. Frauen, die herumposaunen, wie wenig sie essen. Oh, ich hungere, ich habe den ganzen Tag nichts gegessen, ich glaube, ich werde mir ein großes Salatblatt gönnen, ich bin nicht hungrig, ich esse morgens nicht gern (nachmittags, abends, dienstags, wenn meine Nägel nicht lackiert sind, wenn mein Schienbein weh tut, wenn es regnet, wenn die Sonne scheint, an Feiertagen, vor oder nach 14 Uhr). Ich hörte diese Worte im Krankenhaus, dieses schreckliche, ironische Klagen von den rissigen Lippen verhungernder Frauen. Aber ich bin nicht hung-riiiig. Wenn man uns Frauen glauben will, dann sind wir niemals hungrig. Wir leben von kleinen Ms. Pac-Man Energietabletten. Wir ekeln uns vor dem Essen, es verursacht uns Juckreiz, Essen ist schmutzig, ich mag eigentlich nur Sellerie. Wenn man uns Frauen glauben will, dann sind wir ätherische Wesen, die nur mit größter Abscheu essen, die vor Ekel die Lippen verziehen, während sie einen Kleinstbissen zwischen den Zähnen haben.

Essen, nur weil es Spaß macht? Wohl kaum!

Hungern ist heutzutage Ausdruck von Weiblichkeit, so wie es die Ohnmacht im vorigen Jahrhundert war. In den zwanziger Jahren rauchten Frauen mit langen Zigarettenspitzen und zeigten ihre zahnstocherdünnen Beine. In den fünfziger Jahren erröteten Frauen und gaben vornehme, kleine Schnalzlaute von sich. In den sechziger Jahren wiegten die Frauen sich nur ständig hin und her, mit geschlossenen Augen und einem blöden Lächeln auf den Lippen. Meine Generation und die davor behaupten, kein Interesse am Essen zu haben. Wir sind »zu beschäftigt« zum Essen, »zu gestreßt«. Wer nichts ißt, hat ein erfülltes Leben, ist so beschäftigt und wichtig, daß die Nahrungsaufnahme nur Zeitverschwendung für ihn ist. Wir behaupten, keinen Appetit zu haben, pflegen die heilige Körperlosigkeit; wir sind die Superfrau, die die weibliche Domäne des Körperlichen hinter sich gelassen und endlich Zugang zur männlichen Domäne des Geistes gefunden hat. Und doch, diese Maxime ist nicht allzu neu: Eine Dame ißt wie ein Vögelchen.

Eine Dame sieht aus wie ein Vögelchen, mit zerbrechlichen Knochen, doch machtvoll im Flug, wenn sie sich schwerelos in die Lüfte erhebt.

Wir geben vor, kein Interesse zu haben und lachen. Nachts schleichen wir uns zuweilen in die Küche, das Dreieck des Lichts, das der Kühlschrank auf den Boden wirft, wir schaufeln uns kalten Braten, Eiscreme, Früchtegelee, Käse in den Mund, schlucken ohne zu kauen, lauschen auf das stetige Ticktack der Uhr, das in der Küche widerhallt. Ich habe es getan. Millionen andere ebenfalls. Viele von uns spüren eine Leere, die an unseren Rippen zehrt und nicht durch Nahrung gefüllt werden kann, und sei es auch noch so viel. Wir wissen nur das eine: daß dieses Gefühl eine Art von Hunger ist, also essen wir. Man kann die körperliche Reaktion auf das Verhungern nicht verleugnen, was teilweise der Grund dafür war, daß ich mich in manchen Nächten im Badezimmer verschanzte, und mich im Spiegel dabei beobachtete, wie ich mir Schokoriegel, Chips, alles, was der Automat sonst noch bot, wahllos in den Mund stopfte und mich dann übergab. Außerdem verspürt man diesen größeren, geheimnisvolleren Hunger, und ich war und bin nicht die einzige, die ihn verspürt. Er windet sich wie eine Schlange unter dem Brustbein, drückt einem die Kehle zu.

In der Schule waren wir hungrig, verloren, verängstigt und jung, und wir brauchten Religion, Rettung, etwas, das die Höhle der Furcht in unserer Brust füllte. Viele von uns suchten ihr Heil im Essen und in der Schlankheit. Wir fühlten uns von der Suche nach der eigenen Identität überfordert und hungerten nach Wissen und Sicherheit. Viele von uns kamen aus Familien, die vor guten Vorsätzen und Ehrgeiz nur so strotzten. Wir lebten in einem Schnellkochtopf, standen ständig unter Druck; die Konkurrenz war groß, die Maßstäbe sehr hoch, die Zukunft alles andere als sicher, das Wissen, daß man ein schwieriges Leben wählt, klar und das Bewußtsein, daß die Chancen, es »zu schaffen«, nur gering waren, durchaus vorhanden. Das schuf ganz einfach einen Hunger nach Sicherheit.

Wir lebten in einer Welt, die durch Hunger und Mangel geradezu gekennzeichnet war. Wir bezeichnen dieses Gefühl als Religionsverlust, als Verlust der Kernfamilie, als Verlust des Gemeinschaftsgefühls. Aber was immer es ist, es löst heftigen und unstillbaren Hunger in unserem kollektiven Unbewußten aus. Unsere beständige Suche nach etwas, das groß genug ist, um uns zu füllen, führt uns zur Götzenverehrung – und seltsamerweise sind diese Götzen gleichzeitig Konsum und Hunger. Wir »schwanken zwischen Selbstverehrung und Selbstdegradierung«[25] hin und her, das Pendel schwingt vor und zurück und verpaßt jedesmal den Punkt des Gleichgewichts. Wir wissen, daß wir etwas brauchen, weshalb wir immer mehr lernen und erwerben und vor allem immer mehr essen, weit über den Punkt der körperlichen Sättigung hinaus. Dies ist nichts als der Versuch, ein größeres, übergeordnetes Bedürfnis zu stillen. Dann befällt uns die Scham, und wir verwandeln Skelette in Göttinnen und blicken zu ihnen auf, als ob sie uns lehren könnten, nichts-zu-brauchen.

Nicht alle meine Mitschüler waren vom Gedanken an Essen besessen. Es gab auch andere. Merkwürdigerweise hatten gerade meine engsten Freunde (viele von ihnen natürlich männlich) eine einigermaßen gesunde Einstellung zu Diäten. Und weil sie alle jung waren, wußten die meisten meiner Freunde über Eßstörungen nicht mehr, als daß es sie gab. So sehr dieses Problem auch auf Interlochen verbreitet war, man schenkte ihm erheblich weniger Aufmerksamkeit als Drogen oder Alkohol. Mitten im Winter begannen meine Freunde dann doch, sich Sorgen um mich zu machen. Ich hatte sehr merkwürdige Eßgewohnheiten. Bei den Mahlzeiten sagten sie, etwas zu beiläufig, Mar, willst du nicht auch 'was? Dann schoben sie mir einen Teller hin. Du brauchst Eiweiß, sagte Anna. Hier, iß etwas Hüttenkäse und ein paar Bohnen, iß 'was, du mußt doch Hunger haben. Im Dezember hatte ich beschlossen, nur noch 100 Kalorien pro Tag zu mir zu nehmen. Das war eine gute Zahl, eine ordentliche Zahl, eine »Diät«, keine Störung, ein Plan. Möhren, Senf, zwei Brezeln, die Sahne in meinem Kaffee. Meine Freunde setzten sich zu mir an den Frühstückstisch und sagten laut: Ach, ich *liebe* Haferbrei. Heute schmeckt er wirklich köstlich, Mar. Haferbrei hat wenig Fett, sagten sie mit schmeichelnder Stimme und schwenkten ihre Schüsseln vor meinem Gesicht hin und her. Ich runzelte die Stirn und wich zurück wie ein Baby mit Schmollmündchen. Mar, du mußt doch Hunger haben, sagten sie. Ich wechselte das Thema.

Dann kamen die Weihnachtsferien. Ich flog nach Hause. Wir saßen auf dem Traverse City Airport zusammen, nervös, traurig, geistesabwesend und lachten zu laut. Wenige von uns hatten Lust, dorthin zurückzukehren, wo sie hergekommen waren. Auf dem Flughafen in Detroit betrank ich mich, noch mehr trank ich im Flugzeug. Das Kalorienzählen wurde vom Vergessen verdrängt. Meine Mutter holte mich ab. Ihr Gesicht war streng, ihr Mund zu einem dünnen Strich zusammengepreßt. Ich sah aus wie dreißig. Meine Haut war gespenstisch weiß, mein roter Lippenstift grell, die schwarzen Kleider waren zu weit und zu alt. Sie umarmte mich steif. Wir gingen zum Gepäckband und sprachen kaum ein Wort miteinander. Sicher war sie damals nur besorgt. Aber ich war erst fünfzehn und meine Mutter für mich nur schwer zu durchschauen. Ihr Gesicht war verkniffen vor – Abscheu? Verärgerung? Was hatte ich jetzt schon wieder falsch gemacht? In sarkastischem Ton sagte ich: Wie schön, daß du dich *so sehr freust*, mich zu sehen. Sie gab ein *tsss* von sich und sagte, Oh Marya. Ich sagte, Was? Sie machte noch einmal *tsss* und wandte das Gesicht ab, dann schritt sie schnell, professionell, energisch davon. Wir flogen durch den Flughafen wie Hexen auf einem Zwillingsbesen.

Der Januar war kalt, der Februar noch kälter. In meinen Ferien hatte ich die Bewunderung erhalten, die ich mir gewünscht hatte: Ich hatte Komplimente bekommen, weil ich abgenommen hatte, was mir ein seltsam hohles, flüchtiges Gefühl des Erfolges gab. Wenn ich »für mich kein Weihnachtsessen, danke« sagte, verursachte das sofort einen mittleren Aufruhr, und als ich zur Schule zurückkehrte beschloß ich, nur noch einmal die Woche zu essen als Strafe für die Minimalportionen, die ich zu Hause zu mir genommen hatte. Ich aß sonntags. Reis.

So fuhr ich fort, bis ich fast wie von selbst begann, zu fressen und zu kotzen. Für Menschen, die niemals unterernährt waren – und vielleicht sogar auch für solche, die diesen Zustand kennen –, klingt das wahrscheinlich sehr merkwürdig; aber der Körper überfährt irgendwann das Gehirn und *zwingt* einen zum Essen. Plötzlich ertappt man sich dabei, daß man gerade Pizza bestellt hat. Es gibt keine Möglichkeit, die Pizza oder den Hunger, den sie hervorruft, zu verstecken. Man schließt sich also im Schlafzimmer ein, ißt sie auf und erbricht sie wieder. Oder man findet sich plötzlich allein in der Cafeteria wieder und füllt Teller um Teller. Man ist so verdammt hungrig, daß allein schon der Geruch des Essens, die bloße Existenz von üppigen Buffets, das grelle Licht und das Gelächter unzähliger Münder, die sich weit öffnen, um Essen aufzunehmen, überwältigend wirken, und man ißt und ißt und ißt, und dann hastet man ins Bad und kotzt. Oder man ertappt sich dabei, wie man bei einem Spaziergang an einem Restaurant halt macht, sich ein riesiges Abendessen bestellt und hinterher im Wald kotzt.

Vielleicht erinnert sich der Körper an die Zeit, zu der man normal gegessen hat. Wenn man Hunger hatte, hielt man an einem Restaurant an und aß. Ständig hat man dieses Summen im Kopf, und zumindest für den Zeitraum, in dem man mit essen beschäftigt ist, vergißt man, daß man sich doch eigentlich gewissenhaft darum bemüht, eine gute Magersüchtige zu sein. Wenn es einem wieder einfällt, ist es zu spät. Außerdem ist man ohnehin noch lange nicht satt: Man hat sogar noch Hunger, nachdem alles aufgegessen ist, aber dann fühlt man sich unglaublich schuldig und abscheulich, so daß man sich einfach übergeben *muß – es geht nicht anders* – und man tut es, und alles ist wieder besser.

Das ist das Schlimmste daran. Das quält mich am meisten, wenn ich Frauen höre, die mitten drin stecken und mir erzählen, um wie vieles besser sie sich fühlen, wenn sie kotzen, wenn sie von dem Gefühl der Erleichterung berichten, vom Trost und von dem Gefühl der Macht, weil man die Natur besiegt hat, wie trügerisch und kurzlebig dieses Gefühl auch sein mag. Von der Fähigkeit, einer materialistisch orientierten Welt ins Gesicht zu spucken, oder besser: ihr auf die Schuhe zu kotzen. Auch ich erinnere mich an die Erleichterung, an die Macht. Ich vermisse beides. Es tut verdammt weh. Es ist abstoßend, aber all diese Jahre war es mein Schutz, meine Absicherung, mein Leben. Es war etwas, das ich mit Sicherheit wußte, etwas, worin ich ohne jeden Zweifel gut war. Ich wußte, daß es für mich da sein würde, wenn ich es brauchte. Und das ist es: Es ist immer noch da. Nach dem Abendessen umschmeichelt es mich: Komm schon, Du bist gestreßt. Würdest Du Dich nicht gleich besser fühlen? Nicht gar so voll. Komm schon, nur dies eine Mal! Es ist immer da, jeden Tag. Das Badezimmer ist am anderen Ende des Flurs, genau zehn Schritte von meinem Schreibtisch entfernt – ich habe die Schritte gezählt, bin an manchen Nachmittagen immer wieder auf und ab gelaufen, zehn winzig kleine Schritte. Und wenn der Drang groß genug wäre, könnte ich den Weg in drei langen Schritten zurücklegen.

Am anderen Ende des Flurs liegt die Sicherheit, der Trost, aber diesen Trost kann ich mir nicht mehr leisten. Jeden gottverdammten Tag muß ich mir ins Gedächtnis rufen, daß am anderen Ende des Flures, kurz hinter dem Trost ein grotesker Tod wartet. Ich stelle mir vor, daß mein Mann mich so findet – auf dem Boden in einem Teich aus Blut und Erbrochenem, Tod durch Perforation der Magenwand oder durch einen Herzanfall oder durch beides – und ich falle wieder auf meinen Schreibtischstuhl zurück.

Das ist Kontrolle für mich, so traurig es auch klingen mag. Aber Tatsache ist nun einmal, daß ich vor ein paar Jahren gar nicht in der Lage gewesen wäre, diese tägliche Wahl zu treffen. Damals glaubte ich noch, daß das Erbrechen, vielleicht sogar der Tod selbst, Kontrolle bedeutete. Wie sehr ich mich doch täuschte.

Der Februar hatte etwas Klaustrophobisches, und alles wurde noch merkwürdiger. Eine plötzliche Woge des Zorns überflutete den Campus, eine Woge aus verzweifeltem Sex, aus Kokain und Schnaps, eine Menge Leute, die hinausgeworfen wurden, wenn sie erwischt wurden. Eine einsame Cellistin, die im Schnee saß und eine Sonate spielte. Leute, die im Pyjama zum

Unterricht kamen, Augen und Haare wild und zerzaust. Und eines Nachts meine eigene Manie – ich wollte nur noch eins: daß es aufhörte, sich in meinem Kopf zu bewegen und vor sich hin zu plappern, wahrscheinlich hatte ich doch zu viele Aufputschmittel genommen –, die ins Bad führte: Ich öffnete den Badezimmerschrank und schluckte sämtliche Tabletten, die wir hatten, Diurapid, Vitamin C, Codein, Aspirin. Ich erinnere mich an das seltsame Gefühl, als der Boden sich auf mich zubewegte. Im Dunkel des Morgengrauens kroch ich auf die Krankenstation und bat, vom Unterricht freigestellt zu werden. Ich fühlte mich nicht wohl. Sie sagten Nein. Die folgende Woche besteht aus einem Nebel von Kursen, die mal scharf, mal unscharf waren, mal nah, mal fern, verrückte Schnappschüsse, die einander vor meinen Augen jagen.

Ich begann, Nahrungsmittel auf meinem Zimmer zu horten. Ich besaß eine kleine Bleistiftdose, in der ich Kekse aufbewahrte, ebenso wie harte Bonbons, alte Brezeln, gelegentlich auch eine gummiartige Möhre. Lora brachte mir etwas von den Mahlzeiten mit, an denen ich kaum mehr teilnahm. Sie warf paketeweise Kekse auf das Buch, über das ich mich beugte. Ich stopfte sie in meine Kiste. Ich behielt sie, nur für alle Fälle.

Dies ist eine häufige Angewohnheit von Magersüchtigen. Und für dieses Verhalten scheint es eine biologische Basis zu geben. Bei einer Versuchsreihe mit einer Gruppe junger, gesunder *Männer*, deren tägliche Kalorienzahl auf unter tausend reduziert wurde, machte man folgende Beobachtungen: Sie horteten heimlich Nahrungsmittel, sprachen unaufhörlich über das Essen, kauten ständig Kaugummi und Pfefferminzbonbons, lasen Rezepte für Gerichte, die sie nicht kochen durften. Nach einiger Zeit ertappte man sie häufig dabei, wie sie in Mülltonnen herumwühlten und sich in die Krankenhausküche stahlen, um dort alles mögliche in sich hineinzustopfen. Sie begannen, sich zu übergeben und machten sich interessanterweise plötzlich heftige Sorgen über ihr Gewicht, über ihren Körper. Sie begannen, *Diät* zu halten. Sie machten sich Sorgen darüber, sich zu beschmutzen, fühlten sich von ihren biologischen Körperfunktionen abgestoßen und wollten keine Nahrung mehr anrühren.

Hmmm.

Ich weiß nicht, wo der Körper beginnt und der Geist endet. Vielleicht besteht einer der Irrtümer, denen sowohl Spezialisten für Eßstörungen als auch unsere Kultur in ihrer Gesamtheit verfallen, darin, anzunehmen, es gebe *entweder* eine biologische *oder* eine emotionale Ursache für Eßstörungen. Aber beide sind miteinander verwoben. Man verstrickt sich in beidem und weiß nicht, wie man wieder hinausfinden soll.

Ob es nun an meiner Unterernährung, der Neurose oder der unsäglichen Kombination aus beidem lag – was sich in jenem Jahr jedenfalls ganz plötzlich veränderte, war die Art und Weise, wie mein Geist funktionierte. Solange ich Bulimikerin war – es waren mittlerweile sieben Jahre – hatte ich niemals zuvor ein solches Stadium vollkommener und ständiger Besessenheit erreicht, wie es in diesem Jahr auf der Schule begann und die folgenden Jahre charakterisieren sollte. Eine Freundin, die ich erst viel später kennenlernte, und die selbst nie eine Eßstörung hatte, erzählte mir, daß sie sich einmal über die Toilette gebeugt hatte, um sich zu übergeben. Aber auf einmal wurde sie, wie sie sagte, von der plötzlichen Erkenntnis erfaßt, daß das, was sie da tat, *falsch* war. Nicht falsch im Sinne von sündig, sondern falsch in einem grundlegenden, menschlichen Sinn – ein Vergehen gegen die Natur, den Körper, die Seele, das Selbst. Sie hörte auf. Ich glaube, vor meinem sechzehnten Lebensjahr hatte ich im Hinterkopf immer gewußt, daß diese Einschätzung stimmte. Immer wieder wurde ich von der Gewißheit heimgesucht, daß meine Eßstörung eine gegen mich selbst gerichtete Grausamkeit war. Wir neigen dazu, dies zu vergessen. Wir halten Bulimie und Anorexie entweder für bizarre Psychosen oder für eine Schrulle, eine Phase, etwas, das Frauen einfach *tun*. Wir vergessen, daß es sich um einen Akt der Gewalt handelt, der von einem guten Maß an Zorn gegen und Furcht vor dem Selbst zeugt. In diesem Jahr jedoch verstummte die fragende, flüsternde Stimme in meinem Kopf.

Als die Stimme des Zweifels verschwunden war, veränderten sich meine Augen und demzufolge auch meine Welt. Ich ging durch den Spiegel, und dahinter stand alles Kopf. Die Bedeutung der Worte verkehrte sich in ihr Gegenteil. Hinter dem Spiegel wird man selbst zum Zentrum des Universums. Alle Dinge reduzieren sich auf die Beziehung, die sie zu einem selbst haben. Du klopfst gegen das Glas – die Menschen drehen sich um, sehen dich, lächeln und winken. Dein Mund bewegt sich, ohne einen Laut von sich zu geben. Du verlierst die Dreidimensionalität, verwandelst dich in eine Papierpuppe, deren Augen nur aufgemalt sind.

Man verliert seine Angst. Man ist rücksichtslos, sorglos, eine Comicfigur, die vor Freude mit den Beinen zappelt, wenn sie von der Klippe in die Tiefe stürzt, heftig unten aufklatscht und wieder nach oben springt. Man niest, und aus der vom Kokain zerfressenen Nase fließt Blut. Das freut einen, genau wie die kleinen, messerscharfen Stiche, die man bei jedem Schritt spürt, genau wie die besorgten, leisen Worte der Freunde, genau wie die eigene Stimme, wenn man ihnen antwortet: Ich kann einfach nicht aufhören.

Man hat eine Entscheidung getroffen: *Man wird nicht* aufhören. Der Schmerz ist notwendig, insbesondere der Schmerz des Hungers. Er versichert einem, daß man stark ist, daß man allem widerstehen kann, daß man nicht der Sklave seines Körper ist, daß man seinem Flehen nicht nachgeben muß.

Tatsächlich mag man den Schmerz sogar. Man mag ihn, weil man glaubt, ihn verdient zu haben, und die Tatsache, daß man sich dem Schmerz selbst unterwirft, bedeutet, daß man tut, was man von Rechts wegen tun muß. Man tut etwas Richtiges. Es ist schwer zu beschreiben, wie diese beiden Dinge in einem Kopf stattfinden können: der arrogante, selbstversunkene Stolz auf sich selbst wegen der eigenen unglaublichen Heldentat, und die Überzeugung, daß man so böse ist, daß man es nicht besser verdient hat als zu verhungern oder sich auf andere Weise selbst zu verstümmeln. Sie existieren gleichberechtigt nebeneinander, weil man sich in zwei Persönlichkeiten aufgespalten hat. Der eine Teil ist der, der zu töten versucht – das schwache Selbst, der Körper. Der andere Teil ist der, in den man sich zu verwandeln versucht – das mächtige Selbst, der reine Geist. Diese Spaltung ist keine Psychose, sondern vielmehr eine Manifestation der westlichen Lebensphilosophie. Die eigene Fähigkeit, dem Schmerz zu widerstehen, begründet den Anspruch auf Ruhm. Sie ist Askese, heilig. Sie ist Selbstkontrolle. Sie ist Masochismus. Und der Masochismus ist vielen eine Lust, aber darüber möchten wir nicht nachdenken. Wir lassen den Gedanken nicht zu, daß ein Mensch ein verschlungenes, autoerotisches Leben führen kann, gleichzeitig an der Spitze und am Tiefpunkt sein und gleichzeitig beides erfahren kann: die Freude, einen Körper, der an den Händen gefesselt ist, immer und immer wieder zu schlagen, und die Freude, dieser Körper zu sein und zu wissen, daß er jeden Schlag verdient hat.

Das Jahr nahm psychedelische Ausmaße an. Der Winter ging in den März über, das Licht der Sonne verwandelte sich von weiß in blaßgelb, das Tageslicht schlich sich früher heran, der zusammengestampfte Schnee begann zu schmelzen. Ich litt unter schwerer Unterernährung und bewegte mich immer schneller, mit dem Mut, der nur dem Narr eigen ist, auf die Krankheit zu, ich suchte sie förmlich – bedingungslos, leidenschaftlich. Nicht, daß ich mir explizit vorgenommen hätte, krank zu sein. Ich tat einfach nur alles in meiner Macht Stehende, um es zu werden. In gewisser Weise wünschte ich mir sehnlichst, erwischt zu werden. Nicht um gerettet zu werden, sondern um wahrgenommen zu werden, um offiziell Anspruch auf Größe erheben zu können, um jene kranke Bewunderung zu erhaschen, die den Menschen zuteil wird, die sich besonders gut zu zerstören verstehen. Du meine Güte! Sagen die Leute, Wieviel *Selbstdisziplin* du hast!

Und später: Mein Gott. Wie krank du bist! Wenn die Leute das sagen, wenn sie sich nach einem umdrehen, dann hat man sein kleines Spiel gewonnen. Man hat die eigene Hypothese verifiziert: keiner-liebt-mich-keiner-haßt-mich-ich-könnte-genausogut-Würmer-essen. Man sinkt zurück in die Kissen des Krankenhausbettes und schreit in selbstgerechter Entrüstung. Seht Ihr? Ich *wußte*, Ihr würdet mich aufgeben. Ich wußte, Ihr würdet mich verlassen.

Aber was tut man dann? Was ist man noch wert, wenn keiner mehr hinsieht? Woher weiß man, daß man überhaupt noch *da* ist? Dies ist der Zeitpunkt, an dem man zum Spiegel zurückkehrt und nach etwas anderem als seinen Knochen Ausschau hält, nach etwas anderem als dem Schatten des Todes, der einem über die Schulter blickt. Man braucht lange, um sehen zu lernen.

Der Tod ist etwas Faszinierendes. Der menschliche Geist kreist um dieses Thema, dreht und wendet sich um Tod, Sterblichkeit, Unsterblichkeit, Verdammung, Rettung. Einige fürchten den Tod, andere suchen ihn, aber es liegt in unserer Natur, uns über die Grenzen des menschlichen Lebens zumindest Gedanken zu machen. Doch wenn man so krank ist, beschäftigt man sich *ausschließlich* damit. Der Tod ist immer da, er ist dein Schatten, dein Geruch, dein Begleiter, bei Tag und bei Nacht. Wenn der Schlaf die Augen schließt, denkst du unwillkürlich: Was wenn? Was wenn? Und in dieser Frage liegt eine Sehnsucht, die viel zu sehr der Sehnsucht eines jungen Mädchens nach dem Geliebten gleicht. Die Krankheit absorbiert jeden Gedanken, ihr Atem ist wie der des Geliebten, immer dicht an deinem Ohr; die Krankheit steht neben dir vor dem Spiegel, ist von deinem Körper fasziniert, von jedem Zentimeter Haut und Fleisch, und du läßt zu, daß sie die Herrschaft übernimmt, daß sie dich mit ihrer rauhen Hand berührt und erregt.

Nichts wird dir jemals wieder so nahe sein. Niemals wirst du einen Geliebten finden, der so fürsorglich, so aufmerksam, so bedingungslos allgegenwärtig und nur für dich da ist.

Manche von uns benutzen den Körper, um Dinge zum Ausdruck zu bringen, die sie nicht in Worte fassen können. Sie entscheiden sich für die Abkürzung, beschließen, daß die Welt zu viel oder zu wenig für sie ist. Der Tod ist so leicht, er lächelt einem zu, so einfach; und er ist dramatisch, das letzte ›Leck mich am Arsch‹ an die Welt.

Lieber Vater, ich werde nicht zulassen, daß meine Seele Frieden mit meinem Körper schließt, und ich habe auch nicht die Absicht, mich zu verstellen. Deshalb erlaubt mir, meinen Körper zu zähmen, indem ich meine Ernährungsweise nicht verändere; ich werde für den Rest meines Lebens nicht mehr damit aufhören, bis kein Leben mehr in mir ist. Mein Fleisch ist keineswegs so schwach, wie es den Anschein hat; es verhält sich nur deshalb so, damit ich nicht Buße von ihm fordere für die Schuld, die es auf sich lud, als es weltliche Freuden suchte ... Oh, mein Körper, warum hilfst du mir nicht, meinem Schöpfer und Heiland zu dienen? Warum bist du jetzt nicht ebenso gehorsam wie du vorher ungehorsam warst. Seine Gebote? Klage nicht, weine nicht; gib nicht vor, halbtot zu sein. Du wirst das Gewicht tragen, das ich auf deine Schultern lege, alles ... Nicht nur der Nahrung wollte ich mich in diesem meinem sterblichen Leben enthalten, sondern jeden Tag tausend Tode sterben, wenn dies möglich wäre.

DIE HEILIGE MARGRET VON CORTONA IN EINEM BRIEF AN IHREN BEICHTVATER, DER IHR BEFOHLEN HATTE ZU ESSEN. TOD AM 22. FEBRUAR 1297 DURCH VERHUNGERN.

März. Mit zwei Freundinnen lag ich auf dem Bett in einem Zimmer. Wir redeten über Sex, überboten einander mit Erzählungen über das, was wir getan haben wollten. Wir lagen auf dem Rücken und prahlten mit dem achtlosen Gebrauch unserer Körper, mit der allgemeinen Verachtung, die wir für Jungs oder Männer empfanden. Ich habe absolut gar nichts empfunden, sagten wir voller Stolz. Wir sprachen über Essen und Gewicht, über Diät und Verlust.

Die Luft wurde wärmer, und an den Bäume wuchsen kleine, grüne Knospen. Es war ein lauer, sonniger Frühling. Am Spätnachmittag spazierte ich über die Straßen, über den leeren Schulhof, hinaus, durch die Wälder an einen Bach, mit zwei anderen Mädchen oder allein, ich zog die Schuhe aus, krempelte die Hose hoch, tauchte meine Füße in den Bach, in das Eiswasser aus geschmolzenem Schnee. Die Sonne spielte auf den Wellen und den nassen Felsen, sie schien durch das klare Wasser auf den steinigen Grund des Bachs. An mutigen Tagen zogen wir uns aus und schwammen, atemlos und lachend im Schock der Kälte, dem Schock der Wasserbewegung nach Monaten eisiger Stille.

Mein Freund Jeremy erinnert sich an diese Zeit, an das Brausen des Frühlings und das Dahinstürmen der Pollen, an die Art, wie die Menschen sich schneller bewegten, wie die Körper auftauten, wie das Blut wie ein kalter Strom durch die Adern floß. Er erinnert sich, eines Abends an mein Fenster geklopft zu haben. Lora sagte ihm, daß ich auf dem Kresge Auditorium sei, einem riesigen kolosseumsähnlichen Bau mit Steinböden und Stahlstreben, einem Gewebe aus Metall und Draht, das das gewölbte Dach stützte. Oben? fragte er. Ja, antwortete sie. Sie klettert in die Dachsparren, um zu rauchen.

Ich stelle mir vor, wie ich dort sitze – ich war sicher nicht die erste – ein kleines Mädchen, ein Bündel Sweatshirts, gekauert auf einen Metallbalken in der Nähe der Decke, Rauch kräuselt sich über meinem Kopf. Ich erinnere mich daran, wie ich hinuntergeschaut habe, an das schwindelige, berauschende Gefühl, als das Gewicht meines Kopfes mich nach vorn zieht, hinunter auf den Steinboden dreihundert Meter unter mir.

Vom See her ist Wind aufgekommen; er rauscht über den Campus: zerzaustes Haar, und der Wahnsinn zieht weiter. Ständig sprachen wir von Wettbewerben, vom Vorsprechen, von Noten. Wir arbeiteten bis spät in die Nacht, nahmen an endlosen Workshops teil. Lora und ich gewannen in jenem Frühling beide ein paar nationale Preise in kreativem Schreiben. Wir entfernten uns immer mehr voneinander, und ich verbrachte immer mehr Zeit allein oder in Gesellschaft anderer Mädchen, die ebenfalls Diäten machten und keine Fragen stellten. Lora sah zu viel und war zu wütend, und ich war viel zu entschlossen, nichts zu essen. Es war ihr unmöglich, das zu ignorieren, und es machte sie sauer. Wir stritten immer häufiger. Sie wußte, was mit mir los war. Gelegentlich zerrte sie mich regelrecht in die Cafeteria und warf mir dann wütende Blicke zu, wenn ich nur Götterspeise aß. Sie erzählte es der Vertrauenslehrerin, die jedoch nur kurz mit mir darüber sprach. Beim Frühstück sagte ein anderes Mädchen bewundernd zu mir: Oh mein Gott, wie sehr du abgenommen hast! Du siehst großartig aus! Ich bin richtig neidisch. Und Lora fuhr wütend dazwischen: Du meine Güte, nun ermutige sie doch nicht auch noch! Sie schob ihren Stuhl zurück und raffte wütend ihre Siebensachen zusammen. Das Mädchen legte ihre Hand um meinen Arm, der Zeigefinger berührte den Daumen. Wow, seufzte sie. Lora schob ihren Stuhl wieder unter den Tisch, sagte, Erwarte nicht, daß ich zu deiner Beerdigung komme, und ging davon. Was ist der denn über die Leber gelaufen? Ich schüttelte den Kopf. Nichts, sagte ich.

Ein Teil von mir konnte zu jenem Zeitpunkt nicht verstehen, warum sie so wütend auf mich war. Es ging sie nichts an, es war nicht ihr Problem. Diese Denkweise war zumindest ungewöhnlich für mich, denn normalerweise pflegten die Sorgen, die Umarmungen und die Ratschläge anderer Menschen meine Sucht nur noch zu nähren. Durch sie wollte ich nur noch kranker werden. Loras Zorn jedoch verängstigte mich. Wahrscheinlich erinnerte er mich daran, daß ich kein Recht hatte, zu tun, was ich tat. Und damals wie auch später wurde ich wütend auf die Menschen, die mich am meisten liebten und deshalb kein Blatt vor den Mund nahmen. Ich wollte verhätschelt werden. Ich wollte, daß jemand sagte: Oh, armes Mädchen, alles wird gut, dafür werden wir schon sorgen. Ich wollte nicht, daß mir jemand sagte, Das ist doch Scheiße. Niemand hört gern die Wahrheit über sich selbst. Lora sagte die Wahrheit, und ich zog aus.

Es geschah nach den Osterferien.

Ein paar Wochen, nachdem wir ins Internat zurückgekehrt waren, ging ich zum Frühstück hinunter. Meine Lust aufs Verhungern war durch Wochen der Bulimie aufs neue entfacht. Ich trug eine rosafarbene Baumwollhose und ein weißes Sweatshirt. Ich erinnere mich, daß es kühl war, aber hell, unglaublich hell. Es tat mir in den Augen weh. Das sich zerstreuende weiße Licht zwischen den Blättern, die sich im Wind bewegten, traf mich zu plötzlich. Ich muß den Blick nach oben gerichtet haben, denn ich erinnere mich an die Bäume und an das Licht, an den Schmerz in meiner Stirn, an mein Zwinkern. Ich erinnere mich an die drei Gläser Wasser, die ich zum Frühstück getrunken hatte, an den Schmerz in meiner Brust, an die übelkeiterregende Fülle, die ich immer verspürte, nachdem ich Wasser getrunken habe. Bis zum heutigen Tag hasse ich Wasser. Es schmeckt nach Leere, Hunger, Krankheit. Ich trank Kaffee, zwei Tassen. Ich trank ihn jetzt nicht mehr mit Sahne. Ich trank ihn schwarz. Als wir zu Ende gefrühstückt hatten, blieb ich am Büfett stehen, nahm mir zwölf Chocolate-Chip-Cookies, schob sie in meine Tasche. Ich erinnere mich sehr genau an die Kekse, weich, mürbe. Ich hatte sie seit Monaten nicht gegessen, aber ich liebte das Gefühl, sie bei mir zu haben. Ich ging zur Vordertür der Cafeteria hinaus, bog nach rechts ab, überquerte den Hauptholf des Campus. Ich betrat das Unterrichtsgebäude, schritt den Flur hinab, ging in meine Klasse, sagte Hallo und verlor das Bewußtsein.

Es war nicht das erste Mal, daß ich das Bewußtsein verloren hatte und umgefallen war, nicht das erste Mal, daß mir schwarz vor Augen wurde. Aber bis jetzt hatte es immer ein paar Symptome gegeben, die mich gewarnt hatten: die Knie gaben nach, das Zentrum der Schwerkraft hatte sich aufgelöst und die Arme fühlten sich an, als ob sie im Meer trieben, es rauschte in den Ohren, die Lider flatterten. Genau wie im Kino. Ich konnte mich immer selbst fallen sehen. Ich hatte es immer gewußt. Doch diesmal wurde mir einfach nur schwarz vor Augen.

Ich weiß nicht, was dann geschah. Als nächstes erinnere ich mich daran, daß jemand mir die Treppenstufen zum Schlafgebäude hinaufhalf. Eine Freundin stand zufällig am Tisch und sah mich – nicht einmal in der Lage, den Blick zu fokussieren. Sie fing mich auf und rief um Hilfe. Jemand kam herbeigerannt und schaffte mich von dort auf die Krankenstation. Ich erinnere mich, daß ich laufen wollte und nicht konnte. Ich erinnere mich daran, wie die Schwerkraft uns zurückzog. Ich entschuldigte mich, daß ich so schwer war. Man legte mich auf ein Bett. Jemand maß meine Temperatur, ein anderer zog mich in Sitzposition und kam meinem Gesicht mit einem Becher Orangensaft gefährlich nahe. Eine Hand lag auf meinem Hinterkopf, mit der anderen hielt die Person den Becher, zwang meinen Mund, sich zu öffnen, neigte meinen Kopf nach hinten, schüttete mir den Saft in die Kehle. Daran erinnere ich mich. Als sie dort standen und immer noch meinen Kopf hielten, erbrach ich den Saft, absichtlich, in den Becher zurück. Dann fiel ich auf das Bett zurück und sagte: Ich habe die Grippe.

Eßstörungen besitzen die Zentripetalkraft schwarzer Löcher. Ich erinnere mich daran, wie ich mich in mich selbst zurückzog und mich nicht weiter darum scherte, wen ich mit mir zog – die Freunde an meinem Bett, die Krankenschwestern. Ich erinnere mich, wie ich mich unter der dünnen, weißen Decke zusammenrollte, wie ich im Schlaf versank und wieder wach wurde, an die Panik, die ich bei dem schwachen Geschmack des Orangensafts auf meiner Zunge verspürt hatte, die aber durch das Wissen gemildert wurde, daß ich ihn erbrochen hatte, es war alles gut, der Saft war nicht drin geblieben. Daran erinnere ich mich besonders deutlich: an das bedauernswerte kleine Mantra in meinem Kopf, das verlogene Wiegenlied, Alles ist gut, alles ist gut, alles ist gut. Ich erinnere mich an den Sonnenschein, der durch das Fenster fiel, an die Baumwipfel, die gegen das Fenster schlugen.

Und ich erinnere mich, daß ich tief zufrieden mit mir war.

Warum?

Weil ich dabei war zu verschwinden. Der Akt des Verschwindens, der Akt des Unsichtbar-Werdens ist in Wirklichkeit äußerst sichtbar und geht nur selten unbemerkt vonstatten. Darin liegt eine seltsame Logik: Menschliche Präsenz manifestiert sich für uns durch Gewicht und Kraft – deshalb sind wir fasziniert von jeder menschlichen Rebellion gegen äußere Grenzen. Sie wird als kleiner Schritt hin zum Übernatürlichen oder dem, was wir für übernatürlich halten, gewertet. Ich sage damit nicht, daß die Vernichtung des Körpers wirklich ein Zauber *ist*, aber sie *fühlt sich an* wie ein Zauber. Houdini läuft barfuß über glühende Kohlen, und die versammelte Menge hält den Atem an. Houdini verschwindet in der Luft: die versammelte Menge murmelt und wirft verwirrte Blicke in die Runde.

Und der Appell an den anorektischen Körper ist sogar noch drängender: Wir wissen Bescheid, wir haben durch das Gebrabbel unserer Kultur erfahren, daß auch wir uns des Fleisches entledigen können, daß auch wir wie durch »Magie« Pfunde verlieren, Pfunde »wegschmelzen«, sie zum »Verschwinden« bringen können. Je höher das Durchschnittsgewicht der Bevölkerung ist, um so größer ist die Faszination, die von einem magersüchtigen Körper ausgeht – er wird zum Fetisch. Frauen stürzen sich kopfüber in den Kaninchenbau – alle anderen tun es ja schließlich auch, dann kann es ja nicht so gefährlich sein. Und manche, die dieses Buch hier lesen, denken vielleicht bei sich: Was, wenn ich es einfach versuchte? Was, wenn ich noch ein paar Pfund verlöre? Immerhin lebt *sie* ja auch noch!

Nicht ganz!

Ein paar Tage lang blieb ich auf der Krankenstation. Meine Freundinnen und der Junge, mit dem ich zu dieser Zeit ging, besuchten mich. Wir fanden eine alte Schachtel mit Mürbekeksen in einer Schublade. Ich aß alle auf und erbrach sie wieder. Selbst damals war ich erstaunt, daß die Krankenschwestern nicht ausflippten. Von Zeit zu Zeit maßen sie meinen Blutdruck und meine Körpertemperatur, gratulierten mir zu meinem (gefährlich niedrigen, das sollte ich bald erfahren) Blutdruck – ich wußte zu diesem Zeitpunkt noch nicht, daß mein Blutdruck in Verbindung zu meiner Gesundheit steht – und steckten mich wieder ins Bett. Ich wußte ebensowenig, daß die einzigen Mediziner, denen die Symptome einer Eßstörung vertraut sind, diejenigen sind, die sich darauf spezialisiert haben.

Meine Freundinnen besuchten mich immer am späten Abend, wenn sich das gelbe Licht der billigen Lampe über das Bett ergoß, auf dem wir alle zusammenkauerten. Ich war gut gelaunt, ein Muster an Zerknirschung, und schwor, in Zukunft mehr auf meine Gesundheit zu achten. Und dann tat ich etwas Merkwürdiges: Ich versprach einer Freundin, einer Selbsthilfegruppe für Drogensüchtige beizutreten. Ich hatte ja tatsächlich ein Drogenproblem: Ich benutzte Drogen als Ersatz für Nahrung, und das schon seit Jahren. In Wirklichkeit jedoch wollte ich eine Gruppe von Leuten um mich scharen, die mich nicht verurteilen würden, die nicht beunruhigt von ihren Stühlen aufspringen würden, wenn ich sagte: Mir ist schlecht. In der Schule gab es eine kleine Gruppe minderjähriger Anonymer Alkoholiker und Drogensüchtiger. Sie hatten die besondere Erlaubnis, jeden Sonntag morgen mit dem Bus in die Stadt zu fahren und sich dort in den Räumlichkeiten der Anonymen Alkoholiker zu treffen, wo sie nach Herzenslust rauchten. An diesem Tag rief ich meine Eltern an und sagte ihnen, daß ich mich einer Selbsthilfegruppe anschließen wollte. Mein Vater fragte nur: Warum?

Am Sonntag morgen verließen wir den Campus, und der Himmel erschien mir plötzlich größer. Das Gelächter im Bus war, wie ich später bemerkte, dem Lachen der Mädchen im Krankenhaus ziemlich ähnlich, wenn wir einen viertelstündigen Spaziergang machen durften oder wenn die Halbverrückten aus der Klapse einen kleinen Ausflug zum Pool unternahmen. Es war ein rücksichtsloses Lachen, als ob der plötzliche Sauerstoffschub dem Gehirn geschadet hätte. Wir saßen in dem Raum, der Rauch war so dicht, daß man kaum etwas erkennen konnte. Nach ein paar Treffen setzte ich mich aufrecht hin und verkündete: Hi, ich heiße Marya. (Hi Marya). Ich bin mehrfach abhängig. Ich hielt inne. Ich sagte: Und ich glaube, ich habe Bulimie.

Als ich die Worte aussprach, hatte ich das Gefühl zu lügen. Ich fühlte mich, Gott helfe mir, als ob ich damit *prahlen* wollte.

Ich liebte die Gruppe. Ich liebte das Gefühl, daß alles gut werden würde, daß ich nur zu den Treffen gehen mußte und mich an das Programm halten mußte, dann würde alles gut werden. Und ganz besonders liebte ich die Formel, die wir von den Anonymen Alkoholikern übernommen hatten, und die lautete: Ich habe keine Macht über meine Krankheit.

Es gibt nichts Gefährlicheres, als einer Magersüchtigen zu raten, ihre Machtlosigkeit zu akzeptieren. Ein solcher Rat ist ein Freibrief, ein Freispruch. Wie sehr ich es doch genoß, mich in meinem Sessel zurückzulehnen und nichts zu tun als zu rauchen. Dann seufzte ich vor Erleichterung und dachte. Das alles liegt außerhalb meiner Kontrolle. Der Verstand läßt das Steuer los und sagt: Ich überantworte mich einer Höheren Macht. Gott, laß mich keinen Unfall bauen.

Menschen, die in der Hölle waren und den Weg zurückgefunden haben, entwickeln eine bestimmte Form der Selbstgerechtigkeit. Sie sagen gern: Ich habe eine suchtgefährdete Persönlichkeit, ich bin schrecklich sensibel. Ich bin durchs Feuer gegangen, ich habe Narben. Es gibt einen sich selbst aufrechterhaltenden Glauben, daß man nichts daran ändern kann, der sehr gefährlich ist. Er wird zur eigentlichen Identität. Zur persönlichen Religion: Man wartet auf die Erlösung, wartet, wartet, wartet und versäumt es währenddessen, sich selbst zu retten. Wenn man sich selbst retten würde und nicht auf die Erlösung warten würde, wäre man selbstgenügsam. Wie langweilig.

Eines Tages sollten wir gemeinsam eine Tanzveranstaltung besuchen. Ich hatte ein paar Lehrer davon überzeugt, daß es mir gut genug ginge, um daran teilzunehmen. Ich mußte schwören, daß ich die Wahrheit sagte und wußte, daß ich ganz schön in der Scheiße sitzen würde, falls irgend etwas schief ging. Ich erinnere mich an eine kleine, drahtige Frau, die mir streng ins Gesicht sah und sagte: Wenn du lügst, bist du draußen. Aus gutem Grund hing diese Drohung wie ein Damoklesschwert über den Köpfen der meisten Schüler. Der Ausschluß lauerte im Hintergrund und wartete darauf, daß man beim Sex erwischt wurde oder beim Rauchen, beim Trinken, bei der Einnahme von Drogen und jetzt bei der Krankheit. Ich schmeichelte, ich weinte. In beidem war ich ganz gut. Also ging ich hin.

Die Kostüme waren phantastisch. Ein paar von uns zogen sich auf unserem Zimmer an. Wir hatten lange darüber diskutiert, ob wir uns die Achselhöhlen rasieren sollten, und schließlich entschieden wir uns dafür und waren hinterher traurig. Wir nahmen den Bus in ein Restaurant am Strand und aßen dort zu Abend. Ich aß eine Kartoffel, entschuldigte mich und erbrach mich lautlos, während meine Freundinnen neuen Lippenstift auftrugen. Mein Freund und ich gingen am Strand spazieren, berauscht vom Geruch des Salzes und vom Sonnenuntergang. Ich zog die Schuhe aus. (Verliebte Teenager schwelgen nun einmal gern in Klischees.) Mir wurde schwindelig, nur ganz leicht. Wir fuhren mit dem Bus in den Club. Die Tanzfläche bebte, die Haut glänzend feucht und rot unter den farbigen Lichtern, die Augen glasig. Meine Freunde und ich wechselten von den Billardtischen zur Tanzfläche und wieder zurück. Ich lehnte mich gegen die Wand, versuchte, zu atmen. Lächelte strahlend. Mein schwarzes Satinkleid klebte kalt und feucht an meiner Haut.

Während des Tanzens stolperte ich. Durch die Leiber auf der Tanzfläche hindurch bahnte ich mir den Weg zur Toilette, setzte mich in einer Kabine hin, lehnte das Gesicht an das kühle Metall der Wand. Dann raffte ich mich wieder auf. Als ich wieder auf der Tanzfläche war, blitzten die Stroboskopleuchten und ich konnte das Gleichgewicht nicht halten. Alles wirbelte vor meinen Augen, Blitze, grelle Gesichter, abwesende, lächelnde Blicke, die vor mir aufflackerten, Glieder, die sich zu schnell bewegten, zu nah. Ich fuhr zurück, hielt die Hände vor das Gesicht, versuchte, den Blick auf die Tanzfläche zu konzentrieren, dann stolperte ich erneut davon, um in die Toilettenräume zurückzukehren, meine Freunde auf den Fersen. Ich beugte mich vorn über und spuckte Blut auf den weißen Kachelboden, wobei ich immer wieder krächzte: Es geht mir gut, es geht mir gut, während meine Freundinnen schrien. Mit dem Rücken an der Wand glitt ich auf den Boden: ein deutlicher Höhenunterschied, das Gefühl, unter die Wasseroberfläche zu sinken, die Temperatur fiel, die Schwerkraft wurde aus den Angeln gehoben.

Mit wütendem Türenknallen stürmte eine Freundin aus den Toilettenräumen und holte eine unserer Aufsichtspersonen. Sie stand über mir, lauschte den chaotischen Berichten meiner Freundinnen, die ihr mit schriller Stimme erzählten, was geschehen war, während ich immer wieder beharrlich wiederholte, daß es mir gut ginge. Schließlich schnitt sie uns allen das Wort ab: Alle den Mund halten. Marya, du verhälst dich ganz schön beschissen. Wir gehen. Sie zog mich an einem Arm in die Höhe und zerrte mich hinaus, während ich schrie und mich loszureißen versuchte. Es fiel mir schwer, nicht loszulachen. Das alles kam mir vor wie ein großer Witz.

Im Auto verlor ich das Bewußtsein. Wieder auf die Krankenstation. Man rief meine Eltern an. Man sagte ihnen, daß ich offensichtlich ein Problem hätte. Ich war keineswegs zu dünn und hatte wahrscheinlich Appetitzügler eingenommen, die ich nicht vertragen hatte. Es war Mai. Das Schuljahr war fast vorüber, und offensichtlich wurde entschieden, daß ich das Jahr bis zum Ende würde durchstehen können. Wahrscheinlich gelang es mir, meine Eltern davon zu überzeugen, daß hier viel Lärm um nichts gemacht wurde. Trotzdem wurde ich außerhalb des Campus zu einer Psychologin geschickt.

Ich glaube nicht, daß meine Therapeutin sich auf Eßstörungen spezialisiert hatte. Ich war *stock*sauer. Ich erinnere mich, mit dem Taxi hingefahren zu sein. Ich glaube, sie fragte mich, ob ich eine Eßstörung hätte. Ich antwortete nein. Was ist dann los? Ich zuckte die Achseln. An mehr erinnere ich mich nicht.

Das Schuljahr neigte sich dem Ende zu. Der Frühling ging in den Frühsommer über, die Vorbereitungen für die letzte Woche, in der die Abschlußprüfungen stattfinden sollten, wurden getroffen. Alle arbeiteten wie verrückt für Aufführungen, Lesungen und Ausstellungen. Wir lachten häufig. Der Himmel war tief blau, die Luft war warm und duftete sehr süß. Jetzt, da die Katze aus dem Sack war, mußte ich meine Strategie etwas ändern. Ich überzeugte meine Freundinnen, daß das »wahre« Problem meine Bulimie sei, und da ich mich jetzt nicht mehr ständig übergäbe, ginge es doch aufwärts. Außerdem geht es meinem Magen nicht besonders gut, und mir wird schlecht, wenn ich etwas essen muß, deshalb kann ich nicht viel essen, deshalb kann ich gar nichts essen, heute. Ich strenge mich an. Ich schwöre bei Gott, daß ich mich wirklich anstrenge. Mit diesen Worten beiße ich etwas von der Scheibe Toast ab, fange an zu weinen und lege den Rest auf den Teller zurück. Ich kann einfach nicht, sage ich und weine und weine, und alle sagen mir, wie gut ich meine Sache mache, weil ich nicht mehr erbreche usw. Ich nicke, wische mir die Krokodilstränen ab und esse immer noch nichts. Ich wurde erneut bewußtlos, nachdem ich mit einer Freundin in der Aula geraucht hatte. Es war noch früh am Morgen, immer noch kühl. Wir kamen den Hügel hinauf, gingen auf die Cafeteria zu. Ich schwankte und fiel um.

Da empfand ich zum ersten Mal Angst. Wenn auch nur für kurze Zeit. Ich sagte: Ich bin nur müde. Vielleicht war eine der Zigaretten nicht in Ordnung. Sie sagte, Komm, iß doch etwas, und ich sagte, Oh nein, dann müßte ich mich übergeben, ich fühle mich nicht gut, und sie half mir, in die Cafeteria zu gehen. Ich trank meinen Kaffee und hielt mir den Kopf.

Die letzten Wochen des Schuljahres versinken im Nebel. Meine Freundinnen gingen zur Schulleitung und redeten auf die Verantwortlichen ein, doch *bitte etwas zu unternehmen*! Deren Reaktion war völlig verständlich: Was sollen wir denn Eurer Meinung nach unternehmen? Ich saß zusammengekauert in meinem Sessel, die Arme über der Brust gekreuzt und sagte ihnen, was ich fast selbst schon glaubte, nämlich, daß dies alles gar nicht so schlimm war wie es aussah. Es gab Menschen, die viel dünner waren als ich, und das war schließlich das Wichtige. Ich meine, wir alle kennen die Gefahren des Verhungerns, aber Bulimie? Das kann doch nicht so schlimm sein. Es ist erst dann schlimm, wenn man richtig dünn wird. Wer macht sich schon über Bulimiker Sorgen? Ihr Verhalten ist einfach nur eklig.

Wir packten unsere Siebensachen, brachten die Abschlußprüfungen hinter uns, gewannen ein paar Preise. Lora und ich hatten uns nur wenig zu sagen, also sprachen wir auch nicht miteinander. Die Schlafhäuser summten wie Bienenstöcke. Wir sprachen darüber, wohin uns das Leben nun verschlagen würde: Julliard, NYU, Oxford, Harvard, Oberlin, RISD, Yale, L.A. Wir spekulierten, wer wiederkommen würde, wer sich in Behandlung begeben würde, wer eine Europareise machen würde, wer die Schule verlassen würde, wer die Prüfungen bestanden hatte, wer nicht. Ich hatte durchaus vor, zurückzukehren, ich wollte im nächsten Jahr alle Preise für kreatives Schreiben absahnen.

Ein Teil von mir, der Teil, der immer noch Bodenhaftung hatte, suchte irgendwann meinen Literaturlehrer auf und sagte ihm, daß ich mich in Behandlung begeben würde. Das Seltsame daran war, daß ich das zu dieser Zeit noch gar nicht wußte. Der Lehrer, mit dem ich das ganze Jahr über eng zusammengearbeitet hatte, der mich zeitweise so unnachgiebig angetrieben hatte, daß ich schon befürchtete, zusammenzubrechen, der immer an mein Schreiben geglaubt hatte, lehnte sich in seinem Sessel zurück – die Baseballkappe saß schief auf seinem Kopf – und rieb sich den Bart. Dann sagte er: Tut mir leid. Er beugte sich vor: Ich will, daß du im nächsten Jahr wiederkommst. Kapiert? Ich nickte, wandte den Blick ab, versuchte, nicht zu weinen. Er sagte: Okay, du Flasche. Hör bloß nicht mit dem Schreiben auf. Ich schüttelte den Kopf und sagte: Bis dann.

Ich konnte nicht wissen, daß ich niemals mehr nach Interlochen zurückkehren würde. Ich hatte einfach nur das seltsame Gefühl, daß ich *nirgends* mehr hin zurückkommen würde.

In meinem Gehirn gab es zwei entgegengesetzte Kräfte: Die erste war mein Überlebenstrieb, das Verlangen, das jedes Tier hat und das über Sprache und Verstand hinausgeht. Dieser angeborene, biologische Überlebenstrieb ist der Feind, mit dem Magersüchtige im Krieg liegen. Der Überlebenstrieb macht Anorektiker und Bulimiker gleichermaßen verrückt, und zwar mehr, als ich mit Worten beschreiben kann. Während die meisten anderen Menschen essen, wenn sie Hunger haben und sich ins Bett legen, wenn sie krank sind, wurde ich durch blinde Freßgelage getrieben, bis ich dann plötzlich zusammenbrach. Jeder Zusammenbruch jedoch war ein Indiz für die Bedürfnisse meines Körpers, für seine Schwäche und seinen letztendlichen Sieg über *mich*, was mich zur Raserei trieb. Mein Körper weigerte sich, zu verhungern und aß; er weigerte sich zu stehen und fiel geschwächt zu Boden. Ein schreckliches Paradox: mein emotionales Überleben, meine persönliche Integrität war scheinbar davon abhängig, daß ich mein körperliches Selbst völlig unterwarf, wenn nicht sogar vollkommen auslöschte.

Die zweite Kraft meines Geistes war der Wunsch, schon in jungen Jahren das Handtuch zu werfen. Man dreht den Überlebensinstinkt um, sieht seinen feuchten, weißen Bauch, die Kehrseite. Ich empfand weder Zorn noch Furcht vor diesem Todestrieb, also machte ich ihn in meinem kleinen Krieg zum Verbündeten.

Eßgestörte Menschen sind sich in gewissem Ausmaß bewußt, daß ihr Verhalten gefährlich ist. Vielleicht sind wir auf vielerlei Weise verblendet, aber das geht keineswegs so weit, daß wir nicht erkennen können, daß unser Kreuzzug – emotionales Überleben, physischer Tod – sich selbst auslöscht. Und entsetzt stellen viele von uns fest, daß der Körper immer gewinnt. Entweder überlebt er trotz all unserer Anstrengungen und bringt damit unseren egoistischen Traum von Kontrolle zum Platzen, oder er stirbt, wodurch das emotionale Überleben zur grauen Theorie wird. Menschen mit Eßstörungen sind sehr unterschiedlich. Ich bin sicher, daß es manche gibt, die einfach nur an einer Eßstörung erkranken und nicht unbedingt versuchen, sich zu Tode zu hungern. Zu dieser Art von Menschen gehörte ich nicht. Ich versuchte tatsächlich zu sterben, auf seltsam beiläufige Weise. Einige Frauen, mit denen ich gesprochen habe, sagen, daß sie lediglich die Grenzen des menschlichen Körpers ausloten wollten – diese Idee haben insbesondere Sportlerinnen mit Eßstörungen –, aber sie sprechen in bizarrem, fast schon herausforderndem Ton davon, als ob sie immer die Absicht gehabt hätten, aufzuhören. Die Eßstörung ist ihnen einfach nur aus der Hand geglitten. Ich hatte nicht die Absicht, aufzuhören. Mein Hauptinteresse bestand nicht darin, die Grenzen des menschlichen Körpers auszuloten – was ja einen gewissen Respekt vor diesen Grenzen impliziert. Es interessierte mich nicht sehr, wieviel Aufwand ich treiben mußte, um die Grenzen zu überschreiten. Aber um so mehr interessierte es mich, was auf der anderen Seite war.

Im Rückblick erkenne ich, daß meiner manischen Jagd nach Erfolg die Überzeugung? das Wissen? zugrundelag, daß es nur *ein* Gebiet gab, auf dem ich zum Erfolg gelangen konnte, und daß ich nur eine Chance hätte, dies unter Beweis zu stellen. Eines Nachts, es war schon einige Wochen her, hatte Lora mich gefragt, wie alt ich glaubte, einmal zu werden. Ich lag im Bett und dachte eine Minute über die Frage nach. Dann antwortete ich: »Vielleicht zwanzig.«

So lange würde ich wohl brauchen, um mich zu Tode zu hungern. Ich kam der Wahrheit ziemlich nahe. Drei Jahre später, zwei Monate vor meinem neunzehnten Geburtstag gaben mir die Ärzte nur noch eine Woche.

Ich wollte auch gar nicht länger leben. Das Leben erschreckte mich. Und das tut es heute noch. Damals kam es mir wie eine endlos lange Folge von Jahren vor, die ich aushalten mußte, in denen ich meine Mätzchen machen, lächeln und hervorragend sein mußte! Und glücklich! Und erstaunlich! Und toll! Im Alter von sechzehn hatte ich das Leben satt. Ich war es leid, zu viel, zu intensiv, zu manisch zu sein. Ich war nicht nur die Menschen, sondern vor allem mich selbst leid. Ich wollte alles tun, was an Erstaunlichem von mir verlangt wurde – an dieser Stelle weise ich nochmals darauf hin, daß es sich einzig und allein um meine eigenen Erwartungen an mich selbst handelte –, und es dann hinter mir haben. Schlafen. In den Himmel kommen, wo es nur Badewannen und Bücher gab.

Der normale Verlauf einer Eßstörung ist der Versuch, wieder zum Kind zu werden, eine Regression. Doch ich halte Eßstörungen nicht ausschließlich für eine Folge des infantilen Wunsches, zur Ex-utero-Symbiose mit der Mutter zurückzukehren. Es handelt sich auch um ein kulturelles und generationsbedingtes Phänomen, um ein simples, altmodisches Burn-out-Syndrom. Meine Generation hat die »Botschaften« der Medien quasi mit der Muttermilch eingesogen: Werbung, die das Unbewußte zu beeinflussen sucht, dumme Fernsehsendungen, brutale Kinofilme, fade Supermarktliteratur, MTV, Videorecorder, Fast Food, Infomercials, Hochglanzanzeigen, Diätwerbung, Schönheitschirurgen. Wir sind in einer Popkultur aufgewachsen, in der das megacoole Supermodel mit dem leeren Blick zur Heldin stilisiert wurde. Diese Dinge sind das intellektuelle und emotionale Äquivalent zu einer ausschließlichen Ernährung durch Schokoriegel – man bekommt Mangelerscheinungen und wird müde. Wir sind in einer Welt aufgewachsen, in der die Oberfläche der Dinge erheblich wichtiger ist als ihre Substanz – und in der die Oberfläche »perfekt« zu sein hat, weltgewandt, kultiviert, blasiert, *erwachsen*. Ich gehe sogar davon aus, daß jemand, der in seiner Jugend ständig versucht, ein erfolgreicher Erwachsener zu werden, ab einem gewissen Alter die Nase davon voll hat und aussteigt.

Mir ging es nicht anders. Ich konnte mir nicht vorstellen, was ich mit mir anfangen sollte, wenn ich denn endlich »Erfolg« hatte, aber ich konnte das panikartige Bedürfnis, erfolgreich zu sein, trotzdem nicht aufgeben. Deshalb nahm meine Vorstellung von Erfolg bald eine ziemlich perverse Wendung.

Menschen mit Eßstörungen sind in der Regel sowohl konkurrenzbewußt als auch intelligent. Wir sind Perfektionisten. Häufig bringen wir hervorragende Leistungen in der Schule, im Sport, in der Kunst. Und dann steigen wir ohne jede Vorwarnung aus. Plötzlich weigern wir uns, zur Schule zu gehen, brechen das Studium ab, kündigen, verlassen unsere Partner, ziehen um, verlieren all unser Geld. Wir sind es leid zu beeindrucken. Oder besser, wir sind es leid, ewig beeindruckend *erscheinen* zu müssen. Zunächst einmal glauben die meisten von uns niemals wirklich daran, daß wir zu irgend etwas gut sind. Ich war das Gefühl leid, ständig auf der Bühne zu stehen, die Kleider einer anderen Person zu tragen, Dinge zu sagen, die zur Rolle eines anderen Menschen gehörten. Ich verließ die Leistungsschau und suchte mir einen Weg, von dem ich glaubte, daß er mir *wahren* Respekt einbringen würde: eine Eßstörung.

Ich bemerkte nicht, daß ich die unrealistischen Erwartungen, von denen ich mich doch eigentlich lösen wollte, auf meine Krankheit übertrug. Ich wußte vorher nicht, daß ich mich nie gut genug fühlen wurde. Erst wenn ich vor der Tür des Todes stünde, würde ich eine erfolgreiche »eßgestörte« Person sein. Und tatsächlich war es noch nicht einmal dann der Fall.

Meine Mutter kam in der letzten Schulwoche und brachte ihre Mutter mit. Ich trug irgendein durchsichtiges, weißes Kleidchen. Sie umarmte mich. Als wir lächelnd durch die Menge der Schüler und Studenten schritten, sagte sie zu mir, Du siehst verdammt schlecht aus. Was? sagte ich und winkte meinen Freundinnen zu. Sie sagte, Du hast Flaum im Gesicht. Meine Hand flog nach oben, ertastete die feinen, seidigen Härchen. Ich sagte, sieh doch, wieviel ich abgenommen habe. Sie sagte sarkastisch: Ja, Liebes, das sehe ich. Ich fragte stolz: Sehe ich nicht gut aus? Sie antwortete: Du siehst aus wie ein Geist. Deine Haut ist ganz grau.

Wir gingen ins Theater, sahen uns Becketts *Warten auf Godot* an, gingen ins Konzert, zu einer Lesung. Ich stellte sie meinen Mitschülern vor. Sie sah mich immer so merkwürdig an. Sie war ungewöhnlich liebenswürdig zu mir – nicht daß meine Mutter sonst kein netter Mensch gewesen wäre, nur *liebenswürdig* ist nicht gerade das erste Wort, das einem in den Sinn kommt, um sie zu beschreiben. Sie wußte nicht, was vor sich ging, aber sie war offensichtlich krank vor Sorge, obwohl ich glaube, daß sie versuchte, mich nicht aufzuregen. Bei den Abschlußfeierlichkeiten sang ich im Chor. *Ich nahm die Straße, auf der wenige Leute reisen, und das hat den Unterschied gemacht, den ganzen Unterschied.*

Nachdem sich alle umarmt, einander zugewunken und sich Abschiedsgrüße zugerufen hatten, kletterte ich ins Auto, und wir fuhren nach Chicago. An den ersten Tag kann ich mich nicht erinnern, mal abgesehen davon, daß ich meine Mutter ständig damit nervte, mich fahren zu lassen. High vor Drogen und Aushungerung hatte ich in diesem Winter den Führerschein gemacht, hatte auf den vereisten, schneebedeckten Straßen Michigans das Fahren gelernt. Vielleicht sollte man bei Fünfzehnjährigen einen obligatorischen Drogen- und Blutzuckertest einführen. Am späten Abend kamen wir in Chicago an, meine Großmutter vor sich hin meckernd, meine Mutter schmallippig und kurz angebunden, ich schwindelig und überdreht. In der Stadt fand ein großer Kongreß oder ein Fest statt, jedenfalls waren die Straßen verstopft und die Hotels belegt. Wir landeten schließlich im Hilton oder Hyatt in einer lächerlichen Suite mit einem separaten Zimmer für die Badewanne. Sofort ließ ich mich ins Wasser sinken und betrachtete mich an den spiegelbedeckten Wänden von allen Seiten.

Mir wurde bewußt, wie hungrig ich war, und ohne groß nachzudenken ging ich die Treppe hinab in das 5-Sterne-Restaurant. Ich aß Wachteln. Bis zum heutigen Tag weiß ich nicht, was mich an diesem Tag getrieben hatte, aber ich erinnere mich an diese Mahlzeit, als ob sie die Erfüllung meiner letzten Bitte vor der Hinrichtung gewesen wäre, an die sorgsam auf dem Teller arrangierte Mais-Dingsbums-Vorspeise, an die kalte Suppe, an die Wachteln, an den starken, schwarzen Kaffee und den Pfefferminzlikör zum Schluß. Während des Essens las ich. Ich bezahlte die Rechnung, ging die Treppe hinauf in mein Zimmer, beugte mich über die Toilettenschüssel und hatte gerade angefangen, mich zu übergeben, als mir der Gedanke kam, daß diese Mahlzeit zu teuer gewesen war, um sie einfach wegzuspülen. Also hörte ich mit dem Kotzen auf. Die ganze Sache war völlig untypisch für mich. Ich legte mich ins Bett, las eine Weile, dann zog ich an der kleinen, herunterbaumelnden Schnur der Nachttischlampe und schlief ein, endlich satt.

Am nächsten Morgen fühlte ich mich schuldig und rund und aß gar nichts. Wir saßen in einem Café an der Oak Street, meine Großmutter stocherte wie immer in ihrem Essen herum und ermahnte mich, meinen Kaffee zu trinken, während meine Mutter mir wütende Blicke zuwarf. Als wir wieder auf der Autobahn waren, kam ein bizarrer Sandsturm auf, und es begann, in Strömen zu regnen. Ich erinnere mich an die Windschutzscheibe, ein Gewebe aus herabrinnendem Wasser, an das dunkle Grün des Himmels, das die Tornados im Mittelwesten ankündigt. Ich quengelte und meckerte die ganze Zeit, bestand darauf, daß meine Mutter mich fahren ließ. Ich konnte mir nicht vorstellen, was so schwer daran sein sollte, durch einen Tornado zu fahren. Ich fing einen Streit mit meiner Mutter an, die verdammt kurz davor war, mir eine zu kleben. Ich ergriff die Gelegenheit, um ihr zu sagen, daß sie meine Selbständigkeit hemmte, daß sie mich immer behandelt hatte wie ein kleines Kind und daß sie mich nie ernst genommen hatte. Schweigend beugte sie sich über das Lenkrad. Ich plapperte weiter, erinnerte sie an das letzte Mal, als wir in einem Auto im Sturm festgesessen hatten, im Sommer 1987. Ich sagte: Du hast mich GESCHLAGEN! Sie sagte: Ich habe dich nicht geschlagen. Ich sagte: HAST DU WOHL! Wir sind gefahren, und du warst sauer, weil du diesen Job nicht bekommen hattest, und du hattest schlechte Laune, und du hast mich GESCHLAGEN! Jawohl, das hast du! (Können Sie ihr das verdenken?) Schließlich zischte sie: *Marya, halt den Mund! Ich kann mich jetzt nicht mit dir auseinandersetzen!*

Als wir in Edina ankamen, war sie wahrscheinlich davon überzeugt, daß ich nun endgültig den Verstand verloren hatte. Ich hingegen schmiedete

Pläne, welchen Job ich im Sommer annehmen und welche Bücher ich lesen würde. Wir hielten vor dem Haus, und mein Vater umarmte mich. Im Kühlschrank stand eine große Schüssel mit Trauben und einem Zettel, auf dem WILLKOMMEN ZU HAUSE, KLEINE REBLAUS! zu lesen war. Als ich noch zu Hause wohnte, hatte ich immer alle Trauben aufgegessen, bevor jemand anders sie in die Finger bekam. Trauben haben – hmm – abführende Wirkung. Ich hatte zumindest Anstand genug, mir ein Lachen abzuringen und meinem Vater zu danken. Er werkelte in der Küche herum, hyperkinetisch, besorgt, er umarmte mich häufig, klopfte mir auf den Rücken. Später wurde mir klar, daß diese ständigen, neuen Berührungen eine Art Test waren. Ich lernte den Unterschied kennen zwischen einer Umarmung und einem Abtasten der Knochen, bei dem die Hände mit einem Klopf-Klopf-Klopf über die Wirbelsäule wandern und die Handfläche über das Schulterblatt gleitet.

Beim Abendessen teilten sie mir mit, daß ich am Dienstag einen Termin hätte. Wir wollen einfach nur sichergehen, daß du gesund bist, sagten sie. Ich war dabei! Ich hätte nie gedacht, daß wirklich einmal jemand besorgt um mich sein würde. Wir fuhren ins Zentrum von Minneapolis, setzten uns ins Wartezimmer der Teen-Age Medical Services Clinic (TAMS), eines Krankenhauses, das sich auf die Probleme von Teenagern spezialisiert hatte. Ich wurde von beiden Elternteilen begleitet, was mir merkwürdig vorkam. Früher war es meist mein Vater gewesen, der mich zum Arzt gebracht hatte. Hinterher waren wir immer zu McDonald's gegangen. Es war immer so etwas wie ein besonderes Ereignis gewesen. Ich dachte daran, daß ich nicht mehr zu McDonald's würde gehen können. Ich blätterte die Zeitschriften durch, sah mir die Aushänge an der Wand an: Geburtenkontrolle, Drogenprobleme? Rauchst Du? Hast Du Ärger mit den Eltern? Kleine Zeichnungen von lächelnden Jungen und Mädchen. Mein Vater legte den Arm und mich und tastete meine Schulterknochen dabei ab. Er kniff mich leicht in den Arm, dann sah er mit unschuldigem Gesicht zur Seite: Wer – Ich? Es war ein altes Spiel zwischen uns. Ich kniff zurück.

Hinter mir erklang eine Stimme: »Marya?«

Irgend etwas stimmte hier nicht. Sie hatte meinen Namen richtig ausgesprochen. Jemand mußte ihr von mir erzählt haben.

Sie war klein, hatte dunkles Haar, war hübsch, und ihre Lippen umspielte ein einnehmendes, wenn auch besorgtes Lächeln. Ich legte die Illustrierte auf den Tisch, stand auf, verschränkte die Arme vor der Brust und hörte mißtrauisch zu, wie sie meine Eltern begrüßte: »Hi Jay. Judy.«

Jay und Judy? Wieso duzten sie sich?

Sie legte mir die Hand auf die Schulter. Ich zuckte zusammen. Sie ließ die Hand sinken und sagte, Komm mit nach hinten. Übrigens, ich heiße Kathi.

Mmmm-hmm.

Wir gingen den Flur hinab. Sie fragte, Okay, weißt du, warum du hier bist?

Ich antwortete mit lauter Stimme: NEIN. Ich beobachtete, wie sie eine dickte Akte hervorzog, auf der mein Name stand. Ich war noch nie hier gewesen. Was zum Teufel stand in dieser Akte?

Sie sagte: Wir sind auf Eßstörungen spezialisiert und werden dich jetzt daraufhin untersuchen. Du –

Ich unterbrach sie: Ich habe keine Eßstörung.

Okay, sagte sie. Dann dauert es nicht lang. In der Zwischenzeit wirst du zunächst von einem Arzt untersucht werden, dann kommst du zurück, und wir unterhalten uns miteinander. Klingt das gut?

Nein.

Sie lachte. Du hast recht, sagte sie. Ich werde also aufhören, die Polyanna zu spielen.

Ich lächelte.

Im Untersuchungszimmer hatte ich eiskalte Füße. Meine Hände waren ebenfalls kalt. Ich war überzeugt, daß es maximal siebzehn Grad warm war. Selbst meine Knie wurden kalt. Der Arzt kam herein. Er war jung, forsch und gutaussehend. Er legte die Hände um meine Kehle, tastete die Schwellung unter meinem Kiefer ab.

Wie lang ist es her, seit du dich übergeben hast? fragte er.

Sie nehmen an, daß ich mich übergeben habe, sagte ich.

Ja.

Gestern.

Wie oft gestern?

Einmal.

Wie oft gestern?

Einmal.

Dieser Schwellung nach zu urteilen würde ich sagen, mindestens dreimal.

Ich wäre fast vom Tisch gefallen. Er hatte recht. Er stellte sich vor mich hin und leuchtete mir mit einem kleinen Strahler in die Augen.

Wußtest du, daß du nicht mehr fokussieren kannst?

Hmm, nein.

Du kannst es nicht.

Er schrieb etwas in meine Akte. Er schlang eine Manschette um meinen Arm. Sie war zu groß. Er zog eine Manschette heraus, auf der in großen, herrlichen Lettern KINDERMANSCHETTE stand.

Das freut dich?

Was?

Daß eine Manschette für Erwachsene zu groß ist?

Nein.

Du siehst aber erfreut aus. Steh auf.

Er maß meinen Blutdruck. So langsam verstand ich, daß der Blutdruck etwas mit meiner Eßstörung zu tun hatte.

Ich fragte: Ist er normal?

Er sagte: Weiß ich noch nicht. Leg dich hin.

Er maß erneut.

Nein, sagte er. Nicht normal. Na gut, geh gerade von der Tür aus zu mir, wobei du zuerst die Ferse aufsetzt und dann den Fuß abrollst. Ich ging zur Tür. Dann ging ich auf ihn zu.

Nicht auf den Boden sehen, sagte er. Ich hob den Kopf, machte einen Schritt, stolperte, hielt mich am Tisch fest, lachte nervös. Ich fragte: Wie viele Versuche habe ich?

Er lachte nicht. Er sagte: Schließ die Augen, laß die Arme seitlich herabhängen, und dann versuchst du, die Nasenspitze mit den Zeigefingern zu berühren.

Ich sagte: Das soll doch wohl ein Witz sein.

Er schüttelte den Kopf.

Ich konnte es nicht.

Er sagte, ich solle mich auf den Tisch setzten und überprüfte mit dem Holzhämmerchen meine Reflexe. Keine Reaktion, gar keine. Meine Beine hingen herab, schlaff. Er benutzte sein Hämmerchen noch einmal. Nichts. Er nahm eine meiner Hände, betrachtete die Nägel, schabte den Nagellack von einem herunter. Die Nägel waren blau. Er schrieb es auf.

Er legte mich auf den Tisch, drückte eine Weile auf meinem Bauch herum.

Du hast Flaumbehaarung am Bauch.

Danke.

Er wog mich, nahm Blut ab, nahm eine Urinprobe. Während er die letzten Notizen auf seiner Karteikarte machte, fragte ich fröhlich: Und? Bin ich durchgefallen?

Er hob den Kopf, sah mich an und sagte: Eindeutig.

Oben in Kathis Büro rollte ich mich auf der Couch zusammen und machte Test um Test: Index für Eßstörungen. Körperwahrnehmung, dies und das. Ich war relativ ehrlich. Glaubst du, daß du abnehmen mußt? Ja. Was ist dein Idealgewicht? 42 Kilo. Würdest du sagen, daß du alles geben würdest, um dünn zu sein? Ja.

Stellen Sie diese Fragen irgendeiner Frau in Ihrer Umgebung, und Sie werden wahrscheinlich ganz ähnliche Antworten erhalten. Das ist an sich nicht besonders schockierend. Statistisch gesehen lag ich mit diesen Antworten gar nicht so weit außerhalb der Norm. Ich konnte mir nicht vorstellen, daß ich mir hätte Sorgen machen müssen.

Als ich fertig war, unterhielt ich mich mit Kathi, die ich durchaus sympathisch fand. Sie war witzig und klug. Nachdem sie meine Tests und die Laborergebnisse durchgesehen hatte, unterhielten wir uns etwa eine Stunde lang. Wir sprachen über das Leben, über Essen, Gewicht, Drogen.

Sie sagte: Du hast also keine Eßstörung.

Nein.

Dein Körper sagt etwas anderes.

Wie bitte?

Du leidest unter Anämie. Du hast Ketonkörper* im Urin, dein Blutdruck ist vollkommen instabil, dein Puls ist bemitleidenswert langsam.

Aber ich bin nicht mager.

Nicht so mager wie einige andere, nein.

Dann ist das doch keine große Sache.

Es ist eine sehr große Sache.

Ich begann zu lachen. Sie lächelte mir zu.

Ich weise dich ins Methodist Hospital ein.

WAS?

Tut mir leid. Du mußt ins Krankenhaus.

Da war es vorbei. Ich begann zu schreien. Sie blieb ganz ruhig sitzen.

Und dann saß ich mit meinem Vater im Auto. Ich sagte, wahrscheinlich brauche ich jetzt nur noch ein Nachthemd, wenn ich ab sofort einen Monat lang nur herumliegen soll. Er lachte. Er versuchte, einen Witz zu ma-

---

* Ketone, z.B. Aceton, sind Substanzen des intermediären Stoffwechsels, die beim Fettsäureabbau aus den Aminosäuren entstehen. Im Hungerzustand oder bei Diabetes mellitus kommt es zu vermehrter Bildung der Ketonkörper und zu deren Anhäufung im Blut. Sie werden anschließend mit dem Harn wieder ausgeschieden.

chen: Worüber denkt der schlaflose Legastheniker die ganze Nacht lang nach? (Über die Existenz des Hundes)*, aber heraus kam: Worüber denkt der schlaflose Anorektiker – warte – oh Scheiße – und wir lachten uns halb tot.

Das war an einem Dienstag. Am folgenden Montag hatte ich zunächst einen Termin in der Ambulanz des Methodist Hospital, um mich einer letzten Untersuchung zu unterziehen. Ich saß auf dem Tisch, in dem dünnen Papierhemd war mit bitterkalt, ich rieb die Füße mit einem lauten Scharren zusammen. Neben mir lag eine Decke – sie waren an uns gewöhnt –, die ich mir um die Schultern legte. Ich zog meine Jacke an. Ich legte mich hin. Der Arzt kam herein. Er sagte schlicht: »Kalt oder müde oder beides?« Ich setzte mich auf. Er stellte mich auf die Waage. Er war ruppig, sah mir nicht in die Augen, ging das ganze Arsenal der Tests mit mir durch. Meine Lebensfunktionen hatten sich seit vergangenem Dienstag erheblich verschlechtert. Er ließ mich nicht im unklaren darüber. Er wies mich ein. Ich sah zu, wie mein Vater die Formulare unterzeichnete.

MARYA JUSTINE HORNBACHER. W. Geb. 04-04-74.

I. Achse I:
   A. Bulimia nervosa, 307,51 (w/anorektische Schübe)
   B. Drogenmißbrauch, 305,00
   C. Stärkere Depressionen, 296,22

ZWISCHENSPIEL
22. September 1996

Wahrscheinlich würden Sie es Amnesie nennen. Ich lese meine Krankenakte. Ich lehne mich in einem Hinterzimmer des TAMS auf meinem Stuhl zurück und lese meine Akte. Die medizinischen und die Therapieberichte. Die Krankenakte (blau) einer Person (sechzehn, weiblich, weiß) namens Marya (chronisch, vollkommene Verweigerung), die offensichtlich sehr krank ist. Die Krankenakte kommt mir gar nicht vor, als sei es meine,

* Dies fußt auf einem englischen Wortspiel. Natürlich denkt man über Gott nach, der Legastheniker aber liest nicht das englische Wort God – sondern dessen Umkehrung Dog. (Anm. d. Übers.)

ich habe keine Krankenakte. Ich bin ein ganz normaler Mensch. Warum sollte es über mich eine Krankenakte geben? All das ist mir nie passiert. Es ist Teil meiner Recherchen über die Magersucht. Ich mache mir Notizen wie immer, blättere die Seiten um, mache Fußnoten, betrachte den dort geschilderten Fall. Ich sitze in meinem Sessel, Kostüm, roter Lippenstift, professionelles Outfit, und schenke dem Arzt ein strahlendes Lächeln – meinem alten Arzt, dem, der zugesehen hat, wie ich krank wurde und wieder gesund, krank und wieder gesund, jahrelang. Er ist hereingekommen und fragt jetzt, Wie geht es Ihnen? Sehr gut, danke. Er sieht, daß ich die Aufzeichnungen lese. Er sagt, Muß ganz schön schwer sein. Ich antworte, Ziemlich seltsam, ja.

Regen stürzt auf das Pflaster hinab. Am Fenster heult ein Martinshorn vorbei. Der Arzt lächelt mich an. Ich bin jetzt eine erwachsene Frau. Ich bin verheiratet. Ich habe einen Job. Ich bin gesund. Hier sitze ich also in meinem Kostüm, über den Schreibtisch gebeugt, rot lächelnd. Sie sind stolz auf mich. Es war ein langer Weg, aber ich habe es geschafft.

Und ich lese die Krankenakte. Sie macht mich traurig. Wegen des Mädchens und wegen ihrer Familie. Eine Familie, die sich nach Kräften bemüht zu verstehen, ein Mädchen, das sich nach Kräften bemüht zu sterben. Ich schüttele ungläubig den Kopf darüber, daß die Familie so begriffsstutzig war, daß das Mädchen so unsensibel war, so vollkommen gefangen in ihrer eigenen kleinen Welt, daß sie den Auswüchsen ihres eigenen Verhaltens so absolut blind gegenüberstand. »Maryas Verhalten zeichnet sich insbesondere durch ihr vollkommenes Abstreiten eines Risikos oder einer Gefahr, die von ihrer Eßstörung ... ausgehen könnte, aus. Sagt, daß dieses Verhalten vielleicht für andere Menschen gefährlich wäre, nicht aber für sie.«

Dieses Mädchen bin ich – immer noch. Die Auswüchse der Krankheit besetzen jede Zelle meines Körpers, jedes geschädigte Organ, jeden Nerv, jede Erinnerung, die durch die Besessenheit, die mein Leben war und ist, besudelt ist, jeden Zukunftsplan, dessen Verwirklichung mehr als unsicher ist. Wird es für mich überhaupt eine Zukunft geben? Wie lang wird sie dauern? Ich blättere um, lese, wie das Gewicht steigt und fällt, horche durch den Lärm der Jahre hindurch auf die bittende, schmeichelnde, betrügerische, lügnerische Stimme dieses Mädchens.

Denn angesichts dieser Akten sehe sogar ich, daß das Mädchen lügt. Und daß sie wieder fallen wird.

Und wieder.

Kapitel 4

METHODIST HOSPITAL, KLAPPE, DIE ERSTE

Sommer 1990

Soso, Herr Doktor,
So, Herr Feind.
Ich bin Ihr bestes Stück,
Das Baby aus reinem Gold
Das schmilzt zu einem Schrei.
Ich dreh mich am Spieß und ich brenn.
Denken Sie nicht, daß ich Ihre große Anteilnahme verkenne.
Asche, Asche-
Sie rühren und schüren.
Fleisch, Knochen, da ist nichts aufzuspüren-

Sylvia Plath, »Madame Lazarus«, 1966*

Meine Erinnerung an die einzelnen Krankenhausaufenthalte im Methodist Hospital sind verschwommen und undeutlich, sie gehen ineinander über, denn ich war in weniger als einem Jahr dreimal dort. Außerdem ähneln sich Krankenhausaufenthalte sowieso wie ein Ei dem anderen. Der Tagesablauf ist immer der gleiche. Nichts verändert sich. Das Leben schmilzt zu einer Folge von Mahlzeiten zusammen. Diese Mahlzeiten gestalten das Leben, werden zum Lebensinhalt. Früher war man ein normales Mädchen mit normalem Leben. Jetzt ist man eine Patientin, ein Fall, eine Akte voller Formulare. Vielleicht ist einem diese Veränderung willkommen. Vielleicht hält man sie für unumgänglich. Man wird von der Welt abgeschnitten. Die anderen haben erkannt, wie fehlerhaft und unzulänglich man ist. Das hätte man ihnen schon vor Jahren sagen können. Es ist schon okay, denn nichts gibt einem so viel Sicherheit und Geborgenheit wie die Routine. Nichts ist einem Mädchen, das an Anorexie oder Bulimie erkrankt ist, lieber, als eine Welt, in der sich alles nur ums Essen dreht, egal, wie sehr sie protestiert und heult.

Und nichts ist einer Eßstörung förderlicher als eine Behandlung. Be-

* Übersetzung von Erich Fried. Abdruck mit freundlicher Genehmigung des Suhrkamp Verlages.

stimmte Dinge geben einem Sicherheit: Man bekommt Pantoffeln – kleine Socken mit Gumminoppen an den Sohlen – und ein Papierhemd. Von der Tür aus gesehen liegt das Badezimmer auf der linken Seite. Wenn man am Türknauf dreht, stellt man fest, daß sie abgeschlossen ist. Auf der rechten Seite steht ein kleiner Wandschrank. Drei Schubladen unter einem Spiegel, der zu hoch hängt, so daß man seinen Hintern oder auch die Taille nicht sehen kann. Man ist gezwungen, sich statt dessen auf die Arme, auf die Schulterknochen, auf das Fleisch an den Wangen und am Hals zu konzentrieren.

Geradeaus, auf der linken Seite des Zimmers stehen zwei Betten, die durch einen Vorhang abgetrennt werden können. Doch jetzt ist er bis zur Wand zurückgezogen. Scheinbar wird man das Zimmer mit einer anderen Patientin teilen. Vielleicht wird man sich ja mit ihr verbünden. Auf der rechten Seite des Zimmers, an der Wand, stehen zwei Krankenhausstühle: graue Metallgestelle mit Vinylüberzug. Das Bett ist hart, aber man ist erschöpft. Im Krankenhaus schläft man tiefer als je zuvor und als jemals wieder in der Zukunft. Neben dem Bett steht ein kleiner Tisch mit Knöpfen. Man kann das Radio einschalten, die Krankenschwester rufen, das Licht ein- und ausschalten. Niemand wird je die Krankenschwester rufen, auch nicht, wenn er einen Herzanfall hat, denn schließlich ist man ja gar nicht richtig krank. Wenn man jemanden um Hilfe riefe, würde man signalisieren, daß man die Sorge der anderen für berechtigt hält. Man würde die Schwäche zeigen, gesund werden zu wollen. Vom Fenster aus hat man einen Ausblick über die Dächer und die gewundenen Straßen der Stadt. Je nach Jahreszeit sind die Bäume entweder grün oder kahl.

Es gibt einen Aufenthaltsraum mit Fernsehgerät. Von der breiten Fensterfront aus kann man die ganze Stadt sehen. Der Rest der Wände besteht aus Plexiglas: Man steht unter ständiger Beobachtung. Außerdem ein oder zwei Sofas, ein paar Couchtische, Krankenhausteppichboden auf dem Beton. Ständig trägt man sein Kissen mit sich herum, in seinem rauhen, weißen Überzug. Man setzt sich darauf, weil der Boden an den Knochen weh tut, die am Hintern hervorstehen. Oder man legt sich bäuchlings auf den Boden und schiebt das Kissen unter die Rippen, unter die Ellbogen, unter die Beckenknochen. Es gibt Unmengen von alten Kartenspielen, Brettspielen, neuen Illustrierten. Keine Frauenzeitschriften. Freunden und Familienangehörigen wird dringend davon abgeraten, sie mitzubringen, weil sie schlecht für einen sind. Sie dürfen auch keine Lebensmittel oder Getränke mitbringen. Wenn man Glück hat, ist man in einem Krankenhaus, wo der Genuß von koffeinfreiem Kaffee gestattet ist. Koffein ist tabu. Schließlich konnte man damit den Stoffwechsel künstlich ankurbeln, oder – wenn man eine erfahrene Kranke ist – die Herzfrequenz beschleunigen. Im Methodist Hospital ist noch nicht einmal koffeinfreier Kaffee erlaubt, denn auch damit läßt sich das Gewicht in die Höhe treiben: Kaffee führt zu Wassereinlagerungen im Gewebe.

Es sind ständig Krankenschwestern um einen herum, zahlreiche, in wechselnden Schichten. Manche sind nett, manche nicht. Toilettenzeit ist normalerweise in jeder vollen zweiten Stunde. Dann öffnen ein paar Krankenschwestern mit schweren, herabbaumelnden Schlüsselbunden die Tür und lehnen sich an den Schrank. Alles hängt jetzt von der Krankenschwester ab. Die nettesten lassen einen allein und erlauben einem, die Tür nur einen Spalt weit aufzulassen, was ein richtiges Geschenk ist, und reden dann unaufhörlich mit einem, damit der Mund während des Pinkelns beschäftigt ist und man sich nicht vornüber beugt und zwischen die Beine kotzt. Die meisten jedoch lassen die Tür weit offen und bleiben stehen. Immerhin wenden sie den Blick ab und verwickeln ihre Patientinnen in ein Gespräch. Jedesmal kreuzen sie die Arme über der Brust. Sie versuchen, charmant zu sein. Einige von ihnen sind nicht viel älter als wir. Man hofft, daß sie sich ganz schrecklich fühlen. Manche Krankenschwestern lassen es zu, daß man das Wasser andreht, um das donnernde Geräusch des Urins, der in den Plastikbehälter fließt – mit ihm wird die Flüssigkeitsmenge gemessen – zu übertönen. Aber es gibt auch ein paar wirklich schreckliche Krankenschwestern, die die Tür weit aufreißen und *zusehen*. Das sind diejenigen, die selbst Diäten machen. Man hört sie im Schwesternzimmer darüber reden. Sie glauben wohl, daß keiner zuhört – Idioten, man hört immer zu –, wenn sie über ihre fetten Schenkel reden. Diese Schwestern machen schreckliche, grausame Dinge mit ihrem Haar, sie legen es in Dauerwellen, bis nur noch dünne Strähnen gelockten Strohs übrig sind, und verpassen ihm Farbtöne, die man in der Natur nirgends findet. Und sie starren einen an, das Höschen, das auf die Knie heruntergeschoben ist, die Arme, die man über dem Bauch verschränkt hat, um so viel wie möglich zu verstecken. Und wenn man sie fragt: »Kann ich bitte das Wasser andrehen?« sagen sie nicht einfach nur Nein, sondern fragen »Warum?« Und man antwortet, »Weil mir das hier etwas peinlich ist.« Und sie fragen »Warum?« Und dann gibt man auf, sitzt da, versucht, seinen Körper zur Stille zu zwingen.

Scheißen wird zur Zwangsvorstellung, zum Dauerthema, über das die Patientinnen unaufhörlich reden, mit außergewöhnlichem, unflätigem Vergnügen, während sie sich auf den Sofas fläzen oder nach dem Essen auf dem Boden wälzen, die Hand auf dem Bauch, stöhnend, aufgebläht, mit nicht unerheblichen Schmerzen. Schließlich wird es den Krankenschwestern peinlich, und sie bringen uns zum Schweigen: Wechseln wir das Thema, sagen sie, und Stille legt sich über das Zimmer. Wir können beim besten Willen nicht scheißen. Keiner von uns. Einige bitten die Krankenschwestern um Abführmittel, aber sie können ihnen keine geben, weil die Hälfte der Gruppe sowieso davon abhängig ist und weil sie uns umbringen könnten. Man selbst ist zu diesem Zeitpunkt noch nicht abhängig von Abführmitteln, und allein schon der Gedanke, sie zur Gewichtsreduktion einzunehmen, kommt einem ziemlich dumm vor, weil man schließlich kein *wirkliches* Gewicht verliert, wenn man den ganzen Tag auf dem Pott sitzt. Man verliert nur *Wasser*, und das ist keineswegs *genauso gut*. Natürlich weiß man zu diesem Zeitpunkt noch nicht, daß man sich in weniger als sechs Monaten mit seinem hochmütigen Arsch selbst ebenfalls tagelang im Badezimmer verschanzen wird, weil – jawohl! – man dreimal am Tag Abführtabletten schluckt. Unsere Körper erleben einen Schock. Die Eingeweide sind nicht mehr an Nahrung gewöhnt. Sie umklammern die sechs täglichen Mahlzeiten wie ein Schraubstock und weigern sich, sie zu verdauen. Nachts liegt man im Bett, stellt sich jeden einzelnen Bissen vor, den man gegessen hat: im Dickdarm die Mahlzeiten vom Dienstag, kompakter zwar, aber immer noch unverdaut; im Dünndarm die Mahlzeiten von Mittwoch und Donnerstag und ein Teil vom Freitag; im Magen Samstag und Sonntag; das, was man am Montag gegessen hat, steckt in der Speiseröhre fest und drängt sich die Kehle hinauf. Wenn man zu lange nicht scheißen kann – etwa sechs bis zehn Tage –, bringen sie einen in einen anderen Teil des Krankenhauses und geben einem einen Barium-Einlauf. Ein Alptraum. Barium wirkt wie Dynamit.

Die Tage gehen vorüber. Im ersten Morgengrauen wacht man von dem Traum auf, daß sich eine Boa constrictor um den eigenen Arm wickelt. Doch dann bemerkt man, daß es nur die Blutdruckmanschette ist. Mit verschleierter Stimme fragt man die Krankenschwester, wie die Blutdruck- und Pulswerte sind. Manche erzählen es einem, manche nicht. Das hängt davon ab, ob die Betreffende eine ausgebildete Schwester ist (sagt nichts) oder eine Hilfsschwester (sagt es). Man sinkt wieder in den Schlaf. Patientinnen wie ich wachen morgens sehr früh auf. Sie mutmaßen, daß dahinter die Absicht steckt, eine Zeitlang ohne Aufsicht zu sein, um Sport treiben zu können. Aber man ist einfach nur daran gewöhnt, früh aufzuwachen, trotzdem findet man die Idee gar nicht so schlecht und verbringt die frühen Morgenstunden damit, dem raschelnden Geräusch der Bettdecke zu lauschen, während sich die Beine darunter auf- und ab bewegen.

Wenn das Licht sich von dunklem Blau in blasses Grau verwandelt, kommt eine Krankenschwester herein und weckt einen. Guten Morgen, sagt sie. Morgen, murmelt man. Dann steht man zu schnell auf, weil man es niemals, niemals in seinen Dickschädel bekommen wird, daß der Körper dazu zu schwach ist. Man schwankt, manchmal fällt man um, weshalb man für den Rest des verdammten Tages auf die Beobachtungsstation kommt. Man zieht das Papierhemd an, zittert, und kriecht wieder unter die Bettdecke. Dort wartet man, bis man an der Reihe ist.

Irgendwann kommt eine Krankenschwester zur Tür herein und hilft einem, den Flur hinunterzugehen, indem sie einen am Ellbogen stützt. Man stellt sich auf die High-Tech-Waage, die wahrscheinlich speziell für Krankenhäuser entwickelt wurde, die sich auf Eßstörungen spezialisiert haben, denn das Display ist dem Betrachter abgewandt. Und es nützt auch nichts, sich den Hals zu verrenken. Man ist wütend. Man hat das Gefühl, sich aufzulösen. So empfinden alle Magersüchtigen. Die meisten von uns kannten ihr Gewicht bislang in jeder Minute des Tages. Es ist zum Zentrum unseres Lebens geworden, und das jetzige Nichtwissen ist einfach beängstigend. Man bittet darum, sein Gewicht zu erfahren, schließlich ist man doch neu hier. Wenn man schon etwas länger da ist, hört man, wie andere frisch eingelieferte Frauen mit der gleichen Verzweiflung bitten, und man tauscht flüchtige, wissende Blicke mit den anderen aus. Sie sagen es einem nie. Das Leben platzt aus den Nähten.

Alle hier leben in einem Zustand permanenter, verrückter Angst. Man weiß, daß man zunehmen wird. Man kommt nicht drum herum. Auch die kleinen Tricks, die man anwendet, ändern nichts daran. Die winzigen Implosionen in der Brust, die man bei dem Gedanken daran verspürt, sind unerträglich. Und der Gedanke kommt immer wieder, oft, tagein, tagaus.

Man duscht in einer Duschzelle ohne Vorhang. Man muß sich in der Dusche auf einen kleinen Hocker setzen. Man streitet sich mit der Krankenschwester. »Warum?« fragt man. Die meisten Krankenschwestern wenden sich ab, wenn sie einen bewachen, aber nicht alle. Man lernt recht schnell, welche man haßt und welche nicht. Diejenigen, die zusehen, haßt man. Und, kleines Biest, das man ist, fragt man die, die man am meisten haßt, »Na, sind Sie eifersüchtig?« Sie versucht, verächtlich den Kopf zu schütteln.

Aber sie *ist* eifersüchtig. Die meisten von ihnen sind es nicht. Den meisten tut man einfach nur leid. Aber ein paar haben, sagen wir, ihre eigene kleine Eßstörung.* Jetzt hat man einen Trumpf in der Hand.

Verbotene Gegenstände werden in einer Plastikschachtel im Schwesternzimmer aufbewahrt. Rasierklingen, Streichhölzer, Zigaretten. Wenn man darum bittet, erlauben sie einem, sich die Beine zu rasieren. Die meisten von uns rasieren sie sich täglich. Außerdem quält man sich täglich mit dem Gedanken herum, was man anziehen wird, und man ist immer perfekt geschminkt. Man stylt sich das Haar, als ob man ausgehen wollte, als ob man diesen Tag und den nächsten und den darauffolgenden nicht im achten Stock eines Krankenhauses verbringen würde, wo niemand einen sieht außer den Krankenschwestern und all den anderen Versagern, die ebenfalls in diesem Käfig festsitzen. Fast alle sind es seit ihrer Pubertät gewohnt, sich mindestens eine Stunde am Tag mit ihrem Äußeren zu beschäftigen. Es gehört zur täglichen Routine, und die Routine muß aufrechterhalten werden, und sei es nur nominell.

Man sitzt im Aufenthaltsraum und spielt auf dem Boden Solitaire. Man mag den Morgen, denn man fühlt sich von einer Art innerem Frieden durchdrungen. Man freut sich auf den Tag. Der Tagesablauf sieht so aus: Frühstück, Morgencheck, Physiotherapie, Zwischenmahlzeit, Gesprächsgruppe, Mittagessen, Beschäftigungstherapie, Zwischenmahlzeit, Freistunde, Abendessen, Besuchsstunden, Zwischenmahlzeit, Abendcheck, Bett.

Es ist wie im Feriencamp.

Erst wenn man in Behandlung ist, erkennt man, wie tief und dauerhaft die zwanghafte Liebe zum Essen wirklich ist. Man liebt es nicht auf die gleiche Weise wie andere Menschen, die das Gefühl der Sättigung oder das gemeinsame Essen mit Freunden und der Familie genießen. Nahrung ist für uns eher wie ein Geliebter. Ich erinnere mich an den Tag, an dem ich Jane kennenlernte. Sie saß auf einer Couch und bearbeitete ihren Apfel mit ihrem Mund auf eine Weise, die man eindeutig als erotisch bezeichnen konnte. Sie war noch immer sehr krank. Ich fragte sie: Was tust du denn da mit dem Ap-

---

* Den Aussagen der von mir befragten Frauen nach zu urteilen, die ebenfalls im Krankenhaus behandelt wurden, kommt es recht häufig vor, daß man auf Krankenschwestern trifft, die ein Problem mit dem Essen haben. Patientinnen ärgern sich häufig außerordentlich über sie, denn es fällt ihnen schwer, auf den Rat von Frauen zu hören, die mit gespaltener Zunge reden. Meiner Ansicht nach wäre es eine vernünftige Lösung, wenn Krankenhäuser die Schwestern, die Dienst auf einer Station für Eßstörungen machen, sorgfältig auf ähnliche Probleme hin untersuchen würden.

fel? Erschrocken blickte sie zu mir auf, ihre Zunge berührte das feuchte, weiße Fleisch. Sie lachte und sagte: »Ich habe Sex mit ihm.« Diese Bemerkung war lustig, aber wahr. Sowohl bei Anorexie als auch bei Bulimie ist Nahrung das Objekt der Begierde. Man bevorzugt entweder den verzweifelten Hunger unerfüllter Leidenschaft oder den zerstörerischen Zyklus der Nahrung, die sich in den Körper hinein und wieder hinaus bewegt, hinein und hinaus, in einem Rhythmus, von dem man sich wünscht, daß er niemals endet.

Beim ersten Mal war die Behandlung einfach göttlich. Ich hatte es leicht. Ich wurde als Bulimikerin klassifiziert, also mußte ich nicht allzuviel zunehmen. Also konnte ich die schreckliche Agonie, die einige der anderen Frauen durchlebten, umgehen, obwohl auch ich später, bei meinen häufigen Wiederholungen dieses Krankenhausaufenthalts die rasende Panik kennenlernen sollte, die die Gewichtszunahme in einem auslöst. Die Behandlung bestand zunächst aus einem riesigen Buffet. Sie verabreichten einem normales Essen, und davon jede Menge. Früher vertrat man in den Kliniken für Eßstörungen die Überzeugung, daß die Zuführung von kalorienreichem Essen am zweckmäßigsten war. Aber schon bald fand man heraus, daß dies in vielen Fällen einem sofortigen Rückfall Vorschub leistete. Heute wird man durch einen Ernährungsphysiologen beraten, der einen davon zu überzeugen versucht, daß Nahrung weder Christ noch Antichrist, sondern einfach nur etwas Notwendiges ist. Nach der ersten Woche, in der ich mich schlicht und ergreifend geweigert hatte, überhaupt irgend etwas zu essen – was eher als programmatische Aussage denn als tatsächliche Angst vor dem Essen zu werten ist –, durchlief ich sämtliche normale Stadien einer Hospitalisierung. Ich meckerte und stöhnte, wie schrecklich es doch war, essen zu müssen, scheute vor dem kleinsten Tropfen Fett auf unserem pochierten Fisch zurück, brauchte so lang wie nur irgend möglich, um meine Mahlzeit zu beenden. Tatsächlich aber war ich im Siebenten Himmel. Mein Leben drehte sich nur noch um Mahlzeiten. Glauben Sie niemals einer eßgestörten Person, die behauptet, Nahrung zu hassen. Das ist eine Lüge. Wenn dem Körper das Essen verweigert wird, dann beginnen die Gedanken, sich zwanghaft und ausschließlich nur um dieses Thema zu drehen. Sie sind Ausdruck des Überlebensinstinkts, der einen ständig ans Essen erinnert. Man bemüht sich immer intensiver, sie zu ignorieren, aber man schafft es nie. Der Gedanke ans Essen ersetzt das Essen selbst. Im Krankenhaus jedoch *muß* man essen, und so beängstigend das auch sein mag, man heißt es willkommen. Nahrung ist die Sonne, der Mond und die Sterne, das Zentrum der Schwerkraft, die Liebe des Lebens – alles zugleich. Zum Essen gezwungen zu werden ist die Art von Bestrafung, die man sich am meisten wünscht.

Der kleine Speisesaal ist durch die Übelkeit erregenden ästhetischen Vorlieben der achtziger Jahre geprägt. Ziemlich malvenfarben. An der Wand hängt eine Uhr, wie sie sonst in Klassenzimmern üblich ist, das gerundete Glas spiegelt das häßliche Licht der langen, summenden Neonröhren wider. Man steht eine Minute lang im Eingang, sucht nach seinem Tablett. Daneben liegt der Speiseplan. Man entdeckt es, wie man des Gesicht des Geliebten in der Menge entdeckt, man bewegt sich darauf zu, gespielte Abscheu auf dem Gesicht, zieht den Stuhl zurück, setzt sich. Zuerst fühlt man sich zu Tode gedemütigt und ist wirklich nicht hungrig. Der Magen ist geschrumpft, man hat einfach nur Angst vor dem Essen, und man weint vor Verzweiflung. Aber langsam erwacht der Körper wieder zum Leben, und man bekommt Hunger, quälenden, nagenden Hunger. Und wieder ist man den Tränen verdammt nah: diesmal vor Freude.

Der Speiseplan: Man bekommt eine Karte, auf der steht, wie viele Kalorien man pro Tag zu sich nehmen darf. Diese Zahl wird in verschiedene Kategorien aufgeteilt: Eiweiß, Brot, Milch, Gemüse, Obst, Süßigkeiten, Fette. Diese Zahlen tanzen einem wie Bonbons im Kopf herum. Das Zwangsverhalten*, das sich bislang in Hyperaktivität, in minutiösen Zeit- und Arbeitsplänen manifestiert hat, wird nun auf ein Gebiet gelenkt, wo es etwas *wirklich* Gutes bewirken kann. Das Gesicht zuckt wie bei einem Tick, wenn man sich hinsetzt, jeden Tag, mit seiner Karte und dem Speiseplan. Stundenlang brütet man darüber, probiert jede mögliche Kombination aus, mit der man seine Quote erreichen kann. Man liebt das ordentliche Kreuz im Kästchen, den ordentlichen Kreis, mit dem die Lebensmittel, die frei gewählt werden können, gekennzeichnet sind, mehr Butter, Marmelade, Fleisch etc. Man freut sich auf jede Mahlzeit, jede Zwischenmahlzeit, empfindet ein ge-

* Das Zwangsverhalten, das sich gleichzeitig mit den Symptomen einer Eßstörung entwickelt, ist nicht unbedingt das gleiche wie eine Zwangsneurose. Die Eßstörung und die biochemischen Fehlfunktionen, die durch sie ausgelöst werden, verursachen auch zwanghafte Gedanken und zwanghaftes Verhalten, die jedoch nachlassen oder gar ganz verschwinden, wenn die Eßstörung unter Kontrolle ist. Die Zwangsneurose ist eine eigenständige Form der Störung. Sie taucht bei eßgestörten Patienten zwar recht häufig auf, aber die beiden gehen nicht notwendigerweise Hand in Hand. Ich zum Beispiel hatte keine Zwangsneurose, aber als ich magersüchtig war, sah es verdammt so aus.

radezu lächerliches Maß an Erregung. Alle geben vor, das Essen zu fürchten. Was für ein Schwachsinn!

Diesmal ist es Sommer. Bei den Mahlzeiten und Zwischenmahlzeiten dreht jemand das Radio an, das auf einem Regalbrett an der Wand steht, unter den Schränken, wo sie die Nährflüssigkeit aufbewahren. Man denkt an die Nährflüssigkeit, die man bekommt, wenn man sein Essen nicht innerhalb der vorgegebenen Zeit beendet: Eine halbe Stunde für die Mahlzeiten, eine Viertelstunde für die Zwischenmahlzeiten. Sobald man ins Zimmer kommt, blickt eine Krankenschwester auf die Uhr und notiert die Zeit auf der weißen Tafel an der Wand. Eine weitere Krankenschwester sitzt mit am Tisch und beobachtet die Gruppe. Sie ißt nichts. Sie liest auch keine Illustrierte. Sie beobachtet nur. Wenn sie jung ist, beteiligt sie sich am Gespräch, falls eines stattfindet. Normalerweise jedoch unterhält sich niemand, denn alle sind damit beschäftigt, dem Essen mißtrauische Blicke zuzuwerfen. Wenn sie älter ist, sagt sie gar nichts. Wenn die Unterhaltung sich unweigerlich dem Essen zuwendet, dem Gewicht, dem Sport, greift sie ein. Dieses Thema ist verboten, sagt sie. Eine Äußerung wie diese empfindet man als unglaubliche Ironie.

Sie unterzieht die Eßgewohnheiten der Patientinnen einer genauen Prüfung. Wenn man mit den Zinken der Gabel an den Zähnen kratzt, und sei es auch nur ganz leise, wenn man die Lippe in unwillkürlichem Abscheu vor dem Essen hochzieht, wenn man das Essen auf dem Teller hin und her schiebt oder die Nahrungsmittel immer in einer bestimmten Reihenfolge zu sich nimmt, wie ich es tat – zuerst die flüssigen Lebensmittel, dann das Gemüse, Kohlehydrate, Früchte, Hauptspeise und Nachspeise – wenn man also irgend etwas davon tut, dann legt die Krankenschwester los: Marya, dies ist ein angelerntes Verhalten. Wenn man noch neu ist, dann fragt man: Ein *angelerntes Verhalten*? Man sitzt da, versucht die Lippen so weit wie möglich vom Essen fernzuhalten, ohne daß es auffällt und denkt an alle Konnotationen, die das Wort *Verhalten* trägt.

Oder wenn man eine Todsünde begeht – das Essen dezent in die Serviette spuckt, diese sorgfältig unter dem Teller zusammenfaltet, beiläufig das vorgeschriebene Butterstück in die Tasche gleiten läßt, die letzten Bissen des Essens unter der Zunge versteckt (sie in den Wangen zu verstecken funktioniert nicht, denn diese sind eingesunken und die Haut spannt sich über den Knochen) –, dann sitzt man ernsthaft in der Klemme. Wenn man seine Mahlzeit nicht rechtzeitig beendet, muß man nachsitzen. Man sitzt mit einem oder zwei anderen Mädchen am Tisch, während die Krankenschwester die

Anzahl der Kalorien zusammenzählt, die noch auf dem Teller übrig sind. Wie wollen sie das denn ausrechnen? schreit man. Woher wollen Sie wissen, wieviel Nährflüssigkeit Sie mir geben müssen? Das ist viel zu viel! Das ist doch alles Scheiße! Paß auf, was Du sagst, Marya, warnt sie mich, während sie die weiße Flüssigkeit in einen kleinen Plastikbecher mit Markierungslinien an der Seite schüttet. Man bekommt zehn Minuten, um die Nährflüssigkeit zu trinken. An deiner Stelle würde ich mich beeilen, sagt sie warnend und beobachtet, wie man so langsam wie möglich daran herumnuckelt. Die Entscheidung liegt bei dir, sagt sie. Das soll einem das Gefühl verleihen, Macht über das eigene Schicksal zu haben. Wenn man nicht austrinkt, kommt man an den Tropf.

Man erinnert sich an die Stille, an das Klingen der Metallgabel gegen den Porzellanteller. Man erinnert sich an das Radio, an die Hitparade. Irgendwann kennt man sämtliche Titel der Charts in- und auswendig. Man erinnert sich an den Tisch mit Frauen, die konzentriert auf ihr Essen starren, mißtrauische Blicke auf die Teller der anderen werfen, langsam kauen und zwischendurch unbewußt mit den Lippen die Worte der Lieder formen.

Als ich zum ersten Mal ins Krankenhaus kam, gehörte ich keineswegs zu den Ausgezehrten. Ich war eindeutig schlank, viel dünner, als normal oder attraktiv gewesen wäre, aber weil ich nicht *sichtbar* krank war, also nicht die *Verkörperung* der Krankheit, weil ich nicht den begehrten Titel der Anorektikerin trug, schämte ich mich. Man ignorierte die Tatsache, daß mein diastolischer Blutdruck die Gewohnheit hatte, jedesmal in den Keller zu fallen, wenn ich aufstand, weshalb ich dann wegen der Gefahr eines Herzstillstands auf die Beobachtungsstation kam, oder die Tatsache, daß mein Herz vor sich hin stolperte wie ein alter Mann, der einen einsamen Spaziergang durch den Park machte. Man kümmerte sich nicht um die Tatsache, daß ich eine perforierte Luftröhre hatte und die häßliche kleine Angewohnheit, meine ganze Bluse mit Blut voll zu husten. Die Bulimie gilt immer weniger als die Anorexie: In der Therapie schenkt man ihr weniger Aufmerksamkeit, und in der Gesellschaft genießt sie einen schlechten Ruf. Sie wird weder für genauso ernst noch für besonders bewunderungswürdig gehalten. Die Bulimie gibt der Versuchung des Fleisches nach, während die Askese der Magersucht die Patientin zur Heiligen erhöht und sie dem Zugriff der materialistischen Welt entzieht. Die Bulimie ist eine Rückbesinnung auf die hedonistischen Gelage der alten Römer, die Anorexie hingegen erinnert an das Mittelalter, an Selbstgeißelungen und freiwilliges Fasten. Bulimikerinnen tragen nicht das umjubelte Stigma des bis zum Skelett ausgemergelten Körpers. Ihre Selbstgeißelung findet im geheimen statt und ist mit erheblich mehr Schuld belastet als die sichtbare, programmatische Aussage der Anorektikerinnen, deren geschwächter Körper als Sinnbild weiblicher Schönheit bewundert wird. Aber den Finger in die Kehle zu stecken und zu kotzen ist weder weiblich, noch besonders vornehm, noch wird es mit Beifall bedacht. Im Gegensatz dazu stellt die Verleugnung des Fleisches durch die Magersucht nicht nur den offensichtlichen Kulminationspunkt jahrhundertelanger, bizarrer Ideen über die Zierlichkeit und Schwäche des weiblichen Geschlechts dar, sondern sie ist auch die aktive Verwirklichung religiöser und kultureller Ideale.

Mit fliegenden Haaren und weit aufgerissenen Augen wippen die Bulimikerinnen zwischen der fixen Idee ständigen Konsums und dessen Austreibung auf und nieder: Unstillbarer Hunger ist ebenso allgegenwärtig wie der fanatische Glaube an die moralische Überlegenheit der Selbstverleugnung und Selbstkontrolle. So können wir auch unsere Kultur getrost als bulimisch – nicht jedoch als anorektisch – bezeichnen, denn sie schwankt täglich zwischen zwei Extremen hin und her: der Völlerei und dem Erbrechen. Die fanatische Bewunderung des magersüchtigen Körpers und der wilde Haß auf das Fett an uns und an anderen läßt nicht unbedingt darauf schließen, daß Anorexie als schön gilt und genausowenig darauf, daß Fett besonders verachtenswert ist. Vielmehr sind diese Reaktionen ein Indiz dafür, daß wir selbst unter einer unerträglichen Zerrissenheit leiden und daß wir unseren Standpunkt erst noch finden müssen.

Sie, Doktor Martin, wandern
Vom Frühstück zum Irrsinn. Ende August
Eile ich durch den antiseptischen Tunnel,
wo die sich regenden Toten immer noch davon sprechen,
ihre Knochen dem Druck der Heilung entgegenzustemmen.
Und ich bin die Königin dieses Sommerhotels
oder die lachende Biene auf der Jagd
nach dem Tod.

Anne Sexton, »Sie, Doktor Martin«, 1960

Vor seiner Tätigkeit als Oberhaupt einer Familie von geschrumpften Pygmäenkindern am Institut für Eßstörungen war der Arzt, Dr. J., Militärarzt gewesen. Wir fragten uns laut, was ihn wohl veranlaßt haben mochte, diesen seltsamen Karrierewechsel zu vollziehen, dessentwegen er jetzt in weißem Kittel und mit ernstem Gesicht durch unsere Mitte schritt, in der Hand seine Fragebögen und Pillenfläschchen.

Die Erinnerungen meiner Eltern an ihn unterscheiden sich von den meinen beträchtlich. Das ist nicht weiter verwunderlich, wenn man bedenkt, daß ich auf der Station lebte und sie nicht. Meine Eltern hatten, wie die meisten Menschen, (für kurze Zeit) den Eindruck, daß ich mich nach der Behandlung stabilisieren würde. Dr. J. wurde, wie unbewußt auch immer, als mein potentieller Retter betrachtet. Dr. J. ist mittlerweile in die Versicherungsbranche gewechselt, und ich bin sicher, daß er darin wirklich gut ist. Als Messias allerdings war er, wie vorhersehbar, gänzlich ungeeignet.

Soweit wir wußten, waren wir die lästigsten Kreaturen, mit denen Dr. J. es jemals zu tun gehabt hatte. Er lachte nicht, er lächelte nicht, und keiner von uns hatte je den Eindruck, daß wir ihm irgendwie am Herzen lagen. Zu seiner Ehrenrettung sei erwähnt, daß er meine Eltern durchaus darauf hinwies, daß der einzige Mensch, der mich retten konnte, ich selbst war. Zu diesem Zeitpunkt jedoch glaubten sie ihm nicht. Dr. J. fand mich nicht allzu sympathisch: Ich war schwierig, vorlaut, ein Störenfried, »sprach nicht auf die Behandlung an«, war unfreundlich und unverschämt. Ich fand ihn auch nicht besonders nett. Wir sahen ihn einmal am Tag, wenn er seine Runde machte. Er fragte dann, wie wir uns fühlten und stellte uns einen Urlaubsschein für eine Stunde oder einen Tag aus – oder eben nicht. Er fragte einen, ob man Backpflaumen und Kleie zum Frühstück und ein paar Glückspillen haben wollte. Er entschied, ob man nachmittags mit den Krankenschwestern einen Spaziergang machen durfte. Wenn seine Runde beendet war, saßen die Mädchen trübsinnig, leise weinend oder schreiend auf ihrem Zimmer. Manchmal hatte das Weinen und Schreien eine durchaus nachvollziehbare Ursache: Dr. J. hatte der einen den Tagesurlaub verweigert, hatte der nächsten ihr Gewicht gesagt oder eine weitere von uns darüber informiert, daß sie in Zukunft mehr Kalorien zu sich nehmen mußte. Aber abgesehen davon gab es noch einen weiteren guten Grund für unser Verhalten: Dr. J. war ein vollendetes Arschloch.

Physiotherapie: Langsam gingen wir in den Therapieraum im Keller hinunter. Dort legten wir uns auf den Boden (wobei wir unter strengster Aufsicht standen) und absolvierten unsere Übungen. Mit stumpfen Nadeln, die eine breite Spitze hatten, nähten wir jede Menge Mokassins zusammen. Und wir häkelten und webten kleine Pudeldeckchen, stickten und strickten und stellten Collagen von Bildern aus Illustrierten her, mit denen wir unser innerstes Selbst zum Ausdruck bringen sollten. Die Beschäftigungstherapie soll einem ein Erfolgserlebnis verschaffen, das Gefühl geben, auch etwas anderes leisten zu können als zu verhungern. In den verhaltenstherapeutischen Gruppen übten wir, um das zu bitten, was wir brauchten. In den ernährungsphysiologischen Stunden, an denen wir voller Verzückung teilnahmen, lernten wir, wieviel Eiweiß und Broteinheiten ein Stück Pizza hatte. Wir nahmen an Rollenspielen teil, wo wir übten, einem Familienmitglied etwas zu sagen, das wir ihm schon immer hatten sagen wollen, und zwar in Form von Ich-Botschaften. Bei unserem Morgencheck formulierten wir unser Tagesziel (mein Tagesziel besteht darin, Tagebuch zu schreiben, Dr. J. um einen Tagesurlaub zu bitten und meine Milch auszutrinken), setzten uns dann mit unseren Kissen auf den Boden, die Beine gespreizt, wobei sich die Sehnen unter der Haut auf groteske Weise nach außen wölben. Wir malten Bilder und kleine Schilder, die wir in unseren Zimmern aufhängten: Symptome sind keine Alternative; Ich habe das Recht, für mich selbst zu sorgen; Ich werde geliebt; Heute erlaube ich mir, zu essen.

Ich saß in der Gruppe, ohne daran teilzunehmen, zum Teil, weil ich trotzig war, zum Teil, weil die Themen so wenig mit mir zu tun hatten. Es war wohl kaum Passivität, die mich nachts wachhielt. Meine Fähigkeit, Gefühle zum Ausdruck zu bringen, schien mir durchaus ausreichend entwickelt, wenn man bedachte, wieviel Zeit ich auf der Station damit zubrachte, mich über Verwarnungen aufzuregen, daß mein Temperament, meine Sprache, meine Einstellung die Heilung für die anderen ebenfalls erschwerte.

Meine Eltern kamen immer am Abend zu Besuch. Mein Vater und ich spielten Rommé, Canasta oder Patience miteinander. Wir sprachen nicht viel. Und ganz bestimmt unterhielten wir uns nicht über das, was mit mir geschah. Manchmal stritten wir miteinander, dann gingen sie wieder. Jeder auf der Station fand meine Eltern außerordentlich nett und hatte den Eindruck, daß wir gut miteinander klarkamen. Ich nickte nur dazu.

Eines Abends kam meine Mutter allein zu Besuch. Das bedeutete Gefahr. Mein Vater war ein Puffer zwischen uns, ich war ein Puffer zwischen ihnen, und meine Mutter stand zwischen meinem Vater und mir. Die klassische Dreieckskonstellation. Ein Kartenhaus hängt von jeder einzelnen Karte ab; wenn man eine herauszieht – Asche, Asche, Asche – und wir alle fallen herunter. Meine Mutter saß auf einem Stuhl neben meinem Bett, während ich auf meinem Nachttisch Patience legte. Trotz meines starrköpfigen Beharrens darauf, daß meine Mutter unsterblich war und auf dem Olymp wohnte, war mir in der Therapie bewußt geworden, daß meine Beziehung zu ihr vielleicht doch nicht ganz so vollkommen war. Dort hatte man mich darauf hingewiesen, daß ich vielleicht ein paar meiner nahrungsbezogenen Neurosen von meiner Mutter übernommen hatte.

Beiläufig brachte ich dieses Thema bei ihrem Besuch also zur Sprache. Ich erwähnte, daß sie sich vielleicht ebenfalls etwas zu intensive Gedanken um ihren eigenen Körper, ihr Gewicht und über die Menge dessen, was sie aß, machte. Sie saß auf ihrem metallenen Krankenhausstuhl, die Arme über der Brust verschränkt, die Finger zuckend, auf dem Gesicht ein herablassendes Lächeln. Ich bedrängte sie, mir zu antworten. Ihr Lächeln wurde gemein, und sie verkündete, daß es wohl kaum meine Aufgabe wäre, ihr die Schuld für meine Probleme zuzuweisen. Ich sagte, Ich weise dir doch keine Schuld zu! Ich sage nur, daß ich vielleicht einige Gewohnheiten von dir übernommen habe!

Sie sagte, *Liebes*, du hast nichts übernommen. *Du bist so auf die Welt gekommen.*

Sie stand auf, nahm ihre Handtasche und ging hinaus. Ich lag auf dem Bett, betrachtete mein Spiegelbild in dem von der Nacht geschwärzten Fenster. Ich drehte mein Gesicht in mein Kissen, dann zog ich das Kissen über den Kopf.

Ich war einfach so auf die Welt gekommen, mit einer seltsamen Neigung zur Selbstzerstörung.

Dienstag ging ich zur Einzeltherapie. Donnerstag mußte ich mit meinen Eltern zur Familientherapie. Meine Mutter war kalt, saß aufrecht in ihrem Sessel, die Beine über Kreuz, ein Arm auf der Taille, der andere vor sich hin zuckend, gestikulierend. Gelegentlich berührte sie den hochgeschlagenen Kragen ihrer Bluse, die scharfe Kante ihres Kostüms. Sie mied meinen Blick. Wenn der Therapeut sie bedrängte, wurde ihre Stimme scharf, ihre Augen blitzten, ein schnelles Messer, das sich in die Rippen bohrte. Mein Vater war warmherzig, besorgt, beugte sich nach vorn, die Ellbogen auf den Knien. Wenn er unter Druck gesetzt wurde, antwortete er mit scharfer, lauter Stimme, um sein Kinn herum arbeitete es, eine stumpfe Faust schlug stetig auf sein Knie. Ich schnürte mich zu einem festen Knoten in der Ecke meines Sessels zusammen. Ging ihnen an die Kehle, fluchte. Zischte meine Mutter an, schnellte vor wie eine Schlange, um meinen Vater anzuschreien, ihm Aug in Aug gegenüberzusitzen und ihm ins Gesicht zu spucken.

Zuerst gingen wir alle drei lächelnd in die Therapie. Ich war ihr kleines Mädchen, und ich war krank. Sie waren sehr erpicht darauf, daß es mir bald wieder besser ging. Wir lieferten eine gute Vorstellung ab, sie legten mir die

Arme um die Schultern. Ich riß ein paar intelligente Witzchen. Das war bald vorbei. Sechzehn Jahre einer schlechten Ehe und sechzehn Jahre eines völlig verkorksten Kindes lagen geschwollen und pulsierend unter der Haut, warteten nur darauf, herauszubrechen.

Meine Eltern hatten Angst, außerdem war die Situation ziemlich neu für sie. Damals glaubten sie, daß es damit getan wäre, mich einfach wieder zum Essen zu bringen. Dann würde alles wieder gut werden. Sie ist halt ein bißchen neben der Spur, was ihre Diät angeht. Diese Einstellung hält das wirkliche Problem – daß man mit einer tödlichen Krankheit liebäugelt, und zwar absichtlich – in Schach und erstickt jeden bedeutsamen Fortschritt im Keim. Man weiß noch nicht, daß man Monster bezwingen muß, die viel größer sind als eine Diät oder das Gewicht. Die Familie muß einen in einem neuen Licht sehen: nicht nur als ihr kleines Mädchen – selbst Eltern und Partner älterer eßgestörter Frauen legen diese Haltung häufig an den Tag –, sondern als Menschen mit einer persönlichen Geschichte, mit einer Bandbreite von Gefühlen, als jemand, der vielleicht erheblich komplexer ist, als sie es wahrnehmen. Und man selbst muß sie ebenfalls als Menschen sehen, die fehlbar sind, die einen lieben, und nicht mehr als Feind oder als Erlöser. Alle Beteiligten müssen erwachsen werden.

Doch weder meine Familie noch ich selbst waren dazu zu diesem Zeitpunkt reif genug. Es war viel leichter, nicht erwachsen zu werden. Sie betrachteten meine Eßstörung nur wieder als seltsamen Trieb, als Ausdruck meiner streitsüchtigen, verrückten Natur, und ich sah sie und ihre Versuche, mich zu unterstützen, als weiteren Beweis dafür, wie schrecklich sie waren. Wir irrten uns alle drei. Doch zu diesem Zeitpunkt hatte keiner von uns die Möglichkeit, die Dinge auf andere Weise zu betrachten.

Wir verbrachten die Familientherapie mit streiten. Wie vorherzusehen war, behauptete meine Mutter, daß alles nur die Schuld meines Vaters sei, während er meine Mutter verantwortlich machte. Dann wechselten sie die Richtung, gingen überraschend eine eheliche Allianz ein und kamen überein, daß eigentlich doch alles meine Schuld war. Seltsamerweise stimmte ich dem Therapeuten zu, daß niemand die Schuld hätte und daß wir mit unseren endlosen Schuldzuweisungen nur unsere Zeit verschwendeten. Offensichtlich genoß ich es, meinen Eltern unzensiert sagen zu können, was für Idioten sie waren. Auch sie genossen die geschützte Oase, diese eine Stunde in der Woche, in der sie einander in Stücke reißen konnten, Glied um Glied. Die Sitzungen waren weit mehr als nur vergiftet. All die Jahre, in denen sie sich bemüht hatten, ihre Ehe um meinetwillen aufrechtzuerhalten, all die

Jahre der Furcht, daß auch nur ein Wort zuviel den Damm zum Brechen würde bringen können, all die Jahre umsonst. Wie Kamikazeflieger rasten wir mit tödlicher Geschwindigkeit aufeinander zu.

Danach würde nichts mehr sein wie vorher. Man kann nicht vergessen, daß man gesehen hat, wie das eigene Kind die Tür zum Tod eintrat. Man kann die Familienwunden nicht aufreißen und hoffen, daß sie ohne Narben wieder verheilen werden. Alles verändert sich. In guten wie in schlechten Tagen, die Familie bricht auseinander.

Ein paar Freunde aus Edina besuchten mich im Krankenhaus. Ich saß auf dem Bett, die Decke über den Knien und versuchte, mit ihnen zu lachen. Es war der Geburtstag meiner besten Freundin, und sie hatten Luftballons mitgebracht. Sie wollten nach dem Besuch bei mir zusammen ausgehen. Sie brachten mir Blumen mit, erzählten mir den neuesten Klatsch. Wir sprachen nicht darüber, wo ich war. Wir schwebten in leerem Raum und verstummten plötzlich, als die Krankenschwester hereinkam, um mir den Blutdruck, die Temperatur, den Puls zu messen. Sie kehrte mit einem Becher Nährflüssigkeit zurück. Ich biß mir auf die Unterlippe. Ich konnte in diesem Augenblick nicht fragen, warum man mir zusätzliche Kalorien verabreichte. Ich mußte so normal wie möglich erscheinen. Ich konnte weder schreien noch weinen. Ich lächelte schwach und führte den Becher mit zitternden Fingern an die Lippen, während meine Freunde versuchten, nicht hinzusehen. Sie umarmten mich steif, einer nach dem anderen, und gingen.

Schon an diesem Abend wußte ich, daß sie nicht zurückkommen würden. Und ich *wollte* es auch gar nicht. Es war mir peinlich, ich fühlte mich gedemütigt, und ich wollte mit niemandem mehr etwas zu tun haben, der mich daran erinnerte, wie sehr ich heruntergekommen war. Meine jahrelange Abwesenheit hatte eine unüberbrückbare Kluft zwischen uns geschaffen. Meine Krankheit verschlimmerte diesen Zustand nur noch. Das Band zu einer Vergangenheit, mit der ich nichts mehr zu schaffen haben wollte, zerriß mit einem Ruck. Ich war frei.

August: Die Lebenszeichen hatten sich stabilisiert, der Kopf war klarer, ich fühlte mich stark und ruhelos. Ich aß, wenn man es mir sagte, und ich nahm normale Bissen zu mir. In der Therapie gestand ich mit weit aufgerissenen Augen meinen Wunsch, gesund zu werden. Das Leben ist so verlockend, sagte ich. Ich fühle mich wohl in meiner Haut, sagte ich. In meiner Akte ist zu lesen, daß ich eine plötzliche und vollständige Wandlung vollzog. Die Behandlung schlug an.

Im Krankenhaus wurde ich nicht gesund. Ich wurde kränker. Ich wäre sowieso kränker geworden, ich war so weit weg. Aber das Krankenhaus war ein Zufluchtsort für mich, wie es das für viele von uns ist. Es wurde zum Garten Eden, nach dem ich mich sehnte, wenn ich draußen war. Ich war dem Tode – diesem stillen, schweigsamen, sehr sicheren Ort – so nah, wie ich glaubte, ihm nahekommen zu können. Das Leben hält an. Die Zeit hält an. Man wird zu einem Fall, einer Untersuchung, einer Kuriosität, einem Problem, einer Krankheit, einem Kind. Man löst den ganzen Tag nur Kreuzworträtsel. Man liest unzählige Bücher – ungestört.

Und wenn sie einen schließlich entlassen, hat man erheblich mehr Angst als zu dem Zeitpunkt, als man eingeliefert wurde.

Nachdem ich aus dem Krankenhaus entlassen worden war, hurte ich herum. Ein Typ aus meiner Selbsthilfegruppe fand mich hübsch, also schlief ich mit ihm auf dem Rücksitz eines Autos. Kühle Nacht, der Herbst kam früh, der Nebel auf dem Glas, ich dachte, wie lustig der Abdruck meiner Zehen auf dem Fensterglas aussah. Ich saß in einem Schnellimbiß, der den ganzen Tag geöffnet hatte, stocherte einen fettfreien Muffin auseinander und rauchte eine Camel nach der anderen.

Später dachte ich mit morbidem Stolz darüber nach, was für eine unglaubliche Leistung es war, eine solch ausgefeilte Lüge zu erschaffen. Ich dachte über die glatte, ebene Oberfläche nach, die ich ihnen präsentiert haben mußte: Der Zauberer zieht einen endlos langen Schal aus dem Ärmel, die schlüpfrige Seide schlängelt sich immer weiter hinaus, hinaus und hinaus. Irgendwie gelang es mir, meine Eltern davon zu überzeugen, daß ein Umzug nach Kalifornien jetzt das beste für mich war. Die Meeresluft wird mir guttun, sagte ich. Wir machten Pläne. Ich mietete ein Zimmer im Haus der Exfrau meines Vaters. Ich würde die High School besuchen, in der sie unterrichtete, in der ihr Sohn studierte. Einmal die Woche sollte ich zur Therapie gehen, zweimal im Monat einen Psychiater, einen Ernährungsphysiologen, einen Mediziner aufsuchen. Ich mußte mein Gewicht halten. Ich würde regelmäßig gewogen. Nichts würde dem aufmerksamen Beobachter entgehen. Zumindest glaubten das alle.

Ende August verabschiedete ich mich und bestieg ein Flugzeug, das mich nach San Francisco bringen sollte. Zur Linken sehen sie, so der Pilot über den Lautsprecher, die Rockies. Ich bin betrunken – zu viele Bloody Marys. In der warmen, spätsommerlichen Nachtluft nehme ich einen Bus nach Norden, sitze neben einem Mann, der mir von seiner Tochter, seinem Geld, seinem Job erzählt. Die Hand auf meinem Knie, die Hand auf meiner Hand, meine Hand, die er auf seinen kurzen, dicken Schwanz legt. Gefangen im hinteren Teil eines Busses, ohne Fluchtmöglichkeit und ohne etwas sagen zu können, das nicht grob gewesen wäre, habe ich leisen Sex mit einem verheirateten Mann auf dessen breitem, gemütlichen Sitz, mein Knie eingeklemmt zwischen seiner Armlehne und seinem harten, angespannten Schenkel. Hinterher liest er im Licht des Vollmondes eine Illustrierte. Ich beobachte die schimmernden Hügel, die weiten, bestellten Felder, über denen der Nebel hängt, blau und ätherisch, die wilden Apfelbäume, die wie Geier über der Straße lauern.

Ich atme tief, drücke den Kopf in meinen Sitz, während der Highway 101 vorbeifliegt. Ich lächele. Betrügen ist eine Kunst. Ich habe ein neues Spiel.

Kapitel 5

PERSEPHONE SELBST IST NUR EINE STIMME

Kalifornien, 1990 bis 1991

Gib mir eine Enzianblume, gib mir eine Fackel!
Daß ich mir leuchten kann, mit der blauen, gezackten Fackel dieser Blume
Die dunklen und immer dunkleren Stufen hinab, wo das Blau fast zu Schwarz sich verdunkelt
Dort wo Persephone wandelt, in diesem Augenblick, vom eisigen September
Hinein in das blinde Königreich, wo die Dunkelheit über dem Dunkel wacht
Und Persephone selbst nur noch eine Stimme ist
Oder eine Dunkelheit, unsichtbar verborgen in den Falten des tieferen Dunkels
Von Plutos Armen, durchstoßen vom Dolch düsterer Leidenschaft
Unter dem Glanz der Fackeln der Dunkelheit, die mit ihrer Dunkelheit die verlorene Braut und ihren Bräutigam bescheinen.

D.H. Lawrence, »Bayerischer Enzian«, 1932

Das Haus ist sehr dunkel. Es steht ein Stück von der Hauptstraße entfernt. Die steile, staubige Straße hinauffahren, die von einem dichten, grünen Baldachin aus mit Spanischem Moos verwobenen Bäumen bedeckt ist, die Auffahrt hinabgehen, vorbei an dem Hühnerstall mit dem verrückten alten Hahn, der um 2, um 3 und um 4 Uhr morgens kräht. Vor einem das riesige, dunkle Haus, das die Gebirgsausläufer des Bennett Mountain hinabzugleiten scheint. Hinter einem ein Tal, das im violetten Mondlicht schwimmt. Der Himmel weit und kühl. Diese Umgebung, die Hügel, die Bäume, die wilden Geräusche, das Rascheln im trockenen Gras und die wispernden Blätter, das schnelle Trommeln der Hufe.

Die Vorderseite des Hauses ist von einer absackenden Terrasse umgeben. Zwei Sessel, ein kleiner Tisch, ein Aschenbecher voller Kippen, Zigaretten, die nur zu zwei Dritteln heruntergeraucht sind. Die Steintreppen hinauf mit dem schmiedeeisernen Geländer, man öffnet die braune Tür. Man steht im Türrahmen: geradeaus eine Treppe, eine Tür zur Rechten, die Küche zur Linken. Dunkel. Hinter der Küche ein Eßzimmer, dann das Wohnzimmer, Schlafzimmer, die man nie betritt. Ein Holzofen, ein großes, schwarzes Rohr. Im Winter wird man in seiner Jacke auf dem Holzofen sitzen, kalt bis auf die Knochen, und wird sich aufzuwärmen versuchen. Man wird seinen Mantel bis zur Hose hindurch schmelzen, ohne es zu merken.

Sich mit der Küche vertraut machen. In der Tür stehen. Links: Arbeitsplatte, Mikrowelle – die wirst du noch brauchen, paß bloß auf – Spülstein, darüber das Fenster mit Blick durch die großen, wilden Rosensträucher den Hügel hinab, ins Tal. Der Hühnerstall, der alte Schuppen, in dem ein Mann namens Ray lebt, den man selten sieht und der Papiermasken herstellt. Autowracks, die sich in das brachliegende Land graben und von Unkraut überwuchert sind: ein Volvo, ein alter, grüner VW-Bus, einige andere, man zählt nie nach. Vom Spülstein aus kann man die Reparaturwerkstatt sehen, den üppig wuchernden Garten, die Hügel.

Auf der Arbeitsplatte: der Toaster, die Marmelade, Honig, Erdnußbutter, Butter, Zucker in einer blauweißen Dose, Salz, Gewürze, Schneidebrett. Schüsseln mit Früchten: Äpfel, Orangen, Bananen, eine Kiwi, die in den letzten Zügen liegt. In den Schränken: Töpfe, Pfannen, Kartoffelchips, Reisplätzchen, Brot, kleine, zusammengeknüllte Plastiktüten mit trockenen Brotresten. Ein Aquarium in der Ecke, darin ein Piranha. Später begeht der Piranha während des Abendessens Selbstmord, springt in die Höhe wie ein Macho, der die Bauchmuskulatur spielen lassen will, dann hinaus aus dem Wasserbecken und stirbt nach Luft schnappend auf dem Fußboden. Ein Vogelkäfig mit einem schnatternden, grünen Vogel. Eine alte Katze, die im Dachgeschoß über der Küche auf der Waschmaschine schläft. Zwei riesige Hunde: Rhodesian Ridgebacks, Tiska und Moe genannt.

Der Kühlschrank. So voll und geheimnisumwittert, daß man den Inhalt jetzt nicht im einzelnen aufführen kann. Es muß genügen, darauf hinzuweisen, daß es dort Butter, Käse, Milch und alle anderen Lebensmittel gibt, die man braucht. Auch Tofu, den man später selbst kaufen, aber nicht essen wird. Und jede Menge Reste, die man essen *wird*. Die Schränke auf der rechten Seite des Ofens gehören dem Mann, der am Ende des Ganges wohnt, wo auch das eigene Zimmer liegt. Er spielt nachts Blues auf der Gitarre. Ißt Kartoffeln, Haferbrei, direkt aus dem Topf. Warum einen Teller schmutzig machen, sagt er. Gleich zur Rechten – und dies ist der wichtige Teil – stehen die Schränke, in denen Cracker und Zerealien aufbewahrt werden. Cornflakes, Körner, unzählige Schachteln mit gesundem Körnerfutter, das auf der Zunge knirscht und in der Kehle kratzt, wenn es sich seinen rasenden Weg zurück nach oben sucht. Die Kekse sind auf dem obersten Regalbord, als ob man ein kleines Mädchen wäre und nicht hinaufklettern könnte. Als ob man nicht schweben könnte, wenn man wollte. Als ob.

Die Treppe hinauf. In den Ecken über dem Kopf bemerkt man Spinnweben. Oben links die Tür zu dem Zimmer, in dem man wohnen soll. Bett gleich links, Fenster an der gegenüberliegenden Wand. Lange, gelbe Couch unter dem Fenster, Schreibtisch rechts neben der Couch. Die Lampe auf dem Schreibtisch verbreitet ein warmes, blasses Licht. Man stößt die Fensterläden auf, setzt sich auf das Fensterbrett und raucht. Manchmal klettert man auf das breite, flache Dach und beugt sich über die Kante. Auf der Terrasse unter einem sieht man, sehr spät, das rote Ende einer Zigarette im Dunkeln, das sich in hellen Lichtstreifen vor- und zurück bewegt. Man hört ein körperloses Husten. Manchmal klettert man die Leiter zur nächsten Dachschicht hinauf, liegt dort mit einem Jungen auf dem Rücken, schmiedet große, unmögliche Pläne, dicht beieinander, mit der Hand umklammert man die Kante einer Decke. Man zählt die Sterne und das unsichtbare Wild, das vorbeijagt.

Wieder im Flur findet man auf der linken Seite die Toilette. Ein langer Waschtisch, drei Waschbecken, drei Spiegel darüber, drei verspiegelte Schränke unter den Spiegeln. Man soll das Waschbecken direkt an der Tür benutzen. Im eigenen Schrank befinden sich Abführmittel, verschiedene Pillen. Im Spiegel sieht man das Gesicht, die Brust, den Bauch, die Hüften, den Hintern. Allerdings muß man sich auf die Zehenspitzen stellen, um den Hintern zu sehen. Wenn man sich auf die Toilette stellt, kann man auch die Schenkel sehen. Neben der Toilette ein Fenster, ein Ventilator, ein Heizlüfter, dessen Surren und Ticken ausreicht, um den Lärm zu übertönen. Eine Dusche. Eine Waage. Die Waage zeigt ein Kilo zu viel an. Als man ankommt, wiegt man 51 Kilo. Man beobachtet, wie die Nadel sich zögerlich auf die Zahl zu bewegt, dann wieder zurückfällt, wie in Zeitlupe, zurück, zurück, zurück, jedesmal, wenn man auf die Waage steigt, täglich, zehnmal am Tag. Mal mehr, mal weniger. Nach dem Aufwachen, nach der Schule, nach dem Fressen, nach dem Kotzen, nach dem Abendessen, nach dem Erbrechen des Abendessens, vor dem Pinkeln, nach dem Pinkeln, vor der Einnahme einer Handvoll von Abführpillen und nachdem sie ihre scheußliche Wirkung getan haben.

Am hinteren Ende des Flures befinden sich zwei weitere Schlafzimmer. Der Stiefbruder, Sohn der ersten Frau des Vaters, hat ein Zimmer voller Masken und Bongos. Im anderen Raum wohnt der Mann, der direkt aus Töpfen ißt. Ein Blick hinein: zwei Fenster, ein Bett, eine Gitarre in geöffnetem Kasten.

Man war schon einmal hier. Man liebt dieses Haus. Es ist verzaubert, es seufzt und knarrt im Wind, riecht nach Holzrauch und Salznebel. Dem Flug der Krähe folgend liegt die Bodega Bay, das Meer, dreißig Meilen weiter westlich. In stillen Nächten auf dem Dach kann man es hören. Und immer kann man es riechen. Man riecht das Salz und den scharfen, durchdringenden Duft des Eukalyptus, der sich durch das Gehirn brennt. Es riecht nach zu Hause.

Das Haus gehört der Exfrau des Vaters, die man Stiefmutter nennt, und ihrem Mann. Sie haben die Menschen aufgezogen, die man als Brüder bezeichnet. Sie sind keine richtigen Brüder. Es sind die Jungs, die der eigene Vater und seine erste Frau vor etwa zwanzig Jahren adoptierten, die Jungs, die der Vater als Söhne bezeichnet, die Jungs mit zu vielen Familien, zu vielen Ansprüchen an ihre Zeit und Liebe, die Jungs, die einem das Roller-Skaten und das Eislaufen beigebracht haben, und das Spucken. Diesen Jungen ist man als kleines Mädchen hinterhergelaufen: Wartet auf mich! Sie trotteten zurück und hoben einen auf, wenn man hingefallen war. Sie banden einem die Schuhe zu und machten einem Apfelbuttersandwiches (Paul) und Limonade mit Eis (Tim). Jungen, die nicht viele Worte machen, die man bewundert, aber nicht kennt. Jetzt sind sie junge Männer, besuchen das College und waren und sind nach wie vor ein periodisch auftretender, schattenhafter Bestandteil des eigenen Lebens. Sie waren nicht lang genug da, um mitzubekommen, was in der Zwischenzeit geschehen war, wie das kleine Mädchen sich in einen Krankenhaus-Ex-Sträfling verwandelte, auf merkwürdige Weise »geheilt« und doch immer dünner wurde, jedesmal, wenn sie in den Ferien nach Hause kamen, immer dünner wurde und gemeiner und verschlossener. Man kann ihnen nicht ins Gesicht blicken, wenn sie von Zeit zu Zeit fragen: »Geht es dir gut?« Natürlich, sagt man und lächelt.

Der Jüngste, zehn Monate jünger als man selbst, lebt immer noch zu Hause, am Ende des Flurs. Man hat eine seltsame, bittere, enge Beziehung zueinander, die man als Freundschaft bezeichnen könnte. Man streitet, man prügelt sich. Oder man liegt auf dem Bett, zugekifft, und schlägt die Zeit mit Musik hören tot, spricht von nichts Besonderem. Spricht niemals wirklich davon, was mit einem geschieht. Streitet, nachdem man all seine Hemden gestohlen hat oder er den roten Rock, mit dem er dann auch noch am Frühstückstisch erscheint. Man hat ein paar gemeinsame Freunde.

Man kennt die Frau, die einen in ihrem Haus aufgenommen hat und die darauf vertraut, daß man die Wahrheit sagt. Sie ist die Mutter dreier Söhne, und man selbst ist wie eine Tochter für sie. Man neigt ohnehin dazu, sich älteren Frauen anzuschließen, sammelt gewissermaßen Mütter. Sie ist eine.

Man steht sich nahe. Sie liebt einen, und man liebt sie. Man geht zusammen in den Supermarkt. Man fährt an den Strand und macht lange Spaziergänge.

Ende August. Man fährt zur Bodega-Bucht, entfacht Freudenfeuer in den Dünen. Dünengras und Eiskraut, ein paar verstreute Mohnblumen, Dornen. Man trägt mexikanische Ponchos, die vorne eine Tasche haben, hat Gras in der Tasche, Papier, Feuerzeuge. Man sitzt im Kreis, die Knie bis zur Brust hochgezogen, die Arme um die Knie. Das Meer, schwarz, unter einem tiefblauen Himmel. Das Meer, das an die Küste schlägt. Der Geruch des Rauchs, der vom brennenden Holz aufsteigt, scharf, und der von Marihuana, klebrig süß. Der Wind und das Tosen.

Ende August. Man ist schwanger. Wieder. Man wußte es schon bei der Abreise. Man denkt: Das ist Gottes kleiner Streich. Gott wird einem diesen Streich noch ein paar weitere Jahre lang spielen, eine grausame Erinnerung daran, daß das Leben fortbesteht, daß die Naturgesetze einem immer eins auf den arroganten Arsch geben, egal, wie sehr man sich dagegen auflehnt. Man wartet. Als einem das Warten zuviel wird, fällt man die Treppe hinunter, als gerade niemand zu Hause ist, man taucht ab, bäuchlings. Der Körper ist noch immer schwach genug, um auf diesen alten Trick hereinzufallen. Man spült die rote Masse fort. Keine Tränen. Die unbehaglichen Schuldgefühle in der Brust gelten nicht dem Baby, sondern den weichen Brüsten, durchzogen von blauen Venen, fett. Sie werden schrumpfen, versichert man sich wieder und wieder. Schrumpfen.

Die folgenden Monate sind seltsam. Dies ist die einzige Zeit im Leben, von der man wirklich behaupten kann, daß man definitiv verrückt ist. Wie der Hutmacher aus *Alice im Wunderland.* Die Erinnerungen sind wie kurze Blitzlichter. Die Tage versinken im Nebel, nicht wegen der feuchten Hand der Zeit, die die Kreidezeichnungen des Gedächtnisses zu verwischen pflegt, sondern weil die Tage schlaflos und fließend ineinander übergingen, in einem faszinierenden Abwärtswirbel, einer Helix aus Blut in Wasser, die dem Abgrund entgegentanzt.

Die folgende Schilderung der Ereignisse ist lückenhaft, weil es so vieles gibt, an das ich mich nicht erinnere. Es ist weggebrannt, vermute ich, wie der Morgennebel von den ersten heißen Strahlen der Sonne. Und übrig blieb das Folgende.

Spätsommerbrise. Die Hügel trocken, golden, wie gekämmtes Heu. Glitzernd. Die Bäume still. Morgens fütterte ich die Hühner, ging den knirschenden Kiesweg hinab, duckte mich in die kühle, widerlich stinkende Luft des Hühnerstalls, warf einen Eimer Futter auf den Boden. Ich bin mir sicher, daß ich mich im ersten Monat dort tatsächlich an mein verdammtes Genesungsprogramm zu halten versuchte. Jeden Tag mampfte ich meinen Nachmittagssnack genau um 15 Uhr, trank meine Milch. Ich bin mir sicher, daß ich mich erneut mit Jungen traf, natürlich vor allem deshalb, weil sie keine Fragen stellen. Atemlose, heiße Jungen mit zitternden Bäuchen. Ich erinnere mich, wie ich mit ihnen im Bett lag und der Dunkelheit lauschte. Ich erinnere mich daran, wie ich die gewundenen Wege der Gebirgsausläufer herunterlief, durch das hohe Gebüsch auf den Hügeln hinter dem Haus pfiff und immer wieder dachte: *Ich bin daheim. Ich bin daheim. Ich bin daheim.* Es war der Geruch. Die Eukalyptusblätter von *damals, früher*, aus der Zeit, die ganz allein mir zu gehören schien, als meine kleinen Beine noch stämmig genug waren, um überall herumzuklettern, den Walnut Boulevard entlangzurennen, das moosbewachsene Ufer des Baches zu erkunden, über die kilometerweiten Flächen der Felder zu laufen.

Aber jetzt waren meine Beine geschwächt, irgend etwas stimmte nicht mit mir, obwohl ich keine Ahnung hatte, was es war. Es gab nur einen wirklich erhellenden Augenblick: Am ersten Schultag wachte ich vor meiner Stiefmutter und meinem Bruder auf. Ich ging die Treppe herunter, in die Küche, die im schwachen Licht des Morgens blaßgrau schien. Ich nahm mir eine Banane, legte sie auf die Arbeitsplatte, nahm die Cornflakes aus dem Schrank, ging zum Kühlschrank, um die Milch herauszuholen. Ich stand da, die Tür geöffnet, sah mit leerem Blick die Milchflasche an. Und dann dachte ich ganz klar: Ich muß keine Milch trinken. Ich muß noch nicht einmal frühstücken. Ich schloß die Tür wieder. Stellte die Cornflakes wieder an ihren Platz. Nahm ein kleines Messer heraus, schnitt die Banane in zwei Hälften, schnitt die Hälfte in Viertel und teilte jedes Viertel in genau 30 kleine Stückchen, aß die Hälfte in 120 Bissen, aß sie mit der Gabel. Es war so leicht. So organisiert, genauso, wie ich es in Erinnerung hatte. Ich konzentrierte mich auf den kleinsten gemeinsamen Nenner: Das Gehirn richtete sich auf die einfachen Muster numerischer Logik, das ordentliche Arrangement von Bananenstücken auf dem weißen Teller.

Plötzlich voller Energie stellte ich mir mein Lunchpaket zusammen: zwei Reiskuchen mit einem Klatsch Erdnußbutter, ein Apfel, ein Vollkornkeks, eine Diätcola. Das Herz pochte bei der plötzlichen Erkenntnis. Ich war erstaunt, daß mir der Gedanke nicht schon längst gekommen war. Wie dumm! dachte ich. Ich habe die ganze Zeit gegessen, obwohl sich eigentlich nie jemand darum gekümmert hat.

Und ganz plötzlich veränderte sich auch meine Einstellung zum Verhungern. Zuvor hatte das Nicht-Essen immer den Beigeschmack der Entbehrung gehabt. Der menschliche Geist und der Körper wehren sich gegen Entbehrungen. Ich hatte geglaubt, daß ich nicht essen *durfte* – ich war schon lange über die Vorstellung hinaus, daß ich nur eine Diät machen wollte, ich hatte die Vorstellung entwickelt, daß es mir *persönlich* nicht *erlaubt* war zu essen. Diese Vorstellung hatte mich geängstigt, ich hatte mir die Faust in die Magengrube gerammt und hatte mich unter dem Schmerz des Hungers gewunden. Aber ganz plötzlich fand ich es einfach herrlich, nichts essen zu müssen, wenn ich keine Lust dazu hatte. Und ich *hatte* keine Lust dazu.

Im Rückblick ist mir natürlich klar, daß dies nur ein Test war, um zu überprüfen, ob der Lügendetektor tatsächlich funktionierte, ob Big Brother mich tatsächlich unaufhörlich beobachtete oder ob er gelegentlich in seinem Stuhl einschlief. Das Krankenhaus hatte mein infantiles Bedürfnis geweckt, die Regeln zu umgehen, voller Freude zu beobachten, wie die ja-ach-so-besorgten Gesichter vor Zorn weiß und angespannt dreinblicken angesichts der eigenen Machtlosigkeit. Man hat die unheimliche Fähigkeit, ihre Bemühungen zu vereiteln, sie zu zwingen, sie mit einem bestimmten Verhalten zu verarschen. Man merkt nicht, daß man eigentlich nur sich selbst verarscht. Man läßt sich selbst in dem Glauben, daß man tatsächlich gegen SIE ankämpft, weil das leichter ist. Man ist IHNEN entkommen, ein Flüchtling, und man freut sich über die Entdeckung, was für eine hervorragende Lügnerin man ist.

Ich wußte damals noch nicht, was für eine gute Lügnerin erst aus mir *werden* sollte.

Wir fahren eine schmale Landstraße hinab, biegen auf den Kiesparkplatz vor der Schule ein. Rechts Felder, Bach, ineinander verwobene Grüppchen dünner Bäume. Wir gehen einen sanften Hügel hinauf und nähern uns einer kleinen Schule: ein paar einstöckige Gebäude, die in einem Halbkreis über einem weiten Wiesengelände verstreut liegen. Vom Kindergarten bis zum zwölften Schuljahr. Ich gehe in die elfte Klasse. Das Klassenzimmer liegt inmitten eines kleinen, dornigen Wäldchens; in einem winzigen Hof steht ein Tisch, an dem man picknicken kann.

Das Wetter ist sonnig und kühl. Ein Mädchen, das sich einen Schal um den Kopf gewickelt hat, kommt um das Gebäude gelaufen, sieht mich, sagt, DU mußt Marya sein. Ich nicke. Sie heißt Rebecca. Die dünnen Silberfäden im Lila ihres Schals spiegeln das Licht wider. Wir gehen hinein, setzen uns. Elf Schüler. Die Lehrerin ist eine gutaussehende ältere Dame, die schnell spricht und sehr energisch wirkt. Manchmal, wenn es still im Zimmer ist, kann man einen Hahn von einer Farm in der Nachbarschaft krähen hören.

Zwei Wochen später sitze ich auf meinem Stuhl im hinteren Teil der Klasse und verspüre ein seltsames Kribbeln in den Füßen. Ich betrachte den Nacken eines Jungen. Ein merkwürdiger Junge. Julian. Julian Daniel Beard. Ich habe ihn eines Tages, als wir zum Mittagessen im Gras saßen, gebeten, mir seinen ganzen Namen zu sagen. Lang, schlaksig, trägt jeden Tag gebügelte, weiße T-Shirts. Ich habe seinem Lachen gelauscht. Ich habe Witze gerissen, um ihn lachen zu hören. Er lachte, warf mir einen schnellen, scharfen Blick zu, ganz scheu, dann sah er weg. Er gehört zu den Jungen, die man zum Erröten bringen möchte, indem man ihnen schmutzige Witze erzählt. Man möchte ihn necken, beobachten, wie der seltsame Bogen seines Mundes sich zu einem Lächeln verzieht. Man duckt sich, um seinem schweifenden Blick folgen zu können. Seine Augen haben die Farbe sehr alter Armeemäntel, ein verwaschenes Grün.

Als ich an diesem Tag in der Schule saß, dachte ich plötzlich ziemlich beunruhigt: Ich werde diesen Jungen heiraten. Ich werde diesen Milchbubi heiraten! Er setzte sich auf, wandte sich abrupt um, starrte mich an, als ob ich die Worte laut ausgesprochen hätte. Ich starrte zurück. Mit einem Ruck wandte er sich wieder seinem Papier zu, krümmte sich über seinem Tisch zusammen wie eine Faust, steckte die Zunge zum linken Mundwinkel heraus und kritzelte wie ein Verrückter an seinem Aufsatz über die Industrielle Revolution herum, als ob er den amerikanischen Fortschritt behindern würde, wenn er nicht weitermachte; als ob er ein Eisenbahnimperium zu errichten hätte, in diesem Augenblick, in jenem kleinen, von Holzwänden umgebenen Schulzimmer, während die Herbstwinde durch die geöffnete Tür hereinschlenderten.

Herbst 1990: Wir saßen auf den Treppenstufen hinter Copperfield's Bookstore & Café, und ein paar schmuddelige, langhaarige, barfüßige Baby-Hippie-Jungs mit gepiercten Brustwarzen spielten Gitarre. Wir rauchten selbstgedrehte Zigaretten und tranken Kaffee. Ich fuhr auf der Ladefläche eines langsam dahinschleichenden, blauen Pickup von hier nach dort und beobachtete, wie die schmalen, schmutzigen Straßen unter den Rädern vorbeirollten. Das Leben war schön, und die Freiheit machte mich schwindlig. Ohne es zu bemerken, hatte ich in diesem Herbst aufgehört, mein Leben zu planen. Ich wurde zum Bohemien, weil ich nichts Besseres vorhatte. Ich hing in der Luft, und dort ist es schön, weil keiner Fragen stellt und weil keiner sich wundert, wo man hingeht oder wo man gewesen ist. Das Leben ist ein großer, tanzender Bär, ein Grateful-Dead-Aufkleber auf dem Fenster eines alten Volvo. Die Leute sprechen von Karma, und es ist sehr leicht, sehr sehr leicht, daran zu glauben, daß alles unvermeidlich ist und daß man nichts tun kann, außer sich zurückzulehnen und zuzusehen, wie das Leben vorübergeht.

So ist das Leben.

Aber ein Mensch wie ich, ein Mensch, der eigentlich immer ein Projekt braucht, kann nicht lange ohne ein Ziel leben. Nach außen hin stellte es sich so dar, als ob ich auf die Bremse getreten hätte. Es sah so aus, als ob ich mich von dem Zwang gelöst hätte, alles auf einmal und sofort und schneller als alle anderen tun zu müssen. Dies war ein Jahr, in dem ich angeblich meine »Seele erforschte«, »die Verbindung« zu meinem »Körper« wiederherstellte, die »Dinge« etwas »langsamer angehen« ließ, »das Leben leichter« nahm. Am Telefon und in Briefen berichtete ich meinen Eltern, daß dies eine Zeit des »Wachstums« für mich sei, eine Zeit des »Seins«, eine Zeit der »Gesundung«.

Scheiße. Ich wußte sehr genau, daß diese Zeit nur eines war: ein absoluter Glücksfall, eine glückliche Fügung, die mir die Gelegenheit gab, mich von der wirklichen Welt zu entfernen, mich tiefer und tiefer in das unheimliche Kinderliedland in meinem Kopf sinken zu lassen.

Ernsthaft begann es, glaube ich, im Oktober. Ich hörte einfach auf zu essen. Und diesmal war ich zäh. Es ging eindeutig nicht mehr darum, »abzunehmen«. Dieser Euphemismus kam selbst mir mittlerweile absurd vor, zumal er lediglich einen äußerlichen Prozeß beschreibt. Was ich tat, war jedoch rein innerlich. Ich versuchte zu verhungern. Ich erforschte das Ausmaß des Hungers. Der Hunger war mein Ziel, mein Daseinsgrund. Er war wie ein ungestümer Rausch, dem ich hinterherjagte. Zum Frühstück aß ich nur Cornflakes und trank den ganzen Tag Wasser. Ich trug ständig eine Zweiliterflasche mit mir herum, die ich stündlich aufs neue füllte. Manchmal trank ich mittags etwas Saft. Ich erinnere mich, wie ich das Schild auf einer Flasche Möhrensaft las und wie ich dann ein Drittel des leuchtend orangenen Inhalts trank.

Rebecca und ich gingen im Spätherbst zusammen in den Supermarkt. Ich trug ein blaues Kleid. Wir kauften Sahneteilchen und getrocknete Apfelringe. Am Nachmittag setzten wir uns in ihre Küche, aßen Sahneteilchen und tranken Wein dazu. Sie sagte: Ich hätte nie gedacht, daß du einmal magersüchtig warst. Ich antwortete: Oh, na ja, das ist ja auch vorbei. Ich warf den Kopf in den Nacken. Langsam aß ich das Sahneteilchen, leckte die Sahne aus der Mitte. Ich ging nach Hause, begrüßte meine Familie und meinen Freund, der zum Abendessen gekommen war. Ich muß mich eben frisch machen, sagte ich. Ich ging ins Bad, und zum ersten Mal nach meiner Krankenhauseinweisung kotzte ich wieder. Danach erhob ich mich, betrachtete mein Gesicht im Spiegel. Keine aufgedunsenen Lider, keine deutlichen Anzeichen wie früher. Leicht glasig dreinblickende Augen. Ich lachte, eine schreckliche Freude stieg in meiner Brust auf. Alle Sahneteilchen waren herausgekommen, ebenso der ganze Wein. Ich wusch mir das Gesicht, die Hände. Ich legte Parfüm auf. Ich war eine Expertin. Ich konnte alles tun, was ich wollte. Nichts und niemand konnte mich jetzt noch aufhalten. Meine Eßstörung gehörte mir allein. Ich ging hinunter, stocherte in meinem Abendessen herum, schlug die Augen nieder, brachte sie zum Lachen. Der arme Junge, der in mich verliebt war, hielt meine Hand.

In meiner Akte im TAMS finden sich Briefe aus dieser Zeit. Notizen, eine umfangreiche Korrespondenz zwischen Kathi und den Ärzten des »medizinischen Teams«, das mich in Kalifornien »beobachten« sollte. Die Ärzte hatten eindeutige Instruktionen, Dinge, nach denen sie Ausschau halten sollten: Wiegen Sie sie immer nur in Krankenhauskleidung, *nicht in Straßenkleidung.* Bitte denken Sie daran, daß sie seit vielen Jahren eine Eßstörung hat und genau überwacht werden muß. Sie sollte alle zwei Wochen einen Arzt aufsuchen, einmal im Monat einen Psychiater, einmal die Woche einen Ernährungsphysiologen und einen Psychologen. Halten Sie nach folgenden Symptomen und Anzeichen Ausschau: ... Sie hatten jede erdenkliche Vorsichtsmaßnahme getroffen. Die Grundlagen waren geschaffen; das Team in Kalifornien versicherte ihnen, daß sie tatsächlich professionelle Mediziner seien und alles tun würden, was man ihnen gesagt hatte.

Ich glaube, den Psychiater suchte ich ein einziges Mal auf. Zur Therapie bei meiner Psychologin ging ich am Anfang jede Woche. Auf ihre Waage stellte ich mich nur in Straßenkleidung. Dann setze ich mich hin und erzählte ihr, wie gut ich vorankäme, daß der Umzug wirklich gut für mich gewesen sei, daß ich jetzt definitiv (ich beugte mich vor, ein langhaariges Mädchen mit großen Augen, das hastig vor sich hin gestikulierte, Krokodilstränen herausquetschte und sie auf dem Teppichboden verteilte) auf dem Weg der Besserung war. Ich brachte ihr sogar Gedichte über meine Genesung mit. Meine Verbindung zur Erde, meine Beziehung zu den Rhythmen des Blutes und des Atmens. Blablabla. Ich lachte nur, als ich sie verfaßte. Ich war und bin zu Tränen gelangweilt von diesem Mist. Göttinnen und Mutterschöße und das Gefühl der neuen Erde in meiner Hand schwab-schwabi-du-bi-du. Sie war tief bewegt. »Hast du dich denn wieder übergeben?« fragte sie. »Oh mein Gott, nein«, sagte ich und lachte über die bloße Vorstellung.

Nach der Schule ging ich nach Hause. Meine Stiefmutter und mein Bruder waren nicht da, das Haus war still, abgesehen von den schlurfenden Schritten ihres Ehemannes in seinem Büro. Den Schrank öffnen, eine Schüssel herausholen. Cornflakes, Zucker, Rosinen hineingeben, zwei Scheiben Brot mit Käse in die Mikrowelle, die Cornflakes in den Mund stopfen, während der Käse schmilzt, das Brot und den Käse mit der einen Hand halten und essen, während man Butter auf Vollkornkekse schmiert, die Vollkornkekse essen, während man sich weitere Cornflakes in die Schüssel schüttet, noch mehr Brot und Käse, zum Kühlschrank, die Eiscreme herausholen, die Eiscreme hinunterschlingen, während man Butter aufs Brot schmiert, das Brot essen, während man hinaufklettert, um die Kekse herunterzuholen, die Kekse essen, während man kalten Milchreis in eine Schüssel gibt.

Wenn der Ehemann hereinkommt, während man noch kaut, schnell herunterschlucken, lächeln, über die Schule reden. Vor sich hin brabbeln. Sagen: Ich war am Verhungern, wir haben nämlich heute Fußball gespielt. Eine Show darum, wie man die Schüssel wegschiebt, die Zeitung zur Hand nehmen, während er sich Kaffee kocht. Man wird es nicht schaffen, nicht mehr an die Cornflakes zu denken, deshalb sollte man es gar nicht erst versuchen. Man denkt darüber nach, was man sonst noch essen könnte. Keine Panik. Er wird bald gehen, dann kann man weitermachen. Wenn er fragt: Sag mal, bist du am Stuhl festgewachsen? Einfach lachen. Sagen: Sieht ganz so aus. Wenn er wieder in seinem Büro verschwunden ist, ein paar Scheiben Brot mitnehmen, zwei Tabletten kohlensaures Natrium, auf das Zimmer hinauflaufen, die Tür abschließen, sich den Rest in den Mund stopfen, herunterschlucken, ins Badezimmer laufen, den Heizlüfter und den Ventilator einschalten, die Dusche aufdrehen, den Wasserhahn, den Toilettensitz hochheben, das Natrium herunterkippen, erbrechen. Und noch mehr erbrechen, bis die Knie weich sind. Wenn man sich erhebt, zittern sie, man klammert sich an das Waschbecken, als ob es ums Überleben ginge.

Ums Überleben, du meine Scheiße! Im November wünscht man sich, tot zu sein. Man will gar nichts mehr. Jeden Tag, jeden verdammten Tag rennt man die Treppen des Hauses hinauf, vollkommen außer Atem, öffnet die Schränke und denkt: Du bemitleidenswerte kleine Schlampe. Verdammte Kuh. Gieriges Schwein. Den ganzen Tag schmerzt der Magen und steigt einem die Galle hoch. Man schwankt beim Gehen. Und man fängt wieder an zu frieren.

Man verknallt sich in einen Jungen, der ein paar Jahre älter ist als man selbst. Eines Nachts nach dem Sex steht man nackt in der Küche. Er macht dir einen Drink, du lehnst am Küchentisch. Er kommt zu dir und nimmt dich in den Arm. Er kneift die Haut deines Oberarmes zusammen und sagt, Mein Gott. Du hast buchstäblich kein Gramm Fett am Körper. Du lächelst und fragst: Und stört dich das? Er lächelt und antwortet, Nein, es gefällt mir.

Erst Jahre später wird dir klar, daß er das gesagt hat, um deine Gefühle nicht zu verletzen. Jahre später tauchst du nämlich in seinem Haus auf – er sitzt immer noch da, wo du ihn zurückgelassen hast: vollgekifft auf der Couch – und schließlich schlaft ihr wieder miteinander. Er sagt dir, daß er dich viel anziehender findet, jetzt, wo du einen Arsch hast, den man in die Hand nehmen kann. Er lächelt. Du bist fast schon stolz auf deine Gesundheit.

Aber mit sechzehn weiß man das alles noch nicht. Auch in den darauffolgenden Jahren wird man die Haut am Arm zusammenkneifen, um zu überprüfen, ob man auch ja kein Fett am Körper hat.

Im Bett dieses Jungen welkt man schnell. Rebecca beginnt, sich Sorgen zu machen. Deine Hose ist viel zu groß, sagt sie. Du siehst dünn aus. Man fragt: Zu dünn? Sie sieht einen an – man steht vor dem Spiegel – und sagt: Ja, etwas zu dünn. Und unwillkürlich muß man lächeln.

Und dann, eines Tages, Anfang November, steht man in der Küche. Die Brüder sind nach Hause gekommen, die ganze Familie ist versammelt. Es gibt etwas zu essen. Man erinnert sich nicht mehr daran, was es war. Die Stiefmutter hält einem den Löffel hin: Hier, probier mal. Und voller Entsetzen – wann zum Teufel soll man nur kotzen, wenn so viele Menschen im Haus sind – probiert man. Man ißt noch eine Brezel, eine Möhre. Man wird eindeutig, merklich nervöser. Schließlich geht man, nimmt den Bus in die Stadt, gibt vor, noch in die Bibliothek zu müssen. Man läuft schnell und energisch die Straße herunter, fängt irgendwann an zu rennen. Ein frischer Tag, die Sonne scheint. Man hetzt durch den Drugstore und denkt nur noch eins: Brechmittel. Man kennt einen Sirup, der zum Einleiten des Erbrechens verabreicht wird. Man hat ihn noch nie benutzt und weiß auch nicht, wie er funktioniert, aber das ist einem scheißegal, man muß ihn einfach finden. Man rast an den Regalen vorbei, zerrt an den Manschetten seines Hemdes, die Hände sind rauh und kalt. Man kann es nicht finden. Nirgends.

Man trägt Overalls. Man krümmt den Rücken, schiebt den Bauch so weit raus wie möglich, legt die Hand auf den getürkten schwangeren Bauch. Man schlängelt sich zum Ladentisch, setzt sein liebreizendstes Gesicht auf, lächelt und fragt den Apotheker in aller Ruhe, ob er ein gutes Brechmittel hat. Man hätte gern eines im Erste-Hilfe-Kasten zu Hause, Sie wissen schon, falls die Kinder irgend etwas Schreckliches schlucken. Man ist erst sechzehn, aber jetzt preist man Gott für den Alterungsprozeß, den das eigene Gesicht durchgemacht hat. Man sieht alt genug aus, um selbst Kinder zu haben und schwanger zu sein. Er nickt: Oh ja, sagt er, Kinder stecken ja alles in den Mund. Man lacht. Er holt die kleine braune Flasche hervor und legt sie auf den Ladentisch. Man kann die Augen kaum davon abwenden. Wie alt sind Ihre Kinder denn? Fragt er freundlich und steckt sich das Geld ein. Zwei und drei, antwortet man. Es kommt einem glatt über die Lippen, man tätschelt sich den Bauch und fügt hinzu: »Und Null.« Er lacht, gratuliert, und man steckt Wechselgeld und Brechmittel ein, nimmt die Quittung, dankt ihm, er bedankt sich ebenfalls. Dann schlendert man zur Tür hinaus, duckt sich hinter dem Gebäude und trinkt die gesamte Flasche mit dem ekelhaften Sirup auf fast leeren Magen aus.

Auf dem Etikett steht: *Einen Löffel verabreichen, danach mindestens einen Liter Wasser oder Milch trinken. Auf keinen Fall die gesamte Flasche einnehmen oder verabreichen. Im Falle einer Überdosis begeben Sie sich SOFORT in ärztliche Behandlung.*

Man schlendert den Bürgersteig entlang, ist jetzt viel ruhiger. Im Kopf hat man die Vision, an der Tankstelle anzuhalten, sich vorzubeugen und zu erbrechen, wie man es jeden Tag tut. Man hat die Situation wieder unter Kontrolle. Alles ist gut. Und es wird einem wieder gut gehen.

Plötzlich kann man nicht mehr aufrecht stehen bleiben. Man greift nach der Wand vor dem Laden, die Sonne zieht schreckliche, wirbelnde Kreise am Himmel. Man denkt: Jetzt sterbe ich. Ich habe einen Herzanfall. Man versucht, weiterzugehen, aber man schafft es nicht. Passanten starren einen an. Man versucht, sich nicht darum zu kümmern, man versucht zu atmen. Man stolpert in ein kleines Café, bestellt einen Teller Suppe, denkt, vielleicht hatte ich nicht genug im Magen, damit es wirken kann. Man wird sehr bleich, man ist über und über mit kaltem Schweiß bedeckt, und man kann die Hände nicht mehr ruhig halten. Man sitzt da, den Kopf auf der Tischplatte. Dann kommt die Suppe, man nimmt einen Löffel. Schiebt den Stuhl vom Tisch weg, die Serviette vor den Mund, stößt auf dem Weg zur Toilette ein paar Menschen beiseite. Man schafft es noch nicht einmal mehr, die Toilettentür zu schließen. Man erbricht sich in kranken Schüben, die den ganzen Körper zu zerreißen drohen. Blut ergießt sich auf den Toilettensitz. Man erbricht eine Möhre, einen Bissen Irgendwas, eine Brezel, ungeheure Mengen Wasser und Blut. Wenn man fertig ist, zieht man die Tür hinter sich zu und sinkt auf die Knie. Die Hände gehorchen einem nicht mehr, man muß beide Hände benutzen, um das Toilettenpapier abzureißen, den Sitz sauberzuwischen, die Wände, den Boden. Man bleibt auf dem Boden sitzen, zitternd, etwa eine Stunde lang. Schließlich steht man auf, wäscht sich Gesicht und Hände, geht langsam in die Bibliothek, wo der Bruder einen abholt. Man legt sich auf eine Bank. Wenn er kommt, sagt man: Ich fühle mich nicht besonders gut. Er bringt einen nach Hause. Man legt sich mitten am Nachmittag ins Bett. Man schläft unruhig, wird immer wieder vom plötzlichen Schlingern des Magens in Richtung Kehle wach. Die Bettwäsche ist feucht von kaltem Schweiß.

Jetzt wird man verrückt. Es passiert einfach. Verrückt ist nicht immer das, was man sich landläufig darunter vorstellt. Es ist nicht immer die alte Frau in Turnschuhen, Rock und Schal, die mit ihrem Einkaufswagen durch die Straßen zieht, schreit und nichts und niemanden im besonderen meint, sondern einfach nur durch die Jahre in ihrem Kopf stolpert.

Nein. Manchmal ist es auch ein Mädchen in Stiefeln, Jeans und Sweatshirt, das – die Arme über der Brust gekreuzt und zitternd – nachts durch die Straßen läuft, vor sich hin murmelt und nichts und niemanden im besonderen meint, sondern einfach nur durch die seltsamen, unwirklichen Dimensionen in ihrem Kopf stolpert.

Schlafenszeit, und das Haus wird noch dunkler. Ich sitze am Fenster, warte darauf, daß das Murmeln und Scharren leiser wird. Die Uhr zählt die Minuten, eine kleine Veränderung. Mit einer Hand halte ich mich an der Stuhllehne fest, mache meine endlosen gymnastischen Übungen, warte darauf, daß es 1 Uhr wird. Nur noch vier Stunden bis zum Morgen, denke ich, wenn es 1 Uhr ist. Bis dahin die Gymnastik. Dann die Pullover, Hosen, Kleider auf den Bügeln ordnen, nach Farbe, nach Muster, nach Größe. Schreiben. Ich schreibe einen Gedichtzyklus über eine sterbende Frau. Voyeuristische Gedichte darüber, eine sterbende Frau zu beobachten. Ich schreibe über ihr Schweigen, über das Gesicht, das sie abwendet, über ihr stilles und geduldiges Warten, eine Kriegsbraut, die darauf wartet, daß ihr toter Ehemann zurückkehrt. Darüber, wie sie ihr Ruderboot von der Küste abstößt, ohne Ruder, und durch die Unsichtbarkeit treibt. Ich lese: Einmal eingeschlafen – wer weiß, ob wir wieder aufwachen¿! … Schlaf nicht!

Bleib' fest! Sieh, die Alternative ist – /immerwährender Schlaf. Dein – immerwährendes Haus![26]

Um 1 Uhr nachts ziehe ich meinen Mantel und meine Stiefel an. Gehe die Treppe hinunter, zur Tür hinaus, die lange Auffahrt zur Straße hinab. Manchmal gehe ich zum Haus des zugekifften Jungen. Wir sitzen zusammen und sehen fern. Wir schlafen miteinander, manchmal. Ich erinnere mich nur, daß das Schlafzimmer zwei Fenster hatte, durch die sich das blaue Licht ergoß, und daß es immer klebrig süß roch. Seine Gitarre lehnte an der Wand. Manchmal gehe ich auch nur spazieren. Die Straßen auf und ab, durch die Hügel, durch Nachbarsiedlungen, frierend. Ich zähle die kleinen Lichtquadrate in den Häusern, in denen noch jemand wach ist. Ich frage mich, wer diese Leute sind und was sie wach hält.

Ich ging zu dem kleinen Einkaufszentrum, das die ganze Nacht über geöffnet ist, ein einsames Glühen neben der dunklen Bar, dem dunklen Supermarkt, dem dunklen Schönheitssalon – falsche Fingernägel nur $19. Ich kaufte einen Halbliterbecher Kaffee, schwarz. Ich setzte mich nach draußen auf eine Bank, rauchte, hielt den Becher in beiden Händen.

Ich erinnere mich daran, wie meine Hände aussahen: wie Vögel, papierdünne Haut, blau und taub. Ich hatte Schwierigkeiten beim Greifen. Als der Becher wieder leichter wurde, stand ich auf, immer in Bewegung bleiben. Warten, bis die Morgenröte sich über den Hügeln im Osten zeigte. Ich ging durch den Supermarkt, am Zigarettenregal vorbei, stopfte drei Packungen in den Ärmel meines Mantels. Kaufte eine Packung Kaugummi, eine Packung Zigaretten. Ging noch etwas weiter, eine schmale Straße hinauf, die den Hügel umarmte. Manchmal im schmalen Graben zwischen Straße und Hügel, manchmal auf der anderen Straßenseite, hinter der Leitplanke, die die Autos auf der Straße hielt, die vorbeifliegenden Autos, die mein Haar aufpeitschten, wenn sie vorbeifuhren, deren Scheinwerfer mich streiften, meine Gestalt im Schatten jedoch nicht entdeckten. Manchmal stand ich an dem Geländer über der kleinen Stadt und blickte auf ihre verstreuten Lichter hinab. Ich stand über dem steilen Abhang und fragte mich, ob gleich Wind aufkommen, meine Füße vom Boden lösen und mich in den wabernden Nebel werfen würde, der über dem Tal hing.

Eines Nachts stand ich neben einer Straße, ganz in der Nähe eines kleines Supermarktes. Auf dem Boden lag etwas zu essen, Reste eines Sandwiches, ein paar verstreute Chips. Ich beugte mich nach unten und begann, sie aufzulesen und schob sie in meine Taschen. Ich kann mich nur noch erinnern, daß ich es tat. Ich weiß nicht mehr warum, oder was ich dachte, fühlte oder ob ich es überhaupt merkte. Ich hockte auf der Straße, Scheinwerfer bogen um die Kurve. Mein Gesicht flog nach oben, ganz sicher erschrocken. Ich trug nur dünne Kleidung, es war Winter. Ich hatte meinen Mantel vergessen, am Körper nur ein durchsichtiges T-Shirt, das meine Gestalt lose umflatterte. Beleuchteten die Scheinwerfer den sich schemenhaft darunter abzeichnenden Brustkasten? Die tiefen Höhlen unter meinen Wangenknochen, meine Augäpfel? Welcher Anblick bot sich dem Fahrer? Quietschend kam das Auto zum Stehen. Ein Mann stieg aus. Er streckte mir die Hand entgegen, war vielleicht zehn Schritte von mir entfernt. Geht es Ihnen gut? Keine Angst, ich will Ihnen nur helfen. Er machte einen Schritt auf mich zu. Ma'am, kann ich Ihnen helfen? Ma'am, ich wollte nur –

Ich stürzte davon.

In manchen Nächten versuchte ich zu schlafen, ich versuchte es wirklich. Ich legte mich hin, verkroch mich unter der Decke. Sah aus dem Fenster zu den Schatten und Hügeln der Nacht hinüber. Ich schloß die Augen, dachte: Schlafen, Schlafen. Aber sobald ich mich dem Schlaf näherte, hätte ich schwören können, daß etwas in meiner Brust, etwas, das viel stärker war als mein Körper, sich von mir entfernte – wie kann ich das nur erklären, ohne daß es sich vollkommen absurd anhört? – etwas, das sich aus meinem Körper löste, das dem Fenster, den Hügeln entgegenstrebte. Ich glaube nicht an Gott, aber ich glaube an eine zentrale menschliche Lebenskraft, und in diesen Nächten nahm ich an, daß meine jetzt genug von mir hatte und versuchte, mich zu verlassen. Ich lag da und konzentrierte mich darauf, sie zurückzuziehen. *Geh nicht!* dachte ich. *Verlaß mich noch nicht!*

Aber in manchen Nächten konzentrierte ich mich auch nur darauf, zu fühlen, wie sie davonstrebte und dachte gar nichts.

Ich sprach mit niemandem darüber. Auch nicht über andere Dinge. Nach der Schule, an kalten, hellen Tagen rannte ich zum Parkplatz hinunter, sprang in Julians Auto, und wir fuhren los. Irgendwohin. Wir saßen in kleinen Cafés, tranken sauren Zitronentee, plötzlich ganz schüchtern. Kletterten auf eines der Dächer, betrachteten den Himmel und sprachen über Musik und über Gott. Beim Morgengrauen wanderten wir manchmal über die Hügel am Rande der Stadt. Er wartete im Dunkeln am Ende der Auffahrt auf mich, und meine Schritte, die durch Frost und Schmutz knirschten, schossen in den Nebel hinaus. Wir beobachteten den Sonnenaufgang über dem verborgenen See, saßen dicht beieinander, ohne uns zu berühren. Wir redeten, sehr leise, von der Zeit. Wir sagten, wie unglaublich es war, daß zwei Menschen so gute Freunde sein konnten, und wir lagen dicht beieinander wie Geliebte, ohne uns zu berühren, nicht ein einziges Mal.

Ich war sehr verliebt in ihn, und es tat ungeheuer weh. Weil es aufrichtig und schrecklich unschuldig war, weil er ein Junge aus einer kleinen Stadt war, der ein gutes Leben führte und an die Welt und seine Macht, sie zu verändern, glaubte. Er glaubte an die Liebe und die Ewigkeit und an die Menschen. Weil ich nicht diejenige war, die er in mir sah, und weil ich ihm nicht zeigen konnte, was ich war. Ich wollte es ihm sagen, aber ich konnte es nicht.

Jahre später, als wir schon längst verheiratet sind, trauern wir gemeinsam um diese Zeit. Ich hätte es sehen sollen, sagt er. Ich war so ein Idiot, wie konnte ich es nur übersehen? Wir legen unsere Stirnen aneinander, und ich sage ihm, wieder und wieder, daß er es nicht sehen konnte.

Niemand sah es. Nicht die Menschen, mit denen ich zusammenlebte, nicht meine Lehrer. Meine Eltern, die zwar aus der Ferne versuchten, ein Auge auf mich zu haben, hatten keine Möglichkeit, einzuschätzen, was wirklich vor sich ging. Meine medizinischen »Betreuer« waren inkompetent. Mein Leben war Tag und Nacht: der Tag, das Licht, ein sechzehnjähriges, verliebtes Mädchen. Die Nächte verbrachte ich damit, jemanden, der aussah wie ich, dabei zu beobachten, wie er in einem dunklen Zimmer, in dem es nach Marihuana stank, Sex hatte oder wie diese Person, buchstäblich verrückt vor Hunger und Schlafmangel, durch Straßen wanderte, die für ein Mädchen nicht sicher waren.

Aber sie ist gar kein Mädchen mehr, zumindest nicht mehr ganz. Der Schein des Irrsinns trügt. Die Zeit steht still. Mein ganzes Leben lang war ich von dem Gedanken an die Zeit besessen, an ihre Bewegung und Geschwindigkeit, an die Art, wie sie einen verändert, wie sie einen vorantreibt, ein Kieselstein, der ins Wasser fällt und seine Kreise zieht. Ich war immer von dem Gedanken daran besessen, wohin ich gehen, was ich tun und wie ich leben würde. Doch jetzt hoffte ich nicht länger darauf, daß die Zeit mich eines Tages in einen wertvollen Menschen verwandeln würde. Der Gedanke an die Zeit war jetzt nur noch mit einem verbunden: mit dem Tod. Ich verbrachte meine Zeit damit, auf ihn zu warten. Und selbst damals war mir das klar.

Weihnachten nahm ich den Zug nach Portland, um meine Eltern auf neutralem Terrain zu treffen. Während der Fahrt schrieb ich unaufhörlich, mied Schlaf und Nahrung. Ich stieg aus dem Zug. Mittlerweile fiel mir das Laufen schwer, meine Bewegungen waren langsamer geworden. Ich beobachtete, wieviel Mühe meine Hände hatten, wenn sie sich zur Faust schließen und wieder öffnen oder sich vom Stift zum Papier zum Kaffeebecher bewegen wollten. Meine Eltern standen nebeneinander auf dem Bahnhof. Sie lächelten nicht. Als ich meine Mutter Jahre später fragte, was sie damals dachte, antwortete sie: Du sahst aus wie ein KZ-Flüchtling. Wir fuhren zum Haus meiner Tante und meines Onkels. Wir aßen zusammen zu Abend, Spaghetti und Baguette. Ich erinnere mich, wie ich Butter auf das Brot schmierte. Ich aß, dann erbrach ich mich. Am Abend saß ich bei meiner Mutter auf dem Schoß, lehnte mich an ihre Brust, schläfrig und endlich warm.

Ich hatte keine Ahnung davon, aber meine Eltern riefen am nächsten Tag voller Panik das TAMS in Minneapolis an. Meine Mutter berichtete Kathi, daß ich wie ein Skelett aussähe. Mein Vater war außer sich vor Zorn. Was zum Teufel geht hier vor sich? Wie zum Teufel konnte das passieren? Sie hat mindestens 12 Kilo verloren! Ich machte fröhlich weiter. Ich weigerte mich mittlerweile, in Gesellschaft anderer zu essen, schwor, daß es besser für mich war, meine Mahlzeiten allein einzunehmen. Ich beugte mich über den Balkon der Wohnung meiner Großmutter und kratzte mein Essen vom Teller, sah zu, wie es vierundzwanzig Stockwerke in die Tiefe fiel. Ich kann kein Brot essen, sagte ich, oder Fleisch oder Käse. Ich kann keine Milch trinken. Mir geht es wirklich gut, sagte ich. Ganz bestimmt. Ich habe in der Therapie wirklich hart gearbeitet.

Wie zum Teufel konnte das passieren? Ich hatte die Waage meiner Therapeutin manipuliert. Das war leicht. Ich kam etwas früher, es war eine normale Personenwaage. Drehte an der kleinen Scheibe, hüpfte drauf. Gut, sagte sie. Ich hüpfte herunter. Bei der Ernährungsphysiologin machte es die medizinische Waage etwas schwieriger. Nach der letzten Schulstunde stopfte ich mir die Taschen voll, während meine Mitschüler sich über dieses bizarre Verhalten kaputtlachten. Jedes Schmuckstück, das ich besaß, kiloweise Bonbons. Ich trug T-Shirts mit zusätzlichen Taschen, steckte mir Steine ins Höschen und in den BH, manchmal ein paar Bücher in die ausgebeulte Tasche meines Sweatshirts. Drei oder vier Kleiderschichten, Fisherman's Pullover über den Sweatshirts, T-Shirts, dann ein Mantel. Mehrere Schichten Hosen, lange Unterhosen, Strümpfe. Dann Wasser. Je mehr Gewicht ich verlor, um so mehr Wasser mußte ich trinken, vier, sechs, acht Liter am Tag und sie dann bis zu dem Termin zurückhalten. Die Ernährungsphysiologin war eine nette und rücksichtsvolle Frau. Ich sei schließlich früher einmal Anorektikerin gewesen, sagte sie, also hätte ich für die Prozedur doch sicher

Verständnis. Ich nickte mitfühlend. Wir gingen meine Ernährungsaufzeichnungen der letzten Woche durch, meine ordentlichen, kleinen Notizen, drei volle Mahlzeiten, Zwischenmahlzeiten, Vitamine. Sie gratulierte mir bei kleinen »Extras«, einem Keks, einem Schokoriegel. Ich war sehr gut im Ausfüllen dieser Bögen, tat es während der Mittagspause am Tag unseres Termins. Versuchte, mich daran zu erinnern, was normale Menschen aßen. Schrieb es auf. Gleich nach der Sitzung rannte ich auf die Toilette und pinkelte wie ein Rennpferd.

Im Brief des TAMS steht:

Wiegen Sie Marya immer in Krankenhauskleidung, niemals in Straßenkleidung, und zwar nachdem sie auf Toilette war. Überprüfen Sie das spezifische Gewicht von Maryas Urin häufig. Wenn es unter 1,006 fällt, dann speichert sie Wasser.

Ich bin sicher, daß die Weinachtsferien richtig schön waren. Aber ich erinnere mich nur noch an das, was ich aß und wann und wo ich es erbrach. Außerdem erinnere ich mich an mein makaberes Weihnachtsgeschenk an meine Eltern: Ich war so verblendet, daß ich ihnen doch tatsächlich eine Sammlung meiner letzten Arbeiten überreichte. Titel: »Gesundheit«. Selbstmordgedichte. Ein Zyklus mit dem Titel »Alex«, die sterbende Frau. Im letzten Gedicht gibt sie den Löffel ab. Sie sind nicht über mich, beharrte ich. Bist du sicher¿ fragte mein Vater. Oh ja, sagte ich. Das ist alles nur erfunden.

Zugfahrt zurück nach Kalifornien. Autofahrt zurück nach Santa Rosa. Am Tag, nachdem ich Portland verlassen habe, habe ich plötzlich keine Hemmungen mehr und erbreche das unverdaute, spaghettiförmige Abendessen auf den Boden, wo es jeder sehen kann. Meine Eltern rufen im TAMS an, Kathi sagt, bringen Sie sie her, sofort. Meine Eltern informieren die Menschen, bei denen ich in den letzten Wochen gelebt habe. Ich bekomme von all dem nichts mit. Ich tue nichts Besonderes, außer über den Tod nachzudenken. Ich warte, wandere nachts durch die Stadt, schüttele die Hände der vagabundierenden, stockbesoffenen Männer mit den grauen Bärten von meiner Schulter. Die Leute, bei denen ich wohne, finden, daß es mir doch schon viel besser geht – zumindest soweit sie es beurteilen können – und daß es mich nur noch einmal aus der Bahn werfen würde, wenn man mich jetzt nach Minnesota zurückschaffen würde, wo ich doch gerade angefangen hatte, Wurzeln zu schlagen. Meine Eltern sagen, Scheißwurzeln, sie stirbt. Tut sie nicht. Tut sie doch. Tut sie nicht. Meine Eltern rufen meine Stiefbrüder an. Ich sitze auf dem Wohnzimmerboden im Haus meines

Freundes, bin völlig zugekifft, klettere auf 30 Meter hohe Fenstersimse, weil ich mich für eine Katze halte. Kriege die Mampferitis, verbringe drei Stunden mit dem Versuch, ein Brötchen aufzuschneiden. Drehe es immer weiter im Kreis, bis es nur noch aus Krümeln besteht, gebe auf. Trinke statt dessen.

Meine Brüder kommen ohne Vorwarnung aus der Schule zurück. Man informiert mich, daß ich ganz schön in der Scheiße sitze. Zwei Tage nach meiner Abreise werde ich von der Autobahnpolizei aufgegriffen, als ich gerade über den Highway 101 laufe. Wo wollen Sie denn hin, Miss? Mexiko. Oh? Entschuldigen Sie, ich muß gehen – auf dem Rücksitz eines Polizeiautos einschlafen, gemütliche Fahrt. Sie setzen mich am Ende der Autobahn ab, ich sage, ich will nicht, daß sie meinen Mann aufwecken, sie geben mir die Nummer der Telefonseelsorge und des nächstgelegenen Frauenhauses, falls ich Hilfe brauche. Sicher, sage ich. Irgend jemand sorgt dafür, daß ich nach Minneapolis zurückkehre. Ich verabschiede mich. In der Nacht vor meiner Abreise fresse ich wie eine Wilde in der Küche meines Freundes, Eis, Käsesandwiches, mache mir selbst vor, daß ich genug zunehmen kann, um nicht ins Krankenhaus zu müssen. Mein Freund sagt sanft: Iß nicht zu viel. Ich lache. Sex ein übelkeiterregendes Geschaukele, aufgeblähter Bauch, pochender Kopf. Als ich am darauffolgenden Morgen aufwache, erbreche ich alles, was ich am Abend zuvor gegessen habe. Mir wird klar, daß ich keine Nahrung mehr verdauen kann. Nach meinem letzten Schultag fahren Julian, Rebecca und ich in ein Bistro. Ich trinke Kaffee. Ich schwöre, daß ich zurückkommen werde. Bald, sage ich, sehr bald. Ich muß einfach nur ein bißchen zunehmen, keine große Sache, ich komme nächsten Monat wieder. Im Auto fangen Julian und ich an zu weinen. Ich will es ihm erzählen. Aber ich sage ihm nur, daß ich ihn liebe. Ihn, den einzig gesunden Teil meines Lebens. Ich halte mich so sehr an ihm fest, daß ich schon befürchte, ihn zu zerbrechen. Er weiß nicht, was los ist. Sieht mir nach, als ich langsam die Auffahrt hinaufgehe. Auf dem Weg halte ich an, um eine Pause zu machen. Zum ersten Mal erkennt er, wie dünn ich bin. An diesem Tag habe ich mir nicht die Mühe gemacht, es zu verbergen. Es hatte keinen Zweck mehr.

Meine Brüder auf der vorderen Veranda, kein Lächeln. Ich sage Hi. Sie sagen Hi. Das letzte, an das ich mich erinnere, ist, daß einer von ihnen ganz einfach sagt, daß er es nicht ertragen kann, mit ansehen zu müssen, was ich mir antue. Er starrt in die Ferne und schüttelt den Kopf.

Als nächstes sitze ich im Flugzeug. Abflug, mein Blutdruck fällt in den Keller, und ich – es erstaunt mich selbst heute noch, wie wenig Beachtung ich dem allen schenkte – bin überrascht. Ich neige den Kopf zurück, versuche, mein Herz zum Schlagen zu zwingen, frage mich, was wohl mit mir geschieht, wenn ich im Flugzeug einen Herzanfall habe. Wie ein stetiger Strom fließt unaufhörlich eine Stimme durch meinen Kopf: *Ich bin erst sechzehn! Aber ich bin doch erst sechzehn!* Ich schlafe oder werde ohnmächtig. Ich steige aus dem Flugzeug; Mutter, Vater, Tante, Onkel, zwei Cousins nehmen mich in Empfang, stehen dicht gedrängt beieinander, angespannt. Ich sage Hallo. Meine Cousins sagen, Hey, Mar. Meine Tante sagt wütend, Wir haben gehört, daß du wieder gekotzt hast. Ich bin zu müde, um aufzubrausen. Ich nicke nur.

Am folgenden Tag gehe ich im TAMS die Treppe hinauf, die zu Kathis Büro führt. Ich halte mich am Geländer fest. Im Türrahmen frage ich gutgelaunt: »Na, wie sehe ich aus?« Ich strecke die Arme aus, als ob ich ein neues Kleid vorführen wollte. Sie sitzt auf ihrem Schreibtisch und sieht sich die Ergebnisse der Untersuchung an, die ich gerade hinter mir habe. Sie sagt: »Setzt dich.« Ich bleibe stehen, mit blödem, leerem Blick. »Na, wie sehe ich aus?« wiederhole ich. Ihr Kopf schnellt in die Höhe. Sie sieht mich an und zischt: »Setz dich, bevor du tot umfällst.«

Ich setze mich. Sie starrt mich an. Sie sagt: »Mein Gott.«

Methodist Hospital, Klappe, die zweite. Mir ist eiskalt. Ich trage meinen Mantel. Sie durchsuchen meine Handtasche, meinen Koffer. Ich gleite auf den Boden hinunter, während die Krankenschwestern, die mich gut kennen, mir ein Zimmer und eine Schwester zuweisen, die meine Ansprechpartnerin sein soll. Jemand kommt zu mir herüber, zieht meinen Arm aus dem Ärmel, mißt, wie üblich, Blutdruck, Puls, Temperatur, bringt mich in den Aufenthaltsraum, setzt mich auf die Couch. Sie tun mir am Arm weh, sage ich. Meine Hände in den Manteltaschen: Ich reibe die Schachtel Abführmittel, die ich hineingeschmuggelt habe. Meine Manteltaschen haben sie nicht durchsucht. In dieser Nacht schlafe ich im Aufenthaltsraum, befinde mich unter ständiger Beobachtung, eine Art Intensivstation. Das Licht aus dem Schwesternzimmer hält mich bis zum Morgengrauen wach.

Während ich wach liege, denke ich über Dr. J. nach. Was wird er wohl zu mir sagen, wenn er mich am nächsten Tag sieht. Ich denke an etwas, das er mir beim letzten Mal gesagt hat. Eines Morgens saß er in seinem Stuhl und sagte mit herablassendem Grinsen: Nun, schließlich ist es ja nicht so, als ob du Anorektikerin wärest und nur noch 30 Kilo wögest.

Sieben Monate später meine triumphale Rückkehr. Nicht 30 Kilo, aber näher dran denn je, nur wenig mehr als 40 Kilo. Ich lag im Bett und preßte die Knochen meiner Knie aneinander. Dann wippte ich mit ihnen hin und her, ließ sie in melodischem Rhythmus aneinanderstoßen: klackklackklack.

MARYA JUSTINE HORNBACHER. W. Geb. 04-04-74

I. Achse I:
   A. 1. Anorexia nervosa, 307,01
      2. Unterernährung; schwere Verhungerungserscheinungen
   B 2. Bulimia nervosa, 307,51
   C 3. Starke, chronische Depression, 296,33

II. Achse II:
   A. 1. Gemischte Persönlichkeitsmerkmale

ANMERKUNGEN: BRADYKARDIE, HYPOTONIE, ORTHOSTATISCHE ALBUMINURIE, ZYANOSE, HERZARRHYTHMIEN, SCHWERE ULZERATION DER VERDAUUNGSORGANE

ZWISCHENSPIEL
5. November 1996

Wissen Sie, manchmal bin ich es leid, über all das zu schreiben. Ich wache morgens auf. Ich liege eine Weile im Bett und versuche, mein Herz zum Schlagen zu zwingen, *eins* zwei drei vier, *eins* zwei drei vier. Die Katze liegt auf meinem Bauch und schaut mich wütend an. Julian hat die Kissen in Beschlag genommen. Alles ist an seinem Platz: Die Bilder hängen noch an den Wänden, keiner ist nachts hereingekommen und hat meine Sachen geklaut, niemand hat mich verlassen, nichts fehlt, nichts ist anders.

Ich ziehe drei Blusen und zwei Hosen an und wieder aus, bevor ich mich entscheide, was ich heute trage. Ich rauche und schminke mich. Ich betrachte mein Gesicht von allen Seiten. Irgend etwas stimmt nicht mit ihm. Es stimmt nie. Ich sehe auf und betrachte meinen Hintern, meine Hüften, meine Schenkel, überprüfe, wie mein Oberarm aussieht, wenn ich ihn dicht an meinen Körper presse. Dicker? Ist die linke Seite meines Hinterns dicker als vor zwei Wochen? Julian kommt mit Kaffee ins Zimmer. Sehe ich aus, als ob ich zugenommen hätte? frage ich. Er sagt nein. Ein immer wiederkehrendes, ermüdendes Spielchen. Ich frage, er sagt nein. Ich sage, du lügst. Er sagt, nein, tue ich nicht. Ich betrachte die rechte Seite meines Hinterteils im Spiegel. Er setzt sich in meinen Sessel. Ich sage, das sagst du immer. Er sagt, Ich weiß nicht, was ich dir sonst noch sagen soll, Schatz. Ich frage: Also im

Ernst: Sehe ich aus, als ob ich zugenommen hätte? Er sagt, Nein. Ich sage, Aber sehe ich aus, als ob ich abgenommen hätte? Er sagt, Nein.

Das erscheint mir unmöglich. Es kommt mir biologisch unmöglich vor, dieselbe Größe zu halten, obwohl ich es muß. Ich habe das Gefühl, immer dicker oder dünner zu sein als die Norm. Möglicherweise liegt es an meinem Höschen. Es sitzt knapper als sonst. Als wann? Keine Ahnung. Aber man ist absolut sicher, daß es stimmt. Und es verdirbt einem den Tag. An diesem Abend geht man mit seinem Ehemann, seinem Geliebten, seinem Freund, seinem Boß, wem auch immer ins Bett, dann dreht man sich zur anderen Seite, blickt zur Tür, rollt sich wie ein Fötus zusammen. Eine Hand schlängelt sich zu einem hinüber. Man sagt: Ich bin müde, laß mich. Ich habe Kopfschmerzen, mir ist schlecht. Hör auf, geh weg, laß mich in Ruhe. Denn im Laufe des Tages ist man auf die Größe eines kleinen Nilpferdes angewachsen. Man ist sich dessen sicher, die Haut spannt, man würde sie am liebsten abziehen, man schwitzt.

Dies ist der langweilige Teil von Eßstörungen, die Spätfolgen. Man ißt und haßt das Essen. Aber natürlich *muß* man essen. Eigentlich ist einem die Vorstellung, zurückzukehren, nicht besonders angenehm. Mit erstaunlicher Klarheit erkennt man, daß es viel schlimmer wäre zurückzukehren, als diejenige zu bleiben, die man ist. Für jeden Menschen ohne Eßstörung ist das überhaupt keine Frage. Aber nicht für einen selbst. Es ist *vorbei*, und dieses Stadium hat ebenfalls etwas Unheimliches. Wenn jemand darum bäte, könnte man jeden Quadratzentimeter der eigenen Haut malen, jeder Makel nimmt riesige Ausmaße an, jeder Leberfleck, jede Rundung, jede Falte, jeder Knochen, Haare, Pickel, außer dem Rücken, der einem immer schon Sorgen bereitet hat, weil man sich nicht von hinten sehen kann. Er könnte einem sozusagen »in den Rücken fallen«. Man gilt nicht mehr als eßgestörte Person. Und man fühlt sich schlecht dabei. Man hat das Gefühl, daß man eigentlich ein *Recht* darauf hat, wichtig zu sein. Man verdient die Sorge der anderen, man sollte immer noch die Macht haben, ein paar hektisch umherlaufende Schwestern zu aktivieren, die sich um einen kümmern, wenn sie auch ihre Verachtung schlecht verbergen, sollte immer noch das triumphierende Grinsen des Skeletts aufsetzen dürfen.

Aber man lebt jetzt in der Gegenwart. Der Ehemann nippt an seinem Kaffee, sagt, Aber Liebes, es ist mir *egal*, wenn du zugenommen hast. Und triumphierend und logisch wie die Schwarze Schachkönigin aus *Alice hinter den Spiegeln* kreischt man: Siehst du? Ich *habe* zugenommen! Ich wußte es! Und er seufzt. Man fragt noch einmal, Sehe ich dick aus? Nein. Plump?

Nein. Habe ich Rundungen? Naja, du bist eine Frau. Was meinst du damit? Ich meine – ich meine –

Ich stelle mir vor, wie Ehemänner auf der ganzen Welt im Türrahmen stehen und in ein schreckliches Dickicht aus Worten verstrickt werden, die Füße und Hände sind ihnen durch die heiklen Worte gebunden, die ebenso schillernd und bedeutungslos sind wie die Seiten einer Illustrierten.

Kapitel 6

GEFÄNGNIS

Minneapolis, 1991

Oh, es hat keinen Sinn, die Sterbenden zu lieben.
Ich habe es versucht.
Ich habe es versucht, aber es ist unmöglich,
es ist unmöglich, die Toten zu bewachen.
Du bist ihr Wächter, und es ist dir unmöglich,
das Tor verschlossen zu halten.

Anne Sexton, »Briefe an Dr. Y«, 1964

Januar 1991. Als meine Eltern neben mir im Krankenhaus saßen und mich im Arm hielten, schluchzte ich. Ich wollte wieder raus. Ich wollte zurück nach Kalifornien. Im Fernsehen berichteten sie über den Golfkrieg. Ich wollte bei Julian sein, wollte seine Augen sehen und sein lustiges Lachen hören. Die durchdringenden Krankenhauslichter schmerzten in meinem Kopf. Ich wollte wieder zurück in meine Traumwelt. Nachts, in der Dunkelheit, die mir die vertraute Auflösung der Objekte, die Loslösung von Perspektive und Raum brachte, formulierte ich inständige Bitten, schrieb wilde, manische Gedichte, quer über die Seite gekritzelt, vollkommenen Unsinn, eine Reihe von Zufallsgedichten, 100 Strophen wahnhaften Wanderns. Ich wollte sterben, genau jetzt. Ich hatte die Vorstellung in meinem Kopf, daß das Sterben wunderschön wäre, ein einfaches Lockern der Fußangeln, die mich am Boden hielten. Ich würde abheben, hinauffliegen zum Himmel, über den vereisten, weißen Straßen dahintreiben, ja, das war der Tod, und ich war eine Prinzessin, die in einem Käfig gefangen saß und an gebrochenem Herzen starb. Das war der Tod.

Ich verstand noch nicht, daß das Keuchen und Schnaufen meines Herzens der Tod war. Das nervöse Flackern in meinen Augen, meine Hände, die sich ineinander verschränken, um warm zu werden, daß dies ebenfalls der Tod war. Die Unfähigkeit zu verstehen, daß mein Körper von mir abfiel wie ein Paar alter Hosen, daß dies auch der Tod war. Ich verstand es nicht. Ich kam nicht auf die Idee, daß ich verrückt geworden war. Ich kam nicht auf die Idee, daß ich entweder bald sterben oder ein für allemal eingesperrt werden würde. Ich weiß, daß ich während meines Krankenhausaufenthaltes um eine Schere bat und mein taillenlanges Haar auf Kinnlänge abschnitt. Der Freund einer Mitpatientin meinte, daß ich wie ein Model aussähe. Ich war natürlich begeistert, und die offensichtliche und kranke Bedeutung dessen, was er meinte, entging mir. Wenn ich Freizeit hatte und nicht unter Aufsicht stand, kotzte ich in meinen Koffer oder zum Fenster hinaus. Ich weiß, daß ich eines Tages auf meinem Bett saß und ein Gespräch unter vier Augen mit einer Krankenschwester hatte. Sie erklärte mir ganz langsam, daß ich nicht mehr klar sprach und daß das, was ich sagte, keinen Sinn ergab. Sie trug ein rotweiß gestreiftes Hemd. Ich trug nur eine Decke. Ich begann zu weinen. Ich sagte, Sie verstehen mich nur nicht. Aber eine schreckliche Angst hatte von mir Besitz ergriffen. Mir kam der Gedanke, daß ich mein Leben vielleicht vollkommen zerstört hatte. Diesmal würden sie mich nicht mehr 'rauslassen. Und das eine, was bleibt – in guten wie in schlechten Tagen – mein Geist, schwand dahin. Oder war bereits zerstört.

In der letzten Februarwoche stabilisierten sich meine Lebenszeichen wieder, und meine Versicherung stieg aus. Ich wurde wegen Nichteinhaltung der Regeln und unbezahlter Rechnungen entlassen. Eßstörungen werden von den Versicherungen als vorübergehend betrachtet. Man definiert die Patienten als geheilt, sobald die Herzfrequenz sich wieder etwas normalisiert hat. Ich kehrte ins Haus meiner Eltern zurück, bekloppter und kränker als am Tag meiner Einlieferung. Das winzige bißchen an Gewicht, daß ich im Krankenhaus zugelegt hatte, ängstigte mich, und kaum war ich entlassen, hörte ich ganz mit dem Essen auf. Ich meldete mich in der High School an, an der meine Mutter mittlerweile stellvertretende Rektorin war, wurde schon am zweiten Tag dort ohnmächtig, ging zur Schulkrankenschwester. Ich versuchte, im Büro meiner Mutter zu Mittag zu essen, konnte es nicht, aß nichts. Die Leute starrten mich auf den Fluren nur an. Ich brauchte ein paar Tage, um mitzubekommen, daß sie mich anstarrten, weil ich so dünn war. Bei diesem Gedanken fühlte ich mich besser, denn das bedeutete, daß wenigstens etwas in diesem totalen Chaos gut gelaufen war. An den Abenden saß ich mit meinen Eltern am Eßtisch und starrte auf meinen Teller. Ich erinnere mich an den Abend, an dem ich buchstäblich, bei Gott, nicht wußte, was ich mit der Gabel anfangen sollte. Ich nahm sie zur Hand. Ich hielt sie fest. Ich fing an zu weinen. Ich kann nichts essen, sagte ich. Ich fühlte mich schrecklich. Tatsächlich *wollte* ich sogar etwas essen, und sei es nur, um den entsetzlichen Schrecken aus den Gesichtern meiner Eltern zu vertreiben, und sei es nur, damit sie ein- oder zweimal lachten oder mich anschrien oder wenigstens etwas weniger sanft mit mir sprachen und nicht ständig einen Ton anschlugen, als ob ich jeden Augenblick zusammenbrechen würde. An diese Sanftheit war ich nicht gewöhnt. Sie hüllte den Abendbrottisch in ein Leichentuch, lag wie ein Nebel über den Tellern. Es gab keinen Streit, überhaupt keinen, meine Eltern starrten mich nur an (ausnahmsweise einig: Unser Kind hat den Verstand verloren), traurig, und ich starrte voller Panik auf meinen Teller. Rechts neben dem Eßtisch hing ein Spiegel. Darin sah mein Gesicht wie ein Gemälde von Picasso aus: Wangen und Kinn ohne jede Proportionen, die Augen am Rand aufgeklebt. Vollkommen allein.

Mein Vater sagt über jene Zeit: Du warst sehr lieb. Es war fast, als ob du dich von uns verabschieden wolltest. Ich denke, meine Liebenswürdigkeit, mein bedauerndes Lächeln kam ihnen ebenso seltsam und beängstigend vor wie mir das ihre. Es war fast, als ob auch sie sich von mir verabschieden wollten.

Mein Vater saß die ganze Nacht im Zimmer meiner Kindheit an meinem Bett, die Luft war schwer von dem Geruch, der auch in Krankenhausfluren hängt. Kein Puls an Schläfe oder Handgelenk. Die weiße Decke über meinem Körper hob und senkte sich nicht. Und so zog er einen losen Faden aus der Decke und hielt ihn über meinen Mund. Da saß er nun, wartete darauf, daß der Faden sich bewegte, und sei es auch nur ein bißchen, die ganze Nacht, jede Nacht in diesem endlosen Monat. In manchen Nächten wurde ich durch das Meer des Schlafes hochgezogen, hörte die undeutliche, blubbernde Stimme eines Mannes, Marya, wach auf. Bitte, wach auf, Liebes, komm schon. Mein Körper klapperte wie der einer Marionette, jemand schüttelte mich, mein Kopf war zu schwer, als daß ich ihn hätte aufrichten können. Marya, sag etwas. (Erschöpft: Was¿) Nichts. Schlaf weiter. Seine Stimme undeutlich und wie aus weiter Ferne, mein Schlafzimmer dunkel. Ich sank in die Kissen zurück, spürte, wie der Schlaf mich überspülte, eine Welle schwerer als Gott.

Schwindlig gehe ich aus dem Klassenzimmer hinaus, zurück auf die Krankenstation, jeden Tag. Werde im TAMS gewogen. Innerhalb einer Woche nach meiner Entlassung als Notfall wieder eingeliefert. Ich wog sechs Kilo weniger als einen Monat zuvor. Sie vermuteten Abführmittel. Ich versuchte, ihnen zu erklären, daß ich noch nicht einmal mehr die Geistesgegenwart hatte, ein Buch zur Hand zu nehmen, geschweige denn, mich in den Drugstore zu schleppen und dort Abführmittel zu klauen. Ich aß nur einfach nichts mehr, mein Körper hatte aufgegeben. Ich erinnere mich, wie ich in Kathis Büro saß und mein Vater meine Schultern so fest hielt, daß ich blaue

Flecken davon bekam. Er rief meine Mutter im Büro an, um ihr zu sagen, daß ich wieder eingeliefert worden war. Ich erinnere mich daran, wie seine Stimme plötzlich ganz ruhig wurde: Judy, wein' doch nicht. Komm schon, reiß dich zusammen.

Ich erinnere mich, wie ich dachte: Sie hat heute Geburtstag. Eigentlich sollten wir heute abend essengehen.

Ich erinnere mich, wie ich dachte: Ich habe meine Mutter noch nie weinen sehen.

Noch nie in meinem Leben, weder vorher noch danach, fühlte ich mich dermaßen schuldig.

Methodist Hospital, Klappe, die dritte. Ich ging zum Abendessen, saß vor meinem halben Brötchen mit Erdnußbutter, sah wieder weg, kroch in meinen Mantel. Natürlich starrten mich alle anderen Patientinnen an. Schließlich war ich doch gerade erst entlassen worden. Ein Mädchen, mit dem ich mich gut verstanden hatte, beugte sich zu mir herüber und sagte, Marya, iß etwas. Du hast letzte Woche doch ganz gut gegessen. Ich sagte, ja, stimmt.

Es ist nicht besonders höflich, beim Abendessen zu sagen, daß man nur gegessen hat, um wieder herauszukommen und mit dem Essen ganz aufzuhören. Es hat keinen Zweck, seine Tricks preiszugeben. Auf den Krankenstationen, die sich auf Eßstörungen spezialisiert haben, unterstützt man einander bekanntlich beim Heilungsprozeß. Dann hat man weniger Konkurrenz.

Das nächste, an das ich mich erinnere, ist das Ende des dortigen Aufenthaltes. Der Rest ist weg. Wir – ich, Dr. J., die betreuende Schwester, Kathi, meine Eltern – im Konferenzraum. Sie diskutierten darüber, was nun mit mir geschehen sollte, weil ich an diesem Punkt außerhalb jeglicher Kontrolle war. Ich starrte zum Fenster hinaus, klopfte mit dem Fuß so fest ich konnte auf den Boden und dachte: Butter, Butter, Butter, Butter, versuchte, mir die Butter abzutrainieren, die ich zum Frühstück gegessen hatte, indem ich auf meinem Stuhl hin und her zappelte und ständig in Bewegung blieb. Grauer, nebliger Tag, schmutziger Schnee draußen auf den Straßen, acht Stockwerke unter uns. Ich erinnere mich, daß sie darüber sprachen, wie unwahrscheinlich es war, daß andere Kliniken für Eßstörungen mich angesichts meiner Krankengeschichte und der Tatsache, daß die Therapie bei mir so gar nicht anschlug, aufnehmen würden. Stimmen und Stimmen. Dr. J. warf die Arme in die Luft, meine Eltern schüttelten die Köpfe, meine Mutter verbarg das Gesicht in den Händen. Kathis ruhige, leise Stimme, die Stimme der Vernunft. Butter, Butter, Butter, Butter, Butter, Marya? (MARYA.) Ich kam schlagartig zu Bewußtsein. Hmm? (Willst du gesund werden?) Ich bin nicht krank. Summen in meinem Kopf. Gewohnheit, meinen Puls zu messen, kalte Finger die ich unter die Manschette meines Mantelärmels schiebe, auf die dünne Haut an meinem Handgelenk. Er schlägt noch. Verliere den Faden, während ich zähle, fange noch einmal an. Ein kleines, ganz heimliches Kichern. Ich kann nicht mehr zählen. Häßliches Ende des Winters, grauer Schnee und Ruß auf den Straßen, kahle Bäume. (Marya.) Hmm? (Sehen Sie, was ich meine? sagt jemand, nicht zu mir.)

Willmar.

Das Wort schießt durch den Raum, kracht durch den Nebel wie eine Gewehrkugel. Ich setze mich in meinem Sessel auf. Hat jemand Willmar gesagt?

Schweigen. Alle starren mich an.

Ich fange an zu schreien.

Willmar. Staatliches Irrenhaus von Minnesota. Für die Verrückten. Wo man zurückgelassen wird, um in der freundlichen, stillen Fürsorge dieser netten Männer in den weißen Kitteln zu sterben. Never promised you a rose garden! schreit das kleine Mädchen, das nur noch aus Augen und ausgebeulten Klamotten zu bestehen scheint. Leckt mich doch alle am Arsch! schreit sie. Ich gehe nicht, ich gehe nicht, ich gehe nicht! Verzweifelt wendet sie sich an ihre Mutter. Hast du den Verstand verloren? Du würdest es zulassen, daß man mich dort hinbringt? *Leck mich am Arsch!* Sie rennt aus dem Zimmer, wirft sich auf ihr Bett, wartet auf das Schluchzen. Aber sie ist völlig empfindungslos, wie taub. Merkt, daß sie nicht mehr weiß, wie man weint. Faszinierend. Keine Aufsicht. Schnell zur Seite des Bettes. Sie hebt den Deckel des ranzig riechenden Koffers. Erbricht die Butter.

Schnell zurück. Es wäre wahrscheinlich sogar ganz interessant. Die staatliche Klapsmühle! Was soll's. Jetzt kann ich sowieso nichts mehr dagegen tun.

Aus dem Krankenhaus hinausgeworfen, ein paar Tage Fahrt, halb schlafend oder halb tot, auf dem Rücksitz eines Autos, während meine Eltern an die Türen von Behandlungszentren klopfen und bei Versicherungsgesellschaften vorsprechen. Ein paar Unterhaltungen mit Ärzten. An ihre Gesichter erinnere ich mich nur schemenhaft. Ich weiß noch, wie das Licht durch die Fenster schien. Ich weiß nicht mehr, was man mich fragte oder was ich antwortete. Nur, daß wir jedes Mal wieder gehen mußten, abgelehnt worden waren.

Wie durch ein Wunder erreicht Kathi, daß ich nicht in Willmar lande. Wir schreiben den 19. März 1991: Ich stehe vor der Tür des Lowe House, einer psychiatrischen Klinik für Kinder. Das Gebäude sieht aus, als ob es in den fünfziger Jahren erbaut worden wäre, viereckig, aus Ziegelsteinen mit seltsamen babyblauen Läden vor den Fenstern, auf der Südseite ein Hochsicherheitstrakt mit einem kahlen Park in der Mitte.* Es graupelt. Ich zittere vor Kälte. Meine Mutter weint und trägt einen grünen Mantel. Ich habe, wie immer, nicht die leiseste Ahnung, was überhaupt los ist. Also wieder ein Krankenhaus, denke ich. Ich werde schon herausfinden, wie ich da wieder herauskomme. Eine Frau kommt an die Tür. Ich hasse sie auf den ersten Blick. Sie stellt sich mir vor. Eine einschmeichelnde Stimme. Ich sage nichts. Ich betrachte die kahlen Büsche in der Umgebung des Gebäudes, Bündel aus schwarzen Stöcken. Ich sage, Tschüs Mom Dad. Bis dann. Sie weinen und halten mich lange fest, sagen mir, daß sie mich bald besuchen werden. Ich mache mich steif, verschließe mein Herz wie ein Fenster. Ich kann es nicht ertragen, sie so zu sehen. Ich kann es nicht ertragen, daß ich ihnen das antue. Ich kann nichts von all dem ertragen und mache zu. Klick. Ich folge dieser Frau drei Stockwerke nach oben zur Station B.

MARYA JUSTINE HORNBACHER. W. Geb. 04-04-74.

1. Lebensbedrohlicher Gewichtsverlust. Orthostatische Albuminurie, gefährlich niedriger Blutdruck. Herzarrythmien. Schwere und rapide Verschlechterung der Lebensfunktionen.
2. Sehr enges Vater-Tochter-Verhältnis. Distanzierte Mutter. Belastete eheliche Beziehung. Tochter in der Dreieckskonstellation der Familie gefangen.
3. Furcht vor Verlassenwerden. Furcht vor Intimität. Distanziert ihr Selbst durch übermäßige Selbstkontrolle und Eßprobleme. Fühlt sich in der Gesellschaft von Männern unbehaglich.

---

* Drei Jahre später bezog ich eine Wohnung in einem Haus um die Ecke von Lowe House. Dort machte ich die ersten Schritte zur Genesung. Ich bin davon überzeugt, daß die tägliche Erinnerung meine Heilung beschleunigte. Wenn ich aus dem Küchenfenster auf die Klapsmühle blickte, aus der auch nicht der leiseste Laut drang, dann überkam mich die Erinnerung an meine eigene Zeit in der diagnostischen Unterwelt des Irrsinns und holte mich sofort wieder in die Wirklichkeit zurück. Allein dieser Anblick bewirkte, daß ich mich vom Fenster abwandte, zum Schrank ging, eine Schüssel mit Cornflakes oder einen Apfel aß oder zum Hörer griff.

LANGFRISTIGE STATIONÄRE BEHANDLUNG VORGESEHEN: VORSICHT: WURDE WEGEN IHRER EßSTÖRUNG SCHON VIERMAL HOSPITALISIERT. BIS AUF WEITERES HAUSARREST. RUND UM DIE UHR BEAUFSICHTIGEN.

Drei schalldichte, dreifach gesicherte Türen schlossen sich wie Gewehrfeuer hinter mir, Salutschüsse zur Feier meiner Ankunft im Wunderland. Ich stand da und sah mit leerem Blick den Gang hinab. Ein kahler Flur, brauner Teppich, Zimmer an beiden Seiten, alle Türen geöffnet. Am Ende eine weitere Tür, auf der EXIT stand. Ich bin erleichtert: tröstlich zu wissen, daß es einen Ausgang gibt.

Plötzlich krachte etwas durch die Stille: Aus einem der Zimmer schoß ein Derwisch heraus, ein kleiner Wirbelwind, ein Junge, der mit Warpgeschwindigkeit den Flur hinuntersauste. Ich konnte einen Blick auf sein Gesicht erhaschen: Flaschendicke Brillengläser, der Mund zu einem animalischen Grinsen verzogen, die kleinen Arme und Beine pumpend wie Kolbenmotoren. Er warf sich gegen die Wand, fiel hin, stand auf, warf sich dagegen, fiel, stand auf, warf sich dagegen. Durch eine andere Tür kamen Männer, große Männer mit einer grauen Matte. Sie packten das kleine Geschöpf, rollten es in die Matte und schafften es an mir vorbei und zur Tür hinaus. Aus dem Inneren der Matte drang ein ersticktes Schreien. Die Tür fiel mit einem Klick ins Schloß. Wieder Stille.

Ich wandte mich der Frau zu.

»Wer war das?« fragte ich.

»Duane.«

»Wo bringen sie ihn hin?«

Eine Hand auf meinem Rücken, schob sie mich nicht allzu sanft den Flur hinunter.

»In die Einzelzelle.«

Die Einzelzelle? Heilige Maria Mutter Gottes. Was zur Hölle hatte ich hier zu suchen? Das war kein Krankenhaus oder eine Station für Eßstörungen. »Behandlungszentrum« hatten sie gesagt. Das Lowe House war ein Irrenhaus. Letzte Station vor Willmar. Der Ort der Gescheiterten, für die das Spiel vorbei war. Ich ging in meinem Zimmer auf und ab, während sie sich durch meine Koffer hindurchwühlte, zwei kleine Stapel.

»Bitte setz Dich hin, Mara.«

»Marya.«

»Bitte setz dich hin.«

»Warum?«

»Willst du eine Auszeit?«

»EINE WAS?«

»Ich muß dich bitten, nicht ausfallend zu werden.«

»WIE BITTE?«

Sie sah zu mir hinüber. Sie hatte ungepflegte Haare. Richtig ungepflegte Haare. »Mara, die Wahl liegt bei dir.«

»Um WAS zu tun?

»Okay, also fünf Minuten nach dem Mittagessen.«

Mittagessen? Keiner hatte mir etwas von Mittagessen gesagt. Ich ging zum Fenster, versuchte, es zu öffnen.

»Die Fenster sind zur Sicherheit der Patienten fest verschlossen«, sagte Miss Knigge.

Ich rüttelte am Fenster. Unzerbrechlich. Plexiglas, an den Kanten versiegelt. Eindeutig verschlossen. Ich sah auf die Straße hinunter, betrachtete den Park auf der anderen Straßenseite, in dem Hunde ohne Leine herumtollten. Ich sah, wie sie bellten. Mir wurde klar, daß das Lowe House schalldicht war. Ich lehnte den Kopf ans Fenster.

Auf dem einen Stapel auf meinem Bett – Krankenhausdecken, flaches Krankenhauskissen – lagen Kleider, Bücher, Schuhe. Sie hielt die Schuhe mit den hohen Absätzen in die Höhe. Sie kamen auf den anderen Stapel, zusammen mit Ohrringen, Bildern in Glasrahmen, einigen Pillendosen, Streichhölzern, Feuerzeugen, Zigaretten, dem Schnappmesser, Schweizer Offiziersmesser, Kampfgas an einer Schlüsselkette, alle Schlüssel, Gegenstände aus hartem Plastik, alles Scharfe, alles mit rauhen Kanten. Sie nahm die Bleistifte und Kugelschreiber. Ich stritt mit ihr um jedes einzelne Teil. Ich sagte: Aber ich schneide mich nicht, ich bin nicht selbstmordgefährdet, ich schwöre es, ich brauche die Bleistifte und die Kugelschreiber, nehmen Sie die Schlüssel, das ist mir egal, aber um Himmelswillen lassen Sie mir meine Ohrringe, meinen Eyeliner, GEBEN SIE MIR DAS BILD VON JULIAN ZURÜCK, oh *bitte*, nicht Julian wegnehmen. Ich begann zu weinen, Mein Gott, wo bin ich hier nur gelandet?

Sie sagte nichts, das ungepflegte Haar fiel ihr über das flache Gesicht. Dann kam sie zu mir, durchsuchte meine Taschen, bat mich, den Mantel auszuziehen. Ich weigerte mich. Mara, das ist doch nur zu deiner eigenen Sicherheit. (LECK MICH AM ARSCH.) Du hast nicht das Recht, mich zu beschimpfen. (EINEN DRECK HABE ICH.) Das sind zehn Minuten. (In denen ich WAS tue?) Du mußt nach dem Mittagessen auf dem Bett sitzen. (ALS OB SIE MICH HIER NOCH IRGEND ETWAS ANDERES TUN LIEßEN, SIE

SCHLAMPE.) Sie filzte mich, durchsuchte meine Taschen, während ich dastand und kurz davor war zu explodieren.

Meine Schuhe überprüfte sie nicht.

Ich stand da und grinste innerlich. In meinen Schuhen hatte ich Abführtabletten. Kleine rosa Pillen, sie waren schon den ganzen Tag dort gewesen. Ich hatte sie während der Aufnahmeprozedur unter meiner Fußsohle hin und her gerollt. Ich hatte sie mit den Zehen umklammert, während mich meine Eltern zum Abschied umarmten. Ich war die Treppe mit ihnen hinaufgegangen, hatte die Krankenschwestern mit ihnen beschimpft, hatte den Stationsarzt mit ihnen verhöhnt, stand jetzt da, zitterte in meinen Schuhen, hielt die Abführtabletten mit meinen Zehen fest, Mein Gott, mein Gefährte, mein Selbstmordversuch, nur für alle Fälle.

Sie kam mir zu nah, und plötzlich brannte bei mir eine Sicherung durch. Ich schoß zur Tür, dann nach links den Gang hinab, ein verzweifeltes Rütteln an der Tür. Sie ließ sich nicht öffnen. Ich wandte mich um, in die andere Richtung, rannte auf das gesegnete, rote EXIT-Schild zu, flog förmlich durch die Luft, gegen die Tür, gewichtslos und nackt wie ein gerupfter Vogel, warf mich dagegen, doch sie hielt stand, ich zerrte am Griff. Ich schrie, warf mich mit aller Kraft dagegen, rammte die Schulter an die Tür, die weiterhin regungslos und solide dastand wie ein Baum. Ich sank zu Boden, rollte mich zusammen, saß da und starrte die Wand an. Miss Knigge kam zu mir und brachte mich wieder auf mein Zimmer. Sie sagte: Ich verstehe. Ich sagte: Einen Teufel tun Sie. Sie sagte: Fünfzehn.

Und jetzt das Mittagessen, sagte sie. Wirst du zu Mittag essen? Ich schüttelte den Kopf. Sie sagte: Wenn Du es nicht tust, triffst Du eine Entscheidung, das weißt du.

Ich drehte mich mit dem Gesicht nach unten auf das Bett und wartete auf das Mittagessen.

Ich dachte: Kein Ausgang. Ich dachte: So muß es in der Hölle sein. Häßliche, alte Möbel und nirgends ein Spiegel, blöde lächelnde Frauen, die ständig sagen, ich verstehe. Mit anderen Leuten für alle Ewigkeit in ein Zimmer gesperrt zu sein. Verdammt zu einem Inferno aus verblödeter Konversation, Ich Fühle Dies und Ich Fühle Jenes, und niemand weiß, wie man deinen Namen ausspricht, und die Tage werden von einer Eieruhr gemessen, die fünfzehn-fünfzehn Minuten als Strafe für deine Sünden bemißt.

Während der ersten Wochen im Lowe House ließ ich mich wie betäubt dahintreiben. Auf der Station wachte man morgens auf, machte das

Bett, wartete in einer Schlange darauf, duschen zu dürfen. Die Badezimmertür war natürlich verschlossen, wenn auch aus anderen Gründen als im Krankenhaus. Im Lowe House waren die Patienten einem erheblich höheren Selbstverletzungsrisiko ausgesetzt als die durchschnittliche eßgestörte Person (nein, ich stellte zwischen der Tatsache, daß ich eine durchschnittliche eßgestörte Person *und* eine Patientin war, *keine* gedankliche Verbindung her). Das Betreuungspersonal behielt einen ständig im Auge, aus Furcht davor, daß man versuchte, sich in der Dusche zu ertränken. Ich durfte die Toilettenräume nicht allein betreten, aber wenigstens ließ man mich die Klotür schließen. Und hörte zu.

Wir saßen im Aufenthaltsraum wie Bakterienkulturen in einer Petrischale und wurden vom Dienstraum des Betreuungspersonals aus beobachtet, während wir auf das Frühstück warteten. Das Fernsehen lief, Zeichentrickfilme. Ich saß auf der Couch, hatte die Füße unter mich gezogen und las die Zeitung. Es gab ein paar Sofas, einen Tisch, Schränke mit Legosteinen, Buntstiften, Papier, Spielsachen. Man erwartete von uns, daß wir pünktlich aufstanden, duschten, uns anzogen und unser Bett machten. Es beunruhigte mich, daß jede dieser scheinbar einfachen Tätigkeiten einigen meiner Mitbewohner Probleme verursachte. Wenn John und Peter aufwachten, neigten sie dazu, in hypoglykämischer Wut auf das Betreuungspersonal einzudreschen. Über die Hälfte aller Patienten weigerte sich schlichtweg, aufzustehen und begann den Tag damit, mit den Pflegern darüber zu streiten, welchen Zweck das alles überhaupt haben sollte. Das Duschen stellte ein Problem dar, denn in unserer Gruppe gab es durchaus einige, die nicht von sich aus duschten. Auch das Anziehen kam einigen wohl nutzlos vor, zumal man den lieben langen Tag nichts anderes tat, als über sein versautes Leben nachzudenken, und dafür reichte auch der Pyjama. Das Bettenmachen verwandelte die Klinik an so manchem Morgen in ein Schlachtfeld; der Flur hallte von Wutschreien wider, und man hörte unendlich viele, philosophisch ausgefeilte Begründungen, warum man sein Bett nicht machen wollte. Sie wurden vom Betreuungspersonal allesamt widerlegt, und zwar mit einer Geduld und Freundlichkeit, wie sie ansonsten nur Heilige haben.

Im Gegensatz dazu bekam ich sehr bald Schwierigkeiten, weil ich mein Zimmer zu sauber hielt, mein Bett zu ordentlich machte, immer mit perfektem Make-up herumlief, sogar darin schlief – »trägt Lippenstift im Bett. Schläft oft vollständig angezogen, sogar mit Schuhen«. Häufig saß ich vor dem Frühstück wartend auf dem Sofa und versuchte angestrengt, David zu ignorieren, der in seinen Unterhosen und einem Anglerhut im Türrahmen stand, eine imaginäre Angel auswarf, um einen imaginären Fisch zu fangen, schrecklich lachte und brüllte und von Zeit zu Zeit »Schlampe!« rief.

Wenn das Chaos sich dann einigermaßen gelegt hatte, stellten wir uns an der Tür auf, gingen gemeinsam die Treppenstufen hinunter, wanderten durch die von unseren Schritten widerhallenden Gänge im Erdgeschoß in die Cafeteria, wo wir uns an einen Tisch setzten. Das Betreuungspersonal setzte sich zu uns und plauderte gutgelaunt. Es gab zwei Tische. Am anderen Tisch, an der gegenüberliegenden Seite des Zimmers, saß Station A, die ein Stockwerk unter uns lebte und, soweit ich erkennen konnte, etwas weniger verkorkst war als Station B. In einer Ecke des Raumes waren die Kühlschränke der Anstalt und ein kleiner Arbeitsbereich für die Köchin untergebracht. Diese wiederum, eine kleine Frau mit heiserer Stimme und einem nicht unerheblichen Bauch, häufte Unmengen von Essen auf die Teller.

An meinem ersten Morgen saß ich auf meinem Stuhl und sah mich am Tisch um. Dort standen zwölf leere Tabletts. Eines davon gehörte offensichtlich mir. Die Köchin kam herüber, stellte eine Schüssel mit Rührei, einen Teller mit Englischen Muffins und eine Platte mit gebratenem Speck auf den Tisch. Um mich herum sprachen die anderen Kinder durcheinander und gossen sich so viel Orangensaft ein, als ob er das Wichtigste auf der Welt wäre, dabei wußte doch jeder, daß Orangensaft nichts anderes war als *flüssige Kalorien*. Chris, ein kleiner und temperamentvoller Junge mit scharfer Zunge blickte grimmig vor sich hin und schleuderte David einen sarkastischen Kommentar entgegen. Der Betreuer sagte, keineswegs grob: »Chris, warum setzt du dich nicht für eine Minute etwas abseits, bis du bereit bist, mit uns zu frühstücken.« Übertrieben energisch schob Chris seinen Stuhl zurück und kippte dabei nach hinten. Alles fing an zu lachen. Chris schrie, wurde in den Flur geschickt, stürmte hinaus in einer Wolke von Obszönitäten. Ein Betreuer sprang auf und rannte hinter ihm her, die anderen Kinder flüsterten, daß er jetzt wahrscheinlich eine *längere* Auszeit haben würde.

Das Essen stank. Es roch einfach schrecklich. Ich schob die Schüssel mit Eiern nach rechts, als sie an mir vorbeikam, dann saß ich da und rieb meine Hände unter dem Tisch. Sie waren kalt. Ich starrte den Schinken an. Ben wurde getadelt, weil er den Schinken für sich beanspruchte. Ich versuchte, mir vorzustellen, wie es kommen konnte, daß jemand freiwillig Schinken zu sich nahm, ganz zu schweigen von solchen Mengen. Mein Teller blieb leer. Am Tag zuvor war mir erklärt worden, daß wir unsere Mahlzeiten »wie eine große Familie« zu uns nähmen, und ich hatte keine Ahnung, was das bedeuten sollte. Eine Betreuerin schlug vor, daß ich etwas essen sollte. Ich schüttelte den Kopf. Ich hing noch immer in der Luft. Noch immer hatte ich keinen Behandlungsplan erhalten, und ich war verblüfft darüber, daß ich mich beim Essen selbst bedienen sollte. Ich war damit beschäftigt, herauszufinden, wieviel Fett in Eiern war – Schinken stand natürlich vollkommen außer Frage – und wieviel Butter in den Englischen Muffins war. Ich fragte die Köchin: »Ist das Magermilch?« Sie schüttelte den Kopf, nein. Also kam auch Milch nicht in Frage. Ich hatte alle Bestandteile der Mahlzeit gestrichen. Ich würde also dasitzen und nichts essen. Ich wollte Tee. Ich bat einen Betreuer, nach oben gehen zu dürfen, um mir eine Tasse Tee zu holen. Mit fröhlicher Stimme lehnte er mein Ansinnen ab. Ich mochte ihn. Er hatte ein rötliches Gesicht, war groß, hatte langes, rotes Haar, das er zu einem Pferdeschwanz zusammengebunden hatte, und besaß Sinn für Humor. Er brachte die anderen Patienten zum Lachen. Mir kam der Gedanke, daß ich mit einem solchen Typen einen Kaffee trinken gegangen wäre, daß ich mit ihm über Bücher und Musik gesprochen hätte, wenn ich draußen gewesen wäre. Ich fragte mich, wie er es wohl schaffte, hier zu sitzen und auch noch fröhlich zu sein, wo er doch nur von Irren umgeben war.

Plötzlich wurde mir auf schmerzhafte Weise bewußt, daß auch ich zu den Irren gehörte.

Ich beobachtete, wie die Jungs ihr Essen hinunterschlangen. Ich hörte zu, wie das Betreuungspersonal sie neckte, weil sie mit vollem Mund sprachen. Ich sah zu, wie die Mädchen aßen und sich miteinander unterhielten. Meine Zimmergenossin, ein hochgewachsenes Mädchen namens Joan, versuchte, sich mit mir zu unterhalten, erzählte mir, wie der Tag normalerweise verlief. Ich versuchte zu lächeln, zu antworten. Ich beobachtete, wie die andere Magersüchtige, die mir gegenübersaß, sich bediente; sie aß langsam, aber sie aß. Sie sah mich an und schaute gleichermaßen eifersüchtig wie zornig drein. Schließlich sagte sie mit leiser Stimme zu mir: »Irgendwann bringen Sie dich zum Essen, weißt du.« Ich sagte nichts. Der Betreuer sagte zu ihr: »Sarah, du bist die einzige, die hier die Verantwortung für dich trägt«, und er lächelte sie an. Sie sah auf ihren Teller hinunter.

Die Krankenschwester kam mit einem Tablett voller kleiner Pappbecher herein, die wie diese kleinen Probierbecher für Joghurt aussahen, nur daß sie mit Tabletten gefüllt waren. Alle riefen, Hi Shawn, und Shawn, eine Frau um die Fünfzig mit freundlichem Gesicht, sagte allen guten Morgen und verteilte die Medikamente. Als sie zu mir kam, stellte sie einen Becher mit einem Antidepressivum und Multivitamintabletten auf meinen leeren Teller. Ich schluckte die Tabletten mit dem kleinstmöglichen Schluck Milch. Ich versuchte, mir die Größe des Schlucks vorzustellen: ein Teelöffel? Vielleicht zwanzig Kalorien? Vielleicht auch nur zehn? Ein achtel Gramm Fett? Mehr?

Es gefiel mir, die Freiheit zu haben, mich selbst zu bedienen. Das war genau das Richtige für mich. Es sollte mich in die Lage versetzen, meine eigenen Entscheidungen zu treffen, und voller Überheblichkeit dachte ich bei mir: Und ich entscheide mich, gar nichts zu essen. Im Rückblick glaube ich, daß nur eine sehr gestörte Person eine geschlossene Anstalt als befreiend empfinden kann, wie ich es tat, wenn auch nur einen einzigen Tag lang. Sie zwangen mich nicht zum Essen. Sie warteten ab, wie ich mich verhalten würde, aber das wußte ich nicht. Ich fand es erst nach dem Frühstück heraus, als Shawn mich die Treppe hinauf in ihr Zimmer führte, mich auf die Wage stellte und feststellte, daß ich nur noch vierzig Kilo wog. Dann bekam ich einen Behandlungsplan.

Er enthielt folgende Bestimmungen: Entweder du ißt und bleibst hier im Lowe House, oder du ißt nicht und kehrst ins Krankenhaus zurück, wo du zum Essen gezwungen wirst, und kommst anschließend ins Lowe House zurück.

Es gab kein Entrinnen.

Kann ich nicht einfach ins Krankenhaus und dann wieder nach Hause gehen? Nein. Aber das Essen, das Sie hier servieren, macht fett! Das ist keine sonderlich genaue Beobachtung. Ist sie wohl! Nun, das Essen, das wir hier servieren, ist das Essen, das wir servieren. Ich werde es nicht essen! Dann kommst du eben ins Krankenhaus. Na gut, wenigstens TRIEFT DAS ESSEN DORT NICHT VOR FETT! Das stimmt, aber dann kommst du wieder ins Lowe House zurück. Wollen Sie mir sagen, daß ich hier FESTSITZE? Ja.

Festsitze, ja. Aber ich hatte ja immer noch meine Abführtabletten, deshalb hatte ich auch immer noch meine Eßstörung, und deshalb hatte ich auch immer noch mich selbst. In einem kleinen Schmucksäckchen aus Satin ganz hinten in meinem Kleiderschrank bewahrte ich das Abführmittel zwischen zwei ordentlich zusammengefalteten Sweatshirts auf. Niemals während des ganzen Aufenthaltes *nahm ich* Abführmittel *ein.* Aber ich behielt sie im hintersten Winkel meines Gedächtnisses, so wie sie auch im hintersten Winkel meines Schrankes verstaut waren, stellte mir vor, wie sie dort lagen, stellte mir vor, wie ich zwischen die Sweatshirts griff, sie herausnahm, meinen Kopf zurückneigte, sie alle hinunterschluckte, wenn es notwendig wurde. Ich hielt mich an diesem kleinen Trost fest, eine pharmazeutische Sicherheitsweste, die mich durch ihre bloße Anwesenheit beruhigte, mein kleines bißchen Kontrolle über mich selbst.

Denken wir daran, daß Kinder sich in ihren ersten Lebensjahren selbst beibringen, wie sie mit ihren Stimmungen fertig werden, wie sie den schlingernden Zug der Angst dazu bringen können, langsamer durch ihr Gehirn zu fahren. Es ist nicht ungewöhnlich, daß Menschen sich das Falsche beibringen. So wie ich.

Als ich ins Lowe House kam, wurde mein Leben von einem schrecklichen Paradox bestimmt, und in gewisser Weise ist das immer noch so. Mein einziges Mittel zur Selbstregulierung war die Selbstzerstörung. Um eine seit langer Zeit bestehende Eßstörung aufzugeben, die sich in genau dem gleichen Tempo entwickelt hat wie die eigene Persönlichkeit, der Intellekt, der Körper, die Identität selbst, muß man sämtliche Überbleibsel ebenfalls ausmerzen; das bedeutet, daß man Verhaltensweisen aufgibt, die so alt sind, daß sie fast schon zu den Urinstinkten zählen.* Ich mußte meine einzige

* «Die Wurzel des masochistischen Konflikts«, so Zerbe, »hat ihren Ursprung wahrscheinlich in der frühesten Entwicklungsphase des Menschen, wenn die Entwicklung eines körperlichen Selbst behindert wird.« (S. 167) Die Gleichung Selbstschutz gleich Selbstzerstörung – oder Freude gleich Schmerz – kann man als psychologische Fissur im Zusammenspiel von Psyche und Körper, über die wir an anderer Stelle bereits sprachen, betrachten. Einige Wissenschaftler gehen davon aus, daß viele Eßstörungen zumindest in etwa in einem frühkindlichen Trauma, wie minimal es auch gewesen sein mag, begründet liegen. Dieses Trauma, so glauben sie, tritt normalerweise im ersten Lebensjahr auf. Dies ist der Grund, warum ich den Terminus »Urinstinkt« benutzt habe, um die Tiefe des Konflikts zu beschreiben, den eine magersüchtige Person erleben kann, und um die ungeheuren Schwierigkeiten deutlich zu machen, die sie überwinden muß, um ihre Verhaltensweisen aufzugeben. Es handelt sich nicht um einen angeborenen Urinstinkt, sondern um einen, der als angeboren *erlebt* wird. Das Kleinkind kann seine Bedürfnisse nicht durch Sprache artikulieren, sondern nur durch körperliche Signale; später kann sich diese Kluft in der Entwicklung einer Eßstörung manifestieren, die dazu dient, Bedürfnisse und Gefühle durch eine Art »Körpersprache« zum Ausdruck zu bringen. Es ist bemerkenswert, daß weit über die Hälfte aller eßgestörten Patienten unfähig sind, ihre emotionale Situation adäquat zu beschreiben, und das, obwohl sie häufig über eine außergewöhnlich gute Ausdrucksfähigkeit (bei mir war sie geradezu überentwickelt) bei der Darlegung intellektueller Zusammenhänge an den Tag legen. Selbst heute, während meiner Therapiestunden, ist meine Artikulation auf das Intellektuelle beschränkt. Ich informiere meine Therapeutin ganz sachlich darüber, daß ich mir beispielsweise die Pulsadern mit einer Rasierklinge aufgeschnitten habe (siehe Nachwort) und dann zitiere ich die medizinischen Lehrbücher als Erklärung dafür, warum solch ein Verhalten bei einer theoretischen Person auftreten könne. »Wie fühlen Sie sich dabei?« fragt meine Therapeutin. »Nun, meiner Meinung hat dies seine vornehmliche Urasche in blablabla-« »Aber wie *fühlen* sie sich?« Verwirrt sehe ich sie an. »Ich weiß nicht.«

kampferprobte Methode, mit der Welt klarzukommen, aufgeben und statt dessen Wege gehen, die ich nicht kannte, die unbewiesen, unsicher waren. Ich bin von Natur aus ein mißtrauischer Mensch. Ich konnte es nicht einfach akzeptieren, daß ich »eines Tages« schon lernen würde, wie man ohne Eßstörung lebte. Ich war keineswegs sicher, daß ich es schaffen würde. Ich hatte kein »normales« Leben, zu dem ich zurückkehren konnte, keine Urerlebnisse, wie man »normal« ißt und »gesund« lebt. Also behielt ich meine Eßstörung – kleine Erinnerungsstücke, das Abführmittel, das ich nicht anrührte, die Reihenfolge, in der ich Möhren und Erbsen aß, die kleinen Gedanken, die mir beim Einschlafen halfen (Ich kann immer zurückkehren, ich kann es wieder tun, wenn ich rauskomme) – als Krücke, für den Notfall. Das war mein Fehler.

Das Betreuungspersonal brauchte ein paar Tage, um festzustellen, daß ich nicht von selbst essen würde. Sie polierten meinen Behandlungsplan etwas auf. Am nächsten Tag beim Frühstück standen elf leere Teller auf dem Tisch. Der zwölfte war bereits gefüllt und mit Zellophan abgedeckt. Das Essen war lauwarm, die Plastikfolie troff, wie ich glaubte, vor reinem Fett. Ein randvolles Glas mit Milch stand daneben. Man sagte mir, daß man mir nach dem Frühstück eine Flasche mit Nährlösung geben würde, wenn ich beschließen würde, nichts zu essen. (Eine ganze Flasche? Ja. Aber das sind viel mehr Kalorien als dieses Essen hier hat! Dann iß auf, Marya.) Und dann doch noch eine Flasche als nachmittäglicher Snack. Das probierten sie eine Weile aus, aber ich nahm trotzdem weiter ab. Also mußte ich in jedem Fall Nährflüssigkeit trinken, ob ich nun aufgegessen hatte oder nicht. Das war nicht fair! Alles brach zusammen. Es gab keinen Ort, zu dem ich mich hätte flüchten können.

Und so blieb mir wirklich nichts anderes übrig, als zu versuchen, wieder gesund zu werden.

Mal abgesehen davon, daß ich gar nicht wußte, was mit mir eigentlich nicht stimmte. Im Lowe House konzentrierte man sich nicht auf Nahrung oder Körperbewußtsein oder etwas in der Art. Sie behandelten einen wie einen Menschen, dessen Leben und Gefühle ihn irgendwie sehr traurig gemacht hatten, und mit diesem Ansatz konnte ich absolut nicht umgehen. Für den Rest der Patienten, die – auch objektiv betrachtet – erheblich ernstere Probleme hatten als ich, kam mir diese Herangehensweise durchaus vernünftig vor; einige waren Opfer unsäglicher Grausamkeiten in ihren eigenen Familien, von den Eltern verlassen, jahrelang von Pflegeheim zu Pflegeheim gereist, wie meine Zimmergenossin und Duane. Einige waren Vergewaltigungsopfer oder in ihrer Kindheit sexuell mißbraucht worden. Wieder andere hatten Persönlichkeits- oder psychische Störungen, angefangen von derart schweren Depressionen, daß man sie nur durch Unmengen hochwirksamer Antidepressiva in den Griff bekommen konnte, bis hin zu multiplen Persönlichkeitsstörungen oder Schizophrenie im Anfangsstadium. Einige hatten emotionale Störungen, die möglicherweise organisch bedingt waren, und die völlig außer Kontrolle geraten waren. Die Folge waren zahlreiche Selbstmordversuche, übermäßige sexuelle Promiskuität und Drogenmißbrauch. Ein paar waren, soweit ich es beurteilen konnte, nur Kriminelle, denen es irgendwie gelungen war, das Gefängnis zugunsten der Anstalt zu umgehen und die irgendwann vermutlich doch im Gefängnis landen würden.*

Ich selbst jedoch war ein großes Fragezeichen. Ein Opfer, in erster Linie meiner selbst, was den Opferstatus nicht nur fragwürdig, sondern letztlich auch lächerlich machte. Meine Familie war chaotisch, aber wohl kaum psychotisch zu nennen. Die Spezifika meiner diagnostizierbaren Störung, über die offensichtliche Eßstörung hinaus, unklar. Ich schien an einer Art Depression zu leiden, wenngleich diese Einschätzung sich als ungenau erwies (ich bin manisch depressiv). In seinen Aufzeichnungen zu unseren Sitzungen notierte mein Psychiater, daß ich keine Anzeichen für eine Persönlichkeits- oder mentale Störung aufwies. Ich schien relativ gut angepaßt zu sein, war allerdings emotional unterentwickelt und litt an einer schweren Eßstörung. Ferner entsprachen, seinen Notizen zufolge, meine »Vorstellungen und Verhaltensweisen eher einem Menschen, der zehn Jahre älter ist als er es tatsächlich ist. Sie ist freundlich, aber herablassend und einschüchternd. Sie gibt ihrem Therapeuten das Gefühl, dumme Fragen zu stellen, deren Antwort er doch schließlich am besten kennen müsse.«

Ich verhielt mich herablassend, weil ich mir wie ein kompletter Idiot vorkam, ein königliches Arschloch und sowieso ein hoffnungsloser Fall. Sehr schnell wurde klar, daß ich Lichtjahre vom Erkennen meiner Probleme ent-

---

* Es ist bemerkenswert, daß es im Lowe House keine schwarzen Patienten gab. Einige Jahre später arbeitete ich an einem Artikel über das Ungleichgewicht der Rassen in Jugendstrafanstalten und psychiatrischen Anstalten. Ich kehrte ins Lowe House zurück und sprach mit einer Anzahl Verwaltungsangestellter, die in keiner Weise offen für dieses Thema waren. Der Artikel stellte eine juristische Praxis in Frage, die junge, weiße Kriminelle in psychiatrische Behandlung »überweist«, während junge, farbige Kriminelle den Staatsgefängnissen »überantwortet« werden.

fernt war. Ich verstand zwar, daß das, was ich tat, nach objektiven Maßstäben nicht gesund war, und ich verstand, daß es Gründe für mein Verhalten gab. Aber ich war nicht der Meinung, daß man diese Gründe besonders ernst nehmen müßte und noch nicht einmal, daß sie besonders komplex wären. Ich nahm an, daß von Geburt an etwas mit mir nicht stimmte, daß ich *a priori* mit einem Makel behaftet war. Ich war nicht traurig, ich hatte keine Angst, ich litt nicht unter Depressionen, ich hatte weder eine bipolare Störung noch war ich schizophren, ich hatte keine Persönlichkeitsstörung, es gab keine Ereignisse in meinem Leben, die übermäßig traumatisch gewesen waren. Es hatte keine massiven äußeren Einflüsse gegeben, die für meine Entwicklung verantwortlich waren. Was mit *mir* nicht stimmte, konnte also auch die längste Therapie nicht heilen.

Wir alle haben bestimmte Theorien über die Welt und über uns selbst. Wir nehmen eine Menge Schwierigkeiten in Kauf, um zu beweisen, daß wir im Recht sind, weil dadurch die Welt in unserem Kopf klar und verständlich bleibt. Ich hatte eine ganz einfache Theorie: Ich war verkorkst. Und an dieser Stelle kommt einem der Begriff »self-fullfilling prophecy«, sich selbst erfüllende Prophezeiung, in den Sinn.

Eßstörungen unterscheiden sich in vielerlei Hinsicht von Depressionen oder anderen »geistigen Krankheiten«. Es ist durchaus von Bedeutung, daß viele Menschen, die an einer Eßstörung erkranken, vorher eine organisch bedingte Depression oder andere biologische Prädispositionen haben, die zu eßgestörtem Verhalten führen, aber genausogut bekommen auch viele Menschen *ohne diese Prädisposition* eine Eßstörung. Ich gehörte nach Meinung der Experten zu jener zweiten Gruppe. Bei mir hatte das chemische Ungleichgewicht, das durch die Unterernährung verursacht wurde, Depressionen zur Folge, mit denen ich wiederum durch meine Eßstörung fertig zu werden versuchte. Und aus diesem Teufelskreis gab es kaum ein Entrinnen.

Die Frage, ob eine Depression die Eßstörung auslöst oder ihr »nur« folgt, ist schwer zu beantworten. Soll man die Depression als Ursache, als das, was das Leben der Patientin zerstört und ihr Verhalten verändert, behandeln oder als die Wirkung? Oder geht es um ein verkorkstes Leben und Verhaltensstörungen, die einfach deprimierend sind? Soll man die Depressionen medikamentös behandeln, oder hat eine solche Maßnahme langfristig auch keine größere Wirkung als ein Pflaster? Welche Rolle spielen Erziehung und Familie? Sind Gesellschaft und Kultur für die Entwicklung verantwortlich? Ist die Persönlichkeit betroffener Frauen von Natur aus problematisch, oder handelt es sich um eine chemikalische Fehlfunktion im Ge-

hirn? Und wenn ja, war diese schon da, bevor sie versuchten, sich auszuhungern, oder ist sie eine Folge des Hungerns?
Von allem etwas?

In dem Monat vor meinem siebzehnten Geburtstag jedoch beschäftigte ich mich mit keiner dieser Fragen. Ich saß an dem kleinen Tisch im Aufenthaltsraum und las Schulbücher. Wir hatten täglich Schule vom Frühstück bis zum Mittagessen. Wir saßen in drei winzigen Klassenzimmern, eine Aufteilung nach Klassen gab es nicht mehr. Wir lösten die Aufgaben, die die drei überlasteten Lehrer für unser Alter für angemessen hielten, und benutzten die alten Schulbücher, die die Public Schools in Minneapolis uns gespendet hatten. Zuerst ließen sie es zu, daß ich die Bücher förmlich verschlang. Ich arbeitete einen Lernplan für mich selbst aus, um die manische Angst zu mindern, die ich verspürte, weil ich nicht mehr zur Schule ging, was für meine zukünftige Entwicklung ein großes Hindernis darstellte. Ich hatte ein Trigonometrie-Buch, ein Geschichtsbuch und verschiedene Bücher über amerikanische Literatur. Ich las gierig, so viel Whitman, Emerson und Thoreau, wie ich in die Finger bekam, stürzte mich auf die Trigonometrie (und vergaß das Gelernte prompt wieder), las alles über die Antike, über die Griechen, die Römer, die Chinesen, arbeitete mich vor bis zum Mittelalter, dann begann ich, die Amerikanische Kurzgeschichte zu studieren, verfaßte Aufsatz um Aufsatz für einen Lehrer, der jedesmal einfach immer nur »Hervorragend!« darunterschrieb. Das Haar in einer Bananenspange zusammengefaßt, Brille auf der Nase, ohne Schuhe, behaglich wie eine Made im Speck, las ich. Niemand, der mich störte: »No deeds to do, no promises to keep« – nichts zu tun, keine Versprechen einzuhalten. Ich begann geradezu zwanghaft, meine Lieblingszitate aufzuschreiben. Ich habe vier dicke Ringbücher voller Zitate. Whitman hielt ich für ein bißchen rührselig, weil er eher einem modernistischen Denken anhing. Und das war mein Lieblingszitat: »What's madness but nobility of soul/At odds with circumstance?« – »Was ist Irrsinn anderes als der Adel der Seele/uneins mit den Umständen?«

Was ist Irrsinn anderes als der Adel der Seele
Uneins mit den Umständen? Der Tag brennt!
Ich kenne die Reinheit reiner Verzweiflung,
mein Schatten gepreßt gegen die schweißnasse Wand.
Dieser Ort in den Bergen – ist er Käfig
Oder gewundener Pfad? Alles was ich habe, ist die Klippe.

Theodore Roethke, »In dunkler Zeit«, 1964

Seien Sie nachsichtig mit mir, ich war sechzehn. Mit sechzehn in einer geschlossenen Anstalt, wer würde da nicht an den Adel der Seele glauben wollen? Bei Gott, dachte ich, ich *kannte* die Reinheit reiner Verzweiflung. Ich glaubte fest daran, daß ich die reine Verzweiflung lebte, daß ich vom Schicksal gebeutelt und uneins mit den Umständen war, der Unschuldige, der fälschlich angeklagt und lebenslänglich eingekerkert wird, der Märtyrer unter den Mißverstandenen. Und ich fühlte mich *schrecklich* mißverstanden. Diese grausame Strafe war einfach nicht *fair*. Ich war nicht verrückt! Ganz bestimmt nicht so wie der ganze Rest! Nein, nein! Ich war ganz gut in der Lage, meine obligatorischen Therapiegespräche so zu steuern, daß ich mit den Betreuern nicht mehr über meine eigenen Probleme, sondern über neutrale Themen wie über das Theater, über Politik usw. sprach. Problemlos kam ich irgendwann auf den Krieg in Bosnien, den Putschversuch in Moskau, den Mangel an musikalischer Abwechslung in Andrew Lloyd Webbers Musicals zu sprechen. Fröhlich tanzte ich durch die Tage, schrieb lange, esoterische Briefe an Julian, die mit Zitaten und Betrachtungen angefüllt waren, in denen ich jedoch niemals auch nur mit einem Wort erzählte, daß ich sie ihm von einer geschlossenen Anstalt aus schickte. Soweit er wußte, schrieb ich ihm vom Mars. Ich las und las, saß auch während der Gruppentherapie geduldig in der alternativen Welt in meinem Kopf, knibbelte an meinem Nagellack, weigerte mich zu schlafen, setzte mich an den Abendbrottisch, stand auf und schrie die Köchin aus vollem Halse an, *Sie Schwein! Sie haben mir zu viel MILCH gegeben, was zum Teufel führen Sie eigentlich im Schilde, wollen Sie mich etwa MÄSTEN? Das ist MINDESTENS EIN GANZER ZENTIMETER zu viel Milch, ich soll nur EINEN VIERTELLITER trinken, und das hier sind MINDESTENS 300 MILLILITER,* warf den Tisch um, wurde auf mein Zimmer gebracht, wobei ich den ganzen Weg lang um mich trat und vor mich hin schrie. Später am Abend, als ich den Vorgang eigentlich hätte verarbeiten sollen, wurde ich von einem Gedanken in *Walden* abgelenkt, über den ich dann endlos vor mich hin plapperte. Meine Eltern kamen zu Besuch. Wir führten geschraubte Unterhaltungen im Aufenthaltsraum, während das Betreuungspersonal unauffällig im selben Raum sitzen blieb und uns beobachtete. Wir sprachen über Bücher. Sie brachten mir Bücher mit. Ich saß am Tisch, hinter einer Unmenge von Büchern, spähte über ihren Rand hinweg, halb lesend, halb mit ihnen redend. Ich erzählte ihnen von meinen Büchern.

Dann nahm das Betreuungspersonal mir die Bücher weg.

Eines Tages ging ich an meinen Schrank, drückte den Griff hinunter. Er ließ sich nicht öffnen. Ich rannte in den Aufenthaltsraum, hielt nach meinem

Bücherstapel auf dem Tisch Ausschau und nach den Büchern, die ich auf dem Fensterbrett liegengelassen hatte. Meine Bücher waren weg. Sie hatten mir meine Bücher weggenommen. Ich rannte ins Büro – ein Schreibtisch, ein langer Arbeitstisch, Schränke, ein Kühlschrank, ein paar Stühle. Plexiglasfenster als Wände, Augen auf unsere kleine Welt – und sagte, wobei ich versuchte, ruhig zu bleiben: »Warum ist mein Schrank verschlossen? Wo sind meine Bücher?« Meine Hauptbetreuerin, Janet, begann: »Unser Behandlungsplan -«

»WO SIND MEINE BÜCHER?«

»Marya, würdest du bitte deine Stimme senken?«

»WAS ZUM TEUFEL HABT IHR MIT MEINEN BÜCHERN GEMACHT? HABT IHR ES ETWA GEWAGT, SIE WEGZUWERFEN?« Ich hatte schon vorher den Verdacht gehabt und auch geäußert, daß sie mich dumm halten wollten. Deshalb hielt ich es für vollkommen plausibel, daß sie, die die *absolute Notwendigkeit* von Büchern nicht verstanden, sie vielleicht weggeworfen hätten.

»Nein, wir haben deine Bücher nicht weggeworfen. Wir glauben, daß es eine positive Erfahrung für dich ist, wenn du mit deinen Gefühlen eine Weile umgehen mußt, statt dich hinter deinen Büchern zu verschanzen und dich durch sie von uns zu entfernen.«

»Wann bekomme ich sie wieder?« fragte ich und zerrte an der Manschette meines Ärmels.

»Sobald du dich entschließt, dich mit deinen Problemen auseinanderzusetzen.«

»WANN?« Ich ballte die Fäuste.

»Das liegt bei dir.«

Da war es vorbei. Ich fing an, Stühle umzuwerfen, schrie aus vollem Halse, brüllte, daß ich meine Bücher wiederhaben wollte, wie sollte ich denn überhaupt noch IRGEND ETWAS GESCHAFFT BEKOMMEN ohne meine Bücher, ich warf Kaffeetassen gegen die Wand, ich schrie, daß ich all diese DUMMEN, VERRÜCKTEN, VERKORKSTEN LEUTE nicht aushalten könnte, wenn ich nicht ETWAS ZU TUN bekäme. Ich würde hier noch VERRÜCKT, und es wäre schon SCHLIMM GENUG, auch ohne daß man mir meine BÜCHER WEGNÄHME, und ich wurde durch den Flur geführt, während ich kreischte und gegen die Wände trat. Ich trat meinen Schrank, trat gegen den Heizlüfter und schlug auf alle festen Gegenstände ein, dann warf ich mich auf mein Bett, schrie noch einmal in meine Kissen, holte tief Luft, und dann begann ich zu heulen.

Ich weinte drei Wochen lang, mehr oder weniger ohne Unterbrechung.

Sie waren sehr beeindruckt. Jetzt setzte ich mich mit meinen Problemen auseinander, zumindest vom psychologischen Standpunkt aus gesehen. Es sah aus, als würde ich für den Rest meines Lebens weinen. Natürlich tat ich das nicht. Schließlich versiegten die Tränen. Und ich begann, mich etwas besser zu fühlen.

Im Lowe House ist irgend etwas mit mir geschehen. Ich habe versucht, herauszubekommen, was es war. In einer Klapsmühle passiert nicht viel. Deshalb hat man verdammt viel Zeit, um dazusitzen und nachzudenken. Aber eins weiß ich: Als ich eingeliefert wurde, hatte ich fast keine Gefühle, keinen Lebenswillen, kein besonderes Interesse an Dingen, die nichts mit Verhungern zu tun hatten. Und als ich herauskam, aß ich wieder. Fast normal.

Von Anfang an bemühte ich mich nach Kräften, die ganze Sache so weit wie möglich von mir fernzuhalten. In eine Anstalt eingewiesen zu werden ist ein ziemlicher Schlag für das Ego, egal wie man es dreht und wendet. Meine gesamte Identität war abhängig (1) von meiner Fähigkeit zu hungern und (2) von meinem Intellekt. Ich hatte eine vollkommene Identitätskrise, als ich bemerkte, daß nichts von all dem andere Menschen beeindruckte. Ich hatte eine Menge in meine Bemühungen investiert, nicht zu den anderen Kindern da drinnen zu gehören – ich war überheblich, gemein, vorlaut und arrogant wie eine gottverdammte Königin auf ihrem Thron. Ich war ruhelos, ängstlich, wollte mich nicht mit den anderen Patienten verbünden, weil das bedeutet hätte, daß ich auch nicht besser war als sie. Und Gott, wie nötig ich es doch hatte, an meine Überlegenheit zu glauben. Es war ungeheuer wichtig, glauben zu können, daß keine Hoffnung mehr für sie bestand, und daß ich einfach nur versehentlich unter sie geraten war. Sie waren Kinder, ich war erwachsen; sie waren bedürftig, aber ich brauchte nichts.

Doch Duane, der nicht viel größer als einszwanzig war, ruinierte dieses Selbstbild ganz und gar.

Das Haar stand ihm in Büscheln vom Kopf ab, seine Brillengläser waren so dick, daß seine Augen fünf Zentimeter groß zu sein schienen, seine winzigen Hosen rutschten ständig herunter. Duane war elf. Er war ein Autodieb, ein Schulschwänzer, ein vernachlässigtes Kind, eine Waise. Als ich ankam, war er schon ein Jahr da. Er war derjenige, der an meinem ersten Tag schreiend durch den Flur geschleppt wurde.

Eines Tages, sie hatten mir meine Bücher noch nicht weggenommen, kletterte Duane auf den Stuhl neben mir und unterbrach mich beim Lesen. Er schob seine Brille nach oben.

»Hi«, sagte er und sah mich mit großen Augen an. Ich blickte zu ihm auf. »Hallo«, sagte ich kühl.

Wie saßen eine Weile nur da.

»Willst du Lego spielen?« fragte er.

»Eigentlich nicht«, sagte ich. Er nickte.

»Was willst du dann tun?«

»Lesen«, sagte ich.

Wieder saßen wir eine Weile da.

»Also«, sagte er. »Weshalb bist du hier drin?«

»Wegen nichts«, sagte ich. Er nickte verständig.

»Du bist mager«, sagte er.

»Ich weiß«, sagte ich.

»Bist du deshalb hier?«

»So in etwa.«

»Willst du Rommé mit mir spielen?«

Ich schwankte. Ich liebte Kartenspiele.

»Komm schon«, brüllte er und grinste. Und mit bettelnder Stimme: »Wir können vier Spiele nehmen.«

Wir breiteten uns auf dem Boden im Flur aus und spielten den ganzen Nachmittag lang Rommée, wobei wir die Karten im ganzen Flur verteilten. Erst als die Betreuer uns zum Abendessen riefen, räumten wir auf. Sein winziger Körper kauerte über den Karten, und er sagte, »Hey.« Ich blickte auf. Er schob seine Brille nach oben und fragte, »Wie hast du gesagt, heißt du?«

»Mar-ya.«

Er nickte. »Okay.« Wir trennten die Kartenspiele. Ich saß mit dünnen, gespreizten Beinen auf dem Boden. Sein kleiner Turnschuh berührte meinen Socken fast beiläufig. Ohne aufzublicken sagte er: »Marya.«

Ich sagte, »Ja.«

Er fragte: »Willst du meine Schwester sein, solange du hier bist?«

Ich lächelte. »Ja.« Er hob den Kopf und schenkte mir ein absolut blödes und ebenso wunderbares Grinsen. Ich hatte das Gefühl, als ob ich den Nobelpreis für Normalität verliehen bekommen hätte.

Abends vor dem Zubettgehen lasen die Betreuer uns vor. Wir trugen unsere Kissen in den Aufenthaltsraum. Sie dimmten das Licht, die Kinder legten sich auf den Boden, stritten sich um einen Platz auf dem Sofa. Ich saß stocksteif auf einem Stuhl, immer noch angezogen. Sie lasen Kinderbücher.

Ich beklagte mich nicht. Ich strengte mich an, damit mir die Augen nicht zufielen. Ich versuchte, mich nicht einlullen zu lassen. Aber die Stimme, die Ruhe, die Kinder, die tagsüber aufgrund irgend einer diffusen Angst, die ich nur allzugut nachvollziehen konnte, vor sich hin geschrien hatten und jetzt, am Abend, ganz entspannt dasaßen, dösten, kicherten – das alles verfehlte seine Wirkung nicht. Die Tatsache, daß die Betreuer überhaupt einen Pfifferling um uns gaben, war schmerzhaft für mich. Ich sah zum Fenster hinaus, betrachtete die Baumwipfel, an denen sich die ersten Knospen bildeten, sah Richtung Norden auf die Stadt hinaus und versuchte, nicht zu weinen. Ich hatte keine Ahnung, warum mir dies so weh tat, warum ich zusammenzuckte, wenn ich die Hand eines Betreuers auf meiner Schulter spürte, warum der abendliche, plötzliche Frieden der Vorlesestunde kleine Explosionen der Sehnsucht in meiner Brust auslöste. Ich wußte nicht, wonach ich mich sehnte.

Und nach dem Vorlesen wurde es noch schlimmer: Dann kamen die Umarmungen. Man forderte uns sehr höflich auf, einander und die Betreuer zu umarmen. Die meisten rissen sich förmlich darum, und diejenigen, die nicht an der Prozedur teilnehmen wollten oder gerade mit ihrem potentiellen Umarmer zerstritten waren, mußten einander die Hand reichen. Ich fand das alles ziemlich bizarr. Wenn das Vorlesen vorbei war, schoß ich aus dem Zimmer, als ob mein Stuhl ein Katapult gewesen wäre, raste den Flur hinab und tauchte komplett angekleidet in meinem Bett unter, bevor irgend jemand auch nur die leiseste Gelegenheit hatte, mich zu berühren. Die Betreuer fingen bald an, mich zu necken und mir hinterherzurufen, UND SCHON IST SIE WEG! GUTE NACHT, MARYA! LAß DICH JA NICHT VON DEN WANZEN KÜSSEN! Ich schrie zurück 'Nacht! und begrub meinen Kopf unter dem Kissen.

Aber an dem Abend, nachdem Duane und ich Karten gespielt hatten, hielt er mich auf. Er überholte mich, versperrte mir mit seinem schmächtigen Körper den Weg zur Tür, blickte zu Boden und sagte: »Ich weiß, daß du normalerweise niemanden umarmst, aber ich habe mich gefragt, ob ich vielleicht *dich* umarmen könnte; du mußt mich auch nicht *zurück*umarmen oder sowas, aber ich dachte, weil du doch schon eine Weile hier bist und noch nie umarmt worden bist in all den Wochen, daß du es vielleicht brauchen könntest.«

Ich beugte mich herunter und umarmte ihn steif. Er hielt sich an meinem Hals fest: Der Körperkontakt war so erschreckend, und sein kleiner Körper so warm, daß ich scharf die Luft einsog und zu weinen anfing. Und er klopfte mir auf den Rücken und sagte: »Umarmungen tun dir gut. Morgen umarme ich dich wieder, wenn du willst.«

Und ich hielt ihn einfach fest, als ob es um mein Leben ginge.

In meiner Kindheit bin ich häufig umarmt worden. Meine Eltern sind ganz groß darin. Mein Vater umarmt einen wie ein Bär, fest und schnell. Meine Mutter legt mir normalerweise die Arme um die Schultern und klopft mir auf den Rücken, als ob sie mich dazu bringen wollte, ein Bäuerchen zu machen. Meine Freunde und ich haben uns immer umarmt. Es ist also keineswegs so, als ob ich an Körperkontakt dieser Art nicht gewöhnt gewesen wäre, wie einige andere Patienten in der Klinik. Aber gleichzeitig habe ich ihn niemals als natürlich empfinden können. Er schien und scheint bis heute mit Bedeutung überladen zu sein, so sehr, daß es manchmal besser ist, ihn ganz zu meiden. Ein paar Jahre lang kann man ihn sogar meiden wie die Pest, man beginnt, den eigenen Körper als absolut alleinigen Besitz anzusehen, so daß auch die leiseste Berührung – auch das zufällige Vorbeistreichen einer Hand, ganz zu schweigen von der erschreckenden Anzahl emotionaler und physischer Empfindungen, die von einer Umarmung ausgelöst werden – einem vorkommt wie eine Bedrohung.

Mit Sex war es anders. Zuerst war Sex ein plötzlicher Schock für mich, ein Ruck, der, wenn auch nur kurz, die Verbindung zu meinem Körper wiederherstellte, und anfangs hatte ich das auch begrüßt. Aber die Bulimie wich der Anorexie, und der Sex verwandelte sich in eine Studie der Dissoziation, eine Stillegung des Körpers, das Gehirn spaltete sich und beobachtete die Körper der Kopulierenden von oben. Wie bereits erwähnt, ist die Bulimie die physische Form der Eßstörung, während die Anorexie eher vom Geist ausgeht. Für die Bulimikerin ist Sex der Versuch, die Leere mit etwas wie Leidenschaft zu füllen, obwohl die Nachwirkungen gräßlich sind: Man hat das Gefühl, aus der eigenen Haut herauszuquellen. Aber für die Magersüchtige – zumindest war es bei mir so – verwandeln sich die angenehmen Blitzkriege des Schlafzimmers in einen grauenhaften Kampf, den man immer verliert, in eine schreckliche Schlacht der Synapsen, die markerschütternde Schreie ausstoßen, in das Gefühl, daß das Herz platzen, daß der Körper zerspringen wird wie Glas. Und deshalb läuft das Gehirn zum Feind über: Sex wird nicht mehr erlebt, sondern vielmehr von außen gesehen. Die physische Erfahrung der Sexualität wird zur intellektuellen Übung degradiert, die es wieder erträglich macht, mit einem Mann zu schlafen.

Beim Küssen ist man dem anderen viel näher als beim Sex. Und ähnlich ist es mit Umarmungen. Sie bringen keine sexuelle, sondern eine emotionale

Intimität zum Ausdruck. Sie sind eine Geste, mit der eine Person der anderen signalisiert, daß sie ihr am Herzen liegt, und dieses Konzept konnte ich nicht verstehen. Der Kontakt mit einem anderen Menschen erinnert einen daran, daß man *ebenfalls* ein Mensch ist und bedeutet, daß man als solcher geliebt wird. Kein Wunder, daß ich mit dieser Vorstellung Probleme hatte. Immerhin war ich der Meinung, daß ich weder Fürsorge noch Kontakt verdient hätte. Die Berührung durch einen anderen Körper erinnert einen daran, daß man selbst *ebenfalls* einen Körper hat, eine Tatsache, die man mit aller Macht zu vergessen versucht.

Duane war der erste, der sich seinen Weg in mein Gehirn bahnte. Über die simple Tatsache hinaus, daß er mich umarmte und mich zum Lachen brachte, tat er etwas, daß ich im nachhinein für viel wichtiger halte: Er sorgte dafür, daß ich an jemand anderen dachte als nur an mich selbst. Meine überzogenen Versuche, mich selbst zu schützen, wurden in der Folgezeit zu einem großen Teil in den Wunsch verwandelt, ihn zu beschützen. Der ungeheure Schmerz, den ich verspürte, wurde durch seinen Schmerz ins rechte Licht gerückt, denn seiner war viel viel schlimmer als meiner – und mit seinen elf Jahren kam er damit verdammt noch mal erheblich besser zurecht als ich. Bis zu dem Zeitpunkt, als er das Lowe House im darauffolgenden Sommer verließ, waren wir ein seltsames, kleines Paar. Ich saß bei ihm, wenn er wieder einmal stundenlang schwieg, und versuchte auf mentalem Wege, etwas Licht in das Dunkel zu bringen, das in jenem kleinen Hirn lauerte. Er saß neben mir auf der Couch und versuchte, mich zum Lachen zu bringen, wenn ich weinte, nach einem Telefonat mit meinen Eltern, in dem wir uns nur angeschrien hatten oder nach einem Tag Heimurlaub, der schlecht gelaufen war. Ich wußte, und sagte es ihm auch, er würde es schaffen, daß man eine Pflegefamilie für ihn fände. Er glaubte, daß niemand ihn jemals aufnehmen würde. »Ich bin zu wütend«, bellte er, »Ich werde niemals eine Familie finden, weil ich immer so WÜTEND werde.« Und er steigerte sich in einen seiner Anfälle hinein. »Werd' nicht wütend. Du findest ganz bestimmt eine Familie, die dich aufnimmt, und sie werden dich lieben, weil du so ein prima Kerl bist«, versicherte ich ihm.

Und er sagte: »Ich bin froh, daß du meine Schwester bist.« Ich antwortete: »Ich auch.« Er sagte: »Ich finde, heute solltest Du besser etwas essen.« Ich wandte den Blick ab.

Meine Probleme wurden in meiner Akte dokumentiert. Das Größte bestand in meiner Angst vor Intimität. Ich lehnte sie vollkommen ab; keine Verbindungen, kein körperlicher Kontakt, keine Zurschaustellung von Gefühlen. Sie wiesen mich darauf hin, daß ich nur zwei Gefühle kannte: wütend und gut. »Aber gut ist kein Gefühl«, sagten sie. Ich saß da, mit ausdruckslosem Gesicht, ungerührt, und versuchte ein Wort zu finden, mit dem ich beschreiben konnte, was ich fühlte.

Ich fühlte mich flach. Ich fühlte mich zweidimensional, nur vorne und hinten. Aber das stimmte auch nicht. Sie gaben mir eine Liste von Gefühlen mit dazugehörigen Abbildungen von Gesichtern. Ich sah sie mir aufmerksam an. In den Gemeinschaftstreffen (zweimal täglich) krähte ich, erfreut über mich selbst: Ich fühle mich gleichgültig! Sie gaben mir ein detailliertes Beschäftigungsprogramm, mit dem ich nach dem Verlust meiner Bücher die Zeit füllen konnte. Ich sollte täglich spielen. Ich mußte! Ich fand das sehr verwirrend. Die Betreuer erklärten mir, daß ich, wie die meisten Kinder auf der Station (bei dem Vergleich sträubten sich mir alle Haare), niemals ein richtiges Kind gewesen sei und die verlorene Zeit jetzt nachholen müsse. Ich widersprach, starrte auf die Buntstifte vor mir, konnte genausowenig etwas damit anfangen wie mit einem leeren Teller. Aber was bedeutet *spielen?* fragte ich den verschwindenden Rücken einer Betreuerin. *Was* soll ich spielen? Sie lächelte mich an. Ich bin sicher, daß dir etwas einfallen wird, sagte sie. Und da saß ich nun und wünschte mir leidenschaftlich, ein Buch in der Hand zu haben.

Schließlich übertrugen sie Duane die Aufgabe, mit mir zu spielen. Langsam wurde es besser. Bald machten wir zusammen Collagen, bauten riesige Lego-Schlösser und Kartenhäuser, obwohl letzteres oft mit unserem Frustrationsproblem kollidierte, so daß Duane einen seiner Wutanfälle bekam und wie eine Furie den Flur hinunterraste, während ich ein paar Stunden lang nur mit ausdruckslosem Gesicht dasaß und vor mich hin starrte: katatonischer Stupor. Zweimal täglich sollte ich ein Gespräch mit einem meiner Betreuer führen. Außerdem sollte ich, sehr zu meiner Freude, Tagebuch schreiben.

Endlich würde ich also wieder jene »intelligenten« Gespräche führen, nach denen ich mich so sehr sehnte. Sie waren eine Gelegenheit, meine Version von zwischenmenschlichem Kontakt zu leben – geistig, abgehoben, ein Monolog aus Klagen oder ein Mittel, um mit den Betreuern Streit anzufangen. Doch schon bald öffneten die Therapiesitzungen Türen, die ich lieber verschlossen gehalten hätte. Die Betreuer waren nicht dumm. Sie ließen den Köder liegen, den ich ihnen hinwarf und begannen meine Bluffs beim Namen zu nennen, und zwar schneller, als ich erwartet hatte. Sie weigerten sich einfach, mit mir zu streiten. Ich machte eine schneidende, brillante Bemerkung über die unendlichen Fehler des Betreuungsprogramms, die Betreuer, das Essen, die ständige Betatscherei, von der sie so viel hielten, und sie saßen einfach nur da und warteten darauf, daß ich mich mit der Tatsache auseinandersetzte, daß ich mich zutiefst gedemütigt fühlte, weil ich mich in eine Situation wie diese hineinmanövriert hatte. Sie hielten einen Spiegel in die Höhe und zwangen mich, hineinzusehen.

Ich wollte nicht. In diesen ruhigen Stunden, durch die geduldige Anwesenheit von Menschen, die sich seltsamerweise um mich sorgten, konnte ich nicht mehr umhin, mich der Tatsache zu stellen, die ich die ganze Zeit über nicht hatte wahrhaben wollen: Ich haßte mich und glaubte nicht, daß ich es verdient hatte weiterzuleben.

Auch in meinem Tagebuch, das ich am Anfang noch als vertraut und tröstlich empfand, wurde es bald unmöglich, mich selbst zu meiden. Natürlich beschrieb ich in wildem Gekrakel, wie alle Welt mir Unrecht tat, daß ich Recht und sie Unrecht hatten, bis schließlich selbst mir schmerzhaft bewußt wurde, daß ich log. Mein großtuerisches Gehabe, meine Arroganz, meine Überheblichkeit, meine laute Stimme, mein höhnisches Rühr-mich-nicht-an-Gebahren, alles war gelogen. Ich war eine einzige, große Lüge, und jetzt hatte man mich erwischt und als Farce entlarvt.

Ich wußte nicht, was unter meiner Haut lag. Ich wollte es auch nicht wissen. Ich vermutete, daß es etwas Schreckliches war, etwas Weiches und Schwaches und Wertloses und Dummes und Kindisches und Weinerliches und Bedürftiges und Fettes.

Ich begann, mir die Haare abzuschneiden. Natürlich, denn was kann man sonst noch tun, wenn das eigene Repertoire an Gefühlsäußerungen auf das Blinde, das Zwecklose und das Bizarre beschränkt ist. Jede Woche, wenn meine Eltern zu Besuch kamen, hatte ich weniger Haare. Ich bat um eine Schere, um Begleitung zum Badezimmer, saß auf dem Badewannenrand, zog eine Handvoll Haare von meinem Gesicht weg, schnitt. Und schnitt. Eines Tages warf ich im Spiegel einen Blick auf mein Gesicht: ein böses, höhnisches Grinsen, der Mund verzogen und weiß. Ich schnitt so lange, bis der Betreuer die Finger sanft von der Schere löste, sie an sich nahm und mich in mein Zimmer zurückbrachte. Dann saß er auf meiner Bettkante, während ich mit dem Gesicht nach unten in den Kissen lag und mit den Fingern über die rauhen Stoppeln meines Haares fuhr. Dann eine Seite rasiert, dann die andere, dann den ganzen Kopf. Ich saß beim Abendessen, beobachtete, wie David mit seinen kahlen Erbsen spielte und wie ein Verrückter vor sich hin lachte. An dem Abend, als ich sie vollkommen abrasierte, nahm mich ein Betreuer namens Mark, dessen freiheitliche Grundeinstellung ich besonders respektierte und fürchtete, beiseite. Er sah mir aufmerksam ins Gesicht und sagte, Marya, dein Haar. Ich sagte, Ja und? und verschränkte die Arme vor der Brust. Er beugte sich zu mir herunter und flüsterte: Egal wie dünn du wirst, egal wie kurz du dir das Haar schneidest, darunter bist und bleibst du du selbst. Und dann ließ er meinen Arm los und ging den Flur hinab.

Ich wollte nicht ich selbst sein. Ich wollte das Selbst, das darunter lag, töten. Dieser Wunsch verfolgte mich jetzt Tag und Nacht. Wenn man erkennt, daß man sich über alle Maßen haßt, wenn man erkennt, daß man den Menschen, der man ist, einfach nicht ertragen kann, und daß dieser tiefe Widerwille seit vielen Jahren das zugrundeliegende Handlungsmotiv ist, dann kommt das Gehirn nicht so recht damit klar. Es versucht nach Kräften, diese Erkenntnis zu umgehen; es versucht bis zum letzten Atemzug, die verbleibenden Teile des Selbst am Leben zu erhalten, den Rest, der übrig geblieben ist, neu zu erschaffen. Ich glaube, dieser Zustand ist deutlich von dem Wunsch zu unterscheiden, sich das Leben zu nehmen, weil die Schmerzen so stark sind, daß der Tod als Erleichterung erscheint. Er unterscheidet sich von dem Suizid, den ich später versuchen werde, der Flucht vor der Qual. Vielmehr ist es der Wunsch, sich selbst zu ermorden; die Konnotation von *umbringen* ist in diesem Zusammenhang zu schwach. Man glaubt, daß man es verdient hat, langsam, qualvoll und gewaltsam zu sterben. Ohne mir dessen vollkommen bewußt zu sein, hatte ich den Hungertod als Marter gewählt. Wenn Menschen Selbstmord begehen wollen, suchen sie sich normalerweise eine Methode aus, die ihnen am wenigsten Schmerzen bereitet, bei der sie nur ganz kurz leiden müssen. Doch meine Situation war anders.

Auf der Station gab es ein Mädchen, das unglaublich unglücklich war. Sie schnitt sich mit allem, was ihr in die Finger kam. Glasstücke, die sie auf der Straße fand, sparte sie sich für ihre privaten Augenblicke unter der Bettdecke auf. Eine scharfe Kante am Fenster, die zufällig übersehen worden war. Die anderen Patienten aus unserer Gruppe versuchten, sie zu verstehen, versuchten, sie zu fragen: Aber warum? Sie zuckte die Achseln und blickte auf ihre Hände hinab. Ich erzählte meinem Vater von ihr. Ich erinnere mich noch an sein Gesicht, besorgt, gequält; er sagte: mein Gott. Selbstverstümmelung. Und er schüttelte den Kopf. Das kann ich nicht verstehen, sagte er.

Ich verstand es.

Tatsächlich verstand ich es so gut, daß ich ein paar Jahre später genau das gleiche tat. Nachdem meine Eßstörung »vorbei« war, suchte ich verzweifelt nach etwas anderem, mit dem ich mich zerstören konnte. Ich fand heraus, daß Rasierklingen dazu hervorragend geeignet sind. Was dieses Mädchen im Lowe House tat, fand ich vollkommen nachvollziehbar. Ich hatte das Gefühl, daß wir unterschiedliche Mittel anwandten, daß unsere Ziele jedoch sehr ähnlich waren. Den Körper wegzuschneiden – symbolisch und tatsächlich – die unvollkommene Seele herauszuschneiden.

Ich sprach nicht über die quälenden Erkenntnisse, die ich in den Augenblicken hatte, in denen ich allein war. Ich sprach über die Beziehung zu meinen Eltern, zumindest bis zu einem bestimmten Grad. Damals hatte ich wie heute das Gefühl, daß meine Eltern nur ein Teil eines größeren Problemkomplexes waren. Mit der Zeit sprach ich immer mehr über die Rolle meiner eigenen Persönlichkeit – über das Bedürfnis, mich mächtig zu fühlen, über den Wunsch, unter allen Umständen erfolgreich zu sein, über die üblichen Schuldigen wie Perfektionismus, angeborene Trauer, Wut. Selbst damals im Lowe House war mir klar, daß etwas Größeres dies in mir ausgelöst hatte. Selbst damals schienen mir die einfachen Erklärungen vom niedrigen Selbstwertgefühl, von den Fehlern der Eltern, der Vorbilder in den Medien als Gründe für meine Entwicklung nicht auszureichen. Sie hatten etwas mit meiner Eßstörung zu tun, das ganz sicher. Aber über den Teil, der unausgesprochen in meinem Hinterkopf lauerte, sagte ich nichts. Weil es keine positive Möglichkeit gibt, darüber zu reden.

Dieser Teil war ich. Das Zusammenspiel meiner Erziehung, meiner Familie und der Kultur, in der ich aufgewachsen war, mit meinem eigenen Charakter entzog sich meinem Verständnis – und ich wollte es auch nicht verstehen. Ich wollte mich nicht mit der Tatsache auseinandersetzen, daß es etwas in mir gab, das diese Entwicklung überhaupt erst möglich gemacht hatte. Ich wollte mich nicht mit der Tatsache befassen, daß ich zwar vielleicht nicht »so auf die Welt gekommen« war, aber doch Charakterzüge und Neigungen besaß, die mich dorthin gebracht hatten, wo ich jetzt war. Das Problem lag einfach in meinem Gehirn. Trotz der Liebe, die meine Eltern mir geschenkt hatten, trotz der Unterstützung, die ich durch Freunde und viele andere Menschen in meinem Leben erfahren hatte, hatte ich eine unersättliche Neugier, die Grenzen meines Selbst auszuloten. In Kombination mit meinem Selbsthaß war diese Neugier gefährlich. Ich konnte meiner Umwelt niemals ganz erklären, daß ich, neben allen anderen, offensichtlicheren Faktoren, einfach auch sehen wollte, was passieren würde.

Diese Neugier war noch nicht gestillt.

Während meines Aufenthaltes im Lowe House änderte sich einiges.

Ich begann, mein Leben neu zusammenzusetzen, die Erinnerungen zu einer Patchwork-Decke zusammenzunähen, die auf eine chaotische Art Sinn ergab. Als ich ankam, konnte ich mit niemandem über mich selbst reden. Lange Phasen meines Lebens waren ausgelöscht, entweder hatte ich sie völlig vergessen, oder ich konnte sie nicht mehr in einen Zusammenhang einordnen. Wenn man nicht sagen kann, wer man ist oder welche Vergangenheit man hat, wenn man auf sich selbst reduziert ist, nicht mehr als ein Skelett mit ein paar merkwürdigen Auszeichnungen, kann man auch nicht das Gefühl entwickeln, ein vollständiger Mensch zu sein. Ich bat meine Eltern, all ihre alten Photoalben mitzubringen, fragte sie lang und breit über ihre Vergangenheit aus, über ihre Ehe, meine Kindheit, über das, was sie bei bestimmten Ereignissen gedacht hatten, fragte sie, was hier, da und dort geschehen war.

Langsam und widerstrebend begannen sie, mir die Dinge ins Gedächtnis zu rufen. Häufig fragten sie mich ungläubig: Und du kannst dich wirklich nicht mehr daran erinnern? Wenn ich verneinte, sah meine Mutter voller Bitterkeit aus dem Fenster und sagte: Wie schnell unsere Kinder doch vergessen!

Ich begann, mich zu erinnern. Doch dies war ein zweischneidiges Schwert.

In dem sicheren Refugium einer übergroßen, gepolsterten Zelle gaben mir die Erinnerungen ein paar Antworten auf die Frage, wie und warum all das geschehen war. Und ich befand mich an einem Ort, an dem ich mich relativ sicher fühlen konnte, selbst wenn ich einen – wenn auch vorsichtigen – Blick auf mein Problem riskierte. Dies war die positive Seite. Ich entwickelte ein Gefühl dafür, wer dieser Mensch war, von dem sie sprachen, wenn sie meinen Namen nannten. Die Erfahrung war zwar schmerzhaft – ich wurde mit einem tiefen und übelkeiterregenden Haß auf das Kind, das ich gewesen war, auf die unmenschliche Kreatur, für die ich mich hielt, konfrontiert, und ich verstand, daß ich mich irgendwie mit ihr würde versöhnen müssen, wenn ich ein vollständiger Mensch werden wollte. Trotzdem gab mir diese Erfahrung etwas, das ich dringend brauchte: den Ausgangspunkt einer Ordnung. Das Gehirn sehnt sich nach Ordnung, und ich stürzte mich auf die fehlenden Erinnerungsstücke mit einem Hunger, der nur auf ein Wiedererwachen meines Überlebensinstinkts zurückgeführt werden kann. Ich wollte verstehen, und in gewisser Weise wünschte ich mir, gesund zu werden.

Die Kehrseite der Medaille bestand darin, daß meine Selbsterkenntnis mich zu Tode ängstigte. Die unbekannte Ordnung, der ich mich näherte, schien erheblich gefährlicher zu sein als die Störung, die ich kannte.* Und als ich das Lowe House verließ und kränker wurde, als ich es jemals für möglich gehalten hätte, war dies eine um so traurigere Entwicklung, als ich dies in dem ständigen, schrecklichen Wissen tat, daß ich der Gesundheit so nahe gekommen war und mich dann der Mut verlassen hatte.

Der Schnee schmolz, über Nacht kamen die Blätter heraus, wie jedes Jahr. Mein Hausarrest wurde aufgehoben, und ich konnte zusammen mit der Gruppe an Ausflügen teilnehmen. Wir gingen zum Krankenhaus-Swimmingpool ein paar Straßen weiter – ich schwamm, wie die meisten anderen Mädchen auch, in einem langen T-Shirt, weil ich mich meines Körpers schämte – wir gingen ins Kino oder machten Ausflugsfahrten. Meine Eltern erinnern sich, daß ich in dieser Zeit mehr Gefühle zeigte, daß ich sogar hin und wieder lachte, daß ich wieder begann, Anteil an der Welt zu nehmen – ein Kind auf der Schaukel im Park, eine Frau mit einem lustigen Hut in dem Café, in dem wir jetzt unsere Zeit gemeinsam verbringen durften, ohne daß eine Aufsichtsperson dabei war. Ich bekam sogar Freigang, zuerst durfte ich für ein paar Stunden nach Hause, dann durfte ich über Nacht bleiben, dann ein ganzes Wochenende. Ich erinnere mich nur sehr vage daran. In der Hauptsache erinnere ich mich, daß ich mich stärker fühlte und beinahe glücklich war.

Meine Zimmergenossin Joan – Selbstmordversuche, von der Mutter mißhandelt, vom Vater verlassen, verschiedene Pflegefamilien – und ich überwanden unser Problem, Nähe zuzulassen, und wurden Freundinnen. In meiner Akte wird – unter »positive Entwicklung« – vermerkt, daß wir jede Menge Ärger bekamen, weil wir noch stundenlang redeten, nachdem das Licht schon aus war, weil wir zu laut lachten, weil wir uns eben im großen und ganzen wie Teenager benahmen. Sie lachte mich aus, wenn ich auf dem Bett stand und kreischte, »Mein Hintern!« Ja, Mar, sagte sie dann, du hast *tatsächlich* einen Hintern! Und du hast ihn, damit du dich darauf setzen kannst! Zsss, manche Leute! Bevor wir einschliefen, beide vergraben unter einem Berg aus Stofftieren, die wir seit unserer Geburt hatten, sagte sie, Nacht Mar. Ich schob meine Babydecke von der Nase und sagte Nacht Joan. Und dann herrschte Frieden in unserem Zimmer. Der sanfte Schatten der Nachtwache, der sich über unseren Kachelboden ergoß. Ein gelegentlicher

* Hier spielt die Autorin mit den Begriffen »order« (Ordnung) und »disorder«, das im Englischen nicht nur für »Unordnung«, sondern auch für »medizinische Störung« steht. (Anm. d. Übers.)

Schrei und besänftigende Laute, wenn auf dem Flur wieder ein Alptraum sein Unwesen getrieben hatte.

Ich nahm nicht besonders viel zu. Die meiste Zeit über blieb ich unter meinem Zielgewicht von 51 Kilo. Je näher ich diesem Gewicht kam oder an den Tagen, an denen ich in Shawns Dienstraum auf der Waage stand und tatsächlich 51 Kilo *wog*, weinte ich. Denn trotz all der »Gefühlsarbeit«, die ich leistete, ein Schritt vor und zwei zurück, trotz all der positiven Auswirkungen, die sie auf meine Beziehungen hatte, ebenso wie auf mein Selbstwertgefühl und so weiter, war ich nicht vollkommen davon überzeugt, daß ich in der Lage sein würde, ohne eine Eßstörung weiterzuleben, weshalb ich mich nicht kopfüber in die Genesung stürzte. Ich glaube, ich hatte die Vorstellung, daß, wenn ich etwas *glücklicher* wäre, meine Eßstörung einfach nicht mehr so *wichtig* wäre. Vielleicht könnte ich ja eine kleine Eßstörung haben, wenn ich herauskam, mich aber eben nicht *gar so elend* fühlen. Einfach nur »ganz normal Diät halten« wie »jeder andere auch«. Du liebe Güte. In der gleichen Situation wäre wohl ein Alkoholiker, der beschließt, nur noch in Gesellschaft zu trinken oder – wie ich es kürzlich lächerlicherweise versucht habe – ein Kettenraucher, der beschließt, nur noch auf Parties zu rauchen. Natürlich war es ungeheuer beängstigend für mich, ein paar der typischen Verhaltensweisen aufzugeben, die zu einer Eßstörung gehören. Was, wenn ich vergaß, wie es ging? Was, wenn ich, was Gott verhüten möge, alle Kontrolle über mich verlöre und mich entschließen würde, gar keine Eßstörung haben zu *wollen*? Ich stellte mir vor, wie ich mich – wie wir es in unserer gemeinen, kleinkarierten Gesellschaft formulieren – »gehen ließ«, wie ich mit zerzausten Haaren auf dem Sofa herumlag und die ganze Zeit über *entspannt* war. Erst viele Jahre später erkannte ich, daß »sich gehen lassen« auch andere Konnotationen hat: sich selbst zu befreien beispielsweise von einer tödlichen Störung und dem Zwang, immer geschminkt zu sein.

Es dauerte eine Weile, bis sie bemerkten, daß ich schon seit einigen Monaten um 5 Uhr morgens aufwachte, so leise wie möglich ans Waschbecken in unserem Zimmer schlich, ganz leicht den Hahn aufdrehte, gerade genug, daß ein feiner Wasserstrahl langsam die Wand einer dieser großen Plastikbecher hinabrann. Ich trank erst ein Glas, dann wieder eines, dann noch eins und noch eins, sah zu Joans schlafender Gestalt hinüber, während ich leise schluckte. Wahrscheinlich trank ich jeden Morgen vier Liter, dann legte ich mich ins Bett und wartete, bis es Zeit zum Aufstehen war. Ich hielt es zurück, bis ich das morgendliche Wiegen hinter mir hatte, dann bat ich, während des Unterrichts zur Toilette gehen zu dürfen. Meine Blase war kurz vorm Platzen.

Eines Tages in der Schule winkte mich ein Betreuer in den Flur hinaus und reichte mir einen Becher, um hineinzupinkeln. Ich widersprach. Aber ich hatte keine Chance. Mein Urin war so verdünnt, daß er fast gar nicht mehr als Urin durchging. Das war das Ende. An diesem Nachmittag fiel mein Gewicht auf magische Weise auf den Wert zurück, den es bei meiner Einweisung gehabt hatte, und ich bekam wieder Hausarrest.

Als ich meine Privilegien dann wiederhatte, bekam ich Urlaub und kam 3 Kilo leichter wieder zurück. Ich habe keine Ahnung, was damals geschah. Ich vermute, daß ich einfach nicht genug aß und zu viel herumlief. Wenn man in einer schlechten körperlichen Verfassung ist, verliert man häufig im Handumdrehen ein paar Pfund, wie mir mein jetziger Arzt immer wieder versichert. Jedenfalls verdächtigten sie mich, Abführmittel genommen zu haben, und ich schrie und brüllte, daß ich keine eingenommen hätte – ehrlich. Ich sagte ihnen: Machen Sie einen Bluttest, um Himmels willen! Doch das taten sie nicht. Sie durchsuchten mein Zimmer. Und fanden, natürlich, meinen Vorrat an Abführmitteln.

Es sah nicht allzu gut für mich aus.

Ich weinte. Abführmittel hätten mich umbringen können, deshalb hätte ich genausogut eine geladene Waffe zwischen meinen Sweatshirts im Schrank verstecken können. Das Betreuungspersonal legte mir das Höchstmaß an Einschränkungen auf, schlimmer noch als Hausarrest oder Zimmerarrest oder sonst irgend etwas. Zunächst stand ich wieder rund um die Uhr unter Bewachung. Weinend saß ich auf einem blauen Plastikstuhl im Flur vor dem Dienstraum der Betreuer. Sie brachten mir das Essen auf einem Tablett. Ich erinnere mich, daß ich versuchte, es zu essen, und daß ich so sehr weinte, daß ich es einfach nicht herunterschlucken konnte, mein Bissen Kartoffelpürree war tränendurchtränkt und fiel mit einem salzigen, traurigen Platsch von der Gabel. Keiner durfte mit mir reden. Alle anderen Kinder gingen einfach vorbei, versuchten, mir unmerklich zuzuwinken oder meinen Blick auf sich zu lenken und ein Hi mit den Lippen zu formen. Duane hatte mehrere Anfälle hintereinander. Ich war wütend auf mich selbst. Ich wußte sehr genau, daß ich meinen Aufenthalt hier um einige Monate verlängert hatte.

Im Sommer wurde ich sehr unruhig. Das Wetter war herrlich. Ich war gesünder, begann einigermaßen normal zu essen, teilweise, weil ich mit auf die Ausflüge wollte, die man auf der Station plante. Wir wanderten in den Taylor's Falls im Süden Minnesotas. Auf ein paar Fotos trage ich den alten Fischerhut meines Vaters, einen Rucksack auf dem Rücken, beinahe ein

Lächeln auf den Lippen. David runzelt die Stirn, meine Zimmernachbarin Joan sieht verängstigt aus, Duane grinst wie ein Verrückter, die Betreuer sehen vergnügt aus, ein sonniger Tag, wir stehen auf einem großen Felsen. Dann zelteten wir. Ich tat, als stünde ich über der ganzen Sache – Zeltlager, du meine Güte – aber trotzdem tat ich in den Wochen davor kaum etwas anderes als essen, damit ich mitgehen durfte. Wir segelten, wanderten, machten Lagerfeuer und aßen Pfannkuchen zum Frühstück. Damals erinnerte ich mich plötzlich daran, wie sehr ich Pfannkuchen gemocht hatte und ließ – in einem Anfall absoluter Hemmungslosigkeit – jede Menge Sirup darauftropfen. Ich erinnere mich an die Nachmittage, zwischen Pferderücken und Schwimmengehen, an denen ich lang und breit mit einer verwirrten Betreuerin darüber diskutierte, ob ich richtige Limonade trinken sollte. Ob ich dadurch zunehmen würde? fragte ich mich besorgt. Sie sagte, daß sie es sehr bezweifelte. Und außerdem, sagte sie, öffnete eine Cola und grinste mich an, Warum ist das so wichtig? Ich trank die prickelnde Orangenlimo langsam, Schluck für Schluck, und sagte mir immer und immer wieder, daß es nur Zucker sei. Also nicht so schlimm.

Auch von diesem Ausflug existieren ein paar Fotos; ich sitze am Ruder eines Bootes, das Haar fängt wieder an zu wachsen, fast ein Bürstenschnitt, trage eine Sicherheitsweste und Shorts, aus denen – aus heutiger Sicht betrachtet – bemitleidenswert dünne Beine hervorblicken. Auf diesem Bild lächele ich *eindeutig*, ein herrliches, breites Ich-stehe-am-Steuer-Grinsen. Wir fuhren in eine Meierei am anderen Ufer des Sees, wo ich einen ganz kurzen Anfall hatte, weil sie kein fettfreies, gefrorenes Joghurt hatten. Dann riß ich mich zusammen, lächelte dem grimmig dreinblickenden Betreuer und Joan, die mir in den Arm kniff, zu und bestellte mit lauter Stimme ein Mr. Freeze Eis. Und dann schleckte ich es auf. Auf einem Bild strecke ich der Kamera die kirschrote Zunge heraus.

Langsam ging es mir besser. Und das jagte mir ungeheure Angst ein. Aber ich fühlte mich sicher. Ich hatte das Gefühl, vielleicht *doch* mit dem Leben zurechtkommen zu können. Ich hatte mit ein paar Menschen Freundschaft geschlossen, die eigentlich keinen Grund hatten, mich zu mögen. In gewisser Weise hing ich sogar an meinen Betreuern. Ein Foto zeigt Joan und mich, zusammengerollt auf unserem Bett. Wir sehen aus wie die Teenager, die wir tatsächlich waren; über meinen Knien liegt eine Decke, Joan macht mir mit den Fingern Hasenohren, und zwischen uns liegt ein Teddybär.

Ich wollte beides: gehen – mit einer ähnlichen Sehnsucht wie man sie empfindet, wenn man eine Weile krank im Bett gelegen hat – und bleiben.

Weil ich glücklich war. Und weil ich Angst davor hatte, entlassen zu werden. Ich hatte mich vorher nie wohl in meiner Haut gefühlt, niemals wirklich, und jetzt begann ich, es zumindest ansatzweise zu tun. In der Therapie arbeitete ich tatsächlich hart, versuchte, zu be-greifen, wer ich war und warum das genug war. Im Spätsommer blätterte ich das Vorlesungsverzeichnis für das Herbsttrimester der University of Minnesota durch.*

Ich erinnere mich an einen Tag Anfang September, als ich auf dem Fenstersims saß und auf die Straße hinabblickte. Ich schrieb gerade in mein Tagebuch. Und aus irgendeinem Grund traf es mich wie ein Baseball in die Magengegend: Ich würde das hier aufgeben müssen. Die Eßstörung. Ich mußte es loslassen. Nicht einen Teil, alles. Ich konnte das Lowe House nicht verlassen und einfach nur hier und da etwas »Diät halten«. Kein Zählen von Kalorien, Kohlehydraten oder Fett mehr! Gar nichts. Ich würde draußen genauso essen müssen wie ich es drinnen tat: normal.

Und ich glaubte nicht, daß ich es schaffen würde.

Und dann tat ich etwas, das ich seitdem immer bereut habe. Eines Tages, in der abendlichen Therapiegruppe, sprach ein Mädchen über ein beängstigendes Erlebnis, das sie an diesem Tag gehabt hatte: Ein Mann hatte sich ihr im Park genähert und sie zu Tode erschreckt. Dadurch kamen all unsere Probleme mit Mißhandlung und Angst und unangemessenem Verhalten etc. hoch, so daß auf der ganzen Station Chaos herrschte. Ich stand auf und ging aus dem Zimmer, setzte mich im Flur auf einen Stuhl und fing an zu heulen. Ein Betreuer kam hinter mir her. Nach ein paar Minuten sagte ich ihm, schluchzend und keuchend, daß ich als Kind von Männern im Theater meines Vaters sexuell mißbraucht worden sei.

Das war eine Lüge.

Keine vorsätzliche. Sie kam mir in den Sinn, und ich spuckte sie aus. Das Unbewußte ist nicht immer ein Verbündeter der guten Anteile des Selbst, es ist nicht immer identisch mit der »Intuition«, die uns auf magische Weise auf die sonnendurchflutete Lichtung mit dem Regenbogen führt, wo

---

* Ich habe niemals meinen High-School-Abschluß gemacht. Auf Interlochen waren meine Noten zwar gut genug, daß ich an der Abschlußprüfung hätte teilnehmen können. Ich wurde aber an der Verwirklichung meines lebenslangen Plans, schon mit fünfzehn aufs College zu gehen, gehindert, weil ich zunächst ein Jahr lang aus dem Krankenhaus floh und das nächste in einer geschlossenen Anstalt verbrachte. Ich ging also erst mit siebzehn aufs College und wurde nur wegen meines zwanghaften Lesens, von dem ich oben sprach, zugelassen. Ich nahm an einem Sonderprogramm für Studierende ohne Abschluß teil.

die Gesundheit wohnt. Manchmal ist es das reine Es, der reine, ungehemmte, niedere Trieb. In diesem Fall war es das niedere Bedürfnis, um jeden Preis an meiner Eßstörung festzuhalten. Kurz nachdem ich es ausgespuckt hatte, erkannte ich, was für eine Wirkung es haben würde. Meine restliche Zeit im Lowe House verbrachte ich damit, mich mit diesem Nicht-Problem auseinanderzusetzen. Es war ein Alptraum. Meine Eltern waren erschüttert – zumindest für kurze Zeit. Dann überlegten sie sich, daß so etwas gar nicht passiert sein *konnte*. Alle Therapeuten waren stolz, weil ich mit diesem schwierigen Problem so gut fertig wurde. Alle waren beinahe erleichtert, daß es einen hübschen, faßbaren Grund für meine totale Entkörperlichung gab, für meine selektive Amnesie, meine Schlafstörungen, meine Promiskuität, meine Angst vor Männern, meine Probleme mit Intimität, mein Problem mit Vertrauen, eben für alles. Alles ließ sich auf den Mißbrauch zurückführen, der niemals stattgefunden hatte. Im Grunde warf ich eine Bombe nach rechts, und jeder jagte ihr hinterher, während ich die Bühne auf der linken Seite verließ. Ich schuf mir meine Strohpuppe, und sie nahm alle Schuld auf sich.

Tatsächlich zeigte ich alle Symptome eines sexuellen Mißbrauchs, ein klassischer Fall von posttraumatischem Streßsyndrom. Wahrscheinlich hatten die Therapeuten einen Mißbrauch sogar vermutet und warteten darauf, daß ich ihn »enthüllte«, wenn ich mich »sicher« genug fühlte. Sie hatten viele Gründe, mir zu glauben – ich zeigte die klinischen Symptome – und keinen Grund, mir nicht zu glauben. Aus Gründen, die nur sie selbst kennen, erzählten meine Eltern den Therapeuten nicht, daß sie meine Aussage für eine Lüge hielten. Aber im Lowe House geschah, was sich schon früher immer wieder abgespielt hatte: Meine ach-so-ehrlichen-und-offenen Enthüllungen waren bestenfalls Ablenkungsmanöver: Auf Interlochen fungierten meine tränenreichen Versuche, die Bulimie zu beenden, ausschließlich als Vorwand, um ungestört hungern zu können. Mein »aufrichtiges« Interesse an meiner Genesung im Methodist Hospital hatte einzig und allein die Beschleunigung meiner Entlassung zum Ziel. Und meine »von Herzen kommende« Erforschung des Selbst in Kalifornien sollte meine Therapeuten, meine Familie und meine Freunde einlullen, so daß sie sich auf meine »Reise ins Land der Gesundheit« konzentrierten statt auf meinen immer schlechter werdenden Zustand. Diesmal jedoch fand das Ablenkungsmanöver auf einer anderen Ebene statt. Ich wechselte vom Königreich der unwichtigen Wahrheiten zum Königreich der Trugbilder.

Ich habe mir das selbst nie vergeben, und ich bezweifele, daß ich es je tun werde. Es war ausschließlich egoistisch, unglaublich kurzsichtig, unbestreitbar eine weitere in einer Serie von Manipulationen, die alle nur den einen Zweck hatten: mich und meine Eßstörung von den forschenden Blicken meiner Umwelt fernzuhalten. Und es wirkte.

In der restlichen Zeit meines Aufenthaltes mußte ich mich mit meinen wahren Problemen nicht mehr auseinandersetzen. Ich hatte die Lüge erzählt, um herauszukommen. Ende September schrieb ich mich an der University of Minnesota ein, die ich für das Phantastischste hielt, das mir jemals untergekommen war. Jeden Morgen verließ ich das Lowe House, nahm den Bus zur Uni, absolvierte meine Seminare, fuhr mit dem Bus zurück. Fünf Stunden Freiheit. Ich erinnerte mich daran, wie sehr ich das Denken und Arbeiten genoß. Ich erinnerte mich, daß ich tatsächlich auch noch in einer anderen Disziplin als Hungern und Kotzen gut war. Ich begann zu glauben, daß ich es draußen schaffen würde, daß alles gut werden würde. Ich schwebte förmlich durch meine Seminare, voller Adrenalin, stolz auf meinen Fortschritt, voller Hoffnung auf das Leben.

Ich begann zu glauben, daß ich »gesund« war. Wenigstens gesund genug, um zu gehen. Wenigstens nicht mehr verrückt. Ich mähte meine Ängste vor dem Abschied nieder und fing an, darauf zu drängen, entlassen zu werden. Es wurde gewährt.

Der Abschied war schwer. Ich trennte mich von Menschen, die ich zu mögen und denen ich zu vertrauen gelernt hatte. Am 5. November 1991, nach dem Abendessen, klingelte mein Vater an der Tür, half mir, mein Gepäck hinauszuschaffen. Draußen war es dunkel, der Schnee lag hoch, die Luft war schneidend kalt. Wir stiegen ins Auto. Ich zündete eine Zigarette an, er zog eine Zigarre heraus, und wir saßen da und pafften vor uns hin, grinsten, während der blaue Rauch um unsere Köpfen wirbelte.

Dann fuhren wir nach Hause.

Auf meinem Entlassungsformular lautet der letzte Eintrag:

»Geheilt¿«

Kapitel 7

WARTEN AUF GODOT

Minneapolis, 1991 bis 1992

Wladimir: *Wir warten auf Godot.*
Estragon: *(verzweifelt) Ach ja! (Pause) Bist du sicher, daß es hier ist?*
Wladimir: *Was?*
Estragon: *Wo wir warten sollen.*
Wladimir: *Er sagte, vor dem Baum.*
(...)
Estragon: *Und wenn er nicht kommt?*
Wladimir: *Kommen wir morgen wieder.*
Estragon: *Und dann übermorgen.*
Wladimir: *Vielleicht.*
Estragon: *Und so weiter.*
Wladimir: *Das heißt ...*
Estragon: *Bis er kommt.*
Wladimir: *Du bist unbarmherzig.*

Samuel Beckett, »Warten auf Godot«*

Winter 1991. Ich liebte das Leben. Es war eine seltsame Zeit, und ich liebte mein Leben. Am Morgen wachte ich im Haus meiner Eltern auf, zog den Bademantel an, ging auf die Terrasse hinaus, um zu rauchen. Es war noch dunkel, in der Ferne ein violetter Schimmer, der Atem bildete dicke, kalte Wolken. Die Stille des nördlichen Morgengrauens nur durchbrochen vom Gezwitscher eines Kardinalsvogels, das Knirschen meiner Füße im Schnee, das Kratzen der Fuchspfoten, die über den gefrorenen See huschten. Ich zog mich an, ging hinauf, frühstückte, packte mein Lunchpaket zusammen, ging den Hügel hinauf zur Valley View Road, nahm den Bus Nr. 6 nach Minneapolis, beobachtete, wie die Ausläufer der Stadt der Skyline wichen. Ich las die Zeitung, lernte für die Seminare. Ich liebte das College sehr. Ich belegte Politikwissenschaften, ein Fach, in dem Dozenten und Studenten sich die Köpfe heiß diskutierten, schrieb Aufsätze, verbrachte unzählige Stunden in der Bibliothek. Ich bekam einen Job bei der Universitätszeitung, im Umweltressort, wo es glücklicherweise in jenem Jahr unglaublich viel zu

* Übersetzung von Elmar Tophoven. Abdruck mit freundlicher Genehmigung des Suhrkamp Verlages.

tun gab. Abends, in der einsetzenden Dämmerung nahm ich den Bus nach Hause, aß mit meinen Eltern zu Abend und ging nach unten, um zu lernen und zu arbeiten.

Und Lernen und Arbeiten. Und noch mehr Lernen und Arbeiten. Diesmal gab es keinen plötzlichen Umschwung. Es ging langsam und unmerklich voran, schleichend, so daß ich es selbst nicht kommen sah. Allmählich wurden die Abende länger. Allmählich schien es immer mehr Dinge zu geben, die ich erledigen mußte. Allmählich schrumpfte das Frühstück. Und das Mittagessen. Und das Abendessen. Diesmal gab es keinen dramatischen Augenblick, zumindest eine ganze Weile nicht. In gewisser Weise fing ich von vorne an. Aber der Weg nach unten war leicht.

Um etwa 11 Uhr abends ging ich nach oben, um mir meinen abendlichen Snack zu holen: eine Schüssel mit fettfreiem Müsli, bedeckt mit Magerjoghurt, Honig, Rosinen. Eine große Schüssel mit gut durchmischtem Brei. Ich schaltete das Licht in der Küche aus, trug die Schüssel nach unten, setzte mich mit meinem Buch an den Schreibtisch und hielt es mit der linken Hand auf. Mit der rechten vollführte ich mein kompliziertes, nächtliches Eßritual: Zuerst pickte ich die Rosinen heraus und aß sie, eine nach der anderen. Dann aß ich den Joghurt, wobei ich jedes Weizenkörnchen sorgfältig mied – ich benetzte den Löffel immer nur mit einem zarten Film, den ich dann ableckte. Das dauerte natürlich seine Zeit. Wenn ich so viel Joghurt wie möglich aus der Schüssel aufgeleckt hatte, aß ich das Müsli, das zu diesem Zeitpunkt schon vollkommen matschig war, in winzigen Häppchen. Die ganze Prozedur dauerte etwa zweieinhalb bis drei Stunden. Wenn ich fertig war, rauchte ich meine letzte Zigarette und ging schlafen. Ein paar Stunden später fuhr ich wieder zur Uni.

Ich hörte nicht richtig mit dem Essen auf. Ich fing einfach nur an, seltsame Dinge zu essen. Tatsächlich gibt es nicht allzuviele Anorektikerinnen, die wirklich *gar nichts* essen. Dieses System kann man nicht aufrecht erhalten, und das wissen selbst wir. Man muß durchaus etwas essen, um existieren zu können. Diesmal glaubte ich wirklich, daß ich genug aß. Ich glaubte sogar, genügend Spielraum zu haben, meine Nahrungsmenge zurückzuschrauben. Und das tat ich. Das Frühstück schrumpfte von Cornflakes, Obst und Saft zu nur Cornflakes, Punkt. Dann hörte ich auch *damit* auf, schnappte mir auf dem Weg nach draußen einen Apfel, rief meinem Vater zu, daß ich spät dran wäre und keine Zeit zum Frühstücken hätte. Ich würde mir etwas in der Schule kaufen. An der Bushaltestelle landete der Apfel mit einem hohlen Plong in der Mülltonne. Das Mittagessen, das am Anfang aus einem normalen Sandwich und Obst bestanden hatte, verwandelte sich bald in kalorienarmes Brot – es schmeckte wie Luft und ist auch genauso sättigend – mit fettarmer Mayo und Senf, einem Stück Tomate und einer Scheibe Halbfettkäse. Ich aß weiterhin mit meinen Eltern zu Abend, weil ich mich davor nicht drücken konnte. Natürlich begann ich, abzunehmen. Nicht schnell. Gerade genug, daß meine Periode wieder aussetzte, gerade genug, daß mir wieder kalt wurde. Und gerade genug, daß meine Gedanken wieder mehr und mehr um mein Gewicht kreisten.

Samstags blieb ich zu Hause, saß am Küchentisch, starrte auf die großen Schüsseln aus Tiefkühlmais und Tiefkühlerbsen aus der Mikrowelle, die vor Salz und Butter troffen. Zuerst aß ich die Erbsen, dann den Mais. Immer eine auf einmal. Mit der Gabel. Manchmal aß ich ein Stück geschmolzenen Halbfettkäse auf einer Scheibe kalorienarmem Brot. Aber ich aß. Meine Eltern waren besorgt, versuchten aber, sich nichts anmerken zu lassen. He, aber ich esse doch! Versicherte ich ihnen, und sie nickten und rangen sich ein Lächeln ab. Ich sah auf meinen Teller mit Mais und Erbsen herunter, jagte die Erbsen, erstach sie mit den Zinken meiner Gabel, eine nach der anderen.

Ich aß, aber sicher, sogar richtig »gewissenhaft«. Tatsächlich glaubte ich halbwegs daran, daß ich versuchte, gesund zu bleiben. Ich wollte einfach nur sehen, ob ich meine Anstrengungen vielleicht ein bißchen reduzieren konnte. In bezug auf das Essen, auf meine Gesundheit. Der Essensplan, den man mir im Lowe House mitgegeben hatte, veränderte sich: vor allem Fett wurde völlig vom Speisezettel gestrichen. Ich war vollkommen bereit zu essen. Nur eben kein Fett. Gar keins. Nicht die geringste Spur. Das geschieht bei Eßstörungen häufig: Wenn man erwischt worden ist, dann ändert man seine Taktik, man ändert sein Tempo oder die Art der Obsession. Ich ging langsamer vor und konzentrierte mich nicht mehr auf Kalorien, sondern war vom Gedanken an Fett besessen.

Als ich das Lowe House verließ, war ich dünn, und jetzt bemerkte ich nicht, daß ich dünner wurde. Bei meinem allwöchentlichen Termin im TAMS war ich überrascht, als ich feststellte, daß ich wieder ein oder zwei Pfund leichter geworden war. Kathi machte sich Sorgen, aber nicht allzu große, noch nicht. In meiner Therapie kam ich durchaus voran, meine Tränen waren echt, ich lachte häufiger, die Begeisterung, die ich für das Leben empfand, war wirklicher und dauerhafter als früher. Ich schmiedete Zukunftspläne, die mich jetzt, wo es mir besser ging, nicht mehr so ängstigten wie früher. Gegen Ende des Winters bewarb ich mich bei ein paar Colleges, von denen keines in Minnesota lag. Wir glaubten alle, daß ich im kommenden Winter bereit sein würde, mein Elternhaus wieder zu verlassen.

Ich traf mich – nichts Ernstes – mit ein paar recht netten Typen, die ich in Seminaren oder in Cafés außerhalb des Campus kennenlernte. Ich fing langsam an, wieder körperliche Empfindungen zu haben. Ich erfuhr mich hauptsächlich auf visuellem Wege – wie sehe ich aus, bin ich attraktiv, welche Macht hat mein Körper auf andere – aber hin und wieder hatte ich auch richtige Empfindungen: ein winziger Hauch von Freude hier und da. Ich erinnere mich an einen Abend, an dem ich mit dem Mann, mit dem ich mich zu dieser Zeit regelmäßig traf, an der Bushaltestelle stand. Er zog mich an sich. Ich erinnere mich an das Gefühl seines Wollpullovers an meiner Wange, an das Geräusch seines Herzschlages viele Schichten darunter. Ich erinnere mich, wie seine Wärme mich durchströmte, und an die kalten Finger des Windes, die mir durchs Haar fuhren.

Im Rückblick verstehe ich nicht, warum ich wieder rückfällig wurde. Ich hätte es besser wissen müssen, ich hätte die Lügen erkennen müssen, die ich mir selbst erzählte – ich esse genug, es geht mir gut, ich bin gesund. Ich war glücklich. Ich hatte gelernt – zumindest glaubte ich das –, daß ich ein wertvoller Mensch war. Ich verstand, daß ich essen mußte, um zu leben, und ich wollte leben. Ich sagte zu mir: Das alles braucht seine Zeit, so leicht ist es eben auch wieder nicht, du kannst nicht erwarten, daß du so bald schon perfekt bist. Es kann immer wieder vorkommen, daß du kleine Rückschläge erlebst. Viel zu häufig hatte ich gehört, daß es nur ein »Ausrutscher« sei, wenn ich mich ein einziges Mal doch wieder übergab oder wenn ich für kurze Zeit wieder mit dem Essen aufhörte. Das hieß noch lange nicht, daß man rückfällig wurde. Wie lange dauert eine kurze Zeit? Sie dehnt sich aus, eine Woche, zwei Wochen, drei, und schon ist man wieder da, wo man angefangen hat. Psychologen glauben viel zu oft, daß das Gehirn von Frauen, die an Anorexie oder Bulimie erkrankt sind, in Ordnung ist: Sei geduldig mit dir selbst, sagten sie, du mußt für dich sorgen und nett zu dir sein. Wenn ich also wieder einen halben Tag ohne Essen verbracht hatte, wenn ich mit knirschenden Schritten über die verschneite Brücke ging, die über den Mississippi führte, wenn ich meine in Fäustlingen steckenden Hände an mein erfrorenes Gesicht hielt, dann sagte ich mir: Ich muß geduldig sein, ich muß für mich sorgen und darf nicht zu viel von mir erwarten: Ich werde mich heute nicht zu sehr selbst unter Druck setzen, deshalb werde ich mittags nur einen Kaffee trinken. Ich saß an den langen Tischen in der Mensa, rauchte, beugte mich über meinen Kaffee und meine Bücher und beobachtete, wie die Menschen um mich herum lachten und aßen, und ich dachte: Ist schon gut, ich gönne mir ja nur eine kleine Pause.

So läuft es immer. Ich habe nie einen eßgestörten Menschen getroffen, der nicht mit einer erstaunlichen Menge vernünftiger und intellektuell nachvollziehbarer Gründe daherkommt, warum er nicht essen kann. Ich lausche meiner Freundin Connie, die mir voller Entrüstung am Telefon erzählt: »Aber ich KANN einfach nicht so viel essen, wie sie vorschreiben. Das ist doch lächerlich, daß man zu *drei* Mahlzeiten am Tag gezwungen wird«, schnaubt sie. Ich frage sie: »Wieviel kannst du denn essen?« Und sie sagt bestimmt: »Eine Mahlzeit.« Im Krankenhaus schreien und schimpfen die Frauen, weil sie so viel essen müssen: »Aber KEINER ißt so viel!«

Unglücklicherweise ist da etwas Wahres dran. Es gibt ziemlich wenige Frauen, die normal essen. Man kommt aus dem Krankenhaus, schaut sich um und erkennt, daß der hübsche, kleine Speiseplan, den man einhalten muß – weil man ihn braucht, um gesund zu bleiben – nicht der Norm entspricht. Man beginnt also, die Kalorienzufuhr zu reduzieren. Weiter und immer weiter. Man vergißt, daß man die Gewohnheit hat, zu reduzieren, bis nichts mehr übrig ist. Zu meiner Familie und meinen Therapeuten und Freunden sagte ich: Ich esse ja; mir geht es wirklich besser; natürlich habe ich immer noch ein etwas merkwürdiges Verhältnis zum Essen. Aber ich arbeite dran, verdammt.

Und manchmal dachte ich an den Tag im Lowe House, als ich am Fenster saß und mir klar wurde, daß ich all das aufgeben mußte. Ich wußte sehr genau, daß ich es nicht aufgeben würde. Wie so viele von uns klammerte ich mich weiter an meine Eßstörung, wenn auch nur an einen Teil, der so winzig war, daß er mir wie ein Talisman vorkam, nichts Gefährliches, bloß ein Talisman aus Krankheit, den man in der Tasche mit sich herumträgt und zwischen Daumen und Zeigefinger reibt wie eine Hasenpfote. Ich sagte mir, daß alles gut sein würde, daß ich mich nur von diesem winzigen Teil nicht trennen würde. Und tief im Innern wußte ich, daß nichts gut werden würde.

Das Jahr rollte sich auf den Rücken und starb. Mitte des Winters hörte ich auf zu schlafen. Nach dem Abendessen fuhr ich wieder auf das Universitätsgelände, saß in einem heruntergekommenen Café, das die ganze Nacht geöffnet hatte, und dessen Name sich häufig änderte. Es war dämmrig und laut, die Tische wackelten, die Stühle waren mit zerfetztem Vinyl überzogen, in das Holz der Tische waren jede Menge Worte, Gedichte, Bilder und Namen eingeritzt worden, die Wände der Toilettenräume waren vom Boden bis zu Decke mit Graffiti beschmiert, der Spiegel war von Farbe verdunkelt. Die Gäste, die dort ein- und ausgingen, waren ein gemischter Haufen: Studenten und Vagabunden, Dealer und Flüchtlinge, richtige Zuhälter und vollkommen Verrückte. Kaffee kostete fünfundsiebzig Cents und Nachschub fünfundzwanzig. Ich brachte einen Stapel Bücher und ein Notizheft mit sowie eine Packung Zigaretten, rollte mich auf einem Stuhl in der Ecke zusammen, rieb mir die Augen, die rot vom fast greifbaren Nebel aus Zigarettenrauch waren, trank Kaffee, der so stark war, daß ein Teil des Kaffeesatzes auf dem Boden der Tasse übrig blieb. Las Bertrand Russell und John Stuart Mill und Marx. Ich warf den Glasschränken mit Muffins und Keksen begehrliche Blicke zu. Wurde immer hungriger, je weiter die Nacht voranschritt. Die Musik, kratzender, hämmernder, pulsierender Lärm, zog sich während des Lesens in den hintersten Winkel meines Gehirns zurück. Gelegentlich blickte ich von den Seiten meines Buches auf, beobachtete, wie ein paar Leute sich über die Kakophonie der Geräusche hinweg etwas zuschrien oder aufmerksam auf ihre Schachbretter und Karten hinabblickten, sich hinter vorgehaltener Hand Zigaretten anzündeten, wie in der dicht gedrängten Menge die Körper gegeneinander stießen. Wenn jemand mich um Zigaretten bat, gab ich ihm welche, steckte die mir angebotenen Fünfundzwanzigcentstücke in die Tasche und bestellte mir eine weitere Tasse Kaffee, sprach kurz mit den verschiedenen Gestalten, die an meinem Tisch anhielten, Was liest du da? Wie heißt du? Du hast hübsche Augen, blätterte die Seite um und schlang meinen Fuß in den Riemen meiner Handtasche unter dem Tisch.

Wenn ich zu hungrig wurde, um mich aufs Lesen konzentrieren zu können, kreisten die Gedanken wieder ums Essen. – Ob ich mir einen Muffin kaufen soll? Nur ein Muffin, ist doch keine große Sache. Soll ich? Soll ich? Blaubeere oder Himbeere? Wieviel Fett so ein Muffin wohl hat? Das sind aber große Muffins, wie viele Kalorien? – Ich schlug mein Buch zu und ging: Zur Tür hinaus, zur Straßenecke, wo eine kleine Gruppe stand, die jeden nächtlichen Passanten beobachtete. Es war ein heruntergekommener Haufen, Menschen in zerrissenen Kleidern, die lose an den dünnen Gestalten herunterhingen, Männer mittleren Alters und Mädchen unter Zwanzig, Junge Männer, die noch keine Dreißig waren und sehr junge Frauen mit Babys und Kleinkindern, die sich an die kalten Metallstäbe der Straßenschilder lehnten, PARKEN VERBOTEN, EINFAHRT FREIHALTEN. Mein Atem schimmerte weiß im Dunkeln, und ich ging mit kleinen Schritten über den vereisten Bürgersteig zurück zu meinem Auto. Ich fuhr den Riverside Drive hinunter, dann den Cedar Drive, dann bog ich auf die Autobahn ab, die in die Vororte führte, 35 South nach 62 West, nahm die Kurven zu schnell, die Autobahnlichter rannen über die Windschutzscheibe, über meine Hände. Die Autobahn fast leer, die Häuser kauerten schlafend an den Abfahrten. Ich fuhr den roten Wagen meines Vaters, schnell schalten, Becher mit Kaffee in der linken Hand, Zigarette im Mund. Müde. Etwas schwummrig, sechs, sieben Stunden seit meiner letzten Minimahlzeit.

Die Straßen in Minnesota im Winter sind sehr glatt. Und in diesem Winter gab es schwarzes Eis. Schwarzes Eis entsteht, wenn es heftig schneit und dann nachmittags wieder taut. Bei Sonnenuntergang fällt die Temperatur erneut, und der geschmolzene Schnee auf den Autobahnen gefriert zu einer dicken Eisdecke. Man kann nicht erkennen, daß es sich um Eis handelt, weil es ganz glatt ist und genauso aussieht wie Asphalt. Schwarz.

Nach Mitternacht, sie hatten Schnee angesagt. Dichte Wolken. Kein Mond, keine Sterne, wenig Licht. Zittrig wegen des Koffeins. Ich beugte mich nach vorn über das Steuer, versuchte, etwas zu erkennen. Ich hatte meine Zigarette aus dem Fenster geworfen, hielt das Steuer mit beiden Händen fest umklammert. Zitterte. Mein Kopf wollte nicht klar werden. Ich schüttelte ihn, als ob ich Wasser aus meinen Ohren herausbekommen wollte. Ich schaltete herunter. Ich war auf der rechten Spur. Dann die Ausfahrt, plötzlich sah ich von hinten Scheinwerfer auf mich zukommen. Ich schlingerte auf die linke Spur hinüber. Und verlor das Bewußtsein.

Dann gab es ein unangenehmes, knirschendes Geräusch, einen ohrenbetäubenden Lärm, und ich wurde gegen das Lenkrad geschleudert, immer und immer und immer wieder, und dann traf mich etwas heftig am Kopf, alles drehte sich, und immer wieder kam die Leitplanke auf mich zu. Schließlich hörte es auf. Ich saß da. Ein paar Autos rasten vorüber. Dann die Lichter des Polizeiwagens, ein Beamter zog mich am Arm aus dem Auto, stellte mir Fragen, die ich nicht verstand. Ich saß in seinem Wagen, betrachtete das Wrack. Das Auto meines Vaters hatte einen Totalschaden: Die Knautschzone war verschwunden. Ich hatte keine Ahnung, was passiert war. Sah aus, als ob ich mit der einen Seite gegen die Leitplanke gefahren war, dann zurückgeprallt war, mich gedreht hatte, wieder dagegengedonnert war, drehen, donnern, drehen, donnern. Ich saß da und dachte über den Muffin nach. Ich hätte einen Muffin essen sollen, dachte ich. Der Nacken tat mir weh. Rauch stieg aus der zusammengefalteten Kühlerhaube des Autos auf, sehr weiß in der Dunkelheit. Der Polizist schüttelte den Kopf. Da haben Sie aber Glück gehabt, sagte er. Ich sagte, Mein Vater wird mich umbringen.

Ein Abschleppwagen fuhr mich und das Auto nach Hause. Die Scheinwerfer mußten meinen Vater aufgeweckt haben, denn er stand im Pyjama auf der vorderen Veranda und sah grimmig aus. Über das Gespräch, das folgte, bekamen wir später Lachkrämpfe, aber in jener Nacht war die Situation alles andere als komisch.

Ich sprang aus dem LKW und blieb stehen. Er schrie: WAS ZUM TEUFEL HAST DU MIT MEINEM AUTO GEMACHT?

Ich schrie zurück: MIR GEHT ES GUT, danke!

Er brüllte: DAS sehe ich, schließlich stehst du ja vor mir, nicht wahr? Also WAS zum TEUFEL hast du mit meinem AUTO gemacht?

Er kaufte ein neues Auto. Später erzählte er mir, daß er das ungute Gefühl nicht losgeworden sei, ich hätte diesen Unfall nur deshalb gebaut, weil ich nicht genug gegessen hatte, vielleicht, weil mir schwindlig gewesen oder ich ohnmächtig geworden war. Doch darüber sprachen wir jetzt nicht. Ich wandte mich ab und sagte: Laß mich bloß in Ruhe.

Kurz darauf brach alles zusammen. Schon wieder. Bis zu diesem Punkt war es mir gelungen, so zu tun, als ob alles in Ordnung wäre, oder zumindest, als ob ich keine ernsthaften Probleme hätte. Doch das ging jetzt nicht mehr.

Es war Januar. Eine Kältewälle überrollte das Land. Einer meiner Stiefbrüder kam mit seiner Freundin zu Besuch. Meine Eltern fuhren übers Wochenende mit ihnen nach Norden. Ich blieb zu Hause, weil ich lernen und mich auf die Seminare vorbereiten wollte, die bald wieder beginnen würden. Es war, als ob es nie eine Pause gegeben hätte: Nachdem ich den ganzen Tag in der Bibliothek verbracht hatte, schloß ich die Haustür auf, öffnete sie, ging in die Küche, stellte meine Taschen auf den Boden, ging an den Schrank – den gefährlichen Schrank, den neben der Tür, wo die schlechten Nahrungsmittel, die Cornflakes, die Cracker aufbewahrt wurden – öffnete ihn, nahm die Cornflakes heraus, füllte einen Teller damit, begann zu essen.

Und aß. Ich aß, bis nichts mehr 'reinpaßte, ging ins Badezimmer, kotzte mir die Eingeweide aus dem Leib, wusch mir Gesicht und Hände, kehrte in die Küche zurück. Es mußte wohl einige Zeit vergangen sein, denn draußen war es jetzt dämmrig, dann dunkel. Ich schaltete das Licht ein, das strahlend und hell den gelben Raum durchflutete; der Rest des Hauses war immer noch dunkel, die Hunde im Keller bettelten immer noch darum, herausgelassen zu werden, und ich stand am Arbeitstisch und schaufelte mir Cornflakes in den Mund wie ein Automat. Dann waren keine Cornflakes mehr da, und ich ging zu Brot über, dann war das Brot alle, und ich aß Eier, Reste, Eiscreme, Kekse, hörte zwischendurch immer mal wieder auf, um im dunklen Bad zu kotzen, taumelte wieder in die Küche zurück, stieß gegen die Türrahmen und die Wände, die plötzlich merkwürdige Beulen zu haben schienen, machte weiter mit der Suppe, die mein Vater für mich gekocht hatte, damit ich am Wochenende versorgt war. Ich aß die ganze Suppe auf und erbrach sie, Nudeln und Karotten und Erbsen ergossen sich in die Toilettenschüssel, spritzten gegen die Wände, wirbelten davon, wenn ich abzog.

Es war etwa Mitternacht, als ich alles, was meine Eltern im Haus hatten, aufgegessen hatte, bis auf die Zitronenmarmelade, die schon so lange im hinteren Teil des Kühlschrankes stand, wie ich mich erinnern konnte. Auch das Hundefutter hatte ich nicht angerührt. Aber ich hatte es immerhin in Erwägung gezogen. Mir fiel ein, daß ich die Hunde hinauslassen mußte, also tat ich es, dann fütterte ich sie, nahm meine Schlüssel, stieg ins Auto und fuhr zum Supermarkt. Ich wollte alle Lebensmittel wieder einkaufen, die ich aufgegessen hatte, damit niemand es merken würde.

Kein Mantel, keine Mütze, keine Handschuhe. Eisig kalt und kurzatmig, schwindelig stieg ich aus dem Wagen und ging in den Laden. Die Lichter blendeten mich. Ich blinzelte und ging mit meinem Korb durch die Gänge, versuchte verzweifelt, mich daran zu erinnern, was ich gegessen hatte. Ich wußte nur noch, daß ich den Kühlschrank unzählige Male geöffnet hatte und beim millionsten Mal entsetzt feststellen mußte, daß er leer war. Aber ich hatte keine Ahnung, was meine Eltern im Hause gehabt hatten. Weg. Ich konnte mich noch nicht einmal erinnern, ob ich sie jemals hatte essen sehen. Ich ging die Gänge auf und ab. Plötzlich stehe ich an der Kasse mit einem Korb voller Lebensmittel. Ich bezahle. Ich lade die Taschen ins Auto. Ich fahre vom Parkplatz hinunter.

Weniger als eine Meile weg von zu Hause, weiß ich nicht mehr, wie ich dorthin kommen soll. Ich gerate in Panik. Ich kann nur daran denken, daß ich etwas essen muß. Jetzt. In dieser Minute. Ich muß etwas essen, schnell, ich muß ganz viel ganz schnell essen. Mein Mund muß voll sein, ich muß etwas kauen, etwas Salziges. Ich fahre an den Straßenrand, krieche auf den Rücksitz, beginne mich durch die Tüten hindurchzuwühlen, ziehe Dinge heraus, von denen ich gar nicht mehr weiß, daß ich sie gekauft habe, bis ich schließlich eine Tüte Kartoffelchips in der Hand halte. Ich kehre auf den Fahrersitz zurück, reiße die Tüte auf, stopfe mir eine Handvoll in den Mund, kehre auf die Straße zurück, fahre ziellos umher, bis ich eine Straße wiedererkenne und ihr nach Hause folge.

Im Haus werfe ich die Taschen auf den Küchentisch, den Boden, die Arbeitsplatte und schaffe etwas Platz für mich selbst. Ich esse weiter. Ich backe mir ein paar Blaubeermuffins aus der Backmischung, während ich alles in mich hineinstopfe, das ich in die Finger bekomme, dann renne ich ins Bad – in dem verzweifelten Wunsch, mich von dem Völlegefühl zu befreien, übergebe mich, renne zurück, wünsche mir nichts sehnlicher, als die Fülle wiederzuerlangen. Ich esse, bis alles weg ist. Alles. Weg.

Ich hebe den Kopf von der leeren Schüssel vor mir und erhasche einen Blick auf mein aufgedunsenes, entstelltes Gesicht, das sich im dunklen Fenster über dem Spülbecken spiegelt.

Ich beuge mich 'runter und übergebe mich.

Dann spüle ich das Becken aus, drehe das Küchenlicht aus, taste in der Dunkelheit nach dem Treppengeländer. Ich schaffe fast den ganzen Weg nach unten, bevor ich spüre, wie sich die Schwerelosigkeit durch meinen Körper schleicht, wie die Dunkelheit dunkler wird, bevor ich spüre, wie ich vornüberstürze und die Flucht ergreife, hinein in das schwarze Loch.

Erst am Morgen wachte ich wieder auf, ranzig riechend, am Fuße der Treppe, in zerknitterten Kleidern. Ich setzte mich auf, mein Kopf pochte, ich führte die Hände an die Schläfen, ich ging nach oben und betrachtete das Werk der Verwüstung. Überall leere Schachteln, Packpapier und Kartons und Teller und braune Papiertüten. Der Morgen danach tat seine Wirkung. Ich hatte das Gefühl, den schlimmsten Kater der Welt zu haben und konnte mich beim besten Willen nicht mehr an den Abend davor erinnern.

Die Amnesie gab mir die Absolution. Also tat ich es wieder. Die nächsten drei Tage.

Es gibt zwei mögliche Antworten auf die Frage, warum ich, nach einem Jahr ohne Bulimie sofort einen Rückfall hatte, als meine Eltern weg waren. Vielleicht, weil ich sie in meiner Nähe haben wollte, weil ich noch nicht bereit war, allein zu bleiben. Weil ich mich verlassen fühlte. Doch das bezweifle ich. Ich glaube, es war etwas anderes, etwas, das so tief verwurzelt in mir war, daß mir gar nicht der Gedanke kam, mich *nicht* wieder in die Bulimie zu stürzen. Bis zum heutigen Tag kann ich nicht in der Küche meiner Eltern stehen, ohne an all die Lebensmittel zu denken, die ich essen könnte. In meinem eigenen Haus oder dem anderer Menschen passiert mir das nicht. Nur im Haus meiner Eltern. Ich glaube, an diesem Punkt meines Lebens war die Eßstörung mir einfach zur Gewohnheit geworden, eine Gewohnheit, die mir viel tiefer in Fleisch und Blut übergegangen war, als ich oder sonst irgend jemand es gedacht hätte. Allein die Küche meiner Eltern betätigte einen Schalter in meinem Kopf, und ein grelles Neonschild begann zu leuchten: FRIß.

Ich hatte keine Angst bis zu dem Montag, dem ersten Trimestertag, als ich ins Bad ging, um zu scheißen. Als ich aufstand, war in der Toilette nichts als Blut. Meine Periode war es nicht. Ich hatte seit Jahren keine Periode mehr gehabt, abgesehen von den wenigen, kurzen Monaten im Lowe House. Ich versuchte, das Blut zu ignorieren. Aber es ging den ganzen Tag so weiter. Am Abend rief ich voller Angst den ärztlichen Informationsdienst an. Aber es gelang mir nicht, die wahrscheinliche Ursache für die Blutung zu nennen. Man riet mir, sofort einen Arzt aufzusuchen.

Ich tat es nicht. Ich beschloß, daß es sicherer war, ganz mit dem Essen aufzuhören. Essen war zu gefährlich. Offensichtlich konnte ich mit Essen nicht umgehen. Offensichtlich war ich zu schwach, hatte nicht genug Rückrat, um normal essen zu können. Ich saß den Kopf in die Hände gestützt auf der Toilette und versuchte, meine Organe durch reine Willenskraft dazu zu bewegen, mit dem Bluten aufzuhören. Dann verließ ich die Toilette, klatschte mir Wasser ins Gesicht, ohne es genau anzusehen, betrachtete die Größe meines Hinterns im Spiegel. Fett. Ich war sicher, daß ich am Wochenende zugenommen hatte. Tonnenweise. Ich ging erneut zur Telefonzelle, rief meinen Vater an, um ihm zu sagen, daß ich später nach Hause käme. Ich mußte viel lernen.

Er sagte mir, daß der Abfluß verstopft wäre. Wieder. Im ganzen Keller ist er verstopft, Marya, kannst du mir das erklären?

Ich sagte: Ich hatte die Grippe. Das ganze Wochenende. Eine schreckliche Grippe. Muß gehen. Tschüs.

Selten war mir etwas in meinem Leben dermaßen peinlich. Wenn mein Stiefbruder und seine Freundin nicht da gewesen wären, wäre es vielleicht nicht ganz so schlimm gewesen. Es war mir sehr wichtig, was sie von mir dachten. Und was hatte ich getan: den Abfluß verstopft, das Bad und den Keller mit meinem Erbrochenen überflutet. Meine zukünftige Schwägerin ekelte sich so sehr, daß sie meine Mutter sehr höflich um neue Handtücher bat, falls ihre versehentlich mit Erbrochenem besudelt worden waren.

Aber wir sprachen erst darüber, als sie gegangen waren. Meine Eltern unterzogen mich einer Inquisition. Komm schon, Liebes, sag die Wahrheit. (Ich sage die Wahrheit. Ich schwöre bei GOTT, daß ich die GRIPPE hatte!) Ich will ja nichts sagen, Schatz, aber das ist ganz schön viel Kotze für jemanden, der nur die Grippe hat. Schatz, ich habe auch Nudeln und Erbsen aus der Suppe entdeckt, die ich dir gekocht habe. (Ja aber NATÜRLICH waren die dabei! Ich dachte, daß die Suppe vielleicht drin bleiben würde, aber das ist sie nicht. Es tut mir leid, warum VERTRAUT mir verdammt noch mal eigentlich keiner?) Naja, wenn du ganz sicher bist ...

In meiner Therapieakte steht für diese Woche:

1/16: Sagt, daß sie übers Wochenende die Grippe hatte. Abfluß verstopft. Erscheint dünner.

Um innerhalb einer Woche dünner zu erscheinen, muß man schon ziemlich viel abgenommen haben. In meinen Augen sah ich aus wie das Schwein, für das ich mich hielt. Die Bulimie ängstigte mich zu Tode. Die Anorexie ist so entkörperlicht und so lange gar nicht wahrnehmbar, so sozial sanktioniert, daß man sich eine ganze Zeit lang an den Glauben klammern kann, daß doch eigentlich alles in Ordnung ist. Doch kaum steckt man den Finger in den Hals, weiß man verdammt gut, daß etwas nicht stimmt. Man hat die Kontrolle verloren. Schon beim ersten Mal, wenn man ißt, ohne aufzuhören, wenn man spürt, daß die Welle dieses dringenden Verlangens über einem zusammenschlägt, wenn man spürt, wie das Gesicht sich zu einer verzweifelten Grimasse verzieht, weil man sich nach Nahrung verzehrt, nach irgendwelcher Nahrung, *sofort*, weiß man, daß etwas mit einem nicht stimmt. Und eines kann ich Ihnen versichern: Das erste, was einem während eines solchen Freßgelages durch den Kopf geht, ist *nicht*: »Du meine Güte, da hat mich aber irgend etwas richtig aus dem Gleichgewicht gebracht. Dann will ich mich mal hinsetzen und darüber nachdenken.« Man denkt nur eins: noch mehr Essen. Und dann die entsetzliche, übelkeiterregende Erkenntnis, daß man tatsächlich ebenso unkontrollierbar, bedürftig, gierig ist, wie man schon immer vermutet hat.

Danach gibt es keinen Grund mehr, warum man aufhören sollte. Leck mich am Arsch. Ich bin eine fette Kuh, eine häßliche Sau, ein schwaches, faules Mastschwein, dann kann ich auch genausogut weiterfressen.

Aber wie ich schon sagte, die Bulimie hat mich immer schon zu Tode geängstigt – und zwar genau *wegen* des unvermeidlichen Schreckens, der einen mitten in einem solchen Gelage packt. Schließlich tue ich doch alles, um Schmerz zu vermeiden. Und der Schmerz, den man empfindet, wenn man sich wahrnimmt, wie man ist, ein schmutziges, reizbares, gieriges Ekel, ist unerträglich. Als ich ernsthaft an Magersucht erkrankte, hatte ich zum ersten Mal in meinem Leben keine Angst mehr vor mir selbst. Seither habe ich meine Fähigkeit, mein wildes Verlangen und meine Wünsche zu kontrollieren mit der Fähigkeit zu hungern gleichgesetzt.

Am folgenden Wochenende waren meine Eltern wieder verreist. Ich hatte die ganze Woche gearbeitet, hatte versucht, mich selbst zu beschwichtigen, mich davon zu überzeugen, daß alles gut werden würde. Ich würde nicht fressen, ich würde einfach überhaupt nicht essen, wenn es nötig war. Und es schien nötig zu sein. Am Freitag nach den Seminaren fuhr ich nach Hause, ließ die Hunde hinaus, saß steif auf einem Küchenstuhl, las die Zeitung, versuchte, nicht ans Essen zu denken.

Es gibt gute Gründe, warum Menschen fressen. Einer davon ist Unterernährung. Genau das war bei mir die Ursache, und das war mir auch klar. Ich wußte sehr genau, daß ich in den vergangenen paar Monaten viel zuwenig gegessen hatte und jetzt den Preis dafür bezahlte. Es kam mir nicht in den Sinn, daß ein sicherer Weg, meinen zwanghaften Gedanken ans Essen Einhalt zu gebieten, der gewesen wäre, vernünftig zu essen. Die einzige Gegenmaßnahme, die ich mir vorstellen konnte, bestand darin, sich ganz von Nahrung fernzuhalten. Ich lief eine Weile mit den Hunden herum, dann stieg ich wieder ins Auto und fuhr mit einem riesigen Stapel Bücher in mein kleines Café. Ich hatte die Absicht, die ganze Nacht dort zu bleiben.

Und das tat ich auch. Jedenfalls fast bis zum Morgengrauen.

Es war 1 Uhr nachts, als er hinter einer Säule hervortrat, sein langes Haar hing bis auf meinen Tisch herunter, baumelte gefährlich dicht über meinem Kaffee. Ich schob meine Tasse weg. Der Lärm war ohrenbetäubend. An Wochenenden war es immer brechend voll. In Minneapolis sind die Handelszentren nur so aus dem Boden geschossen, weshalb die hiesigen Coffee Shops und Cafés meist genauso überfüllt sind wie die Bars von San Francisco. Nach 22 Uhr bekommt man nur noch Stehplätze; der Baß dröhnte so heftig, daß der Tisch vibrierte, und die Bücher zitterten. Ich las Bertrand Russells *Unpopular Essays*. Sein Haar war blond, und über den Lärm hinweg hörte ich ihn brüllen, »HI!«

Ich sah auf und sagte HI.

Er fragte: KANN ICH MICH DAZUSETZEN?

Ich antwortete: NEIN.

Er sagte: ICH HEIßE DAVE.

Ich sagte: GUT.

Er setzte sich. Er lehnte sich über den kleinen Tisch zu mir hinüber, streckte mir die Hand entgegen und fragte: Wie heißt du?

Während der nächsten paar Stunden redete er. Und redete und redete. Ich beschloß, mit ihm ins Bett zu gehen. Ich verführte Männer wegen des Kicks, den es mir gab. Es ging mir nie um Sex. Den hatte ich niemals besonders genossen, und das sollte auch noch ein paar weitere Jahre so bleiben. Der Reiz der Verführung lag nicht einfach nur darin, jemanden ins Bett zu bekommen. Das wäre viel zu einfach gewesen. Ich wollte sie vielmehr dazu bringen, sich in mich zu verlieben oder zumindest zu glauben, sie hätten sich in mich verliebt. Es war ein Spiel. Man hatte gewonnen, wenn die Männer einen für die erstaunlichste Frau hielten, die sie in ihrem ganzen Leben getroffen hatten. Wenn alles nach Plan lief, schickte man sie hinterher für immer in die Wüste.

Um etwa 4 Uhr hatte er entschieden, daß er sich in mich verliebt hatte. Das war zwar etwas merkwürdig, weil ich kaum ein Wort gesprochen hatte, trotzdem fand ich es o.k. War doch immer wieder nett, wenn sich jemand in einen verliebte. Gab einem Auftrieb. Ich nahm ihn mit nach Hause. Wir machten ein Feuer, legten uns auf den Boden, schmiedeten irgendwelche abstrakten Pläne, logen uns gegenseitig aus keinem besonderen Grund an. Wir gingen miteinander ins Bett und blieben das ganze Wochenende über drin. Ich weiß nicht, was genau geschah, aber irgend etwas war anders als sonst, und plötzlich ertappte ich mich dabei, wie ich mich mit einem Mann, den ich nur als Dave kannte, im Bett wälzte und – das kann ich wohl mit Fug und Recht behaupten – den besten Sex meines Lebens hatte. Den rauhesten, lautesten Sex, der mich in den Augenblicken, in denen ich mich von außen betrachtete, schockierte: Ich erkannte mich nicht wieder, nackt und lachend und schreiend: Wer zur *Hölle* war diese Frau, die danach immer wieder in tiefen, tiefen Schlaf fiel, zufrieden und köstlich wund?

Am Sonntag setzte ich ihn wieder im Café ab, bat ihn, mich nicht wieder anzurufen. Es hat Spaß gemacht, sagte ich, aber du weißt, wie es ist. Alles Gute, bis dann. Ich fuhr zur Arbeit. Ich erinnere mich, daß es mir wie ein Film vorkam, wie die Erinnerung eines Voyeurs, der von der Tür aus alles mit angesehen hat. Ich erinnere mich daran wie an die blaue Kurve eines weiblichen Rückens, der von dem durch das Fenster hereinfallenden Mondlicht beleuchtet wird, während die Schachtel mit den Kondomen halb geöffnet neben dem Bett liegt und das stille Haus vom Klang einer wortlosen Stimme widerhallt.

Es war zu viel für mich. Es war zu intensiv. Ich war viel zu hungrig hinterher, ich fühlte mich zu leicht in meinem Körper, zu sorglos, als ich mich auf den Boden setzte und Äpfel und Käse aß. Ich wollte mehr, und das war nicht recht. Sex und Frauen mit Eßstörungen sind seltsame Bettgenossen. Wir nähern uns dem Sex auf verschiedenste Weise. Einige Frauen meiden ihn wie die Pest, viel mehr als ich es tat. Einige Frauen sind regelrecht besessen davon, betrachten ihn als Quelle einer oberflächlichen Form der Intimität, als Oase in einer Wüste der Isolation. Andere wiederum, wie ich, benutzen Sex als Mittel, um ihre Macht zu demonstrieren. Doch dieses Machtspiel findet auf rein geistiger Ebene statt, der Sex selbst ist fast unwichtig. Wenn er aber Besitz vom Körper ergreift und dazu führt, daß man die Kontrolle verliert, hat man das Spiel verloren. Manche Frauen wiederum benutzen Sex tatsächlich, um – wie wir im Krankenhaus witzelten – Kalorien zu verbrennen. Doch auch dieser Ansatz hat einen Haken: Man muß sich ausziehen und zulassen, daß ein anderer Mensch einen nackt sieht. Für wieder andere ist das begrenzte Vergnügen, das der Beischlaf mit sich bringt, eine flüchtige Erinnerung daran, daß der Körper noch immer in der Lage ist, etwas anderes zu empfinden als Hunger. Aber auch dieser Schuß geht nach hinten los, denn sexuelle Begierde ist auch eine Art von Hunger. Einige, und zu denen gehörte ich ebenfalls, benutzen Sex als alternative Form der Selbstzerstörung, werfen den Körper wie einen alten Mantel aufs Bett, und zwar für jeden, der gerade vorbeikommt. Als ich mit Dave schlief, verstand ich kaum, was mit mir geschah. Das war doch kein Sex! Sex bedeutete, an die Decke zu starren und ständig oh-baby zu sagen und ansonsten über das Ausmaß seiner Schenkel nachzudenken. Aber was an diesem Wochenende geschah, war vollkommen anders. Ich wußte nicht, warum ich so empfand. Ich kam auch nicht auf die Idee, einfach nur zu grinsen und zu sagen, Warum nicht? Wenn ich mit Männern geschlafen hatte, die mir egal waren, mit denen ich den Sex nicht genossen hatte, hatte ich mich nicht ein einziges mal schuldig gefühlt. Diesmal jedoch kam ich mir vor wie eine Nutte. Stöhnen, nackt im Bett Liegen, Essen! Du lieber Gott!

Mein Vater fand die Kondome. Natürlich muß man sich die Frage stellen, was zum Teufel mein Vater in meinen Schubladen herumzuschnüffeln hatte. Außerdem muß man sich fragen, warum er dermaßen sauer darüber war, daß ich mit jemandem geschlafen hatte, statt wenigstens ein bißchen erleichtert darüber zu sein, daß wir Verstand genug gehabt hatten, Kondome zu benutzen. Wir bekamen einen heftigen Streit. Ich schrie ihn an, daß er meine Privatsphäre verletzt hätte, er schrie, daß ich die Regeln gebrochen und sein Vertrauen mißbraucht hätte, weil ich es in seinem Haus mit einem Mann getrieben hatte, weil ich überhaupt mit jemandem geschlafen hatte. Ich schrie ihn an: Er sei so ein blinder Idiot, daß er überhaupt nicht mitbekommen hätte, wie ich erwachsen geworden wäre, und daß er eine verdammte, vollkommen übertriebene Beschützerhaltung an den Tag legte. Er schrie, daß ich viel zu jung für Sex sei.

Dieses Argument fand ich damals alles andere als nachvollziehbar. Im Rückblick kann ich nicht sagen, was »zu jung« für Sex überhaupt bedeuten soll. Ich war siebzehn. Ich hatte schon seit einiger Zeit mit Männern geschlafen, weshalb es mir nicht ungewöhnlich vorkam. Vielleicht hatte er recht. Zunächst bekam ich Hausarrest. Aber schon bald kam das sogar ihm selbst etwas lächerlich vor, denn ich war eine Vollzeitstudentin, und noch dazu eine mit Vollzeitjob. Viel bemerkenswerter war die Bösartigkeit, mit der er meine Entscheidungen attackierte, und das Ausmaß, mit dem plötzlich auf schmerzhafte Weise deutlich wurde, daß ich nicht zu jung für Sex war, sondern daß er Angst vor meinem Erwachsenwerden hatte und daß er alles in seiner Macht Stehende tun würde, um es zu verhindern. Das Problem war nur: Ich *war* schon längst erwachsen.

Und wie es seine Art war, flippte mein Vater deswegen aus. Wir beide haben über dieses Thema niemals richtig gesprochen – weil es so heikel ist und weil ich nicht glaube, daß er es besser versteht als ich – deshalb sind die Überlegungen, die ich hier anstelle, spekulativ und subjektiv. Der leichtere Teil besteht darin, die Angst zu verstehen, die er angesichts der Tatsache verspürte, daß ich ihn allein ließ, so daß ihm niemand mehr blieb, um den er sich kümmern konnte. Der schwierige Teil besteht darin, sich vorzustellen, warum er so unglaublich wütend über meine Beziehung zu Männern und meine Sexualität war. Vielleicht wollte er, daß ich nicht zu schnell erwachsen würde. Das ist nachvollziehbar. Er wäre nicht der erste Vater, der das Gefühl hat, daß keiner gut genug für sein kleines Mädchen ist. Vielleicht wollte er ja auch, daß ich sein kleines Mädchen blieb, vielleicht hatte er ein paar Probleme mit Frauen, vielleicht fühlte er sich bedroht, war wütend auf sie, vielleicht hatte er ein Problem damit, daß sie unabhängig von ihm waren und trotzdem Kontrolle über ihn ausübten. Vielleicht wollte er verhindern, daß ich eine von ihnen wurde. Vielleicht war es notwendig für ihn, daß ich ihn brauchte. Vielleicht wollte er der wichtigste Mann in meinem Leben sein und bleiben. Er wäre nicht der erste Vater gewesen, der sich vom Auftauchen anderer Männer in der Welt der Tochter bedroht fühlte.

Und er wäre nicht der erste gewesen, der sich durch die erwachende Sexualität seiner Tochter bedroht fühlte. Sein Kind entwickelte eine Seite seiner selbst, zu der er keinen Zugang, über die er keine Kontrolle hatte. Ich habe schon vorher von der in hohem Maße idealisierten Beziehung zwischen einigen eßgestörten Frauen und ihren Vätern gesprochen. Die ständig gefährdete Balance der Beziehung gründet darauf, daß die Tochter eine Doppelrolle spielt: die des unschuldigen Kindes und die der Gefährtin. Wenn das unschuldige Kind verschwindet, wenn ein rebellischer, vorlauter Teenager aus ihm wird, der mit Fremden im Keller herumvögelt, dann löst die Beziehung sich auf. Das Kind, daß man geliebt hat und von dem man geliebt wurde, ist verschwunden.

Idealerweise findet sich ein Vater damit ab, daß aus seinem Kind eine Frau wird, kann den anderen Mann in ihrem Leben akzeptieren. Letztendlich hat mein Vater das getan. Es hat nur eine Weile gedauert. Während meines kurzen Aufenthaltes in meinem Elternhaus war ich vollkommen verwirrt angesichts seiner zunehmenden Hysterie über den Verlust seines Kindes und seiner Versuche, den Lauf der Natur umzukehren. Also geriet ich in eine gleichermaßen hysterische Defensive. Außerdem wurde meine Mutter bei dem, was wie ein schlimmes Zerwürfnis aussah, in die gräßliche Position der Vermittlerin gedrängt. Wie es in meiner Familie schon immer der Fall gewesen war, stritten mein Vater und ich lautstark im Wohnzimmer, während meine Mutter und mein Vater es hinter verschlossenen Türen taten. Ich hatte beim besten Willen keine Ahnung, was mit uns geschah. Und ich glaube, sie ebensowenig.

Ich machte die Schotten dicht. Mein Vater brauchte es, von mir gebraucht zu werden, und das konnte ich ihm nicht geben. Ich war erwachsen geworden (normal) und hatte beschlossen, gar nichts mehr zu brauchen (nicht normal). Und das letzte, was ich zu brauchen glaubte, war irgendein Bastard, der versuchte, mich zurückzuhalten. Ich haßte mein jüngeres Selbst mit einer Intensität, die mir noch heute einen Schrecken einjagt. Natürlich grollte ich allem, das meine Chancen, dem zu entkommen, was ich einst gewesen war, minderte und fürchtete mich davor. Mein Vater wurde zu meiner Nemesis, zum symbolischen Zentrum meiner Wut auf alles, das ich je gewesen war und niemals hatte sein wollen. Nach der Kondom-Krise gab es, glaube ich, keinen Tag, an dem wir nicht wegen meiner Unabhängigkeit aneinandergerieten. Wir beide wurden zu unglaublich verzweifelten Menschen. Er versuchte verzweifelt, mich zu halten. Ich versuchte verzweifelt, ihm ein für allemal zu entkommen.

Es herrscht die Ansicht vor, daß die eßgestörte Person die Zeit anhalten will. Indem sie der körperlichen Entwicklung in einem präpubertären Stadium Einhalt gebietet, erlangt sie ein Gefühl der Sicherheit und Geborgenheit. Sie kehrt auf symbolische Weise in ihre Kindheit und in den Schoß der Familie zurück. Sie vollzieht den sicheren Rückzug vor dem großen, bösen Monster der sexuellen Reifung und ihrer Implikation von Erwachsensein und Verantwortung. Ich glaube nicht, daß diese Einschätzung in jedem Fall zutrifft. Ich habe lange und gründlich darüber nachgedacht, habe versucht, mein Leben, meine Persönlichkeit, meine Erfahrungen mit der Eßstörung in den Rahmen dieses Denkschemas hineinzupressen. Mein Leben und ich quollen jedoch immer wieder heraus. Wir passen nicht hinein. Wenn wir den Rahmen ein bißchen ausdehnen, dann vielleicht. Dann könnten wir sagen, daß meine Eßstörung in dem Jahr, bevor ich mein Elternhaus (ein zweites Mal) verlassen würde, wieder auftrat, weil ich unbewußt bei meinem Vater zu Hause bleiben wollte (der mich verrückt machte) und bei meiner Mutter (die kaum mit mir sprach), in dem warmen und gemütlichen Schoß der Kindheit (die beschissen war), weil ich die sexuelle Reifung umgehen wollte (die ich nicht besonders mochte, vor der ich aber auch keine Angst hatte), ebenso wie die Verantwortung (nach der ich mich sehnte). Aber diese Interpretation kommt mir nach wie vor ziemlich weit hergeholt vor.

Es wäre auch denkbar, daß mein anorektischer Körper sich gewissermaßen bei meinem Vater dafür entschuldigte, daß ich eine Frau wurde. Aber auch das klingt nicht allzu überzeugend. Viel plausibler scheint mir, daß meine Magersucht eine verwirrte Grundsatzerklärung war, die sich eher an die Welt im allgemeinen als an meinen Vater richtete, eine Proklamation, mit der ich mich nicht nur dafür entschuldigen wollte, daß ich eine Frau war, sondern mit der ich auch beweisen wollte, daß eine Frau genausogut wie ein Mann sein kann. Es gibt viele Frauen, die Eßstörungen hauptsächlich deshalb entwickeln, weil sie Angst vor dem Erwachsenwerden haben, eine solche Angst, daß sie alles dafür geben würden, es zu verhindern. Aber ich fürchtete mich so sehr, wieder in die Kindheit zurückgezogen zu werden, daß ich niemals etwas unternommen hätte, um das Erwachsenwerden zu umgehen. Die Deutung von Eßstörungen muß auf erheblich komplexere Weise erfolgen als die Freudsche Analyse es versucht, die im anorektischen Körper eine symbolische Regression sieht. Genauso ist es nämlich möglich, daß die Magersüchtige – wenn auch auf schlechte, ineffektive, narzißtische Weise – versucht, ihre vollkommene Unabhängigkeit vom hilflosen Zustand der Kindheit zu demonstrieren, von den unendlichen Bedürfnissen, die sie an sich wahrnimmt und die sie auf jede ihr mögliche Weise zu vernichten sucht.

Selbst heute noch erinnere ich meine Kindheit als eine peinliche Zeit, eine Zeit der Schwäche und Bedürftigkeit. Und meine Einweisung ins Lowe House – so sehr mir die dortigen Erfahrungen auch dabei halfen, einige grundlegende menschliche Bedürfnisse zu akzeptieren – stellte einen Rückschritt bei der Verwirklichung meiner großen Pläne dar. Die Tatsache, daß ich danach wieder im Haus meiner Eltern leben mußte, war sogar noch schlimmer. Das Bedürfnis meines Vaters war greifbar, schmerzhaft und erstickend, und ich bin sicher, daß mein Teufelsritt in Richtung Erwachsenenleben für ihn gleichermaßen schmerzhaft war. Aber er war zu jener Zeit in keiner allzu guten Verfassung, und es fiel ihm schwer, sich selbst und seine Bedürfnisse von seinen Erwartungen an mich zu trennen. Meine Mutter wiederum neigte dazu, sich innerlich zu distanzieren, abzuwinken, wann immer mein Vater und ich miteinander stritten. Ich weiß, daß meine Eltern ebenfalls darüber diskutieren. Ich weiß, daß meine Mutter versuchte, meinen Vater zurückzuhalten, damit ich in Ruhe erwachsen werden konnte, und ich weiß auch, daß mein Vater das Gefühl hatte, daß wir uns gegen ihn verschworen hatten, wie er es immer glaubte und noch heute glaubt, und zwar trotz der Tatsache, daß meine Mutter sich kein einziges Mal mit mir darüber unterhalten hat.

Einmal erzählte meine Mutter einem Therapeuten, daß sie manchmal glaubte, mit zwei Verrückten zusammenzuleben. Mein Vater und ich waren sehr verletzt darüber. Im Rückblick jedoch kann ich ihr daraus keinen Vorwurf machen. Und selbst während ich dies hier schreibe, weiß ich, daß mein Vater, sobald er diese Zeilen liest, glauben wird, daß ich mich schon wieder auf ihre Seite schlage. Das war einfach immer so. Meine Mutter dagegen hatte immer das Gefühl, daß ich auf seiner Seite stand. Ich fühlte mich natürlich in der Mitte gefangen, aber darüber hinaus taten mir beide leid. Beide leckten ihre zwanzig Jahre alten Wunden, griffen nach mir, zerrten mich zwischeneinander hin und her, deuteten auf ihre ausgezehrte, manische Tochter und riefen anklagend: »Siehst du?«

Als ob ich irgend etwas bewiesen hätte. Beide hatten die recht egozentrische Vorstellung, daß die Welt sich um sie drehte und daß sie die Schuld an meinen Problemen hatten. Ich war es ziemlich leid, über ihre Rolle in meinem Leben nachzudenken. Ich war ihre endlosen, kleinkarierten Streitereien satt, war die Bedürftigkeit meines Vaters satt, die oberflächlichen Vermittlungsversuche meiner Mutter und wollte endlich mein eigenes Leben leben.

Wir waren also an einem weiteren Wendepunkt angelangt. Ich hatte meine Eßstörung nun seit neun Jahren. Die Ursachen waren vielfältig und miteinander verwoben, und sie verwiesen auf andere Ursachen. Die Hauptursache lag zu diesem Zeitpunkt in meiner Persönlichkeit und in der einfachen, unausweichlichen Eßstörung selbst. Sie war zur Gewohnheit geworden. Meine Eltern hätten die nettesten, verständnisvollsten Menschen sein können, meine Kultur hätte die feministischste und demokratischste aller

Kulturen sein können, und trotzdem wäre meine Eßstörung schlimmer geworden, denn sie war mit mir verwachsen, sie war ein Teil von mir geworden, eine Methode, wie ich mit meinem eigenen Gehirn zurechtkam, mit meinen Gefühlen, mit der Welt, in der ich lebte, mit meinem Alltag. Alles wurde durch die Linse der Anorexie und Bulimie gefiltert.

Ob meine Familie den erneuten Ausbruch auslöste? Die Bedürftigkeit meines Vaters und meine Angst davor? Die Distanz meiner Mutter? Ein Artikel, den ich zufällig las? Eine Frau, die ich sah? Wohl kaum. Viel wahrscheinlicher ist folgendes: Als ich mit ein paar Dingen in meinem Leben konfrontiert wurde, die mir nicht gefielen, wandte ich mich wieder meiner Eßstörung zu, weil ich niemals herausgefunden hatte, wie man mit Problemen *fertig wird.*

Genauso schwer kann man beurteilen, ob mein Zähnefletschen, mein Zischen, meine Forderung, zum Teufel noch mal in Ruhe gelassen zu werden – [»VERGIß es einfach. Mir geht es GUT, laß mich in FRIEDEN, ich will einfach nur WEITERLEBEN.«] einfach zur normalen Entwicklung einer ehrgeizigen Siebzehnjährigen gehörten. Vielleicht wünschte ich mir nach der minutiösen Überwachung im Krankenhaus und in der Klapsmühle ja nur etwas Luft zum Atmen. Möglicherweise war meine Verzweiflung aber auch etwas komplexer. Mein Wunsch, Minneapolis und meine Familie zu verlassen, war vielleicht in Wirklichkeit der Wunsch, mich selbst zurückzulassen und jemand anders zu werden.

Ich nehme an, das war es. Zu jenem Zeitpunkt hatte sich immerhin bereits ein entsprechendes Muster ausgebildet: Während der letzten Jahre war ich auf der Flucht gewesen, und zwar vor meiner eigenen Persönlichkeit (und nicht, wie man hätte annehmen können, vor einem Ort). Selbst bei meiner ersten Einweisung im TAMS, als man mich fragte, was ich an meinem Leben ändern würde, hatte ich geantwortet: »Ich würde umziehen.« Keineswegs die übliche Antwort – nicht etwas wie: neue Freundschaften schließen, ein bestimmtes Hobby verfolgen, besser mit den Eltern klarkommen, meine Noten verbessern – nur »umziehen«. Erst als ich neunzehn war, verstand ich, daß die alte Weisheit durchaus stimmt: Wohin du auch gehst, du bist immer schon da! Und selbst da hörte ich nicht auf umzuziehen.

Mit siebzehn glaubte ich, daß man an neuen Orten auch ein nagelneues Ich fände, so wie man zufällig einen Freund im Café trifft. An jedem neuen Ort glaubte ich, mich in einen Menschen zu verwandeln, den ich lieber mochte als mein altes Ich. Jemand ohne eine Vergangenheit, die ihr folgte wie Toilettenpapier, das versehentlich am Absatz des Schuhs kleben geblieben ist. Jemand, der weniger oft sprach und weniger schnell, der lächelte, ohne dabei die Zähne zu zeigen und dauernd schräg zu grinsen, jemand, der Sonnenbrillen und coole Schuhe trug. Den man weder als Dieses-dumme-Kind noch als Die-unheilbar-kranke-verrückte-Person kannte: eine Frau, die überhaupt niemand kannte.

In dem Jahr, als ich nach Hause zog, wurde ein Schalter betätigt, durch den die Lichter des rationalen Teils meines Geistes gelöscht wurden und die Selbsterkenntnis ausgeschaltet wurde, die ich im Lowe House erlangt hatte. Ich blieb zurück mit dem blinden, verzweifelten Wunsch, der jetzt gewaltsamer war denn je, dieses Selbst, das ich haßte, loszuwerden und mich neu zu erschaffen. Erfolg, daran glaubte ich ganz fest, war der Schlüssel zu meiner Rettung. Er würde mir die Absolution von den Sünden des Fleisches und der Seele spenden, würde mich aus dem Leben, das ich haßte, erretten. »Erfolg«, das bedeutete eine vollkommene, berufliche Karriere, vollkommene Beziehungen, die vollkommene Kontrolle über mein Leben und über mich selbst – was alles von einem vollkommenen Ich abhing, das letztlich nur in einem vollkommenen Körper existieren konnte. Ich machte mir nicht die Mühe, über die Fallstricke nachzudenken: darüber, daß ich meine Jugend und meine Gesundheit diesem Erfolg opfern mußte. Die Tatsache, daß ich die Verbindung zwischen Erfolg und Selbstzerstörung nicht näher betrachtete, sollte mich im darauffolgenden Jahr fast umbringen.

Ich verbrachte immer weniger Zeit mit meinen Eltern. Ich hörte mit dem Fressen fast genauso plötzlich auf, wie ich wieder damit angefangen hatte, und wechselte wieder über zum Hungern. Ab Februar lebte ich praktisch in der Zeitungsredaktion, riß mich um mehr Aufträge, schrieb so viele Artikel, wie ich nur konnte. Normalerweise hätte ich nur dreißig Stunden pro Woche in der Redaktion arbeiten müssen, aber ich begann, die meiste Zeit dort zu verbringen, tippte an Stories herum, die Kopfhörer auf der Schulter festgesteckt, eilte davon, um eine neue Geschichte zu recherchieren, kaufte mir ein gefrorenes Joghurt auf dem Rückweg zu meinem Schreibtisch, ließ es schmelzen, während ich arbeitete. Ich liebte meinen Job. Ich arbeitete an einigen größeren staatenübergreifenden Themen, lernte die Gesetzgeber und U.S. Senatoren kennen, die damit zu tun hatten, schuf mir »Verbindungen«, aß mit Soundso zu Mittag, füllte Notizbuch um Notizbuch mit meinen Kritzeleien, schlug den größeren Tageszeitungen ein Schnippchen und brüllte am frühen Morgen mit dem Rest der Belegschaft vor Vergnügen, weil wir den Großen Jungs einen Knüller vor der Nase weggeschnappt hatten. Ich ging zur Therapie, wo ich ganz bewußt ein Bild von mir selbst konstruierte, das das TAMS davon überzeugte, daß es mir immer besser ging. Wir begannen, meine Antidepressiva langsam abzusetzen. Die therapeutischen Sitzungen wurden ebenfalls reduziert. Man glaubte mir, wenn ich versicherte, daß ich auf dem richtigen Weg wäre.

2/5/92 Fast geheilt. Marya deutet den Wunsch an, die regelmäßige Gewichtsüberwachung einzustellen.

In einem meiner Briefe an das TAMS steht: »Ich habe keine Schwierigkeiten mehr, einen gesunden Lebensstil aufrechtzuerhalten und mein Gewicht zu halten.«

Ich saß auf der Treppe zum Redaktionsbüro und aß die Tomate von meinem Sandwich herunter. Den Rest warf ich fort, dann rauchte ich und schlürfte Kaffee, während ich die zahlreichen Seiten meiner morgendlichen Notizen durchging. Kritzelte Fragen an den Rand, schwatzte mit anderen Redakteuren, lachte viel. Ich war high vom Leben. Ich war gerade in Reed aufgenommen worden, der einzigen Schule, bei der ich mich um eine frühzeitige Aufnahme beworben hatte, und der Rest der Zulassungen begann ebenfalls so langsam einzutrudeln. Ich hatte sie in einem Stapel auf meinem Schreibtisch liegen sehen, als ich spät in der Nacht nach Hause kam. Ich hatte sie gelesen, hatte gegrinst: Es funktioniert. Ich werde es schaffen. Wie schön das Leben ist!

Frühmorgens saß ich in einem Café, las die Zeitung, trank Kaffee. An einen Tag erinnere ich mich besonders lebhaft. Ich trug einen kurzen Rock und eine grüne Bluse, und draußen wurde es langsam Frühling. Ich warf mir die Jacke über die Schulter und schlenderte die sonnige Straße hinab. In der Redaktion arbeitete ein Fotograf, ein Aufreißertyp, der manchmal an meinem Schreibtisch auftauchte und Negative für einen meiner Artikel darauf ausbreitete. Dann beugten wir uns darüber, steckten die Köpfe dicht zusammen und gestikulierten wild, bis er wieder in seine Dunkelkammer zurückstürmte. Er hieß Mark. Auch an jenem Morgen blieb er vor meinem Schreibtisch stehen und schrie (er schrie immer), HI! Ich lachte, und er starrte mich eine volle Minute lang wie benebelt an. Ich sagte, »Ja¿« Und er sagte, »Hübsch siehst du heute aus.« Ich stotterte irgend eine Antwort. Wir sahen einander eine weitere Minute lang in die Augen, betäubt.

Dann löste sich der Zauber, und Mark war wieder in Bewegung. Ich mußte am nächsten Tag eine größere Story abliefern, und er fragte, was er für mich fotografieren sollte? Er kauerte neben meinem Stuhl, und wir schwatzten wild gestikulierend vor uns hin. Als er ging, berührte er mich leicht an der Schulter, und ich starrte auf meinen leeren Computerbildschirm und dachte nur, Oh nein.

Es war kein guter Zeitpunkt zum Verlieben.

Die Nächte wurden immer länger. Ich schlich mich leise zur Hintertür hinein, um meine Eltern nicht aufzuwecken, dann setzte ich mich an meinen Schreibtisch und arbeitete weiter. Mein Vater und ich hatten eine letzte Auseinandersetzung, und ich zog zu einer Freundin, bis ich eine eigene Wohnung gefunden haben würde. Ich ging jetzt nur noch selten zur Therapie. Mark und ich trafen uns immer häufiger, lehnten am Schreibtisch des anderen, redeten wie die Weltmeister, beide arbeitswütig und wahnsinnig, gingen zusammen einen Kaffee trinken, entweder nur wir beide oder zusammen mit anderen Redakteuren, eilten dann zurück in die Redaktion, in die Dunkelheit, die täglich wärmer wurde. Eines Abends aßen wir zusammen zu Abend, allein. Wir tranken viel Wein. Wir lagen auf dem Wohnzimmerboden in seinem Haus. Ich las ihm ein paar Arbeiten von mir vor. Als ich fertig war, nahm er meine Hand, drehte die Handfläche nach oben, fuhr sorgfältig den Linien meiner Hand nach. Schlang seine Finger in meine.

3/4 Marya weigert sich, sich wiegen zu lassen. Blutdruck extrem niedrig, sehr niedrige Körpertemperatur. Körperfett bei 14,5 % (Im Lowe House, Körperfettanteil = 19 %). Sieht knochig aus! Erneuter Ausbruch der Eßstörung ist zu vermuten.

Mark und ich verliebten uns ganz schrecklich ineinander. Ich pendelte zwischen dem Haus der Freundin und dem meiner Eltern hin und her. Mein Vater schrie mich wegen Marks Motorrad an, wegen Mark im allgemeinen, sagte, daß er zu alt für mich sei (er war fünfundzwanzig). Er fand, daß er zu wild war und daß ich zu schnell erwachsen wurde. Ich verbrachte meine Tage in Seminarräumen, in der Redaktion und in der ganzen Stadt. Mark und ich fuhren überall hin, redeten über Politik und die Welt und den Journalismus und Fakten und Gedanken und einfach alles, fielen dann ins Motel 6 ein und lachten und rollten uns bis zum Morgengrauen im Bett herum, dann fuhren wir wieder zur Arbeit. Bäuchlings auf dem Bett liegend aß ich einen Becher Joghurt, während wir in den Zeitungen stöberten und ständig, Hör zu! Hör zu! riefen. Erhitzt lasen wir einander vor, die ganze Nacht lang, bis die Zeitungen ans Fußende des Betts getreten wurden, in unserem Drang nach Bewegung und Hitze.

Eigentlich hatte ich vorgehabt, nach Reed zu gehen. Diese Universität war meine erste Wahl. In unseren Briefen hatten Julian und ich verabredet, uns gemeinsam dort einzuschreiben. Sie hatten ein hervorragendes Angebot in Politikwissenschaften. Aber dann bekam ich einen Brief von der American University, die mir ein geradezu unmoralisches Angebot machte: ein Stipendium, das höher dotiert war als alles, was mir bis zu diesem Zeitpunkt geboten worden war. Meine Eltern sagten, Denk darüber nach. Wäge die Vor- und Nachteile ab. Ich wog ab und sagte, daß ich nach Reed gehen wollte. Sie versprachen, mir eine Reise nach Washington D.C. zu bezahlen, damit ich mir alles in Ruhe ansehen konnte. Einfach um zu schauen, ob es mir dort gefiel. Ich erinnere mich an einen Abend, an dem ich bei ihnen schlafen sollte. Ich lackierte mir die Nägel. Ich sehe meine roten Nägel noch vor mir, als mein Vater fragte, Hast du darüber nachgedacht? Das hatte ich. Washington D.C. Das stand ganz oben auf der Liste, dort war die *Post*, unendlich viele Verbindungen. Ich kannte ein paar Politiker. Es war verlockend. Ich sagte, ich würde hinfahren. Nur, um es mir anzusehen.

Diese Reise veränderte alles.

Irgend etwas stimmt nicht mit Washington D.C. Doch trotz der langen Zeit, die ich dort verbracht habe, bin ich nicht in der Lage, den Finger darauf zu legen. Natürlich sind ein paar Dinge offensichtlich: die förmlich greifbare Gier der Menschen, das Pulsieren der Macht, der unglaubliche Rassismus, die Stadt selbst ein politischer und sozialer Scherbenhaufen. Aber darüber hinaus *stimmt* etwas nicht mit Washington D.C. Die Menschen sehen angespannt und ernst aus, getrieben und gehetzt, wenn sie die Straßen entlanghasten, sich in der U-Bahn aneinander vorbeischieben und sich ihre Aktentaschen gegenseitig in die Kniekehlen rammen, während sie sich drängelnd und stoßend ihren Weg zu den Aufzügen bahnen, oder zu den Taxen, zu den Restaurants. Seitdem frage ich mich, ob diese Stadt etwas an sich hat, auf das Leute wie ich anspringen, vielleicht nährt sie den Hunger nach Macht und Erfolg so sehr, daß die Menschen selbst hohl werden, trocken wie eine Wüste, ohne jede Menschlichkeit. Aber vielleicht bilde ich mir das ja auch nur ein.

Es überraschte mich, wie natürlich die Boshaftigkeit mich überkam, aber es bekümmerte mich nicht. Vor dem Flughafen winkte ich ein Taxi heran, das Gesicht unbewegt, die Stimme forsch. Ich beobachtete, wie die Hauptstadt sich vor mir erhob, als der Wagen auf mein Hotel zufuhr. Frühling 1992, es wird dunkel, und die Lichter werden eingeschaltet, spiegeln sich im Regen auf dem Asphalt und an den Gebäuden. Ich meldete mich an der Rezeption des Hotels an, ging auf mein Zimmer, kaufte mir pappigen, vielfarbigen Mäusespeck und eine Cola – eine richtige, keine Diätcola. Ich war von mir selbst beeindruckt, sagte mir, daß ich den Blutzucker brauchte. Es war 23 Uhr, und ich hatte seit meinem Minimalfrühstück in Minnesota noch nichts gegessen.

Ich sah mich im Zimmer um: das übliche Fernsehgerät, ein Bett, ein Stuhl, ein kleiner Tisch, Aschenbecher, großer Spiegel über dem Ankleidetisch. Ich schaltete CNN ein, kleidete mich vor dem Spiegel aus, bewunderte mich von allen Seiten, stellte mich aufs Bett, um einen Blick auf meine Beine zu werfen. Dünn. Sehr dünn. Ich zog meinen Bademantel an und setzte mich aufs Bett, rauchte, trank meine Cola. Dann ordnete ich meinen Mäusespeck nach Farben und aß einen nach dem anderen auf, das rote Stück zuletzt. Ich betrachtete mich noch einmal im Spiegel, von Freude und Zucker ganz berauscht, und dachte: Allein auf einem Hotelzimmer in Washington D.C. So begann meine Liebesbeziehung zu Hotels, die nach wie vor anhält. Die Anonymität, das Gefühl, einfach irgendeine Frau in Washington zu sein, die Einsamkeit, das Rauchen im Bett, den Fernseher so lange laufen lassen zu können wie ich wollte, Geschwindigkeit und Macht in greifbarer Nähe, in Spuckweite zur wirklichen Welt. Ich konnte fast die Hand ausstrecken und es berühren, jenes namenlose Ding, das ich mir so verzweifelt wünschte.

Ich stand am Fenster, blickte auf ein implodiertes Gebäude auf der anderen Straßenseite, dann auf das Capitol, das sich weiß und ätherisch in der Ferne erhob. Ich beschloß zu bleiben.

Am nächsten Tag ging ich, durch mein Kostüm unsichtbar geworden, zum Frühstück hinunter ins Hotelrestaurant. Krise. Ein Frühstücksbüffet. Es gibt nur wenige Dinge, die eine Bulimikerin schöner findet als ein Buffet. »All you can eat« bekommt eine ganz neue Bedeutung, wenn man weiß, daß man das ganze Buffet gleich ein paar Mal hintereinander verspeisen könnte. Ich setzte mich an einen Tisch, schlug die *Post* auf, die vor mir auf dem Tisch lag, sah auf die Uhr und gab mir zehn Minuten, um mich zu beruhigen. Wenn ich mich dann noch nicht beruhigt hätte, würde ich gehen. Rühreier tanzten in meinem Kopf, während ich den Leitartikel las. Ich sah zum Fernsehen hinüber. Larry Kings erstes Interview mit Ross Perot. Ich beruhigte mich. Ich stand auf, nahm mir ein Hörnchen, vier Döschen Marmelade, zwei Erdbeeren, ein Stückchen Melone. Peinlich lange stand ich vor der Platte mit den Minimuffins, dachte über die Kalorien in einem Muffin von der Größe eines Pfennigs nach. Zu kompliziert. Ich strich sie von meinem Speiseplan. Zuerst die Melone, gefolgt von den Erdbeeren, die Kruste des Hörnchens mit Marmelade, dann die Mitte. Dafür brauchte ich eine Stunde, ich habe es gestoppt. Und den Rest des Tages überstand ich mit 160 Kalorien.

Die U-Bahn zum Campus der American University. Ich liebte die U-Bahn, das Klickklick meiner Fahrkarte im Fahrkartenentwerter, das Drängeln der Menge, die auf die gähnenden Tore zueilte. Ich liebte den Weg zum Campus und den Campus selbst. Gespräche mit Dozenten und eine Wanderung über das Gelände. Abends an der Hotelbar aß ich eine Möhre und ein paar Seleriestücke, trank einen »Screwdriver«, sah CNN, kritzelte wie eine Wilde in mein Notizbuch.

Das Seltsame ist, daß die Gedichte, die ich während meines Aufenthaltes dort schrieb, alle von der Traurigkeit der Städte handeln. Von der Verzweiflung, die ich dort spürte. Der unglaublichen, schrecklichen Geschwindigkeit.

Die Gedichte schienen irgendwie keine Verbindung zu mir zu haben. Ich nahm ein Taxi, fuhr ins Kino, ging hinterher in ein überfülltes Café, beobachtete, lauschte, schrieb und schrieb. Es war großartig. Am nächsten Tag wanderte ich durch die Straßen der Stadt, wanderte, wanderte, hielt nur einmal an, um mir ein Paar Turnschuhe zu kaufen, weil meine alten Schuhe auseinanderzufallen drohten. Ich war vollkommen high, versuchte mir vorzustellen, daß ich in dieser Stadt leben würde. Ich ging durch die Gänge der Union Station mit ihren gewölbten Decken, tauchte im ohrenbetäubenden Lärm unter, während die Leiber an mir vorbeieilten. Ich ging ins Restaurant im Basement, las mir jedes Gericht auf der Speisekarte genau durch und kaufte mir schließlich eine Tüte zuckerfreier Bonbons mit Orangengeschmack in einem Süßwarenladen. Ich setzte mich auf eine Bank, warf mir die Bonbons in den Mund, blickte von der Zeitung – *Namentliche Abstimmung* – auf und zu den Menschen hinüber, die über Verbindungen und Jobs nachdachten. Ich beschloß, daß ich hier sehr gut würde leben können. Keiner bemerkte mich. Ich war unsichtbar. Ich war vollkommen.

Seitdem habe ich mich gefragt, ob ein Teil meines Gehirns vielleicht entschieden hatte, daß dies der ideale Ort war, um vollständig zu verschwinden. Den Abgang zu machen, so daß nichts in meinem Kielwasser zurückblieb.

Wieder in Minneapolis sagte ich, daß ich auf die American University gehen würde. Ich besitze die bemerkenswerte Fähigkeit, alles bessere Wissen aus meinem Gehirn zu verbannen, wenn ich mir etwas in den Kopf gesetzt habe. Dann setze ich alles aufs Spiel. Ich habe kein Gefühl für Maß oder Vorsicht. Man könnte auch sagen, daß ich überhaupt kein Gefühl habe. Menschen mit Eßstörungen neigen zu sehr extremen Denkmustern – alles bedeutet gleich das Ende der Welt, alles hängt nur von *einer Sache* ab, und jeder sagt einem, wie dramatisch, wie außerordentlich intensiv man ist, und alle halten einen für exaltiert und affektiert, aber man denkt *tatsächlich* so. Man hat *wirklich* das Gefühl, daß der Himmel auf einen herabfällt, wenn man ihn nicht persönlich festhält. Auf der einen Seite ist es reine Arroganz, auf der anderen eine sehr reale Furcht. Und es ist auch keineswegs so, daß man die möglichen Konsequenzen der eigenen Handlungen *ignoriert*. Man glaubt nicht, daß es überhaupt welche *geben wird*.

Weil man doch schließlich noch nicht einmal *da* ist.

Wenn man volljährig wird, können weder die Eltern noch das Ärzteteam über Behandlungsmaßnahmen entscheiden, ohne daß man ihnen die Erlaubnis dazu erteilt. Mit anderen Worten, man muß sich freiwillig in ärztliche Behandlung begeben, sonst müssen sie die therapeutische Hilfe, die sie einem angedeihen lassen per Gerichtsbeschluß erzwingen. Drei Tage vor meinem achtzehnten Geburtstag ging ich – mit erhobenem Kopf, selbstbewußt, extrem dünn – ins TAMS und beendete meine Behandlung.

Nachdem das erledigt war, packte ich meine Koffer und zog mit meiner Freundin Sybil, die ich bei der Zeitung kennengelernt hatte, in eine Wohnung in Minneapolis. Voller Begeisterung über meine Unabhängigkeit ging ich in einen Supermarkt und kaufte ein. Magersüchtige haben merkwürdige Einkaufslisten:

Fettfreie Muffins (1 Dutzend)
Zuckerfreies Gelee (Erdbeere)
Kalorienarmes Brot (Weizen)
Fett- und zuckerfreier Joghurt (12 Becher)
Fettfreies Müsli
Möhren
Senf
Sellerie
Salat
Fettfreies French Dressing

Und genau das aß ich während der folgenden drei Wochen.

Außer an den Abenden, an denen ich spät nach Hause kam und Sibyl, die lesend auf dem Sofa lag, mir beiläufig berichtete: »Hey, Mar, wir haben uns Pizza bestellt. Du kannst den Rest essen, wenn du willst.« Ich aß die

Pizza. Und kotzte. Und wog mich auf der quietschenden, alten Badezimmerwaage. Sibyl, die zu den gesunden Menschen dieser Erde gehört, nimmt kein Blatt vor den Mund. Sagt mir, daß ich mich lächerlich mache, wenn ich, wie jeden Tag, vor dem Ganzkörperspiegel stehe und mir über die Größe meines Hinterns Sorgen mache. Schlägt vor, daß ich meine Scheiße überwinde, bevor ich die Stadt verlasse.

Mai: Mark und Arbeit und ein paar Kurzausflüge. 98 Pfund. Der LAPC*, der Rodney King zusammengeschlagen hat, wird freigesprochen. An dem Tag, an dem der Freispruch verkündet wird, kauert die gesamte Zeitungsredaktion vor dem Fernseher; in dem normalerweise lärmerfüllten Redaktionsraum herrscht ein unheimliches Schweigen. Jemand keucht, »Mein Gott«. Dann kippt er seinen Stuhl nach hinten und schreit, »*Verdammt noch mal*, mein Gott«, und stürmt türeknallend aus dem Zimmer. Der Redaktionsraum explodiert, Chaos bricht aus, immer wieder wiederholen alle: »Wie zum Teufel sollen wir *darüber* schreiben?« Dann starren sie auf ihren Computerbildschirm, und einer nach dem anderen dreht sich um und schreit: »ÜBER SO ETWAS KANN ICH EINFACH KEINEN ARTIKEL SCHREIBEN!«, und rennt hinaus. Die Reporter schreiben krampfartig, ihre Hände zittern über der Tastatur, plötzlich halten sie wieder inne, nehmen den Kopf in beide Hände. Drei Leute verlassen in schneller Folge den Raum. Der Chefredakteur schreit ihnen zu, daß sie sich zusammenreißen sollen. Ich gehe hinaus und setze mich auf den Boden, lehne mich gegen die Mauer und starre hinauf in den unglaublich blauen Himmel. Ich zittere, mir ist schlecht, und ich denke über Gottes perversen Sinn für Humor nach, wenn er an einem Tag, an dem die Moral zur Farce verkommen ist, einen solch herrlich blauen Himmel zuläßt. Mark und ich können in dieser Nacht nicht schlafen. Wir stehen auf, gehen zum Spielplatz im Park, setzen uns auf die Schaukeln, reden miteinander, wenige Worte, unterbrochen von langen Pausen, in denen man nur unseren bebenden Atem hört. Ich frage mich laut, ob ich überhaupt den Mut habe, als Journalistin zu arbeiten. Mark springt von seiner Schaukel und sagt, Das mußt du. Ob du ihn nun wirklich haßt oder nicht, ist egal. Du mußt einfach so tun, als ob. Ich nicke und blicke zum Himmel hinauf.

Juni: Mark und sommerliches Wetter und ein paar Kurztrips und 92 Pfund. Mark und ich liegen im Bett, sprechen über Politik. Ich verlasse die Zeitung, um mich jetzt den ganzen Tag über meiner eigenen Schreiberei widmen

---

* Los Angeles Police Constable, Dienstgrad der Polizei in L.A. (Anm. d. Übers.)

zu können. Meine Tage sehen so aus: Aufwachen, sich an den Schreibtisch setzen, schreiben. Ich will lernen, diszipliniert zu leben. Ich esse nur noch Joghurt. Wir machen einen Ausflug mit meiner Familie zu unserem Haus an einem See im Norden Minnesotas, gehen mit meinem Stiefbruder Tim, meinen Cousinen und Cousins in eine Bar, spielen Pool Billard und betrinken uns. Völlig blau – und also befreit von den üblichen Hemmungen – schlinge ich, als wir wieder zu Hause sind, den Nudelsalat herunter. Ich esse ihn direkt aus der Tupperdose, obwohl ich weiß, daß ich es am nächsten Morgen bereuen werde. Mark trinkt zuviel. Ich trinke zuviel. Als ich wieder in Minneapolis bin, treffe ich mich gelegentlich mit meinen Eltern, in der Regel immer nur mit einem Elternteil. Meine Mutter und ich trinken einen Kaffee miteinander. Sie liest meine Gedichte, und ich platze fast vor Stolz, als sie mich ansieht, lächelt und sagt, »Die sind gut.« Mein Vater und ich frühstücken einmal die Woche miteinander. Ich bestelle einen fettfreien Muffin und verbringe eine Stunde damit, ihn zu sezieren, drehe dann die unendlich kleinen Stücke (Boden, Seiten, Spitze, Mitte) mit den Fingern zu kleinen Klumpen zusammen, stippe sie in meinen Kaffee, rauche zwischen den Bissen. Er sagt: Du wirst zu dünn. Ich sage: Das kommt, weil ich täglich mit dem Rad fahre. Wirklich, es geht mir gut.

Juli: Mark leidet an einer schweren Depression. Jeden Morgen stehe ich auf, dusche, ziehe mich an, lese die Zeitung. Stecke den Kopf ins Schlafzimmer. Mark liegt noch immer im Bett, das Gesicht in den Kissen vergraben. Mark, steh auf. MARK. Laß mich in Ruhe, sagt er. Ich lasse ihn in Ruhe. Ich mache mir Sorgen. Als er sich schließlich aus dem Bett hievt, sprechen wir nicht über die Tatsache, daß es schon 15 Uhr ist. Wir reden nicht über seine Depressionen, wir reden nicht über meine knochige Gestalt. Wahrscheinlich meiden wir diese Themen, weil wir nicht glauben wollen, daß sie ein Problem darstellen. Vielleicht wollen wir ja auch nicht darüber reden, weil Mark meine Figur mag. Wir sprechen auch nicht darüber, daß sich Stille zwischen uns drängt. Keiner von uns beiden weiß, ob es seine oder meine Stille ist. Wir entgleiten einander. Er macht Fotos von mir, wie ich schlafend im Gras liege, wie ich nackt am Fenster stehe, wie ich den Wagen lenke. Ich schreibe ununterbrochen, versuche dem dumpfen Schmerz des allmählichen Verlustes auszuweichen, versuche nicht über die Tatsache nachzudenken, daß ich bald weggehen werde.

August: Ich nehme an einem zweiwöchigen Journalistikseminar an der American University teil. Die Hitze ist drückend, und die Fliegen sind lästig, die Sonne ist blendend weiß. Ich trage ein Kostüm und flache, bequeme

Schuhe. Ich lerne viele Leute kennen, mache Interviews, rufe meinen Vater eines Nachmittags von einem Senatsgebäude aus an, und wir kichern über die Tatsache, daß ich auf dem Capitol Hill bin. In einem Workshop zum Thema Frauenquote in den Medien gerate ich mit einem großspurigen, kleinen Bastard in einen heftigen Streit: Mein Gesicht ist gerötet, wir beide stehen auf, stützen uns mit den Händen auf dem Schreibtisch ab, schleudern uns wahnsinnig aussagekräftige Beinamen an den Kopf. *Feministin*, spuckt er. Der Raum explodiert vor Gelächter. Er wird puterrot und stürmt aus dem Zimmer. Ich sinke auf meinen Stuhl zurück und starre meine Notizen an, versuche, meine zitternden Hände zu beruhigen, meine ungezügelte Wut ist mir peinlich. Abends in den Schlafräumen, in denen die Teilnehmer untergebracht sind, besuchen mich drei junge Frauen auf meinem Zimmer, um mit mir über das Seminar zu diskutieren. Auf vergeistigte und theoretische Weise kommen wir irgendwann auch auf Eßstörungen zu sprechen. Eine von ihnen fragt mich geradeheraus, ob ich magersüchtig sei. Ach du liebe Güte nein, sage ich. Wir lachen und wechseln das Thema, sprechen über die Präsidentschaftskandidaten. Als sie wieder fort sind, stelle ich mich nackt vor den Ganzkörperspiegel, bin sicher, daß ich zugenommen habe, seit ich hier bin, halte einen kleinen Handspiegel in die Höhe, um mich von hinten sehen zu können. Reiterhosen, ich kann sie *sehen*. Ich setze mich auf den Boden und weine. Dann schalte ich sämtliche Lichter aus, setze mich an den Schreibtisch, spiele an meinem Laptop Solitaire, die Geräusche der Menschen, die kommen und gehen und schreien und lachen, dringen durch das geöffnete Fenster zu mir herein, im Licht des Computerbildschirms sehen meine Hände ganz blau aus.

Mark holt mich vom Flughafen ab. Im Auto habe ich plötzlich den Verdacht, daß er in meiner Abwesenheit mit einer anderen geschlafen hat. Ich frage ihn, er streitet es ab. Ich sehe, daß er lügt. Wir sind einander fern. Als wir an diesem Abend im Bett liegen, beschließen wir, Schluß zu machen. Ich gehe ins Bad, stelle mich auf den Badewannenrand, um mich sehen zu können. Ich steige wieder herunter und stelle mich auf die Waage. 87 Pfund. Meine Hände zählen meine Knochen, ich starre mein Gesicht an, denke: Ich brauche ihn nicht. Ich bin dünn. Ich bin dünn. Wofür sollte ich ihn denn überhaupt brauchen.

Ich gehe.

Am Ende des Monats fahre ich mit meinen Eltern und ein paar Verwandten meiner Mutter – mit meinen drei jüngeren Cousins und Cousinen, mit Tante und Onkel und meiner Großmutter, die an Alzheimer erkrankt ist (was zu diesem Zeitpunkt noch niemand weiß, weil sie zu höflich ist, jemandem zu sagen, daß sie nicht weiß, wer wir sind und wo wir hingehen), nach Oregon. Im Flugzeug trage ich ein langes, rosafarbenes Kleid, das früher meiner Mutter gehört hat. Ich denke, daß ich in diesem Kleid genauso aussehe wie sie. Dann kommt mir der Gedanke, daß ich dünner als meine Mutter bin. Ich freue mich diebisch. Als wir vom Flughafen zur Küste fahren, sagt mir mein Vater, daß ich zu dünn bin. Er hält den Blick auf die Straße gerichtet. Ich ignoriere ihn und lese mein Buch. Im Cottage an der Küste ist es wie in alten Zeiten: Die Mädchen und ich spielen miteinander, oder wir machen lange Spaziergänge. Irgendwann sitzen wir im Wohnzimmer auf dem Boden. Meine Cousine Johanna greift nach einem Cracker und schmiert Käse darauf. Meine Großmutter, die auf der Couch sitzt und mit leerem Blick vor sich hin summt, greift plötzlich nach Johannas Handgelenk und sagt mit ihrer hohen, flötenden Stimme: »Oh nein, Schatz, das *darfst* du nicht essen! Du ißt sowieso schon viel zuviel, du wirst zu dick!« Sie kneift in Johannas Oberarm und sagt: »Siehst du Schatz? Zu dick!«

Plötzlich steht die Zeit still. Keiner bewegt sich. Die zwölfjährige Johanna, die ziemlich dünn für ihr Alter ist, fängt an zu weinen. Ich stehe auf und verlasse das Zimmer. Ich gehe in mein Schlafzimmer hinauf, wo ich ebenfalls in Tränen ausbreche. Meine Mutter folgt mir und sagt mir, daß meine Großmutter es eben nicht besser weiß, und ich sage, daß es mir scheißegal ist, ob sie es besser weiß oder nicht, aber daß diese ganze Familie völlig *verkorkst* ist, was ihre Einstellung zum Essen angeht. Später gehen die Mädchen und ich spazieren. Ich spreche mit ihnen über Magersucht, daß sie sich davon fernhalten müssen, daß sie ihr Leben ruinieren kann. Sie sind taktvoll genug, nicht darauf hinzuweisen, daß ich fast schon auf groteske Weise dünn und obendrein noch eine Heuchlerin bin. Sie nicken und versprechen mir, auf ihre Gesundheit zu achten. Wir essen ein paar Sahnebonbons. Das ist alles, was ich während des gesamten Urlaubs esse. Meine älteste Cousine ißt ausschließlich Salat mit fettfreiem Dressing. Keiner spricht darüber. Auf einem Foto, das in diesen Tagen aufgenommen wurde, liege ich an einem sonnigen Tag bäuchlings im Sand, die ausgemergelten Gliedmaßen ausgestreckt und weiß wie Knochen. Ich sehe aus wie ein Leichnam.

In der Woche, bevor ich nach Washington D.C. abreise, schaue ich noch einmal beim TAMS vorbei und spreche bei Kathi vor. Sie haben jetzt keine Möglichkeit mehr, mich dazubehalten oder meine Abreise zu verhindern. Ich habe nichts zu verlieren.

Extrem dünn. Sagt: »Jetzt geht es mir gut.«

Als ich Minneapolis verlasse, wiege ich 85 Pfund, lande in Dulles, und verliere auch noch den Rest meines Verstandes.

ZWISCHENSPIEL
Gegenwart

Ein ganz einfacher Eingriff: Ich soll die Weisheitszähne gezogen bekommen. Ich gehe zum Zahnarzt, ich sitze im Wartezimmer, fülle die Anamnese-Formulare aus. *Waren Sie wegen einer schweren Krankheit im Krankenhaus?* Ja. *Sind Sie herzkrank?* Ja. Es werden keine Einzelheiten abgefragt, also gehe ich auch nicht weiter darauf ein. Ich trage das Formular wieder zu der blonden Frau im Vorzimmer. In Räumlichkeiten, in denen Nadeln und Medikamente in kleinen Schränken lauern und nur darauf warten, mich zu beißen, bin ich immer ziemlich nervös. Bei dem Geruch von Antiseptika wird mir übel; die geschrubbten, rosa Hände der Arzthelferinnen und Krankenschwestern kommen mir immer vor wie diese feuchten Kröten in den Tropen. Drei Leute stehen hinter mir in der Schlange. Die Arzthelferin fragt laut: Schwere Krankheiten? Ich weiß nicht, was sie hören will, also antworte ich: Ja. Sie, mittlerweile ungeduldig geworden, fragt: Welche? Ich sage: Oh, Magersucht.

Sie sieht mich zum ersten Mal an – mit scharfem Blick. Die Arzthelferin neben ihr betrachtet mich ebenfalls. Die Frau, die hinter mir in der Schlange steht, beugt sich vor, gerade weit genug, daß ich ihre Bewegung aus den Augenwinkeln erkennen kann. Ich denke: Warum habt Ihr diese Frage nicht einfach auf das verdammte Formular geschrieben? Die Krankenschwester sagt: Herzkrankheit? Ich sage: Herzrhythmusstörungen. Ich sage: Ich glaube nicht, daß sie mir eine Vollnarkose geben sollten. Sie antwortet nicht. Sie kritzelt Magersucht auf das Formular. Im Geiste bitte ich den Arzt, bei meinem Anblick nicht zu sagen, Nun, Sie sehen aber gar nicht *aus* wie eine Anorektikerin.

Er sagt es. Das tun sie immer. Wenn man nicht gerade so ausgezehrt ist, daß man kaum laufen kann, finden andere Menschen nicht, daß man magersüchtig »aussieht«. Ich setze mich auf den Stuhl, beiße die Zähne zusammen. Er nennt mich Mayra. Ich korrigiere ihn nicht. Ich sage zu ihm: Es ist wohl besser, wenn Sie mir keine Vollnarkose verabreichen. Ich habe Herzrhythmusstörungen. Er antwortet: Doch, doch, das geht schon in Ordnung. Ich sage: Ich halte das wirklich für keine gute Idee. Er sagt: Oh nein, diesen Eingriff wollen Sie ganz bestimmt nicht im Wachzustand erleben. Ich vertraue ihm plötzlich wie ein alter Trottel und frage: Sind sie sicher? Er sagt, Oh ja, es wird schon gut gehen.

Am nächsten Tag komme ich wieder, setze mich auf den Stuhl. Ich sage: Nehmen Sie meinen rechten Arm, im linken habe ich keine Venen mehr. Sie sagen: Nein, nein, wir müssen den linken nehmen. (Warum erklärt mir keiner.) Das Zimmer ist voller Arzthelferinnen. Meine Panik steigert sich mit jeder Minute. Jemand legt eine Aderpresse um meinen linken Arm. Ich sage jetzt lauter: Die Venen in meinem linken Arm sind zerstört. Sie sagen: Machen Sie eine Faust. Sie stochern mit der Nadel in meinem Arm herum. Ich sage: *Die Venen sind zerstört.* Eine Arzthelferin sagt: Keine Venen (Was Sie nicht sagen, keine Venen!) die Aderpresse wird von meinem Oberarm entfernt, sie schlingen sie um meinen Unterarm, so daß die 10 Zentimeter lange, anderthalb Zentimeter breite purpurrote Narbe zusammengequetscht wird, die in der Mitte verläuft. Sie sagen: Machen Sie eine Faust. Ich sage. Bitte nicht die Hand. *Bitte nicht die Hand.* Sie sagen: Machen Sie eine Faust. Ich mache eine Faust so gut es geht. Schließlich sind die Muskeln meines linken Armes seit langem von einer Rasierklinge zerfetzt worden und danach vorzeitig verkümmert. Fester, sagen sie. Die Nadel gleitet in meine Hand, und ich lausche, wie mein Protest leise verklingt.

Mitte der Woche trommelt mein Herz eine seltsame Melodie: Da-dum dumdumdum ... Da, da, da-dum dumdumdumdumdum. Ich werde häufig ohnmächtig. Mir ist schwindelig. Sie geben mir Penizillin, um die Entzündung in meinem Mund zu bekämpfen. Ich muß mich davon übergeben. Innerhalb von zwei Tagen ist keine Nahrung mehr in meinem Magen, und ich beginne, Blut zu spucken oder besser gesagt: Stücke meiner Speiseröhre. Das Penizillin macht meinem Immunsystem den Garaus. Zwei Wochen später ist mein Mund immer noch nicht verheilt. Ich wache nachts auf, beuge mich über das Waschbecken, spucke dicke Blutklumpen. Ich habe eine Blasenentzündung, eine Nierenentzündung, eine schlimme Erkältung, Kratzer auf den Armen, die keinen Schorf bilden und bei der kleinsten Berührung wieder aufplatzen. Blaue Flecken geben meinem Körper ein seltsam gesprenkeltes Aussehen: an der Hüfte, die sacht den Türrahmen berührt hat, an einem Schienenbein, mit dem ich gegen den Stuhl gelaufen bin. Zwei Wochen später habe ich fast acht Kilo verloren. Ich presse die Hände gegen mein Brustbein: eine alte Angewohnheit, eine intime Geste, der Versuch einer wortlosen Erwiderung auf das nervöse Geplapper meines Herzens.

Ich stehe vor dem Spiegel und betrachte voller Stolz meine Rippen, die sich durch die Haut nach vorne drängen. Ich stehe vor dem Spiegel und sehe, wie meine Hände mit ihnen spielen wie auf einem hohlen Instrument. Meine Hände tasten sich bis zum Kreuz vor, schlängeln sich weiter, um die beiden Zwillingsknochen ganz unten zu drücken. Meine Hände, scheu, als ob sie einen alten Geliebten neu entdeckten, berühren meinen Körper sanft, in atemlosen Unglauben: Bist du wirklich da? Bist du endlich zu mir zurückgekommen? Mein Ehering hängt locker an meinem Finger.

Im Bett zieht mein Mann die Decke im Mondschein zurück, läßt seine Hände wortlos über meinen Körper gleiten. Er stößt auf die scharfe Erhebung der Beckenknochen; er umfaßt sie, und seine Daumen ruhen in der Höhle meines Bauches. Ich warte darauf, daß er sagt: Du hast abgenommen. Ich warte auf den Rausch törichten Stolzes, den diese Worte in mir auslösen werden, auf die Erleichterung, weil ich auf frischer Tat mit einem Geliebten im Bett ertappt worden bin.

Er sagt nichts. Er legt sich neben mich, dreht mir den Rücken zu. Seine Stille erfüllt den Raum.

Kapitel 8
»STERBEN IST EINE KUNST WIE ALLES«
Washington D.C., 1992 bis 1993

Sterben
Ist eine Kunst wie alles.
Ich kann es besonders schön.
Ich kann es so, daß es die Hölle ist, es zu sehn.
Ich kann es so, daß man wirklich fühlt, es ist echt.
Sie können, glaube ich, sagen, ich bin berufen zu diesem Ziele.

Sylvia Plath, »Madame Lazarus«, 1966*

Washington war sehr aufregend. Ich erinnere mich größtenteils nur vage daran, weil ich starb. Sterben ist ebenfalls sehr aufregend. Eigentlich schade, daß es mir nicht früher aufgefallen ist. Wahrscheinlich hätte ich noch ein paar interessante Betrachtungen angestellt über den Prozeß des Sterbens im Alter von achtzehn Jahren. Aber es fiel mir nicht auf. Ich war sehr beschäftigt. Wirklich sehr beschäftigt, sehr wichtig, keine Zeit, meine Tage durch die Uhr an meiner Wand geordnet, das Ticken der Uhr an meinem Handgelenk, ein durchsichtiger, mit Haut überzogener Knochen. Ständig mußte ich neue Löcher in mein Uhrarmband stechen, weil es zu weit war und gegen den bleichen Handgelenkknochen schlug, wenn ich mit energisch vorgerecktem Kinn durch die überfüllten Straßen eilte und dabei die Arme hin und her schwang.

Ich wußte, daß ich dünn war, als ich nach Washington kam. Dieses Wissen wertete ich als Fortschritt. Nie zuvor hatte ich über einen längeren Zeitraum hinweg erkennen können, daß ich dünn war. Aber wenn ich mich jetzt, im fünften Stock der Hughes Hall in der American University, im Ganzkörperspiegel betrachtete, der an meiner Schranktür angebracht war, erkannte ich es. Ich zog die Unterhose an, die auf meinen Hüftknochen hing wie an zwei Kleiderhaken, und konnte erkennen, daß ich dünn war. Ziemlich dünn, dachte ich und lächelte mein Spiegelbild voller Stolz an: Gutes Mädchen! Nie kam mir der Gedanke, daß ich vielleicht *zu* dünn sein könnte.

---

* Übersetzung von Erich Fried. Abdruck mit freundlicher Genehmigung des Suhrkamp Verlages.

Denn was hieß das überhaupt: *zu dünn*. Schließlich konnte man nie zu reich oder zu dünn sein. Aber ich stand vor dem Spiegel und sagte, Vielleicht. Vielleicht dünn genug.

Das war ein Wunder. Es ist allgemein bekannt, daß Menschen, die an Eßstörungen erkrankt sind, niemals glauben, daß sie dünn genug sind. Wo die meisten Menschen sich vornehmen, ein paar Kilo zu verlieren – zwei, fünf, sieben – und aufhören, wenn sie ihr Ziel erreicht haben, nimmt sich die Anorektikerin vor, fünf Kilo abzunehmen und sagt, wenn sie ihr Ziel erreicht hat: Naja, vielleicht sieben. Sie verliert sieben und sagt zehn, sie verliert zehn und sagt fünfzehn, verliert fünfzehn und sagt zwanzig und stirbt. Ups. Sie hatte eigentlich gar nicht vorgehabt, zu sterben. Sie wollte doch einfach nur sehen, was passieren würde. Wollte sehen, wie weit sie gehen konnte. Und dann konnte sie den Absturz nicht mehr verhindern.

Es war völlig unwichtig, ob ich dünn genug war, und nein, ich war nicht sicher, ich konnte nicht sicher sein, wer kann schon sicher sein? Wer legt fest, was Wahrheit ist und was Wahrnehmung? Wo die absolute Norm liegt? Und außerdem war es sowieso egal, weil ich nichts mehr aß.

Ganz plötzlich aß ich fast gar nichts mehr. Ich hatte nicht unbedingt die Absicht gehabt, meine Lebensmittelration noch mehr zurückzuschrauben, als ich nach Washington abreiste. Ich nahm bereits so wenig Kalorien zu mir, daß mir gar nicht der Gedanke kam, daß ich es noch weiter reduzieren könnte oder sollte. Aber ich tat es, schaffte die überflüssigen Bissen ab. Oberflächlich gesehen war dies eine Art Katharsis; Nahrung erschien mir plötzlich als Last, eine unnötige Beanspruchung meiner ohnehin schon knappen Zeit, und ich stutzte das, was ich aß, noch mehr zurück, ein paar Schlucke hier, ein paar Bissen da. In Wirklichkeit handelte es sich um einen Ausdauertest. Ich wollte herausfinden, wie lange ich es aushalten würde, von Luft zu leben. Ich wollte herausfinden, mit welchem Minimum an Nahrung ich auskommen würde.

Denken Sie daran: Magersüchtige essen durchaus. Wir schaffen uns bestimmte Systeme, die sich fast unbewußt entwickeln. Wenn wir erkennen, daß wir unser Leben an einem eisernen System aus Zahlen und Regeln ausgerichtet haben, hat das System bereits die Herrschaft über uns erlangt. Solche Systeme bestehen aus sicheren Nahrungsmitteln, also solchen, die nicht oder weniger von Ungeheuern, Teufeln und Gefahren durchdrungen sind, aus »reinen« Lebensmitteln, die die Seele kaum mit Sünden wie Fett oder Zucker oder einem Kalorienüberschuß besudeln. Denken Sie doch an die Werbesprüche für Lebensmittel, an die mit religiösen Metaphern geradezu durchsetzte Wortwahl: »Sündhaft sahnig« intoniert die Sprecherin mit seidiger Stimme und fährt fort, den »Genuß ohne Reue« anzupreisen. Keine komplexen Nahrungsmittel, bei denen sich der Geist in einem wirbelnden Tornado möglicher Fallstricke verfängt – eine Fehlberechnung der Kalorienzahl, der Verlust der Sicherheit, keine Kontrolle mehr über das Chaos, keine Kontrolle mehr über sich selbst. Die schreckliche Möglichkeit, daß man sich mehr nimmt, als man verdient hat.

Aber Systeme sind wie Korsetts, sie zwängen den Körper immer mehr ein, lassen ihn immer mehr zusammenschrumpfen, pressen einem den Atem aus dem Leib, bis man sich schließlich gar nicht mehr bewegen kann. Und selbst dann hören sie nicht damit auf.

Und so funktionierte mein Eßsystem, als ich noch in Minneapolis lebte: Nahrung wurde in (Brot-)Einheiten eingeteilt. Eine Einheit bestand aus 80 Kalorien, das entspricht einer durchschnittlichen Scheibe Brot. Natürlich hatte ich mir dieses System selbst ausgedacht, und bis zum heutigen Tag verstehe ich nicht, warum es eine solch immense Bedeutung für mich hatte. Aber so geht es allen Magersüchtigen: Wir alle haben unsere Systeme. Eine meiner Freundinnen teilte Nahrungsmittel willkürlich in Flüssiges und Festes ein – unter Festes faßte sie Suppe, Brot, Nudeln, Reis; flüssige Lebensmittel waren Schokolade, Gemüse und Hühnchen. Sie hätte mit jedem vernünftigen Menschen Streit angefangen, der ihr die alternative Bedeutung der Begriffe »flüssig« oder »fest« hätte nahebringen wollen.

Es ist lediglich ein bestimmtes Muster, an dem wir uns orientieren, und es ist lebensnotwendig. Es würde mir schwerfallen, die Leidenschaft zu beschreiben, die wir für unsere Systeme empfinden. Sie stehen uns ebenso nahe und sind uns ebenso teuer wie ein rettender Gott. Wir kennen unsere Systeme besser als das Alphabet, wir haben sie in der Tiefe unseres Gehirns gespeichert, ähnlich wie die Hand, die selbst im Dunkeln noch weiß, wie man schreibt. Sie sind das einzige, was die Unsicherheit in Schach hält. Wir verspüren einen krankhaften Stolz, weil wir von jedem Nahrungsmittel der Welt den genauen Kalorien- und Fettanteil kennen. Verständlicherweise verachten wir alle Ernährungsphysiologen und Experten, die versuchen, uns die Kalorien von Lebensmitteln vorzurechnen. Schließlich sind doch *wir* die Göttinnen der Kalorien, und wir genießen die Illusion unserer Allmacht. So ringen wir uns lediglich ein überhebliches Lächeln ab, wenn der Ernährungsphysiologe sagt, daß eine durchschnittliche Frau täglich 2.000 oder mehr Kalorien zu sich nehmen muß, wo wir selbst VERDAMMT NOCH MAL HERVORRAGEND mit 500 auskommen.

Als ich das Lowe House verließ, war ich (1) mit 51 Kilo ziemlich dünn und nahm, meinen Berechnungen zufolge, (2) täglich 31,25 Einheiten zu mir. Im Winter jenes Jahres, in Minneapolis, beschloß ich, daß 16 Einheiten reichen würden. Ich teilte meine Kalorienzufuhr durch zwei und strich Fett vollkommen von meinem Speiseplan. Im Sommer, bevor ich nach Washington aufbrach, war ich bei 10 Einheiten. Als ich in Washington ankam, beschloß ich auf der Stelle, zwei weitere Einheiten zu streichen – nur zwei, welchen Unterschied machten denn schon zwei mickrige Einheiten? – so daß ich bei acht landete. Im Oktober lebte ich von sechs Einheiten, und im Dezember strich ich sie auf vier zusammen.

Vier Einheiten. Legen Sie vier Äpfel vor sich hin, und versuchen Sie, sich vorzustellen, wie Sie sich fühlen würden, wenn Sie ein paar Tage lang das und sonst gar nichts essen würden. Oder vier Scheiben Brot. Oder ein Joghurt und eine Orange. Oder zwei Brötchen. Oder einen Haufen Möhren und eine Schüssel mit Cornflakes. Ich nahm 320 Kalorien am Tag zu mir.

Eine tägliche Kalorienzufuhr von 900 Kalorien führt langfristig zum Verhungern. Ich aß lediglich ein Drittel davon. Wie soll man das nennen? Das Wort, das einem hierzu in den Sinn kommt, lautet »Selbstmord«.

Die meisten Menschen haben die seltsame Angewohnheit, regelmäßig zu schlafen. Diese Angewohnheit hatte ich nicht. Bestimmt nicht in Washington. Ich befürchtete, etwas zu verpassen. Ich war manisch und am Verhungern, und wer verhungert, dessen Manie explodiert und verwandelt sich in eine psychedelische Leidenschaft für das Wachsein, eine trügerische Verachtung für so grundlegende Bedürfnisse wie Schlafen. Die meisten Menschen schlafen sieben Stunden pro Nacht. Das sind sieben Stunden, in denen ihr Körper ruht und nicht viel Energie in Form von Nahrung verbraucht. Die meisten gesunden Menschen können siebzehn Stunden mit etwa 2.000 Kalorien überstehen, was bedeutet, daß sie in jeder wachen Stunde 117,64706 Kalorien verbrauchen.

Ich hingegen war, wie viele Menschen mit dieser Krankheit, etwa einundzwanzig Stunden am Tag wach, die drei restlichen Stunden verbrachte ich damit, mich im Halbschlaf hin und herzuwälzen. Damit standen mir für jede meiner wachen Stunden 15,238095 Kalorien zur Verfügung.*

* Die medizinische Forschung hat herausgefunden, daß Menschen, die wenig Fett zu sich nehmen, ansonsten aber eine relativ normale Anzahl von Kalorien, häufiger als andere unter Depressionen, Angstzuständen, Stimmungsschwankungen, Konzentrationsstörungen sowie Kommunikationsschwierigkeiten leiden und häufiger Autounfälle verursachen.

Übrigens entwickelte ich in Washington eine Art Besessenheit von Zahlen. Es ist also nicht schwer zu erraten, was als nächstes geschah.

1992 in der Hauptstadt, ein Wahljahr mit Kandidaten, die die Nation spalteten. Ich brach mitten im Laufen, denn wenn man in Rom ist, muß man sich auch wie ein Römer verhalten. Für die Menschen in Washington war dies ein aufregendes Jahr: Clinton versprach, die Wirtschaft zu retten, und verbreitete eine Aura von Jugend und Energie. Bush sah alt aus und wurde für sämtliche, nationalen Probleme verantwortlich gemacht. Die Stadt brodelte vor Versprechungen oder Drohungen – je nach dem, auf welcher Seite man saß: auf der Oppositionsbank der Demokraten oder im Weißen Haus. Es war ein großartiges Jahr für eine junge, ehrgeizige Möchte-gern-Reporterin, die keinerlei Privatleben zurückhielt oder behinderte. Ich arbeitete als Redakteurin für eine kleine Rundfunkstation, was bedeutete, daß ich mit vierzig Stunden in der Woche begann und sehr bald fand, daß es einfach nicht genug war, also arbeitete ich mehr und kurz darauf noch mehr. Ich schrieb eine wöchentliche Kolumne zum Thema Kunst in der Studentenzeitung der American University. Nebenher arbeitete ich als freiberufliche Researcherin für ein paar Zeitungen der Stadt, ging zur Uni, und zwar vollzeit, hatte sogar einigermaßen gute Noten und galoppierte mit gesenktem Kopf auf die Ziellinie meines seltsamen, kleinen, geheimen Rennens zu.

Ich war und bin ein hyperkinetischer Mensch. Ich war immer sehr beschäftigt, egal, ob ich nun einen Job hatte oder fünf. Ich liebe es, beschäftigt zu sein. Es hält das Gehirn in Bewegung. Außerdem kann ich sowieso nichts dagegen tun. Diagnostisch gesehen. Ich bin manisch. Und zwar ziemlich. Bis heute zapple und renne ich die ganze Zeit herum. Wenn ich einmal nicht aktiv bin, frage ich mich gleich, was mit mir nicht in Ordnung ist. Ich habe das Gefühl, faul zu sein, und ich suche nach einer Beschäftigung. Ich habe keinen Knopf, an dem man mich abstellen kann. Aber während meines Aufenthalts in Washington wurde es extrem. Meine Aktivität hatte etwas Verzweifeltes an sich. Aber auch heute, im Rückblick, kann ich nicht sagen, ob es der verzweifelte Versuch war, beschäftigt genug zu sein, um am Leben zu bleiben oder der Versuch, mich zu Tode zu arbeiten. Ich bekam langsam Angst vor dem Schlafen und vor der Ruhe. Als ob ich befürchtete, vielleicht nicht mehr aufzuwachen.

Der Herbst in Washington war kühl und windig, sonnig, das gelobte Land – blauer Himmel, Straßen, auf denen es vor Menschen nur so wimmelte, die riesigen Diplomatenvillen, die die Straße zum Campus der American University säumen, blasierte Häuser mit gepflegter Gartenanlage. Morgens wachte ich auf, in dem Bett neben dem Fenster des Schlafzimmers, das ich mit einer anderen jungen Frau teilte. Ich ging mit ein paar Leuten, die auf meinem Flur wohnten, frühstücken, aß eine Schüssel Cornflakes, trank meinen Kaffee, ging in meine Seminare, rannte vom Campus zur Tenleytown Metro Station, tauchte in die U-Bahn ab, tauchte wieder auf, raste die langen Rolltreppen hinauf, 'tschuldigung, 'tschuldigung, schob mich mit Ellbogen und Schultern an den Anzügen und Kostümen vorbei. Auch ich war nichts weiter als eine Frau in Kostüm und Laufschuhen und tauchte wie eine Ratte am Dupont Circle wieder auf. Wir alle gingen im Stechschritt durch die Straßen, auf unsere einsame und anonyme Weise, blinzelten im plötzlichen Sonnenlicht, vorbei an den Blumenverkäuferinnen, den Obstverkäuferinnen, den Hot-Dog- und den Brezel-Ständen, an den Cafés und den Geschäften und dem kleinen, runden Park, in dem Männer mit Zeitungen über den Gesichtern auf Parkbänken lagen, vorbei an den Männern, die auf den Abluftgittern am Bürgersteig schliefen, aus denen der Dampf wie Rülpser aus dem Bauch der Stadt aufstieg, vorbei an den Frauen mit Schildern und Blechtassen, die sich an die Mauern der Gebäude lehnten, unter Augenhöhe. Jedermann maß die Entfernung zwischen hier und dort, mied den Augenkontakt, schwang seine Aktentasche in einem scharfen Bogen, hielt die Handtasche dicht an die Hüfte gepreßt, schritt mit jenem besonderen Schritt vorbei.

Schon bald hatte ich diesen Schritt perfektioniert. Man geht so schnell wie möglich, selbst wenn man nur irgendwo eine Tasse Kaffee trinken will, selbst, wenn man noch nicht einmal ein Ziel hat, selbst wenn man auf dem Weg zur Arbeit relativ früh dran ist. Man geht, als ob man sonst zu spät käme. Man wird *ganz bestimmt* zu spät kommen, zu einem sehr wichtigen Termin, und weil jeder versucht, so wichtig wie möglich auszusehen, geht man, als ob es ungeheuer wichtig wäre, daß man nicht zu spät kommt, weil man über wichtige Dinge nachdenken muß, wenn man ankommt, und weil ganz Washington stillstehen wird, wenn man auch nur den Bruchteil einer Sekunde zu spät kommt. Man achtet darauf, daß das Gesicht ausdruckslos bleibt. Man lächelt nicht, man runzelt nicht die Stirn. Man blickt geradeaus, man bemerkt auch die Penner nicht, über die man steigt, ohne den Schritt auch nur im geringsten zu verändern, ebensowenig wie die Frauen mit den zahlreichen Mänteln, die ziellos in der Menge umherwandern und etwas über den schrecklichen Zustand der Welt vor sich hin brabbeln. Auch die Obstverkäuferin bemerkt man nicht, die jeden Tag einen anderen Hut trägt und auf dem gleichen Bürgersteig wohnt, auf dem auch ihr Obststand steht. Sie lacht und lacht, das netteste, kleine Lachen, das man je gehört hat und winkt einem jeden Tag zu, wenn man vorbeiläuft, Hallo, Liebes! Wie geht es dir heute? Und weil man doch eigentlich nichts weiter als ein Kleinstadtmädchen ist, das sich in der Großstadt ganz verloren vorkommt, ist man danach immer den Tränen nahe. Man erwidert ihren Gruß mit einem scheuen Lächeln, sagt Hi und zieht dann sofort wieder das Gesicht glatt, behält seine Gedanken für sich und läuft weiter, rast die Treppe zum Büro hinauf, sagt den Kollegen Hallo, nimmt den Hörer auf und beginnt, Anrufe zu tätigen, während man sich durch den Papierstapel auf dem Schreibtisch wühlt. Man kritzelt Notizen auf den Block, legt wieder auf und arbeitet, bis der Rest der Belegschaft schon lange wieder zu Hause ist. Allein im Büro geht man zur Kaffeemaschine und brüht sich eine weitere Kanne auf, lehnt sich an die Wand und reibt sich die Augen. Dann schaltet man das Radio ein. Man gießt sich frischen Kaffee ein. Kehrt an seinen Schreibtisch zurück.

Nachts. Die Straßen sind immer noch überfüllt mit jenen, die bis spät in die Nacht gearbeitet haben und jetzt nach Hause gehen. Ich liebte die Nächte, die nächtliche U-Bahn, der nächtliche Spaziergang zu den Schlafräumen. Am Anfang war alles noch gut. Ich lernte ein paar Leute kennen, die man – bei besonders wohlwollender Betrachtung – sogar als Freunde hätte bezeichnen können. Ich erinnere mich nicht mehr an ihre Namen, aber wir gingen abends zusammen Essen, und ich aß meine Möhren mit Senf. An Abenden, an denen ich mir besonders mutig vorkam, aß ich sogar gefrorenes Joghurt aus einer Kaffeetasse. Wenn ich ihn aus der Kaffeetasse und nicht von einem Teller aß, kam ich eher damit zurecht – ein Teller war einfach zu groß! Wenn ich den Leiter der Caféteria ausfindig gemacht hatte, um absolut sicherzugehen, daß das gefrorene Joghurt auch wirklich *gar* kein Fett enthielt und nicht einfach nur *fettreduziert* war, wenn ich sicher war, daß niemand einen Fehler gemacht hatte und das falsche Etikett angebracht hatte, setzte ich mich an den Tisch, und wir stritten laut über Politik und Philosophie, lachten und schrien. Meine Kommilitonen waren recht nett. Ein bißchen blöd. Sehr ehrgeizig. Wir alle waren ungeheuer getrieben, wir alle verbrachten viel mehr Zeit mit unseren Nebenjobs als auf dem Campus, die meisten arbeiteten in der Politik. Nachdem wir tagsüber unserer Wege gegangen waren, trafen wir uns am späten Abend immer in der Lounge im fünften Stock wieder, schalteten die Fernsehnachrichten ein, saßen um einen kleinen Tisch herum und pokerten, schrien einander an bis zum Morgengrauen.

An den Wochenenden tranken wir. Viel. Eigentlich war Alkohol auf dem Campus verboten, aber das bedeutete nichts weiter, als daß wir heimlich tranken. Wir fielen in die Bars der Stadt ein und tranken uns dumm und dämlich. Dann tanzten wir. Eines Tages trug ich ein kleines, schwarzes Kleid, und wir nahmen die Metro zum Quigley's in der Innenstadt, wo ich einen recht netten Idioten namens Jeff kennenlernte. Ich war betrunken genug, um den Namen »Jeff« ungeheuer amüsant zu finden, ebenso wie die Tatsache, daß ich dabei war, einen zukünftigen Major der Armee von Georgetown zu verführen. Darüber hinaus trug Jeff eine Seidenkrawatte *und* eine Baseballkappe, und zwar *gleichzeitig*, und er spendierte mir Drink um Drink. Wir vögelten, keinerlei Empfindung in meinem Körper, in der dunklen Ecke einer Bar, hinter einem Vorhang, im Stehen. Er schrieb seine Telefonnummer auf eine Serviette. Im Taxi auf dem Nachhauseweg mußten die Mädchen, mit denen ich gekommen war und ich so heftig lachen, daß wir kaum mehr die Treppen zu unseren Schlafzimmern hinaufkamen. Unsere Freunde waren alle in der Lounge und rauchten, und jemand sagte Oh-oh und fing mich auf, bevor ich umfiel und mich weiter kaputtlachte. Er trug mich den Flur hinab auf mein Zimmer. (Gottverdammich, Mädchen, was wiegst du eigentlich?) und brachte mich zu Bett. Ich erinnere mich undeutlich daran, daß sich zwei Typen im Zimmer darüber stritten, ob sie mich nun ausziehen sollten oder nicht, und schließlich zogen sie mir die Schuhe aus, stellten den Mülleimer neben mein Bett und ließen mich allein. Ich beugte mich darüber und erbrach den Schnaps der ganzen Nacht mit einem gewaltigen Platsch. In dem Erbrochenen war nicht das kleinste Fitzelchen fester Nahrung, denn ich hatte den ganzen Tag (wenn nicht länger) nichts mehr gegessen.

Am nächsten Morgen wachte ich auf, sprang aus dem Bett und schlenderte in die Lounge zurück. Dort fand ich noch ein paar Leute, die gar nicht schlafen gegangen waren, und sie alle starrten mich an. Ich trug immer noch mein Kleid und meine Strümpfe, war immer noch geschminkt, das Haar war ordentlich frisiert. Einer von ihnen fragte mich mit einer Grimasse, Wie fühlst du dich? Gut, antwortete ich. Warum? Hast du denn keinen Kater? fragte er? Nein, sagte ich. Gehen wir jetzt frühstücken, oder was? Wir gingen zum Frühstück. Ich aß normalerweise eine halbe Tasse Vollkorncornflakes mit heißem Wasser, die ich auf dem Teller zu einem matschigen Brei vermengte.

Dann begann man mich zu fragen, ob ich magersüchtig sei. Meine Zimmergenossin erzählte dem Studienberater, daß sie sich Sorgen um mich machte. Eines Abends kam der arme Kerl dann zu mir aufs Zimmer, um mit mir darüber zu reden, und ich berichtete ihm vergnügt, daß ich einmal magersüchtig gewesen sei, aber das hätte ich hinter mir. Er freute sich darüber. Wenn ich mal jemanden zum Reden brauchte, sollte ich zu ihm kommen. Aber klar, sagte ich. Die Leute begannen, über mich zu klatschen, ebenso wie über die Bulimikerin nebenan, deretwegen, wie man sich erzählte, die Leitungen in den Toilettenräumen immer verstopft waren. Ich hörte auf, mit den anderen zu frühstücken und zu Abend zu essen. Ich habe zu tun, sagte ich, was stimmte. Ich begann, meine Abende allein auf meinem Zimmer zu verbringen, an meinem Schreibtisch, vor meinem Computer, horchte auf das National Public Radio, ignorierte meinen Wirbelwind von Zimmergenossin, die ständig irgendeine Krise hatte.

Ich hingegen hatte ganz bestimmt keine Krise. Ich nicht!

Ich war jedoch außerordentlich allein. Die vielen Briefe, die ich meinen Eltern nach Hause schickte, sagten wieder und wieder, daß ich einsam war. Heute kommt mir das seltsam vor. Meine Beziehung zu meiner Familie war bis zu meiner Abreise schlimmstenfalls feindselig und bestenfalls gekünstelt, und seit Jahren hatte ich mein Möglichstes getan, sie so weit ich konnte von mir fern zu halten, mich so gut es ging vor ihnen zu verstecken. Diese Briefe jedoch sind zart und intim, voller Fragen über die Welt, in der ich lebte, voller Sorgen über meine Position darin, über das, was ich mit meinem Leben anfangen wollte, über meine Furcht vor der Geschwindigkeit, mit der ich mich voranbewegte. Das ist vielleicht der seltsamste Teil, die Tatsache, daß diese Briefe, die ich fast immer mitten in der Nacht schrieb, so offen und geradezu enthüllend sind, wahrscheinlich viel stärker, als es meine Absicht gewesen war. Ich erinnere mich nicht, wirklich so nachdenklich gewesen zu sein, wie meine Worte es andeuten. Tatsächlich erinnere ich mich überhaupt nicht daran, irgend etwas empfunden zu haben. Außer Furcht. Und die Briefe werden dem Ausmaß meiner Furcht keineswegs gerecht.

Doch eines spiegeln sie ganz bestimmt wider: meinen Versuch, für meine Eltern das Bild einer gesunden Tochter zu entwerfen. Im letzten Satz spreche ich grundsätzlich vom Essen: »Ich mache jetzt Schluß, um noch eine Kleinigkeit zu essen.« »Ich bin jetzt zum Abendessen verabredet.« »Fühle mich richtig gut nach einem Teller Suppe.« »Komme gerade erst nach Hause. Bin mit Freunden Pizza essen gewesen.« Pizza mit Freunden, ach du meine Scheiße. Haha. Scheiße? Wo sollten die wohl herkommen! Ich hatte doch noch nicht mal mehr einen Arsch. Keine Beine, keine Arme, keine Wangen, keine Brüste. Und auch keine Freunde. Zu Beginn des ersten Trimesters zog meine Zimmergenossin aus. Das dünne Band, das mich mit der Welt der

Menschen verbunden hatte, wurde nun vollkommen gekappt. Ich hatte aufgehört, an den Mahlzeiten teilzunehmen. Seminare, Arbeit, die fünf Stockwerke in mein Zimmer hinaufgehen, an manchen Abenden mußte ich mich am Geländer hochziehen, dann in mein Zimmer, Tür zu. Ich schaltete das Licht an, das Radio, kochte mir eine Kanne Kaffee, zündete eine Zigarette an, schleuderte meine Schuhe weg und setzte mich an meinen Schreibtisch an die Arbeit.

Ich trank zwischen drei und sechs Kannen Kaffee am Tag. Meine Hände zitterten fürchterlich. Es war mir fast schon peinlich; in den Seminaren behielt ich sie unter dem Tisch, wo sie im geheimen weiterzittern konnten. Als der Herbst in den Winter überging, nahmen meine Hände eine seltsame Färbung an, eine Art geflecktes Lila. Die Sehnen traten aus der Haut hervor, ein kleines Netz aus blauen Adern umspannte die Knochen. Wenn ich die Hände gegen das Licht hielt, dann berührten sich nur noch die Knöchel, das Licht schien durch die Lücken zwischen den Fingern, egal wie heftig ich sie zusammendrückte. Ich interessierte mich sehr für diese Lücken, für die Löcher zwischen den Knochen, Orte der Abwesenheit, wo früher ganz bestimmt einmal Fleisch gewesen war, obwohl ich mich nicht daran erinnern konnte, wann. Wenn die leise Stimme in meinem Kopf immer noch keine Ruhe gab, warf ich meinen Stift auf den Schreibtisch, stand auf, ging zum Spiegel, zog meine Hose aus, betrachtete die Lücken. Ich preßte meine Beine so heftig zusammen wie es ging und betrachtete den Zwischenraum zwischen meinen Waden und meinen Oberschenkeln. Ich begann, die Dinge nach Abwesenheit statt nach Anwesenheit zu messen. Wo ich früher meinen Hintern angestarrt hatte, um festzustellen, ob er gewachsen oder geschrumpft war, betrachtete ich nun die Luft in seiner Umgebung, und versuchte festzustellen, ob sie gewachsen oder geschrumpft war. Ich betrachtete meinen Arsch im Profil und die Art, wie er sich auf die Hüftknochen zu bewegte. Aufmerksam inspizierte ich den Hüftknochen, nahm ihn in die Hand, klopfte darauf, horchte auf das hohle Geräusch. Ich betrachtete den Raum zwischen meinen Oberschenkeln, dann meinen Unterkörper, der aussah wie eine Fleischgabel, meine Schamhaare, die auf der präpubertären Gestalt geradezu obszön wirkten: Zwischen den Oberschenkeln klaffte eine Lücke, die Knochen meiner Knie berührten sich, und dann folgte erneut reiner Raum, reiner, leerer Raum. Im Spiegel konnte ich die Heizung hinter mir durch meine Beine hindurch erkennen, ein kleines, leeres Oval vom Knie bis zum Schritt. Ich starrte den Ort an, wo vorher mein Oberkörper gewesen war, den Raum zwischen den Knochen. Ich nahm meinen Brustkasten in die

Hände, legte die Hände um die Knochen, die Finger im Innern des Brustkastens, die Handflächen oben drauf, zwei Fäuste. Wenn ich zufrieden festgestellt hatte, daß die Leere nicht geschrumpft war, daß mein Körper innerhalb der ihm zustehenden Grenzen geblieben war und sie nicht überschritten hatte, zog ich meine Hose wieder an, setzte mich an meinen Schreibtisch, trank meinen Kaffee und arbeitete. Die ganze Nacht.

Anfang des Jahres baten mich meine Eltern, zum Arzt zu gehen, nur um mich untersuchen zu lassen, nur um ihnen einen Gefallen zu tun. Ich ging zu einem Arzt auf dem Campus, weil ich ganz richtig annahm, daß er eine Eßstörung selbst dann nicht erkennen würde, wenn sie ihn in den Hintern trat. Bevor ich hineinging, aß ich ein Brötchen, um mein Gewicht etwas zu manipulieren. Wie meine Eltern mich gebeten hatten, sagte ich ihm, daß ich früher einmal eine Eßstörung gehabt hatte. Er war sehr nett, hatte weißes Haar und ein sympathisches Gesicht. Er wog mich in Unterwäsche und Socken: 82 Pfund. Ich war selbst überrascht und mußte innerlich grinsen. Er sagte mir, daß ich besser etwas zunehmen sollte und empfahl mir dazu Milchshakes. Nachdem ich gegangen war, summte ich den ganzen Tag vor mich hin. Ich dachte daran, daß mein Idealgewicht früher einmal bei 84 Pfund gelegen hatte, und nun hatte ich sogar das unterschritten. Ich beschloß, daß 80 eine bessere Zahl war, eine hübsche, runde Zahl. Als meine Eltern mich fragten, sagte ich ihnen, daß der Arzt versichert hätte, ich sei so gesund wie irgend möglich und daß ich 101 Pfund wog. Seht Ihr? krähte ich. Ich halte mein Gewicht.

Ich reiste nach Virginia, um über die Präsidentschaftsdebatten zu berichten. Ein hektischer Tag, eine ebenso hektische Nacht im Pressezelt, Reporter, die wie verrückt umherrannten, schüsselweise Karamellbonbons auf den Tischen. Ich aß unglaublich viele davon, so daß mir ziemlich schlecht wurde. Es wurden schachtelweise Zigaretten ausgegeben. Auch das Abendessen war sehr üppig, aber das einzig sichere Nahrungsmittel wären die weißen Brötchen gewesen, also beschloß ich, es ganz auszulassen. Ich rannte mit dem Rest durch die Gegend, machte Interviews, kritzelte meine Notizblöcke voll, saß während der Debatten im Pressezimmer, mitten im ohrenbetäubenden Lärm. Ein alter Mann mit einer Underwood Schreibmaschine und gelockerter Krawatte saß neben mir, kaute auf seiner Zigarre herum, blickte mir über die Schulter, las, was ich geschrieben hatte und sagte dann irgendwann zu mir: »Kind, du wirst bestimmt mal eine gute Reporterin.« Dann kehrte er an seine Schreibmaschine zurück. Als die Debatten vorbei waren, kamen Mary Matalin und James Carville ins Zimmer. Die Presseleute versuchten, einen guten Platz zu ergattern, und ich – nur einsfünfzig groß und so schmal wie ein Zweig, duckte mich, schlängelte mich überall hindurch und stand mit meinem Kassettenrecorder direkt vor ihren Gesichtern und schrie ihnen über den Lärm hinweg Fragen zu. Dann zum Hotel zurück, die Story heruntertippen, während ich alte Gummibärchen kaute, die ich vorher nach Farben geordnet hatte, und eine Cola trank. Um 5.30 Uhr morgens erreichte ich den Zug zurück nach Washington, saß auf meinem Sitz und beobachtete, wie die Blätter von den Bäumen fielen. Ich zog ein Notizbuch hervor, in der Absicht ein Gedicht zu schreiben, wie ich es in Zügen immer tat, aber in meinem Gehirn summte es nur, ein leises, eintöniges, leeres Nebengeräusch. Ich preßte die Faust in den Magen, um den reißenden Hunger zu zerquetschen, der meine Rippen aufzufressen schien. Ich nippte an meinem Kaffee. Und unterhielt mich mit dem Mann neben mir, einem einsamen Mann in einem Armani Anzug, der auf der Suche nach einer Verabredung war. Und in einem selten klaren Augenblick dachte ich, daß ich mir nicht vorstellen konnte, jemand könnte mich attraktiv finden, so häßlich wie ich geworden war.

Ich war wirklich sehr häßlich geworden. Wo war die Romantik der Schwindsucht? Wo die schaurige Schönheit durchscheinender Blässe und zarter Knochen? Jedenfalls nicht auf meinem Gesicht. Tod durch Verhungern ist etwas Abstoßendes. Ich hatte eine seltsam fahle Gesichtsfarbe, meine Wangen waren vollkommen eingesunken. Morgens wachte ich auf und betrachtete mich eine Weile im Spiegel, dachte darüber nach, wie anders ich aussah. Immer häufiger hatte ich das gleiche Gefühl, das ich auch als kleines Mädchen gehabt hatte, wenn ich in den Spiegel sah und plötzlich nicht mehr so genau wußte, wer dieser Mensch dort war, keine Verbindung herstellen konnte zwischen ihr und mir. Und dann legte ich mich auf den Boden, breitete die Zeitung vor mir aus und machte meine Gymnastik, wobei ich häufig die Lage veränderte, weil der Boden sich gegen meine Knochen drückte, und das tat weh. Ich hatte Prellungen auf beiden Hüftknochen, auf den Knochen am Hintern, auf dem Steißbein am Ende meiner Wirbelsäule, das nun wirklich nicht vorstehen soll, weil dort ein Hintern vorgesehen ist. Ich erinnere mich ganz deutlich an den Tag, an dem ich diesen Knochen zum ersten Mal entdeckte. Es sah aus, als ob mir ein Schwanz gewachsen wäre.

Ich strich die meisten Seminare von meinem Stundenplan, um mehr arbeiten zu können. Ich ging zur Metro, sprach im stillen mit meinem Magen, befahl ihm, ruhig zu sein. Er war schließlich nicht wirklich hungrig, er brachte einfach nur meinen Kopf durcheinander. Ich würde zu Mittag essen, versprach ich ihm beschwichtigend. Ich ging zu einem kleinen Joghurtgeschäft gegenüber vom Büro. Sie hatten das beste Joghurt. Es besaß nicht diese eklige, krümelige Konsistenz, sondern war cremig, selbst wenn es fettfrei war, und sie hatten fettfreies Joghurt mit Erdnußbuttergeschmack. Der war am besten, weil er die Zunge so zum Narren hielt, daß sie glaubte, sie bekäme wirklich etwas Nahrhaftes zu essen. Ich hielt dieses Joghurt sogar für gesund, weil es proteinhaltig war. Schließlich war es doch ein Milchprodukt, und eines mit Erdnußbuttergeschmack dazu. Nachdem ich die Frau, die dort arbeitete, mit meinen kreischenden Fragen bestürmt hatte, ob sie auch *wirklich sicher* war, daß dieses spezielle Joghurt kein Fett enthielt, kaufte ich mir einen kleinen Becher, und dann setzte ich mich so an den Tisch, daß ich zur Straße hinaus sah, damit niemand mein erotischen Spielchen mit einem Plastiklöffel beobachten konnte.

Ich breitete die Zeitung vor mir aus, stellte das Joghurt auf den Tisch, sah auf die Uhr. Ich las den gleichen Satz immer und immer wieder, um mir zu bewiesen, daß ich vor etwas Eßbarem sitzen konnte, ohne es gleich in mich hineinzuschlürfen, um mir zu beweisen, daß es keine große Sache war. Nachdem fünf Minuten vergangen waren, begann ich mein Joghurt abzuschöpfen. Probiert das doch zu Hause auch mal aus, Mädels, das macht richtigen Spaß. Zunächst läßt man die Kante des Löffels über das Joghurt gleiten, ganz vorsichtig, damit man auch wirklich nur den geschmolzenen Teil abschöpft. Dann läßt man das Joghurt abtropfen, bis nur noch ein zarter Film auf dem Löffel ist. Dann leckt man daran – aber Vorsicht, man darf nur einen winzigen Tropfen davon ablecken, der Film muß für mindestens vier oder fünf Mal Lecken ausreichen, und man muß die Rückseite des Löffels zuerst ablecken, dann erst darf man den Löffel umdrehen und die Vorderseite ablecken, und zwar immer nur mit der Zungenspitze! Dann stellt man das Joghurt wieder beiseite. Liest eine ganze Seite, darf dabei das Joghurt aber nicht ansehen, um den Fortschritt des Schmelzens zu begutachten. Wiederholen. Wiederholen. Wiederholen. Niemals einen Mundvoll nehmen, nur das Geschmolzene essen. Nicht über Saucen oder andere Leckereien nachdenken. Nicht über ein Sandwich nachdenken. Ein Sandwich wäre so *kompliziert*.

Stellen Sie sich eine Frau in einem Kostüm vor, die in ihrer Mittagspause die *Post* liest. Sie schiebt die Brille die Nase hoch. Dann stelle man sich vor, wie sie das Joghurt zu sich heranzieht, sich darüber beugt, als ob sie seine einzelnen Atome begutachten wollte. Beobachten Sie, wie sie einen Löffel in das Joghurt taucht, wie sie es dann wieder vom Löffel abtropfen läßt und den nackten Löffel ableckt. Wenn ich eine Frau wie diese sähe, käme ich in die starke Versuchung, zu ihr hinüberzugehen und ihr den ganzen Becher Joghurt ins Gesicht zu schütten. Aber ich *war* diese Frau, und nachdem ich das Frühstück ganz gestrichen hatte, aß ich monatelang nur noch dieses Joghurt am Nachmittag sowie ein fettfreies Muffin am späten Abend. Es ist erstaunlich, zu beobachten, wie verzweifelt man an diesen beiden letzten Dingen festhält, bevor sie einem ebenfalls genommen werden. Stellen Sie sich einen verhungernden Hund vor, der auf einem trockenen Knochen herumkaut und daran leckt.

Für die Seminare, an denen ich noch teilnahm, arbeitete ich mit fast schon absurder Hingabe. Ich geriet in hitzige Diskussionen und Streitgespräche über Journalismus und Philosophie, blieb jede zweite Nacht auf, um an Artikeln für die Journalismus-Seminare und an philosophischen Aufsätzen zu arbeiten. Und die Philosophie war es, die mich fesselte. Ich war geradezu besessen von diesem Fach, insbesondere von Hume und der materialistischen Ontologie. Ich klammerte mich so wütend an die Lehre von der Entkörperlichung, daß ich mich heute noch wundere, warum ich die Verbindung zu mir selbst nicht wahrnahm. Statt dessen schrieb ich Briefe an Julian, in denen ich Humes Lehre wütend verteidigte und darauf beharrte, daß das Leben nur ein Traum war und daß jegliche Ordnung im Leben einzig und allein ein Produkt der menschlichen Vorstellungskraft sei, daß unser Geist nur eine Bühne sei, auf der unsere Wahrnehmungen spielten. Meine von Koffein und Manie hervorgebrachten Aufsätze wurden allesamt mit Eins bewertet. Wenn ich sie dann später noch einmal las, runzelte ich nur die Stirn, denn ich konnte mich nicht daran erinnern, diese Argumente jemals ins Feld geführt zu haben. Dann kam meine Mutter zu Besuch. Sie mußte in Washington an einer Konferenz teilnehmen.

Ich machte mir noch nicht einmal die Mühe, etwas zu essen. Während ihres Aufenthalts wohnte ich bei ihr im Hotelzimmer. Sie brachte mir etwas zu essen mit, Joghurt und Muffins von ihrer morgendlichen Besprechung. Ich ließ alles auf dem Tisch stehen, saß in einem großen, weichen Sessel mit dem Laptop auf meinem Schoß und tippte einen leidenschaftlichen kritischen Aufsatz über Kierkegaard. Als ich fertig war, saß ich auf dem Fensterbrett, die Knie bis zur Brust hinaufgezogen, rauchend und versuchte, meine Mutter durch meine reine Willenskraft dazu zu bewegen, wieder ins Zimmer zu kommen. Ich wollte meine Mutter bei mir haben. Ich wollte, daß sie für immer in Washington blieb. Ich wollte, daß sie mich fest im Arm hielt und dafür sorgte, daß die Welt in meinem Kopf aufhörte, sich zu drehen. Sie war sichtlich besorgt über meinen Zustand und versuchte, mit mir darüber zu reden – Wir dachten, daß es dir wirklich gut ginge, sagte sie, und ihre Stimme wurde immer leiser. Sie bemühte sich sehr darum, einfach nur da zu sein und unter den Schichten falschen Frohsinns, überschäumenden Ehrgeizes und greifbarer Angst ein Stück von mir zu finden.

Ich schrieb ihr und frage sie, wie sie diese Reise in Erinnerung hat. Sie antwortete, daß sie nicht unbedingt glaubte, daß ich einen Rückfall hatte. Sie und mein Vater wußten, daß ich krank war, als ich abreiste, aber sie hielten es für besser, mir die Chance zu geben, es zu versuchen und es zu schaffen, ohne daß sie externe Kontrollen errichteten, eine Entscheidung, für die ich mittlerweile sehr dankbar bin. Sie sprach davon, wie isoliert ich war, daß ich überhaupt keinen Versuch unternahm, mit den Menschen an der Uni oder bei der Zeitung Bekanntschaft zu schließen, daß ich an nichts mehr Interesse hatte (insbesondere, wenn ihre Krankheit besonders schwer geworden ist, neigen Anorektiker dazu, sich vollkommen zu isolieren). Sie beschreibt mich als »deprimiert, losgelöst, eingehüllt in deine geistige Suche nach was auch immer ... Es war schwer, dich zu verlassen. Du kamst mir klein und wütend vor und warst entschlossen, allein zu sein.« Ich fragte sie, ob sie das Gefühl hatte, mich loszulassen. Sie schrieb. »Ich habe dich nicht psychisch verlassen, aber ich verließ dich, um dir Raum zu geben, einige Entscheidungen für dich selbst zu treffen, von denen ich glaubte, daß nur du selbst sie treffen könntest.«

Dabei ging es, denke ich, in der Hauptsache um die Frage, ob ich leben oder sterben sollte, und ich traf die Entscheidung, indem ich nichts entschied. In den letzten paar Jahren hatte die Anwesenheit meiner Mutter eine andere Bedeutung für mich gewonnen. Sie schien nicht mehr distanziert und kühl, sondern übte eine beruhigende Wirkung auf mich aus. Sie war vielleicht nicht immer warmherzig, aber sie war mir auf jeden Fall immer verbunden, zog mich immer auf den Boden der Tatsachen zurück. In jenem Oktober traf mich die Erkenntnis, daß ich einem anderen Menschen auf diese Weise verbunden war, wie ein Schock. Ich hatte einen Knoten im Hals, den ich weder erklären noch lösen konnte. Die zwei Tage, in denen wir zusammen waren, konnte man fast als friedlich bezeichnen. Dann reiste sie wieder ab. Ich kehrte in mein Zimmer auf dem Campus zurück, legte mich aufs Bett und weinte.

Erst im Rückblick verstehe ich, warum ihre Anwesenheit so schmerzhaft für mich war: Obwohl sie da war, konnte ich spüren, wie ich ihr entglitt, wie ich hinabfiel in die Leere. Ich streckte die Hand nach ihr aus, aber ich konnte sie nicht packen. Wenn jemand stirbt, gibt es nichts, was man sagen oder geben könnte. Man kann nur eines tun: Seine sterbliche Hülle festhalten, ganz vorsichtig, und sie dann loslassen.

Und ich begann, die Verbindung zu verlieren.

Kurz nachdem sie gegangen war, ging ich eines Tages in die Redaktion und merkte, daß irgend etwas nicht stimmte. Nicht mit meiner Arbeit. Sondern mit meinem Kopf. Dies war der Anfang von etwas, das ich für einen Nervenzusammenbruch hielt. Ich konnte mich nicht mehr auf den Computerbildschirm konzentrieren. Ich ging in der Redaktion auf und ab. Das ist ganz normal. Irgendwann beginnt auch das Gehirn zu verhungern. Zuerst hungert man sich das Fett weg. Dann werden die Muskeln weggefressen. Dann die Organe, von denen eben eines das Gehirn ist. Ich konnte nicht mehr klar denken, meine Gedanken schweiften ständig ab. Ich sagte mir immer wieder, daß ich nur eine faule Göre sei, die nicht das Durchhaltevermögen hätte, um wie eine Erwachsene zu arbeiten. Dann widersprach ich mir selbst: Hey, sagte ich, ich bin erschöpft, ich bin gestreßt, ich arbeite viel, das ist ganz normal, wenn man viel arbeitet. Schließlich ging ich ins Büro meines Chefs und sagte, daß ich Urlaub bräuchte. Mein Boß war total cool, hatte aber unter vier Augen bereits seine aufrichtige Sorge um meine Gesundheit geäußert. Er hatte schon mehrfach versucht, mich zum Mittagessen zu überreden, und er hatte mich beiseite genommen und zu mir gesagt: Hey, so hart mußt du nun wirklich nicht arbeiten. Delegiere deine Aufgaben. Du bist schließlich verantwortliche Redakteurin. Du kannst einen Teil deiner Arbeit weitergeben. Ich schüttelte den Kopf. Nein. Er klopfte mir auf den Rücken und sagte: Naja, dann sag mir wenigstens, wenn du eine Pause brauchst. Also ging ich jetzt in sein Büro und sagte – ziemlich abrupt: »Ich drehe im Moment ziemlich durch, deshalb mache ich ein paar Tage Urlaub.« Er sagte, Gut, prima. Ich verließ die Redaktion, kehrte zum Campus zurück, packte einen Koffer, ging zur Union Station und nahm einen Zug nach Boston, um Lora zu besuchen.

Obwohl wir uns nach dem Jahr auf Interlochen nicht gerade freundschaftlich getrennt hatten, hatte sie in jenem Sommer gleich angerufen, als sie erfuhr, daß ich im Krankenhaus war. Unsere Briefe voller Zeichnungen, Artikel und Gedichte und Zitate waren in den darauffolgenden Jahren hin und her geflogen, durch die Zeit meiner Aufenthalte im Krankenhaus, in der Irrenanstalt und auch während des Jahres zu Hause in Minneapolis. Egal wo ich war, vor meinem geistigen Auge sah ich immer ein dünnes rotes Band, das mich mit der Ostküste verband – Lora – und mit der Westküste – Julian –

und mich deshalb irgendwie in dieser Welt hielt. Diese beiden Menschen waren das einzige auf der Welt, das meinem Leben einen Sinn gab. Und ganz plötzlich wünschte ich mir Lora mit aller Macht herbei, ich brauchte sie, ihre Gestalt, die ständig herumhüpfte, herumschrie und vor Lebenslust und Lebenskraft schier zu besten schien.

Seit ihrem Universitätsabschluß im Sommer zuvor hatten wir uns nicht gesehen. Und in der Zwischenzeit war etwas Seltsames geschehen: Sie hatte sich von einem mageren Geschöpf mit wilder Mähne in eine absolut schöne Frau verwandelt, weiblich und voll Anmut. Aus mir jedoch, dem dünnen Mädchen, war ein skelettähnlicher Geist geworden, der einen pflaumenfarbenen Hut trug, der nicht nur die Augen, sondern auch die violetten Halbmonde darunter verbarg. Sie holte mich am Bahnhof ab, und wir umarmten einander, tanzten vor Freude, und sie versuchte das ganze Wochenende über, mich auf ihre sanfte Art zum Essen zu überreden. Hey, Max, sagte sie, als ich das Muffin in der Glasvitrine eines Cafés anstarrte, wie man es vielleicht sonst mit den Kronjuwelen tut. Max, wiederholte sie und stieß mich in den Rücken. Kauf dir etwas, das du in den Kaffee tunken kannst. Komm schon, Max. Du bist viel zu mager. Ich schüttelte den Kopf. Keinen Hunger.

Die ganze Reise war sehr schmerzhaft. Wir krachten gegeneinander wie Elektronen, rasten aufeinander zu und prallten wieder voneinander ab. In der einen Minute lagen wir im Pyjama auf ihrem Bett, lachten, heulten, johlten und schrien, in der nächsten stürmten wir davon, böse, beleidigt. So war es bei uns immer gewesen. Aber heute gab es einen entscheidenden Unterschied. Ich war halb tot. Sie wußte es, ich vermutete es, und es hatte mich verändert: Mein Blick und meine Bewegungen waren fahrig, und wenn ich lief, ging mein Atem merkwürdig schwer. Hey, sagte ich, können wir nicht anhalten und uns eine Minute ausruhen? Wir setzten uns auf eine Bank am Harvard Square, beobachteten die Tauben und die Leute. Ich zog den Mantel dichter um mich, vergrub die Fäuste in den Taschen, rieb die Finger aneinander. Sie wandte den Blick ab, ihre Sätze kamen nur noch stoßweise hervor: Max, das ist gar nicht mehr witzig. (Was?) Sie schüttelte den Kopf, wütend und still. Dann: Mein Gott, Max, rede mit mir. Sag mir, was zum Teufel los ist? (Was meinst du?) Ich sah zu Boden, dachte an unsere gemeinsame Schulzeit. Ließ den Gedanken in den weißen Winterhimmel aufsteigen wie einen Ballon.

Ich habe Lora geschrieben, habe sie gefragt, ob sie sich an diese Reise erinnert. Das ist ihre Antwort:

Na gut. Du stiegst also aus dem Zug und sahst aus wie eine Porzellanpuppe, die sich für kugelsicher hält. Du warst das Abziehbild eines Models. Ich meine, du hättest toll ausgesehen, wenn du gesund gewesen wärst. Ich war überrascht, wie wenig du oder wieviel ich gewachsen war. Wahrscheinlich wachsen Menschen, die gut essen, mehr. Und dein Kopf sah aus, als wäre er viel zu schwer für deine Knochen. Du machtest den Eindruck, als ob du unter dem Gewicht deiner Koffer bald zusammenbrechen würdest, so schwach.

... Und dann habe ich dich umarmt und ich hatte das Gefühl, einen Vogel im Arm zu halten. Absurd, einen Vogel zu umarmen. Aber vielleicht waren deine Knochen ja tatsächlich so leicht und hohl wie die eines Vogels. Möglicherweise ist es dir deshalb gelungen, sie überall hinzuschleppen, auch ohne Muskeln und Fett, ganz wie sich normale, nicht-vogelartige Menschen bewegen ... Aber trotzdem. Wow. Ich erinnere mich, daß mein Freund Ryan dich für todkrank hielt und daß ich ihm antwortete: Das will ich verdammt noch mal nicht hoffen. Weißt du?

Nur ein einziges Mal in der ganzen Zeit, die ich bei Lora verbrachte, aß ich etwas. Eines Abends ging Lora ein paar Stunden lang auf eine Party, zu der ich nicht mitkommen wollte. Ich hatte neuerdings Angst vor fremden Menschen. Ich zog meinen Pyjama an. Dann legte ich mich aufs Bett, um zu lesen. Auf dem Boden stand eine große Tüte aus der Bäckerei. Ich konnte einfach nicht aufhören, daran zu denken. Ich blätterte um, bekam die Worte, die ich las, gar nicht richtig mit. Schließlich spähte ich in die Tüte hinein. Alte Muffins, halb aufgegessen. Ich wand mich vor Qual. Ich zog die Muffins heraus, Minimuffins, sagte ich mir, nur einen Bissen. Ich werde einmal daran beißen, nur ein einziges Mal. Das tat ich. Und noch einen Bissen von einem anderen Muffin, was, wenn Lora sah, daß ich gegessen hatte? Cranberry Muffins, die in meiner Hand zerkrümelten. Und noch ein Bissen und noch einer. Und dann weinte ich. Ich hatte insgesamt weniger als ein Muffin gegessen, trotzdem fing ich an zu weinen, stand auf, um in den Spiegel zu sehen, betrachtete meine Knochen, befühlte sie, ob weiches Fett sich darauf zu bilden begann, mein Gehirn schwankte hin und her zwischen Schwein-Schwein-Schwein-fettes-Schwein und Hör-auf-ist-doch-schon-gut-alles-gut-alles-gut. Als Lora wieder nach Hause kam, weinte ich und beichtete ihr. Ich erinnere mich genau an ihr Gesicht, voller Verwirrung und Entsetzen, und an ihre Stimme, Max, ganz ruhig, alles ist gut, ganz bestimmt, hör auf zu weinen. Max. Max.

Eines Abends trafen Lora und ich zufällig eine Freundin aus Kindertagen, die mich eine ganze Weile anstarrte und dann den Rest der kurzen, peinlichen Unterhaltung damit verbrachte, wegzusehen. Im Geiste sagte ich ihr Lebewohl. Am Morgen meiner Abreise saßen Lora und ich in einem

Café, sie aß, ich wickelte das Muffin, das ich bestellt hatte, in eine Papierserviette und steckte es in meine Tasche. Für später, sagte ich. Im Zug gibt es doch nichts zu essen. Wir saßen am Bahnhof, sprachen nur wenig. Der Zug hatte Verspätung, und wir starrten in unsere Kaffeetassen, warteten auf den Abschied. Plötzlich war der Schmerz in meiner Brust so heftig, daß ich kaum mehr atmen konnte. Mehr als alles andere wünschte ich mir, mit ihr zu reden, sagen zu können, Lo, ich habe Angst. Aber ich sagte es nicht, ich sprach über die Seminare, die ich belegen würde und über meine Arbeit, und sie sagte gar nichts. Als der Zug einfuhr, umarmten wir uns und ich stieg ein. Eine Zeit lang saß ich einfach nur auf meinem Sitz, lehnte den Kopf ans Fenster, biß die Zähne zusammen und sagte mir: nicht weinen. Nicht weinen. Beziehungen gehen einfach auseinander, das geschieht immer wieder. Nicht weinen. Der Zug setzte sich in Bewegung. Ich setzte mich aufrecht hin und schrieb einen sehr guten Aufsatz über Dostojewski. Irgendwann stand ich auf und warf das Muffin in meiner Tasche weg, weil es mich durch seine Anwesenheit ablenkte. Ich setzte mich wieder hin und fühlte mich viel besser, viel beherrschter, stärker, fast so, wie man sich nach einer guten, vollständigen Mahlzeit fühlt. Als ich wieder in D.C. war, stieg ich aus dem Zug, ging vom Bahnhof aus zur U-Bahn-Haltestelle und fuhr nach Hause. Als ich am nächsten Morgen wieder in der Redaktion erschien, fühlte ich mich leer und verloren und leicht, als ob ich mich von etwas befreit hätte, das mich die ganze Zeit über am Boden festgehalten hatte.

Der Winter fiel mit grimmiger Entschlossenheit über die Stadt her. Er kam mir geradezu bösartig vor, als ob er insbesondere hinter mir her wäre, der eisige Wind, der an meiner Haut kratzte. In Wirklichkeit war es in Washington gar nicht so kalt, ganz bestimmt nicht so kalt wie in Minnesota. Ich wußte das, und wunderte mich darüber, daß ich so sehr fror. Eines Tages schneite es – ganz Washington ist immer unheimlich überrascht, wenn es schneit. Die Menschen sind nicht darauf vorbereitet, also scheint die Welt stillzustehen. Ich hatte Weihnachtseinkäufe gemacht und war auf dem Heimweg. Ich beschloß, nicht den Bus von der Haltestelle zum Campus zu nehmen, sondern zu Fuß zu gehen – das würde mir gut tun. Ich ging ein paar Straßenzüge, war vor Kälte fast den Tränen nah. Meine Taschen waren zu schwer, die Muskeln meiner Arme brannten, obwohl sie gar nicht so schwer gewesen sein können. Auf halbem Wege begann ich zu rennen, ein stolpernder, unsicherer Laufschritt, meine Wimpern waren schwer von Schneeflocken, mein Gesicht taub, das Haar fiel mir mit dem Gewicht nassen Schnees ins Gesicht. Ich rutschte aus, fiel hin und konnte nicht mehr aufstehen. Ich saß vor der Villa des Vizepräsidenten, ich, die vielversprechende, junge Journalistin. Eine Studentin, eine Verrückte, eine verhungernde Künstlerin, ein unsichtbarer Brustkorb, ich. Ich weinte vor ohnmächtiger Wut auf meine Beine, die sich weigerten, mir zu gehorchen, und ich dachte an meinen Cousin Brian, während meine Hände, rein und weiß im Schnee scharrten, um den Inhalt meiner Tüten wieder einzusammeln, der sich auf die Straße ergossen hatte.

Ich dachte an meinen brillanten und wunderbaren Cousin, meinen treuen Freund und lebenslangen Vertrauten, der seit seiner frühesten Kindheit im Rollstuhl saß. Ich dachte daran, wie er sich jeden Tag fühlen mußte, wenn seine Beine ihm ihre Mitarbeit verweigerten, und zwar ohne eigene Schuld, einfach nur durch einen erbärmlichen kleinen Scherz Gottes, und ich dachte: *Das hier ist aber dein EIGENER verdammter Fehler. Steh auf. STEH AUF.* Ich haßte mich inbrünstig und wünschte mir den Tod.

Als ich wieder auf meinem Zimmer war, stellte ich meine Tüten in die Ecke, hüllte mich in ein paar Decken, legte Weihnachtsmusik auf und beobachtete, wie der Schnee fiel, eine Postkarten-Winterlandschaft, weite, weiße Flächen, dünne schwarze Zweige, die in den weißen Himmel hinaufragten. Ich überlegte, ob ich schreiben sollte. Aber was hätte ich zu sagen gehabt? Ich hatte schon vor langer Zeit mit dem Schreiben aufgehört, dem wahren Schreiben, meinem eigenen Schreiben. Es kamen keine Worte mehr. Ich hatte das Gefühl für die erste Person Singular verloren, das Gefühl, in der Welt zu sein, das für das Schreiben notwendig ist. Ich glaube, ich hatte nichts mehr über mich selbst zu sagen. Ich drehte mein Gesicht ins Kissen und schlief.

Die letzten Wochen des Trimesters neigten sich dem Ende zu. Ich lernte Tag und Nacht, plauderte kurz mit den wenigen Bekannten, mit denen ich auf dem Flur oder in den Seminaren überhaupt noch ein Wort wechselte. Ich aß nur Brötchen und Joghurt aus dem kleinen Laden auf dem Campus. Ein Brötchen und ein Joghurt am Tag. Ich nahm sie mit hinauf in mein Zimmer, stellte sie auf den Boden, auf ein Buch, nahm mir ein Kissen, um darauf zu sitzen und pellte das Brötchen. Zunächst entfernte ich den Boden, tunkte die etwa einen Quadratzentimeter großen Stücke in meinen Kaffee, kaute langsam, während ich las, hielt bei meiner Mahlzeit häufig inne, als Beweis dafür, daß ich mit dem Essen jederzeit aufhören konnte, daß ich nicht unter dem Zwang stand, schnell zu essen, daß ich nicht wirklich hungrig war. Ich unterstrich irgendwelche Textpassagen, kritzelte hastig etwas in mein Notizbuch, dann pellte ich wieder etwas von der Kruste des Brötchens ab und knabberte daran wie ein Karnickel. Wenn die gesamte Kruste verschwunden war, und ich nur noch das nackte Brötchen vor mir liegen hatte, aß ich Stück für Stück, wobei ich jedes einzelne in ein Salzfaß drückte, bevor ich es mir in den Mund stopfte: Ich leckte den Brötchenkrümel ab, dann benetzte ich ihn mit Salz, anschließend steckte ich ihn mir in den Mund und kaute. Dieser Prozeß dauerte so lang, daß ich mich normalerweise nicht auch noch mit dem Joghurt aufhalten wollte. Außerdem war es mittlerweile sowieso schon vollständig geschmolzen, und ich mochte es nicht mehr und warf es weg. Manchmal aß ich eine Dose grüner Bohnen, die ich in Salz ertränkte. Ich ging in die Lounge, steckte die grünen Bohnen in die Mikrowelle, während ich neuen Kaffee kochte und ignorierte die Stille, die sich auf den ganzen Raum senkte, wenn ich hereinkam.

Eines Abends, als ich mich gerade mit meiner Schüssel grüner Bohnen davonmachte, hörte ich jemanden, mit dem ich mich während des Semesters durchaus häufiger unterhalten hatte, sagen: Mein Gott, ich wünschte, sie würde verdammt noch mal *essen.* Das machte mich wütend, und meine Wut überraschte mich. Früher war ich unglaublich stolz gewesen, wenn andere bemerkten, daß ich nichts aß, und daß ich dünn war. Der Sinn und Zweck der Übung hatte die ganze Zeit über darin bestanden, auf sichtbare Weise zu verschwinden, meine dünne Gestalt wie ein Verdienstkreuz vor mir her zu tragen, als Symbol dafür, daß ich mich vom Rest der Welt unterschied. Aber jetzt machte mich die Aufmerksamkeit der anderen stinksauer. Etwas hatte sich verändert. Ich wollte nicht mehr gesehen werden. Ich wollte vollkommen in Ruhe gelassen werden.

Aber das wurde ich nicht. Wohlmeinende Leute versuchten, mich umzustimmen. Meine frühere Zimmergenossin schaute bei mir vorbei und teilte mir mit, wie besorgt sie war. Ziemlich verblüfft sagte ich, daß ich doch schließlich gar nicht abgenommen hätte. Ich wog noch genau das gleiche wie an dem Tag, an dem ich hergekommen war, und sie schüttelte den Kopf und sagte: Nein, Marya, das tust du nicht. Eine andere junge Frau – die ich immer gern zur Freundin gehabt hätte – klopfte eines Tages an meine Tür, kam herein und setzte sich aufs Bett. Ich erinnere mich, daß sie einen Becher Joghurt aß. Ich erinnere mich, daß ich sie beim Essen beobachtete: Sie aß in normalen Bissen, kein Lecken am Löffel wie so manch anderer. Ich erinnere mich daran, wie hübsch sie war. Ich erinnere mich, daß sie mit mir sprach, in einem warmherzigem Ton, zunächst über dies und das, bis sie dann zur Sache kam: Du bist magersüchtig, erklärte sie. Und dabei sah sie mir gerade ins Gesicht.

Ich saß auf meinem Stuhl am Schreibtisch, die Knie an die Brust gezogen. Nein, sagte ich. Ganz bestimmt nicht.

Sie sah mich eine Zeit lang an, dann sagte sie: Du bist sogar magersüchtig in fortgeschrittenem Stadium und solltest meiner Ansicht nach einen Therapeuten aufsuchen.

Draußen schneite es, und ich hielt den Atem an, um nicht in Tränen auszubrechen. Ich hätte am liebsten losgeheult. Ich wollte mit ihr reden, den ganzen Tag hier in diesem Zimmer mit ihr sitzen, ihr alles erzählen, jemanden in meiner Nähe haben, mit ihr ins Kino gehen, mit ihr über das Leben sprechen, wieder ein Mensch sein. Ich blickte wortlos auf meine Knie hinab.

Sie streckte die Hand aus, als ob sie meinen Arm berühren wollte, hielt aber mitten in der Bewegung inne. Sie sagte, ich will dir helfen, wenn ich kann.

Mit ausdrucksloser Stimme sagte ich: Wieso.

Sie sagte: Ich weiß nicht.

Ich sagte: Du kannst mir nicht helfen.

Ich sagte: Ich werde sterben.

Ich sagte: Bitte, laß mich in Ruhe.

Und sie sah zur Decke hinauf. Ich erinnere mich an die Art, wie ihr rotes Haar ihren Rücken hinabfiel, und ich dachte an Lora und an meine Mutter, und sie berührte meine Schulter, als sie aufstand und ging. Als die Tür ins Schloß fiel, biß ich mir ins Knie und dachte:

Es tut mir leid.

In den Weihnachtsferien fuhr ich nach Hause. Es war die Hölle. Ich begann, die sichtbaren Veränderungen an und in mir wahrzunehmen. Während der paar Monate in Washington war ich ein vollkommen anderer Mensch geworden. Ernst und still. Augen, die nur selten den Versuch machten, den Blick anderer Menschen zu erwidern. Langsame Bewegungen, seltsam reglos.

Vom Studentenwohnheim zum Flughafen nahm ich ein Taxi. Ich betrachtete die Villen in ihrer weihnachtlich leuchtenden Pracht, während das Taxi sich seinen hastigen Weg durch den nächtlichen Verkehr bahnte und schrieb im Kopf eine Geschichte für die Weihnachtsgäste meiner Eltern, einer Gesellschaft, der man schließlich irgend eine Geschichte erzählen mußte. Ich schrieb eine Geschichte über die Traurigkeit der Städte und das kleine, einsame Glück einer Frau an Weihnachten. Wie üblich eine Geschichte zur Unterhaltung meiner Eltern. Wie üblich eine Lüge. In Dulles schleifte ich meinen Koffer hinter mir her, weil ich ihn nicht hochheben konnte. Den ganzen übrigen Weg nach Minneapolis schlief ich. Es war eisig kalt, als ich dort ankam. Meine Eltern hatten mir einen Mantel mitgebracht, und wir gingen in ein Café, wo ich zu essen begann. Ohne ersichtlichen Grund aß ich zwei Himbeermuffins. Später hatte ich das Gefühl, Unmengen in mich hineingestopft zu haben. Noch nie im Leben hatte mir etwas so gut geschmeckt. Wir unterhielten uns. Sie hörten mir zu und musterten mich mit seltsamen Blicken, während ich über Washington sprach, über meine Arbeit dort, darüber, daß ich das Gefühl hatte, eine Persönlichkeit zu entwickeln, zu wachsen. Wahrscheinlich dachten sie über die schreckliche Ironie meiner Worte nach. Ich wog höchstens noch 75 Pfund und aß wie ein verhungertes Kätzchen, entschuldigte mich dafür, daß ich so viel aß, ich war eben einfach nur ziemlich hungrig. Schließlich hatte ich seit dem Mittagessen nichts mehr gegessen, behauptete ich. Mittagessen, ja sicher. Sie ließen mich ein oder zwei Tage lang in Ruhe. Dann begannen wir, über das Essen zu streiten.

Das Schlimmste war, daß ich den Eindruck hatte, vollkommen ausreichend zu essen. Ich hatte sogar das Gefühl, daß ich zu viel aß, doch schließlich mußte ich vor meinen Eltern wenigstens so tun, als wäre ich normal. Mein Vater und ich schrien uns wegen des Essens an. Er schrie, daß ich nichts aß, ich brüllte entrüstet zurück, daß ich schließlich gerade gegessen hätte, ein Muffin. Ich bat meine Mutter um Unterstützung: Hatte ich nicht gerade ein Muffin gegessen? Mama? Heute nachmittag? Sie sagte: Ja, aber Schatz, jetzt ist es Zeit fürs Abendessen. Jetzt solltest du zu Abend essen. Du kannst nicht nur ein Muffin essen und das allen Ernstes als Abendbrot bezeichnen, komm schon. Und mein Vater rief nur Gottverdammich und rannte türeknallend zur Küche hinaus.

Mein Stiefbruder Paul kam über Weihnachten nach Hause. Eines Abends lud er mich, nachdem ich mich mal wieder mit meinem Vater über das Essen gestritten hatte, zu einem Spaziergang ein. Als wir draußen waren, eingepackt in mehrere Schichten, so daß nur noch die Augen heraussahen, sagte ich zu ihm: Paul, es geht mir nicht besser. Und wir gingen ein Stück weiter. Er sagte, ich weiß. Ich sagte, Es geht mir schlechter als je zuvor. Und ich schüttelte den Kopf, sah zum Himmel hinauf und zählte die Sterne. Ich fragte mich, wie weit dies alles noch gehen würde. Wir gingen einmal um den Block. Ich war zu erschöpft, um weiter zu laufen, deshalb kehrten wir zurück.

Es folgte die Weihnachtsparty, auf der jeder höflich die Tatsache ignorierte, daß ich abstoßend dünn war. Ich hatte mir selbst die Erlaubnis zum

Essen gegeben, wenigstens auf der Party, um niemanden in Verlegenheit zu bringen. Und ich aß in der Tat, viele Möhren und Sellerie und Obst mit einer fettfreien Sauce, die ich zubereitet hatte. Wir erzählten uns Geschichten und sangen Weihnachtslieder, und im Haus war es sehr warm: Im Kamin prasselte ein Feuer. Meine Freundin Sibyl nahm mich beiseite und sagte, Du bist krank. Nein, nein, antwortete ich, es geht mir gut. Sie sagte, Marya, du siehst aus, als ob du bald sterben würdest. Nein, nein, sagte ich wieder und kehrte zur Party zurück, wo es Lärm und Gelächter und Gesang gab, und es schön warm war.

Eines Nachmittags machten meine Eltern, Paul und ich einen längeren Spaziergang mit den Hunden, die durch den Schnee tollten. Ich glaube, an diesem Tag verlor ich erneut ein großes Stück meines Verstandes, bewegte mich unaufhaltsam auf den Irrsinn zu. Wir waren noch keine halbe Stunde gegangen, als ich plötzlich nur noch den Wunsch hatte, mich in den Schnee zu legen und einzuschlafen, mich einfach nur im Schnee zu verstecken. Irgendwo hatte ich gelesen, daß, wenn man sich eine Höhle im Schnee grub, der Schnee die von ihm selbst ausgehende Kälte abhielt, und man es warm hatte. Ich war unglaublich erschöpft und versuchte, meine Beine zum Weitergehen zu zwingen. Immerhin machten wir gerade einen Familienausflug, und ich wollte ihn nicht verderben, aber mir war so *verdammt* kalt. Ich wünschte, ich könnte die Worte finden, um zu erklären, was für eine Art der Kälte das ist – eine Kälte, die irgendwie *unter* die Haut gelangt ist, und die *im Innern des Körpers* immer kälter und kälter wird. Es ist keine äußerliche Form der Kälte; sie fährt einem in die Knochen und ins Blut, in kleinen, harten Explosionen scheint der eigene Herzschlag für die Verbreitung der Kälte im Körper zu sorgen. Und plötzlich erinnert man sich wieder daran, daß man einen Körper besitzt, weil man ihn nicht länger ignorieren kann. Man fühlt sich an wie ein Eiswürfel. Man hat das Gefühl, nackt zu sein, durch die dünne Eisdecke eines Sees eingebrochen zu sein und jetzt im darunterliegenden Eiswasser zu ertrinken. Man kann nicht atmen. Irgendwann drehte ich mich einfach nur noch um und stolperte zum Auto zurück, innerlich beschimpfte ich Gott, warum er mich so verdammt kalt werden ließ, Warum rettest du mich nicht? Rette mich, du Bastard! Schrie ich in meinem Kopf, während ich mich durch den tiefen Schnee voranschleppte, der schwer an meinen Beinen hängen blieb. Ich hatte das Gefühl, durch Wasser zu gehen, unbeholfene, langsame Bewegungen wie bei den Spielen, die man als Kind im Meer gespielt hatte. Aber jetzt war es anders. Ich konnte nur noch eines denken: Unterkühlung. Ich bin verdammt noch mal völlig unterkühlt. Meine Familie fuhr in wütendem Schweigen mit mir nach Hause, während ich mich immer und immer wieder dafür entschuldigte, ihnen den Tag verdorben zu haben, aber es war einfach so *kalt*.

Als wir wieder zu Hause waren, saß ich auf einem Stuhl am Eßzimmertisch, hatte immer noch meinen Mantel, meinen Hut und meinen Schal an, die Hände rissig und rot, die Finger um eine Tasse Tee geschlungen, die ich mir dicht ans Gesicht hielt, damit der Dampf meine Haut wärmte. Ich dachte: Bald kommt der Frühling. Dann ist alles wieder gut. Ich schaltete den Laptop ein und fing an zu arbeiten.

Dann waren die Ferien vorüber, und ich kehrte an die Uni zurück. Als ich die Tür meines Zimmers öffnete, bemerkte ich, daß ich nicht länger allein dort lebte. Im zweiten Schrank hingen Kleider, auf dem Ankleidetisch standen Bilder, auf dem Schreibtisch lagen Bücher. Ich geriet in Panik. Wie zum Teufel sollte ich überhaupt noch etwas *geschafft* bekommen? Wie sollte ich meine morgendlichen und abendlichen Gymnastikübungen schaffen? Wie sollte ich mein Brötchen in aller Ruhe auseinandernehmen können? Wie sollte ich jetzt noch den ganzen Tag und die ganze Nacht zwischen Schreibtisch und Spiegel hin- und herpendeln können, wie ich es seit Monaten tat? Scheiße. Scheiße. Scheiße.

Unglücklicherweise war sie eine der nettesten, aufrichtigsten und wunderbarsten Menschen, die ich je in meinem Leben kennenlernen durfte, und im Laufe der Zeit lernten wir einander schätzen und lieben, zumindest so weit, wie ich es zu diesem Zeitpunkt überhaupt konnte. Und das ruinierte alles.

Die Anwesenheit eines normalen Menschen in meiner Umgebung machte mir schmerzhaft bewußt, daß ich außer Kontrolle geraten war. Nein, dieser Gedanke war mir bis dahin noch nicht gekommen! Sie aß. Sie schlief. Ich sah ihr zu, als ob ich die faszinierenden Gewohnheiten eines exotischen Tieres beobachtete. In den langen und ruhigen Nächten, wenn sie im Schatten des kleinen Lichtkreises, den meine Schreibtischlampe warf, schlief, sah ich zu ihr hinüber: Ihr gelbes Haar war auf dem Kissen ausgebreitet, ihr Mund stand ganz leicht offen und war zu einem winzigen Lächeln verzogen. Ich sah zu, wenn sie Butter in einen Topf gab und staunte über die bloße Existenz von Butter und über all ihre Implikationen, die so gar nichts mit mir zu tun zu haben schienen: Die Vorstellung, Butter im Supermarkt zu kaufen, die Vorstellung, Butter zu berühren, ohne befürchten zu müssen, daß die Öle durch die Haut in die Finger sickerten und sich geradewegs auf den Weg zum Hintern machten, die Vorstellung, Lebensmittel zu essen, von denen man wußte, *wußte,* daß Butter in ihnen enthalten war, die Vorstellung Butter im Schrank zu haben, ohne daß der Gedanke daran einen zu jeder Tages- und Nachtstunde verfolgte, Butter, die nicht jene unsichtbare Inschrift trug, die nur man selbst sehen konnte: Iẞ MICH. Iẞ ALLES AUF. SOFORT.

In ihrer Gegenwart wurde ich wieder daran erinnert, warum ich magersüchtig war: aus Angst. Angst vor meinen Bedürfnissen nach Nahrung, nach Essen, nach Berührung, nach einfacher Unterhaltung, nach menschlicher Nähe, nach Liebe. Ich war Anorektikerin, weil ich Angst davor hatte, menschlich zu sein. Menschliche Nähe impliziert die Preisgabe des Selbst. Mein ehemaliges Selbst aber war immer »zu viel« gewesen. Jetzt war kein Selbst mehr übrig geblieben. Ich war ein unbeschriebenes Blatt.

Aber das Erstaunlichste war, daß sie eine absolute Schönheit war. Ihre Haut war wunderbar weich, und ein seltsamer gold-rosiger Schein ließ ihre Wangen leuchten. Ihr Haar war dicht und schimmerte. Und sie hatte Titten und einen Arsch, die erstaunlicherweise sehr attraktiv wirkten. Nicht daß ich selbst mich von ihr angezogen gefühlt hätte. So etwas wie sexuelle Empfindungen kannte ich schon seit langer Zeit nicht mehr. Aber es war der Kontrast, der mich faszinierte. Wo früher meine Brüste gewesen waren [die noch sehr lange Zeit auf und nieder gehüpft waren, auch wenn ich noch so dünn war], gab es heute nur noch braune Brustwarzen, die sich über den Brustkasten spannten, die Haut war zwischen den Knochen eingesunken. Wo mein Hintern gewesen war, gab es gar nichts mehr, eine gerade Linie von meinem Nacken bis zu meinen Beinen, die in einem kleinen Knochen mitten im Becken endete, das vorne und hinten in einem seltsam flachen Bogen vorstand. Mein Gesicht sah am seltsamsten aus: Die Wangen waren so tief eingesunken, daß man meine Zähne durch die Haut sehen konnte, die Kehle lag straff und konkav unter meiner Haut, die Augen schienen täglich tiefer in meinen Schädel hineinzusinken.

Ich sah aus wie ein Monster, hatte einen Großteil meiner Haare verloren, meine Haut hatte die graue Farbe schlecht gewordenen Fleisches.

Ich schlang meinen Wickelrock zweimal um meinen Körper und befestigte ihn mit einer Sicherheitsnadel. Ich stopfte mir Toilettenpapier in die Schuhe, damit der Boden beim Laufen nicht gegen meine Fußknochen hämmerte, was mir durch Mark und Bein ging und zu Schwindelanfällen führte. Ich wartete.

Und während ich wartete, bewarb ich mich für Volontariate bei Zeitungen im ganzen Land. Wenn alle Kollegen schon nach Hause gegangen waren, saß ich noch im Büro, stellte meine Bewerbungsunterlagen zusammen, machte kleine Häufchen aus meinen Zeugnissen, Essays und Artikeln, die allesamt so gar nichts mit mir zu tun hatten: ein Stapel Lügen. Ich fragte mich, warum ich mich eigentlich überhaupt noch um meine Zukunft kümmerte. Ich stand am Fenster des Büros, blickte auf den Dupont Circle und die Gestalten hinab und verspottete mich selbst, weil ich zu schwach war, hinunterzuspringen.

Ich suchte nach einer Waage.

Siebzig Pfund.

Ich legte meinen Gürtel ab und zog die Schuhe aus.

Siebenundsechzig.

Da begann ich zu fressen. Jetzt war alles vorbei. Von diesem Zeitpunkt an versinkt alles im Nebel.

Nichts auf der Welt jagt mir so viel Angst ein wie die Bulimie. Es stimmte damals, und es stimmt auch heute noch. Aber ab einem gewissen Punkt ißt der Körper aus eigenem Antrieb, um sich selbst zu retten. Und damit begann meiner jetzt. Ich formuliere es ganz bewußt so, als ob ich dabei völlig passiv geblieben wäre. Man hat das Gefühl, besessen zu sein, keinen eigenen Willen zu besitzen, sondern in beständigem Krieg mit dem eigenen Körper zu leben, einem Krieg, den man verliert. Der Körper will leben. Man selbst will sterben. Körper und Geist können nicht gleichzeitig ihren Willen durchsetzen. Und so kriecht die Bulimie in die Ritze zwischen Selbst und Körper, und man wird verrückt vor Angst. Verhungern ist unglaublich beängstigend, wenn es schließlich mit aller Gewalt einsetzt. Und wenn es beginnt, ist man überrascht. So weit hatte man doch nun auch wieder nicht gehen wollen. Warte, das nicht, sagt man. Und dann saugt es einen nach unten, und man ertrinkt.

Fünfundsechzig.

Alles verschwommen, der Himmel drehte sich über meinem Kopf, als ich durch Washington D.C. wanderte, mich verirrte und das Verlangen nach etwas Eßbarem abzutrainieren versuchte. Gierig sog ich den Duft aus den Restaurants in mich ein, wenn ich vorbeiging, als ob der Geruch allein jemals ausreichen könnte, ich sprach mit mir selbst, ich umklammerte meine Brieftasche, versuchte, die Gedanken an Essen, Essen, Essen abzuwehren, versuchte, meine Zähne stark genug zusammenzubeißen, um die Sehnsucht nach fester Nahrung, nach etwas, das ich zerkauen, zerbeißen, hinunterschlucken konnte, zu befriedigen. Und dann der Freßanfall, in Fast-Food-Restaurants hinein und wieder hinaus; ich rannte fast, während ich versuche, mein Gesicht zu verbergen, während ich mir das Essen in den Mund stopfte, noch mehr und immer noch mehr, und dann erbrach ich mich in einem Toilettenraum nach dem anderen. Ich hatte jetzt immer Kleenex in der Tasche bei mir, damit ich, wenn ich Blut hustete, ganz höflich in mein Kleenex spucken und es unauffällig in meinen Ärmel stopfen konnte. Langsam bekam ich Probleme mit dem Gehen, der Himmel neigte sich immer in seltsamem Winkel nach unten und drückte auf eine Seite meines Kopfes, die Grenzen meines Blickfelds schrumpften und weiteten sich ohne Vorwarnung, und alles kam mir sehr, sehr groß vor. Der Himmel war unglaublich riesig und hell, und er jagte mir Angst ein, dieser Himmel. Er schien unberechenbar zu sein.

Meine Zimmergenossin war sehr besorgt, versuchte, mich dazu zu bringen, mit ihr zu reden, und ich redete tatsächlich, zumindest ein bißchen. Ich erzählte ihr, wenn ich den Tag ohne Freßanfälle überstanden hatte, sagte ihr, wie stolz es mich machte, wenn ich es geschafft hatte. Sie brachte mir etwas zu essen mit, doch ich lehnte ab. Wenn ich einmal zu essen anfing, dann wurde ich mit der Vorstellung, die Nahrung im Magen zu behalten, nicht fertig, egal um welche Art von Lebensmittel es sich handelte. Je weniger ich jedoch aß, um so mehr verspüre ich den Drang zu fressen. Auf biologischer Ebene ist das völlig einleuchtend. Aber für mich ergab es damals keinen Sinn. Nichts ergab Sinn. Ich ging nicht mehr in die Seminare, sparte mir die Energie für meinen Job auf, wo ich auf den Bildschirm starrte. Es gelang mir, etwas zu arbeiten, bevor ich wieder völlig ausrastete und mich auf meine manische Nahrungssuche machte.

Man kann sich ziemlich lange von einem Minimum an Nahrung ernähren. Deshalb bleiben wir Magersüchtigen auch so lange am Leben: Wir essen immer nur ein bißchen, gerade genug, um Lebendigkeit vorzutäuschen. Aber wenn man gar nichts mehr ißt, oder alles, was man ißt, wieder erbricht, stirbt man schnell.

Einundsechzig.

Dann war alles vorbei. Ich kaufte Abführmittel und aß eine ganze Schachtel am Tag. Das Problem war nur, daß ich ja gar keine Nahrung im Darm hatte. Ich gab also nur noch Wasser und Blut von mir. Das genau ist eine Eßstörung; so verrückt kann sie uns machen; und auf diese Weise bringen wir uns um – zufällig. Zufällig? Ja zufällig, während wir mitten in der Nacht durch die Straßen der Stadt irren, in der Hoffnung, einen Laden zu finden, der geöffnet hat und in dem wir noch mehr zu essen finden. Wir kaufen Brechmittel. Wir verpassen die Amtseinführung des Präsidenten, obwohl wir doch darüber berichten sollten, weil der Himmel zu groß ist, und wir haben uns den Weg durch die Menge gebahnt, die Kamera knallt mit lautem Knacken gegen unsere Rippen, und wir zwingen unsere Beine zum Gehen, und dann rennen wir mit einer Energie, die nicht durch Nahrung sondern durch Wahnsinn gespeist wird, zur Union Station. Wir kaufen Lebensmittel, mehr und immer mehr, und dann essen wir unaufhörlich, in der U-Bahn und auf dem Nachhauseweg, und die Leute starren uns an, und wir schleppen uns die Treppenstufen zu unserem Zimmer hinauf, und dort setzen wir uns auf den Boden und stopfen uns das restliche Essen in den Mund, wir ersticken fast an jedem Bissen und schluchzen dabei herzzerreißend. Dann stehen wir auf und trinken eine ganze Flasche mit Brechmittel, sind stolz auf unsere Herrschaft über uns selbst und denken darüber nach, daß wir nach dem Kotzen einen Artikel schreiben werden, und dann fliegt uns der Boden an den Kopf.

Ich lag da, krümmte mich wie ein Fötus, meinen Magen schien es zu zerreißen, und ich betete mit aller Macht, mich entweder übergeben oder sterben zu können, lieber Gott, laß mich kotzen oder sterben, kotzen oder sterben, und dann kotzte ich ganz fürchterlich, und mir wurde wieder schwarz vor Augen.

Bald komme ich morgens nicht mehr aus dem Bett. Ich versuche es heroisch. Ich halte mich mit beiden Händen am Schreibtisch neben dem Bett fest. Ich ziehe. Ich ziehe stärker, versuche, mich aufzusetzen. Ich rutsche ab und falle wieder zurück. Ich nehme den Telefonhörer ab und melde mich krank.

Als ich aufhänge, muß ich darüber lachen, wie lustig es doch ist, sich im Büro krank zu melden.

Und dann rufe ich Mark an, der mich vielleicht versteht. Ich verstecke mich mit dem Telefon unter der Decke und flüstere, Mark, ich habe Angst. Und Mark redet mit mir, aber ich kann gar nicht verstehen, was er sagt, und so lausche ich einfach nur der Melodie seiner Stimme. Und ich sage wieder, Mark, ich habe Angst.

Meine Zimmergenossin bekam langsam die Panik. Ich wollte nicht, daß sie sich so große Sorgen um mich machte, also suchte ich eine Therapeutin auf. Ich saß in ihrer Praxis und versuchte zu reden. Ich kann mich an keines meiner Worte erinnern, nur an das Behandlungszimmer: eine beigefarbene Ledercouch, in die ich mich sinken ließ und in der ich mich ganz klein fühlte, ihr Schreibtisch, ihr Stuhl und die Fenster und Pflanzen. Und ich erinnere mich an sie: platinblond, stark geschminkt, hochstehende Wangenknochen, schwarze Leggins, ein langes Sweatshirt mit Goldlamé Schnickschnack auf der Brust. Ich sah sie mißtrauisch an. Sie sah mitleidig zurück, was mich ärgerte. Dann ging ich, verirrte mich in dem Gebäude, dachte voller Verwirrung darüber nach, ob man Kalorien verbrauchte, wenn man die Treppe herunterging, nahm an, daß es so war, rutschte auf dem Weg nach unten aus, prellte mir das Steißbein. Ich ging fressen, verirrte mich in unbekannten Teilen der Stadt, sah häufig von meinem Teller auf und bemerkte, daß ich keine Ahnung hatte, wo ich war oder wie ich dorthin gekommen war. Ich ging zur Arbeit, wenn ich aus dem Bett kam. Sonst lag ich nur da und wälzte mich unbehaglich hin und her. Das Bett tat mir an den Knochen weh. Das Bett verursachte mir Prellungen.

Neunundfünfzig.

Eines Tages saß ich in einem Burger King und aß sechs Cheeseburger. Dann ging ich auf die Toilette und erbrach mich, und plötzlich merkte ich, daß ich jetzt definitiv einen Nervenzusammenbruch hatte. Es mußte ein Nervenzusammenbruch sein. Von der Redaktion aus rief ich meine Mutter an. Es war Samstagmorgen, und ich war allein im Büro und hatte wie wild gearbeitet, und jetzt rief ich meine Mutter an und schluchzte in den Hörer, daß ich einen Nervenzusammenbruch hatte, und was ich tun sollte? Was ich tun sollte? Ich weiß nicht mehr, was sie sagte. Ich kann mich nur noch an den Klang ihrer Stimme erinnern, leise und beruhigend. Sie fragte: Willst du nach Hause kommen? Nein, ich will nicht nach Hause kommen, ich weiß nicht, was ich will, ich verliere den Verstand, ich wollte nur deine Stimme hören. Nachdem wir aufgelegt hatten, legte ich den Kopf auf die Tastatur und weinte noch eine ganze Weile. Dann arbeitete ich weiter.

Meine Therapeutin überredete mich, einen Arzt aufzusuchen. Also ging ich zum Arzt, der mich untersuchte. Ich hatte den ganzen Tag Unmengen von Wasser getrunken, deshalb wog ich 69 Pfund, als ich auf die Waage stieg, und ich glaube, er war nicht allzu besorgt, weil dieses Gewicht offensichtlich durchaus im Rahmen des Normalen lag und weil ich ansonsten kerngesund war.* Ich ging wieder, aß tütenweise Karamellbonbons und erbrach sie wie-

---

* Ein Arzt, der nicht erschrickt, wenn er eine erwachsene Frau untersucht, die das Gewicht einer Neunjährigen hat, ist ziemlich ungewöhnlich. Während die Häufigkeit, mit der Mediziner, die sich nicht auf Eßstörungen spezialisiert haben, die falsche Diagnose stellen, beunruhigend ist, sind die meisten Ärzte zumindest in der Lage, das Offensichtliche zu erkennen. Dieser Arzt erschrak teilweise deshalb nicht, weil ich ihm geradeheraus sagte, daß ich eine Eßstörung hätte und daß ich daran ARBEITETE; wahrscheinlich vermutete er, daß ich unter ständiger, medizinischer Beobachtung stand, weshalb er bei mir noch nicht einmal die Routineuntersuchungen durchführte, die sogar ein normal essender Mensch über sich hätte ergehen lassen müssen.

der. Kehrte zu den Wohnhäusern zurück, blinzelte in den hellen Himmel, wünschte mir, tot zu sein, wünschte inständig, tot zu sein, und es war viel zu hell, und ich wünschte mir doch so verzweifelt, tot zu sein.

Fünfundfünfzig.

Eines Nachts saß ich im Coffee Shop über der Dupont Metro Station und konnte nicht mehr lesen. Ich saß gerade über der *Newsweek*. Ich merkte, daß ich die Worte nicht mehr entziffern konnte. Ich konzentrierte mich. Ich starrte sie so aufmerksam an, wie ich konnte, als wollte ich sie dazu zwingen, sich zu einem Sinn zusammenzusetzen. Doch das geschah nicht. Zuerst marschierten sie in einer unleserlichen Reihe an mir vorbei, dann verstreuten sie sich auf der ganzen Seite. Ich schlug die Zeitschrift zu und dachte, Jetzt habe ich den Verstand verloren.

Der Junge oben an der Rolltreppe winkte mit der *Washington Post,* und es war Nacht, und nichts ergab einen Sinn, nun, wo ich den Verstand verloren hatte. Ich war ganz ruhig und gelassen, und der Junge winkte mit der Zeitung, und alle bewegten sich so schnell, und irgendwann hielt mich jemand am Arm fest und sagte, Ups, ganz ruhig, und ging weiter. Ich fragte mich, warum er mich am Arm gepackt hatte, und der Junge verschwamm vor meinem Gesicht und sagte: Ma'am? Ma'am? He, kann mir vielleicht mal irgend jemand helfen? Und ich wurde immer kleiner und kleiner, Alice, die ohne Vorwarnung zusammenschrumpft, und HE, kann mir vielleicht mal irgend jemand HELFEN? Und dann fiel ich die Rolltreppe am Dupont Circle herunter, prallte am Boden auf und dachte:

Jetzt bin ich tot. Endlich.

Zweiundfünfzig

Dann wird alles weiß.

Jetzt ist alles nur noch sehr verschwommen. Ich sitze mit meiner Mitbewohnerin in unserem Zimmer. Sie fing an zu weinen und sagte, Marya, es tut mir leid, ich habe deine Eltern angerufen. Aber ich habe mir solche Sorgen gemacht. Ich brauchte eine Minute, um zu verstehen, was sie mir sagen wollte. Dann griff ich zum Hörer, ich glaube, es war mitten in der Nacht, und rief meine Eltern an und sagte, Es tut mir wirklich leid, aber ich muß nach Hause kommen. Ich hoffe, Ihr habt nichts dagegen.

Sie hatten etwas dagegen.

Jahre später erklärte mein Vater mir seine Gefühle: »Ich hatte dir schon so lange gesagt, ›Du ißt nicht genug, du siehst schon wieder todkrank aus.‹ Wir haben es immer und immer und immer wieder gesagt, und du hast nur geantwortet: ›Es geht mir gut, es geht mir gut‹. Du hast gelogen, gelogen, gelogen. Und als du jetzt nach Hause kommen wolltest, sagte etwas in mir, ›Soll sie doch verdammt noch mal krank bleiben.‹«

Wenn ich mich heute in die Lage meiner Eltern versetze, verstehe ich sie. Nachdem sie vier Jahre lang zugesehen hatten, wie ihr Kind ein infantiles, feiges Spielchen trieb, wie es am Rande des Abgrundes stand, vor und zurückwippte und lachte, wie es beinahe herunterfiel, sich aber nie so ganz über die Klippe warf, waren sie es trotz aller Sorge um mich leid. Ich verstehe, daß Menschen um ihrer eigenen Gesundheit willen, und einfach weil die Vernunft es ihnen gebietet, loslassen müssen.

Und ich verstehe auch, daß das Gehirn eines Menschen sich nach diesen Erfahrungen weigert zu akzeptieren, daß der andere diesmal wirklich über die Klippe gesprungen ist.

Mein Vater wollte mir schlicht und ergreifend nicht glauben, daß das der Fall war. Und ich glaubte es ebensowenig. Mein eigenes Verhalten war vollkommen widersprüchlich. Ich wußte, daß ich nach Hause zurückkehren mußte, aber ich wollte nicht zugeben, daß ich wirklich krank war. Verdammt krank. Ich log über mein Gewicht und sagte, daß ich eben so gestreßt wäre, daß ich eine kurze Pause von der Uni bräuchte. Mein Vater schlug vor, daß ich weniger arbeiten sollte. Ich wurde immer hysterischer, hatte Angst, daß meine Chance, gerettet zu werden, mir entglitt. Wer einmal blinden Alarm schlägt, usw. Ich sprach mit meiner Mutter, unzusammenhängend, versuchte, sie dazu zu bewegen, meinen Vater umzustimmen, nur eine kurze Pause, sagte ich. Es verging einige Zeit – ein paar Tage? Ein paar Wochen? Ich hatte kein Zeitgefühl mehr – in der mein Vater und ich mehrfach telefonierten und uns darüber stritten, ob ich nach Hause zurückkommen sollte oder nicht. Meine Therapeutin beschwor sie, meine Mitbewohnerin ebenfalls. Dann ging plötzlich alles sehr schnell: Ich ging ins Büro der Studienberaterin und sagte ihr, daß ich magersüchtig sei und ein Urlaubssemester brauchte. Sie war sehr verständnisvoll und unterstützte mich. Auch sie rief meine Eltern an und sagte ihnen, daß ich – haha – sichtlich etwas Ruhe bräuchte. Ich packte meine Sachen zusammen und schickte sie nach Hause, kündigte meinen Job und bestieg ein Flugzeug nach Minneapolis.

Der Empfang war, sagen wir, nicht gerade warmherzig.

Ich habe Verständnis dafür. Es ist sicher kein Vergnügen, sein Kind anzusehen und zu erkennen, daß es in Kürze sterben wird. Mein Vater war zornig und meine Mutter so erschrocken, daß sie in eisiges Schweigen verfiel. Am Abend meiner Rückkehr saß sie mit mir am Küchentisch, während ich mehrere Teller Cornflakes aß und dann weinte, weil ich zuviel gegessen hatte. Und sie sagte einfach nur, Liebes, oh Liebes, sag so etwas nicht. Ich hob den Kopf, sah sie an, suchte in ihren Augen nach einer Antwort. Dann fragte ich sie: Mama, glaubst du, daß ich verrückt bin?

Es folgte eine lange, quälende Stille. Die Uhr tickte. Ich trug immer noch meinen Mantel.

Sie sah aus dem Fenster und sagte: »Ich glaube, daß du sehr krank bist.«

Ich brauchte eine Weile, um mitzubekommen, daß sie gerade JA gesagt hatte.

Noch nie in meinem ganzen Leben war ich so entsetzt. Ich hatte bis zu einem gewissen Grad verstanden, daß dies das Ende war, daß ich dabei war, mein leckes, kleines Ruderboot von der Küste abzustoßen und richtig, wahrhaftig zu *sterben.* Mehr denn je begann sich der Gedanke in mir festzusetzen, daß ich verrückt sein könnte, und zwar in des Wortes klassischster Bedeutung. Daß ich, auf immer und ewig, Amen, eine Irre war. Daß das, was wir schon immer vermutet hatten, das, was ich mit allen Mitteln zu widerlegen versucht hatte, die Wahrheit war. Und dem Wahnsinn zog ich das Sterben nun einmal deutlich vor.

Die folgenden Tage verbrachte ich damit, in eine Decke gehüllt auf der Couch zu sitzen, aus dem Fenster zu starren und über den Wahnsinn zu reflektieren, während meine Eltern mich beschworen, zum Arzt zu gehen und mich gründlich untersuchen zu lassen.

Ich erklärte mich einverstanden. Am Abend vor meinem Termin im Krankenhaus fuhr – ja fuhr – ich zum Universitätsgelände, um in einem Café etwas zu lesen. Natürlich konnte ich nicht lesen. Ich mußte immer wieder daran denken, daß ich gerade zu Abend gegessen hatte, wenn auch nur eine winzig kleine Menge. Die Mahlzeit hüpfte in meinem Magen auf und ab, machte jede Menge Lärm, und ich erwog, mich zu übergeben. Aber wenn ich schon kotzte, dann sollte es sich auch lohnen. Für die drei Bissen hautloses Hühnerfleisch, die ich gegessen hatte, wollte ich doch gar nicht erst anfangen. Ich kaufte ein paar Muffins und aß sie im Spazierengehen. Der vertraute Adrenalinstoß durchzuckte mich und trieb meine Beine zu einem Burger King. Obwohl mein Konto leer war, schrieb ich einen Scheck darauf aus. Anschließend setzte ich mich und kaute ruhig vor mich hin. Dann rastete ich aus, rannte durch die Stadt, hielt hier und da an, aß und übergab mich in Gassen, aß und wurde ohnmächtig, stand auf, rannte, aß während des Laufens, unempfindlich gegen die Kälte, Hand zum Mund, Hand zum Mund. Innerhalb weniger Stunden des Essens, Laufens und Kotzens stellte ich Schecks in einem Gesamtwert von $200 aus. Schließlich stieg ich ins Auto und hielt auf dem Nachhauseweg noch bei Perkins an. Mein letztes Abendessen, dachte ich. Ich bestellte Pfannkuchen mit Schlagsahne sowie Schinken, Eier und Frikadellen. Ich übergab mich im Toilettenraum, kaufte ein Stück Pastete, aß es im Auto und übergab mich, als ich nach Hause kam. Dann ging ich ins Bett, zu erschöpft, um noch meine Gymnastik zu machen.

Es war die schlimmste Nacht meines Lebens. Und meine Erinnerung daran ist die einzig klare aus dieser ganzen Zeit. Ich träumte, daß ich in einem dunklen, scheußlichen Restaurant aß und aß, und jeder starrte mich an, aber ich konnte nicht aufhören zu essen, und dann wurde ich mit einem Ruck wach, hielt meinen Traum für wahr und geriet in Panik. Dann erst erinnerte ich mich daran, daß es ein Traum gewesen war. Ich hatte nicht wirklich gegessen, alles war gut, und dann nahm ich, vollkommen dehydriert wie ich war, ein paar kräftige Schlucke aus der Flasche mit Diät-Orangenlimonade, die ich am Bett stehen hatte, fiel wieder in Schlaf, kehrte in das Restaurant zurück, aß weiter, wachte auf, Panik, trank, und schlief und träumte, Stunden um Stunden, die ich im Traum aß und das Gelächter der Menschen, die mich verhöhnten, während ich aß und aß. Morgens war ich völlig am Ende. Ich konnte kaum noch reden.

Mein Vater fuhr mich ins Krankenhaus zur Untersuchung. Aus irgendeinem Grund bekam ich gar nicht mit, daß ich in der Notaufnahme gelandet war. Als ich hereinkam, warf mir die Dame am Empfang einen Blick zu, nahm den Telefonhörer zur Hand und sagte etwas, das ich nicht verstehen konnte. Dann hörte ich ein Geräusch wie das Trommeln von Hufen und eine Stimme, die über Lautsprecher erklang. Plötzliche Aufregung, viele Menschen. Ich wurde in ein Zimmer gebracht. Ich legte mich auf das kleine Bett und jemand deckte mich zu. Ein anderer kam herein, tastete mich ab, half mir, mich aufzusetzen, gab mir einen Becher mit Saft. Darauf stand BLUE BIRD APFELSAFT. Offensichtlich sollte ich ihn trinken. Als die Person wieder gegangen war, schüttete ich ihn in das Waschbecken. Ich dachte, warum schütte ich das weg? Was will ich damit beweisen?

Dieser Gedanke war mein Untergang.

Eine Ärztin kam herein. Sie war sehr forsch. Sie sagte mir, daß sie mich einweisen wolle. Ich antwortete, daß ich gehen müsse, daß ich mit Freunden zum Frühstück verabredet sei, was auch tatsächlich der Fall war. Ich hatte mir den ganzen Morgen über Gedanken darüber gemacht, wie ich es umgehen konnte zu frühstücken. Ich fragte mich, ob das Restaurant auch Joghurt servierte und ob es fettfrei oder nur teilentrahmt war, und ich fragte sie, ob ich nicht später wiederkommen könnte? Zwischenzeitlich fragte ich mich, ob ich bis zu dem Zeitpunkt, bis ich wiederkam, genug zunehmen konnte, um nicht ins Krankenhaus zu müssen. Ich wog um die 25 Kilogramm, und ich war sehr erschöpft. So legte ich meinen Kopf auf das Kissen und schloß für eine Weile die Augen. Sie wartete. Ich stieß mich vom Bett ab, lächelte und fragte, Nun? Kann ich gehen?

Sie sagte: Sie werden es wohl kaum bis zur nächsten Ecke schaffen.

Ich dachte kurz darüber nach.

Ich hielt es für möglich, daß sie recht hatte.

Ich fragte sie, ob ich eine Zigarette haben dürfte, während ich darüber nachdachte. Sie gab mir eine. Ich ging nach draußen, wobei ich mich an der Mauer festhielt. Es war zu kalt, um zu rauchen, also trat ich die Zigarette mit dem Absatz aus, drehte mich um, mir wurde schwindlig, ich beugte mich nach vorn – und wartete. Während ich wartete, zählte ich meine Knochen. Sie waren alle noch da. Dann dachte ich nur noch: Mein Gott.

Ich richtete mich auf, hielt mich an der kalten Mauer fest, während mich der Schwindel nun in Wellen überkam und davontrug. Ich ging sehr langsam wieder hinein, wobei ich die Füße ganz vorsichtig voreinander setzte, immer einen nach dem anderen. Ich ging zur Rezeption und ließ mich einweisen.

NACHWORT
Das Wrack

Ich kam, um das Wrack zu erforschen.
Die Worte sind die Absicht.
Die Worte sind die Karte.
Ich kam, um den Schaden anzusehen
und die Schätze, die erhalten bleiben.
Mit dem Strahl meiner Lampe streichele ich
langsam über die Flanke von etwas Beständigerem
als Fisch oder Alge

Adrienne Rich, »Hinabtauchen ins Wrack«, 1973

Ich habe es nicht genossen, dieses Buch zu schreiben. Das öffentlich zu machen, was ich so lange selbst vor den Menschen geheimgehalten habe, die mir nahestehen, und häufig genug sogar vor mir selbst, mein ganzes Leben lang, war nicht gerade ein Vergnügen für mich. Auch hatte dieses Projekt, wie so viele Leute vermutet haben, keine »therapeutische« Wirkung für mich – dafür bezahle ich schließlich meiner Therapeutin einen Haufen Geld. Im Gegenteil, es war sehr schwierig. Ich schrieb schubweise, hörte auf, fing wieder an, versuchte, ein Objekt der materiellen Welt, einen Körper in Worte zu fassen. Versuchte zu erklären, statt zu entschuldigen, auszugleichen, statt Schuld zuzuweisen. Die Worte kamen abgehackt, in plötzlichen Ausbrüchen und mit langen Auslassungen. Nach lebenslangem Schweigen ist es schwer, sie auszusprechen.

Und selbst wenn man gesprochen hat, stellt man fest, daß unsere Sprache größtenteils unzureichend ist: den Worten fehlt die Form und der Geschmack, die Temperatur und das Gewicht. *Hunger* und *Kälte, Fleisch* und *Knochen* sind ganz normale Worte. Ich kann einfach nicht deutlich machen, daß diese vier Worte eine ganz andere Bedeutung für mich haben als vielleicht für Sie. Jedes einzelne hinterläßt einen seltsamen Geschmack in meinem Mund: die Säure des Erbrochenen, der metallische Beigeschmack von Blut.

Sie erwarten jetzt ein Ende. Und da dies ein Buch ist, sollte es auch tatsächlich einen Anfang, eine Mitte und ein Ende haben. Ich kann Ihnen jedoch keines bieten. Ich würde es sehr gern tun. Am liebsten würde ich all die losen Fäden zusammenflechten und sagen, Seht Ihr? Heute ist alles besser. Aber die losen Fäden starren mich im Spiegel an. Die losen Fäden, das ist mein Körper, der weder vergibt noch vergißt: das halbherzige, blinde Dahinstolpern meines Herzen, das faltig und verschrumpelt ist wie ein Apfel, der auf dem Boden verfault. Die Narben auf meinen Armen, die grauen Haare, die Falten, der freundliche Barkeeper, der mein Alter schätzt und lächelnd sagt, »Sechsunddreißig?«. Die Eierstöcke und die Gebärmutter, die tief und fest vor sich hin schlafen. Das Immunsystem, das ziemlich am Boden liegt. Die allwöchentlichen Besuche beim Arzt wegen einer erneuten Infektion, eines erneuten Virus, einer weiteren Erkältung, einer weiteren Verstauchung, einer weiteren Testreihe, einem weiteren Rezept, einem anderen Gewicht, einer Warnung. Die kleinen, gelben Pillen, die ich morgens nehme und die der sich windenden Angst, die genau unter meinem Brustbein wohnt und sich an meinen Rippen festhält, den Fuß auf den Nacken setzen.

Die losen Fäden, das sind die schlechten Tage: Wenn mein Mann einen Teller mit Brei auf dem Küchentisch findet, Cornflakes, die ich mir zubereitet und dann »vergessen« habe. Mein Mann, der sich mit mir über das Abendessen streitet. (Nein, Liebes, wir wollen *keine* Reisplätzchen mit Gelee essen.) Die losen Fäden, das sind die Alpträume von Hunger und Ertrinken und Eiswüsten, das Zittern, wenn ich wie nach einem Schock aufwache, der kalte Schweiß. Das sind die Minuten, die ich vor dem Spiegel verbringe, die angsterfüllten Finger, die den Körper lesen wie Blinde die Blindenschrift, als ob die Anordnung der Knochen Worte ergäbe und meinem Leben einen Sinn verliehe. Die verzweifelten Gehversuche, heraus aus dem Treibsand der Besessenheit, mit Händen und Füßen arbeite ich mich ein Stück weiter nach oben, dann falle ich zurück. Die Zweideutigkeit des Wortes »Fortschritt«, die einen zum Wahnsinn treibt, ebenso wie das unfaßbare Ziel der »Gesundheit«.

Man versteht es erst viel später. Die Tatsache, daß man fast tot war, kommt einem erst zu Bewußtsein, wenn man langsam wieder lebendig wird. Frostbeulen tun erst dann weh, wenn sie warm werden und die Haut zu tauen beginnt. Dann fährt der Schock des Schmerzes durch den Körper. Und jeden folgenden Winter schmerzen sie aufs neue.

Und in jeder Jahreszeit, seit es Winter für mich wurde, schmerzen meine Wunden aufs neue.

Februar, der 18., 1993. Man gibt mir nur noch eine Woche zu leben.

Vier Jahre (etwa 169 Wochen, 1.183 Tage, 28.392 Stunden) vergehen. 11. März 1997. Ich bin noch immer am Leben.

Jetzt folgen keine erstaunlichen Enthüllungen. Keine Beschreibungen der Todesnähe, kein Tunnel des Lichts, keine tränenreichen, alles erhellenden Therapiesitzungen, keine glücklichen Familienzusammenführungen, kein Dr. Mini-Heiland, dessen Erscheinen mich rettet, kein Ritter, der auf einem weißen Pferd in mein Leben galoppiert. Ich bin aus sehr niederen Gründen wieder gesund werden:

1. Krank zu sein wird nach einer Weile ganz schön langweilig.
2. Ich war richtig verärgert, als man mir sagte, daß ich sterben würde, und dachte ziemlich gereizt: Das wollen wir doch mal sehen.
3. In einer meiner seltenen, klaren Phasen, in denen mein vernünftiges Selbst die Oberhand erhielt, erkannte ich, daß es vollkommen dumm und feige war, mich aus dem Leben zu stehlen, nur weil es mich durcheinanderbrachte.
4. Mir kam der Gedanke, daß es absolut unoriginell war, sich zu Tode zu hungern. Das tat doch jeder. Es war, wie eine Freundin es schließlich formulierte, völlig passé. Ein Relikt der achtziger Jahre. Ich beschloß, etwas zu tun, das weniger en vogue war.
5. Ich wurde neugierig: Wenn ich so krank geworden war, dann konnte ich (so glaubte ich) ja wohl verdammt noch mal auch wieder un-krank werden.

Und das tat ich. Und bin ich. Wie immer man es formulieren will. Ein widerspenstiger Charakter ist nicht nur sehr hilfreich bei der energischen Vernichtung des eigenen Körpers und des individuellen Selbst, er kann auch zur Verwirklichung anderer Zwecke eingesetzt werden. Zum Beispiel, um zu leben.

Meine Eßstörung war nicht »geheilt« in dem Augenblick, als ich eines bitterkalten Tages, am 18. Februar 1993 in einem Rollstuhl auf die Abteilung für Eßstörungen rollte (oder besser gerollt wurde), eine Kanüle im Arm, der Kopf willenlos hin und her schaukelnd und das Herz schlingernd. Auch während der folgenden drei Monate, die ich dort verbrachte, wurde sie nicht geheilt und ebensowenig während der Jahre, die seit dem vergangen sind. Ich sitze jetzt hier, esse trockene Cornflakes aus einer Schüssel, weil es mir irgendwie zu kompliziert ist, in den Supermarkt zu gehen und Milch zu kaufen. Ich bin nicht geheilt worden. Ich werde nicht geheilt werden. Aber die Eßstörung hat sich verändert. Genau wie ich.

Ich wiege genau das Doppelte von dem, was ich damals wog. Womit ich immer noch untergewichtig bin. Was aber dafür spricht, daß ich im Chaos der letzten vier Jahre ein paar Dinge richtig gemacht habe. Ich bin siebeneinhalb Zentimeter größer als damals, was vielleicht bedeutet, daß der Körper dem Licht entgegenwächst, wie eine Pflanze, die die Sonne sucht. Ich bin klassifiziert als (Achse I) 1. Atypisch verlaufende bipolare Störung II. Zyklothym-hypomanische Störung 2. Nicht weiter spezifizierte Eßstörung, (Achse II) 1. Borderline-Syndrom?, was eigentlich gar nichts zu bedeuten hat. Meine Arme sind mit Narben übersät, die es im Jahre 1993 noch nicht gab, was bedeutet, daß mit meinem Körper auch die Trauer zum Leben erwacht ist und daß ich sie, stumm wie ich war, in meine Haut eingeritzt habe. Es bedeutet zudem, daß wir keine Rasierklingen im Haus haben. Ich bin verheiratet, was eine Menge bedeutet, einschließlich der Tatsache, daß wir ein, zwei Dinge über die Liebe, über Geduld und Vertrauen gelernt haben. Es bedeutet, daß ich die Verantwortung habe, hier zu bleiben, auf der Erde, in der Küche, im Bett und nicht mehr langsam in den Spiegel zurücksickern darf.

Ich fühle mich einigermaßen. Formulierungen wie *Es geht mir gut* oder *Ich bin geheilt* werde ich an dieser Stelle vermeiden. Es hat lange gedauert, bis ich mich einigermaßen fühlte, und ich mag diesen Zustand. Sich einigermaßen zu fühlen, ist ein interessanter Balanceakt: ein Glas, das halb leer oder halb voll ist. Das Pendel kann jederzeit zur anderen Seite ausschlagen. Dies ist ein Zustand, in dem man entweder Hoffnung schöpfen oder verzweifeln kann. Hoffnung, daß es immer leichter wird, wie es während der vergangenen Jahre der Fall war, oder Verzweiflung über die Konzentration, die dieser Balanceakt erfordert, eine Konzentration, die einen rasend macht, Verzweiflung über die Tatsache, daß ich jung sterben werde, daß ich nicht »normal« sein kann, daß ich mich immer wieder mit den dunklen Teilen meines Lebens konfrontiert sehe, mich förmlich darin suhle.

Blablabla. Ich bin die Verzweiflung leid. Sie sieht aus wie ein Model aus der Illustrierten apathisch-und-unterernährt-und-zugedröhnt-und-genausowie-all-die-anderen-blassen-kränklichen-Models. Verzeihen Sie mir, wenn ich lustig vor mich hin schwatze, aber Verzweiflung ist verzweifelt langweilig.

Deshalb vermute ich, daß eigentlich nur eines geschah: Ich wurde es leid, so stinklangweilig zu sein.

Ich ging ins Krankenhaus und blieb sehr lange Zeit dort. Dann wurde ich entlassen und warf mich ins Leben. Leider hatte ich nur sehr wenige

Hilfsmittel an der Hand, um damit klarzukommen, weshalb ich ziemlich viel Chaos verursachte und einiges kaputt machte. Ich lernte, etwas vorsichtiger zu sein. Ich arbeitete, schloß Freundschaften, hatte eine chaotische Liebesbeziehung, zog in ein heruntergekommenes Appartement in der Innenstadt und schaffte mir eine Katze an. Lernte, daß Pflanzen Wasser brauchen, wenn sie überleben sollen. Daß man nicht von Cornflakes leben kann, obwohl ich immer mal wieder dorthin zurückkehre. Daß Freunde Nahrung für die Seele sein können, wenn man im Augenblick allein nicht den Dreh zum Kochen oder zum Leben (als Gegenstück zum Sterben) kriegt. Daß nichts – weder Schnaps, noch Liebe, noch Sex, noch Arbeit, noch ständiges Umziehen von Staat zu Staat – die Vergangenheit zum Verschwinden bringen kann. Nur Zeit und Geduld können heilen. Ich lernte, daß es vergebene Liebesmüh ist, wenn man versucht, sich die Arme aufzuschneiden, damit der Schmerz von innen nach außen fließt, von der Seele an die Hautoberfläche kommt. Daß wer sterben will, sich nur vor dem Leben drückt. Ich habe alles ausprobiert: Ich habe mir den Kopf rasiert, habe im November 1994 einen Selbstmordversuch begangen, habe zweiundvierzig Stiche in meinem linken Arm, die höllisch weh taten, und beschloß, daß dies genug war. Ich schrieb, veröffentlichte und las, forschte und lehrte und ging von Zeit zur Zeit zur Uni. Ich trank sehr viel Kaffee und hatte ein paar wirklich makabere Träume. Ich spielte Trivial Pursuit, machte eine Therapie und stellte plötzlich fest, daß ich mitten im Leben stand. Schritt für Schritt lernte ich, verdammt noch mal einfach damit *zurecht* zu kommen.

Tatsächlich liegt eine ungeheure Freiheit darin, wenn man nichts zu verlieren hat. In dem Schwebezustand, der meinem letzten Krankenhausaufenthalt folgte, klammerte ich mich an jeden Strohhalm. Wenn man das lang genug tut, bekommt man schließlich einige zu fassen: Jedenfalls ist es genug, um weiterleben zu können. Ich hatte nichts mehr, das ich verstand oder woran ich glauben konnte. Und diese Situation ist gar nicht so ungewöhnlich. Die Experten fragen einen: Was haben Sie *vor* Ihrer Eßstörung gemacht? Wie waren Sie vorher? Und man starrt sie einfach nur an, weil man sich an kein *davor* erinnern kann, und das Wort *Sie* bedeutet sowieso gar nichts. Beziehen Sie sich damit auf Marya, die Konstellation von suizidalen Symptomen? Auf Marya, die Invalidin? Auf Marya, die Patientin, den Gegenstand des medizinischen Interesses, den Fall, die Frau, die Tabletten einnehmen muß, die an Muffins herumknabbert, die Asexuelle, die wandelnde Enzyklopädie, die Bleistiftzeichnung eines menschlichen Skeletts, die Trägerin der Alpträume des Hungers, die Personifikation des Hungers selbst?

Es ist unmöglich, diesen unbeschreiblichen Prozeß einigermaßen zu beschreiben, denn es war eine stumme, wortlose Zeit. Ich habe nicht gelernt, das Essen einzustellen und ausschließlich von Worten zu leben. Aber es ist mir gelungen, mir ein paar Worte zu eigen zu machen, um zu beschreiben, was geschah. Aber eigentlich hatte ich immer das Gefühl, einen schwarzweißen Stummfilm mit Farbe und Stimmen zu unterlegen. Ich habe einer Zeit meines Lebens Worte, Farbe und Chronologie hinzugefügt, die mir eigentlich wie eine Ansammlung unzusammenhängender Dinge vorkommen, die auf dem Boden meines Geistes herumlungern. Heute wundere ich mich manchmal, wenn ich aufstehe und zur Tür gehe, um mich selbst im Spiegel zu betrachten. Ich bin häufig überrascht, daß ich existiere, daß mein Körper wirklich physisch vorhanden ist, daß mein Gesicht ein Gesicht ist und daß mein Name eine Verbindung zu einem Menschen hat, den ich als mich selbst identifizieren kann. Aber wahrscheinlich ist es gar nicht so selten, daß man eine Collage aus Erinnerungen zusammenstellt – einzelne Anekdoten und Bilder, die die lineare, logische Erzählung ersetzen. Ich habe mit mir selbst ja etwas sehr Ähnliches getan.

Nie gab es eine plötzliche Erleuchtung, eine vollkommene und endgültige Erklärung dafür, warum es geschah oder warum es endet oder warum und wer man ist. Sie wünschen sich eine, und ich wünsche mir eine, aber es gibt keine. Sie kommt in Fragmenten, und man näht die einzelnen Stückchen zusammen, wo immer sie passen, und wenn man fertig ist und das Tuch seines Selbst in die Höhe hält, dann sind da immer noch Löcher. Man ist eine Puppe aus Lumpen, ein unvollkommenes Produkt der Phantasie.

Und doch: Man selbst ist alles, was man hat, also muß man sich damit zufrieden geben. Es gibt keinen anderen Weg.

Bei mir klingt es so einfach: Ich sage, daß es langweilig wurde, deshalb hörte ich auf. Ich sage, daß ich anderes zu tun hatte, deshalb hörte ich auf. Ich sage, ich hatte gar keine andere Wahl als aufzuhören. Ich weiß selbst nur zu gut, daß es nicht so einfach ist. Aber meistens trifft man die wichtigsten Entscheidungen im Leben aus Gründen, die absolut unspektakulär und alles andere als weltbewegend sind. Oft genug treffen wir unsere Entscheidungen, in guten wie in schlechten Tagen, durch Versäumnis. Es stimmt, daß es keinen Augenblick der Erleuchtung gab. Man könnte einfach nur sagen, daß mein Leben die Herrschaft übernahm – das heißt, daß mein Lebenswille stärker wurde als der Todestrieb. Diese beiden Impulse existieren in meinem

Innern in einem instabilen Gleichgewicht, aber momentan ist dieses Gleichgewicht immerhin stabil genug, daß ich noch lebe.

Im Rückblick erkenne ich, daß ich damals etwas recht Grundlegendes tat. Ich vollzog den Sprung in den Glauben. Und der machte den ganzen Unterschied. Ich klammerte mich an das einzige, das mir wirklich erschien, und das war ein grundlegendes ethisches Prinzip: Wenn ich am Leben war, dann hatte ich auch die Verantwortung, weiterzuleben und etwas mit dem Leben anzufangen, das man mir geschenkt hatte. Und obwohl ich, als ich den Sprung in den Glauben wagte, absolut nicht überzeugt davon war, daß ich einen vernünftigen Grund dazu hatte, und obwohl ich gar nicht so recht daran glaubte, daß es etwas gab, das mir so viel Sinn geben würde wie eine Eßstörung, tat ich ihn, denn ich begann mich zu fragen, wie das Leben danach aussehen würde. Genau wie seinerzeit, als ich mich gefragt hatte, was passieren würde, wenn ich abnähme, fragte ich mich jetzt, was wohl geschehen würde, wenn ich damit aufhörte. Es war die Anstrengung wert.

Es *ist* die Anstrengung wert. Es ist ein Kampf. Er treibt einen zur Erschöpfung, aber es ist ein Kampf, an den ich glaube. Ich kann nicht länger an den Kampf zwischen Körper und Seele glauben. Wenn ich das tue, wird er mich umbringen. Aber was noch wichtiger ist: Wenn ich das tue, habe ich den leichten Ausweg gewählt. Ich weiß ganz sicher, daß die Krankheit leichter ist.

Aber Gesundheit ist interessanter.

Der Sprung in den Glauben sieht folgendermaßen aus: Man muß glauben – oder es zumindest vorgeben, bis es *tatsächlich* der Fall ist –, daß man stark genug ist, um sich dem Leben zu stellen. Eßstörungen sind immer eine Krücke. Außerdem sind sie eine Sucht und eine Krankheit, aber fraglos sind sie eine ganz einfache Methode, um den banalen, täglichen, juckenden Schmerz des Lebens zu umgehen. Eßstörungen liefern uns ein kleines, privates Drama, sie nähren den Wunsch nach ständiger Aufregung, alles wird zur Entscheidung auf Leben und Tod, alles ist schrecklich groß und zerstörerisch, wie im Sturm und Drang. Und Eßstörungen sind eine praktische Ablenkung. Man muß nicht über die häßlichen Kleinigkeiten des Alltags nachdenken, man muß sich nicht jenem schrecklichen, langweiligen Ding unterwerfen, das man als geregeltes Leben bezeichnet, mit seinen Rechnungen und Trennungen, dem Abwasch und der Wäsche, den Einkäufen und den Streitereien darüber, wer jetzt dran ist, den Mülleimer zu leeren, mit Schlafenszeiten und schlechtem Sex usw. Man hat sein *wirkliches* Drama, keine Sitcom, sondern ein richtiges GROßES EPOS, ganz für sich allein. Also warum soll man sich mit jenen törichten Sterblichen abgeben, wo man doch Stunde um Stunde vor dem Spiegel stehen kann, wo man doch eine äußerst interessante sadomasochistische Affäre mit dem eigenen Spiegelbild hat?

Doch dieses ganze Getue überdeckt nur eines – und das noch nicht einmal besonders gut, wie ich hinzufügen möchte – nämlich eine grundsätzliche Angst, daß die richtige Welt einen verschlingen wird in dem Augenblick, in dem man den ersten Schritt auf sie zugeht. Offensichtlich ist diese Angst riesig, sonst würde man sich nicht so viel Mühe geben, um die Welt zu *verlassen*, und ganz bestimmt nicht eine solch langwierige Methode wählen. Die Angst ist auch eine Angst vor sich selbst: eine dualistische und widersprüchliche Angst. Einerseits befürchtet man, daß man nicht die Voraussetzungen erfüllt, um es zu schaffen, und andererseits – möglicherweise noch stärker –, daß man die notwendigen Voraussetzungen vielleicht *doch* erfüllt, und daß man deshalb per definitionem die Verantwortung trägt, etwas *wirklich Großes* zu leisten. Es ist ein bißchen entmutigend, wenn man mit dieser geistigen Einstellung in die Welt hinauszieht. Die meisten Menschen haben die Vorstellung, daß sie schon irgend etwas tun werden und daß alles schon irgendwie klappen wird. Man selbst aber geht mit Gewißheit davon aus, daß man von Anfang an ein Versager sein wird, oder daß man etwas absolut Ungewöhnliches tun muß, so daß das potentielle Versagen wiederum vorprogrammiert ist. In meiner Kindheit hatte ich ständig das Gefühl, daß meine Welt von mir erwartete, eines der folgenden beiden Dinge im Leben zu tun: etwas Großartiges zu leisten oder verrückt zu werden und ein vollkommener Versager zu werden. Es gab kein Mittelfeld für mich. Und erst in letzter Zeit beginne ich, das Gefühl zu entwickeln, daß *überhaupt so etwas* wie ein Mittelfeld existiert.

Ich mußte zu dem Schluß kommen, daß schon alles gut geht, was immer auch geschieht. Und dies war die schwerste Entscheidung, die ich je getroffen habe, die Entscheidung, mich selbst unter allen Umständen zu schützen. Mein ganzes Leben habe ich mich immer sofort gegen mich selbst gewendet, wenn irgend etwas schief ging, und sei es auch nur die kleinste Begebenheit. Das ist unter Frauen nicht ungewöhnlich. Denjenigen, für die immer nur alles oder nichts gilt, scheinen sich nur zwei Möglichkeiten zu bieten: entweder die Welt zu geißeln und sich selbst dadurch als grenzenlos hysterisch, schrill, unstet und mit vielen anderen Makeln behaftet auszuzeichnen oder sich selbst zu geißeln. Bei Eßstörungen wird die Selbstgeißelung unglücklicherweise – zumindest vorübergehend – von der Welt belohnt und ist deshalb um so verführerischer. Aber irgendwann verkehrt sich das ins Gegenteil.

Mein Sprung in den Glauben war eine Art Proklamation: Ich wollte mein Leben nicht länger vergeuden. Insofern war er eher eine negative Reaktion als eine positive Entscheidung, durch die ich mich meinen Mitmenschen freudig in die Arme warf. Ich stehe der Welt nach wie vor mißtrauisch gegenüber. Aber ich würde nicht sagen, daß ich mein Leben vergeude.

Und es gibt noch eine Schwierigkeit, wenn man beschließt, solch ein Spiel zu beenden: Dieses Spiel ist – wenn auch mit unterschiedlicher Intensität – unter den meisten Frauen ziemlich verbreitet. Alle Spielarten sind gefährlich, die Gefahr beschränkt sich nicht auf die Menschen mit einer möglicherweise tödlich verlaufenden Eßstörung. Eßgestörte Personen reden meist nicht miteinander. Wir bilden keine Schwesternschaft, in der kameradschaftliches Verhalten das oberste Gebot ist. Normalerweise spielt sich eine Eßstörung ausschließlich im verborgenen ab. Und wenn man beschließt, daß man keine Lust mehr hat, mit seiner Krankheit allein zu sein, sucht man sich Freundinnen, Menschen, von denen man glaubt, daß sie einem Vorbilder sein können, daß sie einem zeigen können, wie man essen, wie man leben soll – und man stellt fest, daß fast alle Frauen von ihrem Körpergewicht geradezu besessen sind.

Das ist schon ein bißchen entmutigend.

Im Rückblick erkenne ich alle möglichen Wege, wie ich die Eßstörung, und damit die unglaubliche und unheimliche Reise durch den dunkleren Teil des menschlichen Geistes, die im großen und ganzen mein Leben ausgemacht hat, hätte verhindern können. Wenn ich zu einem anderen Zeitpunkt geboren worden wäre, wenn das Hungern nicht eine so ideale Methode gewesen wäre, den unvermeidlichen Schmerz des Lebens von sich fernzuhalten, wenn jemand, der sich zu Tode hungert, nicht auch noch von der Gesellschaft dafür belohnt würde – Oh, du hast ja so abgenommen! Du siehst großartig aus! – wenn ich ein anderer Mensch geworden wäre, vielleicht weniger leicht zu beeindrucken, weniger intensiv, weniger ängstlich, weniger abhängig von den Wahrnehmungen anderer Menschen, dann vielleicht hätte ich nicht an die in unserer Kultur so verbreitete Partyweisheit geglaubt, daß man alles erreichen kann, wenn man nur schlank genug ist. Vielleicht wenn meine Familie nicht die meiste Zeit über dermaßen chaotisch gewesen wäre, vielleicht, wenn meine Eltern etwas besser mit ihrem eigenen Leben klargekommen wären. Vielleicht, wenn ich früher um Hilfe gebeten hätte oder wenn mir auf andere Weise geholfen worden wäre, vielleicht, wenn ich mein Geheimnis nicht so entschlossen gewahrt hätte oder wenn ich nicht so eine gute Lügnerin gewesen wäre oder nicht gar so leer im Innern, dann vielleicht, vielleicht, vielleicht.

Aber all das ist nur graue Theorie. Manchmal geht eben etwas im Leben schief. Und wenn man fünfzehn Jahre des Fressens und Kotzens, des Verhungerns, der Nadeln und Kanülen, des Entsetzens und der Wut, der gesundheitlichen Krisen und des persönlichen Scheiterns sowie Verlust um Verlust hinter sich hat – wenn man all dies hinter sich hat, noch Anfang zwanzig ist und auf eine deutlich geminderte Lebenserwartung blickt, und wenn die zerstörerische Kraft der Eßstörung immer noch die Hälfte des Körpers und die Hälfte des Geistes in Beschlag nimmt, wenn man einen Großteil seines Lebens krank war, wenn man noch gar nicht weiß, was es bedeutet, »gesund« oder gar »normal« zu sein, wenn man bezweifelt, daß diese Worte, *überhaupt noch* eine Bedeutung haben, gibt es immer noch keine Antworten. Man wird jung sterben, und man hat keine Möglichkeit, dieser Tatsache einen Sinn abzugewinnen.

Aber man hat eins: Man ist dünn.

Juppi-duppi-fucki-duu.

Der Augenblick, in dem man beschließt, die Karten auf den Tisch zu legen, den Stuhl nach hinten schiebt und das Spiel verläßt, ist sehr einsam. Frauen nutzen ihre Besessenheit von Gewicht und Nahrung als Bindeglied, mit dem sie ein Gefühl der Gemeinsamkeit untereinander schaffen. Statt darüber zu reden, *warum* wir Nahrung und Gewichtskontrolle als Mittel gebrauchen, um mit emotionalem Streß klarzukommen, reden wir bis zum Erbrechen über die Tatsache, daß wir unsere Körper nicht mögen. Wenn man beschließt, das in Zukunft nicht mehr zu tun, bemerkt man, wie unaufhörlich der Strom der Gespräche darüber ist. Ich gehe ins Fitnesscenter, wo überall Frauen in ihrer Unterwäsche herumstehen und sich über ihre Bäuche aufregen. Ich gehe in ein Restaurant und höre, wie die Frauen fröhlich über ihre neueste Diät reden; ich gehe in eine Boutique, und die Frau, die mich bedient, hält, wie alle ihre Vorgängerinnen auch, einen Monolog, daß diese Hosen besonders schlank machen würden, wie glücklich ich doch dran sei, weil ich doch wohl nie ein Problem damit hätte, Kleider zu finden, die die richtige Größe haben. »Und das kommt nur, weil Sie so *zierlich* sind«, schreit sie. Ich muß mir ins Gedächtnis rufen, daß dies kein Gespräch ist, auf das ich mich einlassen muß. Ich weigere mich, auch nur »Nett von Ihnen, danke« zu sagen. Ich will eigentlich gar keine Hose haben, die schlank macht. Ich will gar nicht aussehen, wie die skelettdünnen Models auf den Fotos an den Wänden. Wenn man gesund sein will, wird man als endgültig *merkwürdig* abqualifiziert.

Ich bin also merkwürdig. Ja und?

Ich möchte ein Rezept für unsere Kultur ausstellen, ihr eine Art Beruhigungsmittel verschreiben, das dazu führt, daß sie sich nicht gezwungen fühlt, ständig auf den StairMaster zu steigen und ins Nichts hinaufzugehen, doch das kann ich nicht. Das geht nur von Mensch zu Mensch. Ich sehe es so, also siehst du es auch so. Ich habe die vielleicht lächerliche Überzeugung, daß es nur genug Menschen geben muß, die diese Sichtweise mit mir teilen, um die Gesellschaft zu verändern. Ich möchte darüber schreiben, wie man GESUND WIRD, aber auch das kann ich nicht. Am liebsten würde ich ein Tortendiagramm erstellen, dessen einzelne Stücke den prozentualen Anteil der verschiedenen Gesundheitskomponenten repräsentieren: Therapie, Nahrung, Bücher, Vollbäder, Arbeit, Schlaf, Tränen, Wutanfälle, Versuche, Irrtümer. Aber auch das kann ich nicht. Es treibt mich zum Wahnsinn. Wenn ich den Weg von A nach B beschreiben sollte, müßte ich einen gewundenen, kreuz und quer verlaufenden Pfad durch ein Rosenbeet beschreiben: Blind stolpert man vor sich hin, dann ein doppelter Haken zurück, man taumelt, stolpert in verschiedene, kleine Kaninchenlöcher, und plötzlich wirft man sich auf den Boden und heult vor Wut. Schließlich muß ich noch darauf hinweisen, daß mein Stolpern ganz allein meines ist. Ihr Stolpern wird anders sein. Sie werden die Schlaglöcher meiden, in die ich kopfüber hineinfiel, und dann in den Treibsand geraten, den ich umgehen konnte.

Es ist keinesfalls ein plötzlicher Sprung von der Krankheit in die Gesundheit. Viel eher ist es ein langsames, merkwürdiges Mäandern von der Krankheit zu einem einigermaßen stabilen Wohlbefinden. Die unzutreffende Vorstellung, daß Eßstörungen eine medizinische Krankheit im traditionellen Sinne sind, ist nicht besonders hilfreich. Es gibt keine »Heilung«. Eine Pille kann einen nicht stabilisieren, obwohl sie vielleicht hilft. Das gleiche gilt für Therapie, für Nahrung, für die endlose Unterstützung, die man von Familie und Freunden erfährt. Man stabilisiert sich selbst. Das war das Schwierigste, was ich je in meinem Leben getan habe, aber danach war ich stärker. Viel stärker.

Und niemals, niemals sollten Sie die Macht ihres Verlangens unterschätzen. Wenn man sich nur verzweifelt genug wünscht zu leben, dann kann man es auch. Zumindest für mich lautete die viel wichtigere Frage: Wie kann ich mich entschließen, leben zu wollen?

An der Beantwortung dieser Frage arbeite ich immer noch. Ich hatte mir eine Probezeit verordnet, sechs Monate. Ich sagte mir, wenn sechs Monate vorbei sind, kann ich wieder krank werden, wenn ich wirklich will. In diesen sechs Monaten geschah so viel, daß ich den Tod instinktiv als störend empfand. Die Probezeit wurde verlängert. Ich scheine sie immer weiter zu verlängern. Es gibt so viel zu tun. Ich muß Bücher schreiben und Nickerchen machen. Ich muß mir Filme ansehen und Rühreier essen. Im Grunde ist das Leben trivial. Entweder beschließt man, es mit dem abgedroschenen Geschäft des Lebens aufzunehmen und sich selbst die Option offenzulassen, etwas richtig Cooles zu tun, oder man entscheidet sich für das Große Epos der Eßstörungen und verurteilt das eigene Leben zu einem *wirklich* trivialen Ende. In gewisser Weise gehe ich immer wieder vor und zurück, etwas Großes Epos hier und ein bißchen triviales Leben da. Im Laufe der Zeit finde ich immer mehr Vergnügen am Trivialen und finde das Große Epos immer trostloser. Ein gutes Zeichen. Und doch muß ich mir jeden gottverdammten Tag wieder einen Grund ausdenken, warum ich lebe.

Offensichtlich habe ich bislang immer etwas gefunden.

Ich habe kein Happy End für dieses Buch. Wahrscheinlich könnte ich es mit meiner Hochzeit enden lassen – Ehemalige Magersüchtige angelt sich Mann! Ex-Bulimikerin von gutaussehendem Weißkittel vor Magenperforation gerettet! – aber das wäre lächerlich. Ich könnte es enden lassen mit dem Bericht über die solide Beziehung, die ich zu meinen Eltern habe, aber das kommt mir fast unwichtig vor. Ich kann es nicht enden lassen mit meinem Triumph über die Widrigkeiten, weil (1) ich noch weit von einem Triumph entfernt bin und (2) die besagte Widrigkeit, hmm, ich selbst war. Ich kann das Buch nicht mit einer Beschreibung meiner blühenden Gesundheit oder meines stabilen Gewichts beenden, denn keines von beidem existiert. Ich kann kein Resümee ziehen und sagen, »Aber jetzt ist es vorbei. Und wenn sie nicht gestorben sind, dann leben sie noch heute.«

Es ist niemals vorbei. Nicht wirklich. Nicht wenn man so lange dort unten verharrt, wie ich es getan habe, nicht wenn man länger in der Unterwelt gelebt hat als in der materiellen Welt, wo alles so hell, so groß und so laut ist. Man kommt niemals zurück, zumindest nicht den ganzen Weg. Es bleibt immer ein merkwürdiger Abstand zwischen einem selbst und den anderen, eine Barriere, die dünn ist wie das Glas eines Spiegels. Niemals kommt man so ganz aus dem Spiegel heraus; für den Rest seines Lebens steht man mit einem Fuß in dieser Welt und mit dem anderen in einer anderen, in der alles auf dem Kopf steht, rückwärts läuft und traurig ist.

Es ist die Distanz einer besudelten Erinnerung, einer verwickelten Vergangenheit, die alles verändert hat. Wenn Menschen über ihre Kindheit, ihre Jugend, ihre Collegetage sprechen, lache ich mit ihnen und versuche, nicht zu denken: Das war die Zeit, als ich mich in den Toilettenräumen der

Grundschule übergeben habe; das war die Zeit, als ich mit Fremden herumgevögelt habe, um meine vorstehenden Hüftknochen zur Schau zu stellen, das war der Zeitpunkt, als ich meine Seele aus den Augen verlor und starb.

Und außerdem ist es die Distanz der Gegenwart – die Distanz, die normalerweise zwischen Menschen besteht, weil sie unterschiedliche Leben geführt haben. Ich weiß nicht, wer aus mir geworden wäre, wenn mein Leben anders verlaufen wäre, und deshalb kann ich mein Bedürfnis nach Distanz auch nicht verändern – genausowenig kann ich den dumpfen und immerwährenden Schmerz mindern, den die Distanz hervorruft. Mein gesamtes Leben ist von einer einzigen und beinahe tödlichen Obsession überschattet. Heute nehme ich große Anstrengungen auf mich, um ein Leben der Trauer und des Wahnsinns und eines langsamen Walzers mit dem Tod zu kompensieren. Wenn ich mein Haus verlasse, ziehe ich ein Gesicht, ein Kleid und ein Lächeln an und gestikuliere mit den Händen, rede gutgelaunt daher, bin ungeheuer offen und scheine die Dämonen mit großem Selbstbewußtsein besiegt zu haben.

Vielleicht stimmt das auf gewisse Weise sogar. Aber häufig habe ich das Gefühl, daß sie *mich* besiegt haben. Ich bin jetzt dreiundzwanzig. Aber so fühle ich mich nicht: Ich fühle mich alt.

Ich habe meine Faszination für den Tod nicht verloren. Ich habe mich auch nicht in einen merklich weniger intensiven Menschen verwandelt. Ich habe die Sehnsucht nach dem *etwas*, jenem Ding, von dem ich glaube, daß es die Leere in meinem Innern füllt, nicht verloren und werde sie auch nie verlieren. Ich glaube allerdings mittlerweile, daß diese Leere durch die Dinge, die ich mir selbst angetan habe, nur noch vergrößert wurde.

Aber bis zu einem gewissen Grad – der Grad, der mich am Leben erhält, der dafür sorgt, daß ich etwas esse und meinen Alltag bewältige – habe ich die Leere verstehen gelernt, statt sie zu fürchten und zu bekämpfen und mich immer wieder dem vergeblichen Versuch hinzugeben, sie zu füllen. Sie ist da, wenn ich morgens aufwache, und sie ist da, wenn ich abends zu Bett gehe. Manchmal ist sie größer als wiederum zu anderen Zeiten, manchmal vergesse ich sogar, daß sie überhaupt existiert. An manchen Tagen denke ich noch nicht mal an mein Gewicht. An manchen Tagen sehe ich mich sogar so, wie es sich gehört: Ich schaue in den Spiegel und sehe mich als das, was ich bin – eine Frau – und nicht ein unerwünschtes Stück Fleisch, von dem immer zu viel da ist.

Was ich jetzt erlebe, sind die seltsamen Nachwirkungen: Es ist nicht wirklich vorbei, und doch hat man es aufgegeben. Und wie oft fragt man sich, ob man es auch wirklich für immer aufgegeben hat. Es ist schwer zu verstehen, wenn man auf seinem Stuhl sitzt, gerade frühstückt oder sonst irgend etwas tut, daß das Aufgeben mehr Stärke demonstriert als das Festhalten daran. »Sich gehen zu lassen« bedeutet in diesem Zusammenhang einen Erfolg und kein Scheitern. Man ißt seine gottverdammten Croissants und streitet mit der Zicke im Kopf herum, die einem immer wieder sagt, daß man fett und schwach ist: Halt die Klappe, sagt man, ich bin beschäftigt, laß mich in Ruhe. Und wenn sie einen in Ruhe läßt, herrscht eine Stille und Einsamkeit, an die man sich erst noch gewöhnen muß. Manchmal vermißt man die Stimme sogar.

Denk immer daran, daß sie dich umbringen will. Denk daran, daß dir ein Leben geschenkt wurde, aus dem du etwas machen mußt.

Dann befällt einen ein Gefühl des unglaublichen Verlustes. Eine tiefe Trauer. Und schließlich, nach langer Zeit und viel mehr Arbeit als man je für möglich gehalten hätte, wird es leichter

Dies ist die bleierne Stunde-
An die man sich erinnert, wenn man sie überlebt,
wie Erfrierende sich an den Schnee erinnern-
Erst-Kalt-dann Erstarrung-dann das Loslassen-

Emily Dickinson

Und am Ende läßt man los.

HEUTE

Morgens überhöre ich den Wecker. Mein Schlafpuls liegt bei etwa neununddreißig; es ist schwer, in seinen Körper zurückzukehren, wenn er nachts in einen halbtoten Zustand hinabgleitet, ein bleicher Leichnam, der sich lautlos ins dunkle Wasser rollt. Ich wache auf, als Julian mich schüttelt. Mar. MAR. MARYA WACH AUF STEH AUF KAFFEE HALLO. Ich öffne ein Auge und sehe ihn an. Verpiß dich, sage ich. NEIN AUF JETZT STEH AUF BIST DU AUF? Ja. Geh weg. DU BIST NICHT AUF.

Ich lasse die Hände unter die Decke gleiten und fühle meinen Puls: guter oder schlechter Tag? Um die fünfzig, ein schöner, heller Morgen, aufstehen, ohne umzufallen. Schlechter Tag um die vierzig oder tiefer: Füße auf den Boden. Langsam aufsetzen. Es dreht sich alles. Besser als Galle, das. Schwindel und Übelkeit. Mit der Hand an der Wand abstützen, aufstehen. Sich zusammenreißen. In den Spiegel sehen, den Hintern betrachten. Immer noch da. Entsetzen. Ins Bad, Kopf an die Wand lehnen. Pinkeln. Langsam aufstehen.

In den Fitnessraum gehen. Sich auf die Waage stellen. Ob ich das tue? Ja. Ich gestehe. Jeder rät mir, es nicht zu tun. Ich tue es trotzdem. Nur um sicherzugehen, daß ich meine Grenzen nicht überschritten habe. Grenzen? Wer hat sie gesetzt? Eine Frage, die wir noch beantworten müssen. Vor kurzem habe ich abgenommen. Ich habe Angst, weil ich mich so sehr darüber freue – Es geht mir gut! Es geht mir besser! Ich bin okay! Ich bin am Leben! Ich habe abgenommen und stelle mich aufs Laufband und laufe anderthalb Stunden, bis mein kaputtes Knie sich anfühlt, als ob es bei jedem Schritt explodiert, aber ich habe abgenommen! Mehr abnehmen, mehr – ich steige vom Laufband herunter und schwanke. Hallo. Ruhig, mein Mädchen, ruhig. Ich habe mir angewöhnt, mit mir zu sprechen wie mit einem Pferd. Ruhig! Unter die Dusche.

Unter der Dusche ohnmächtig.

Bloß Julian nichts erzählen.

Weil Julian Angst hat, mehr als alles andere. Ich glaube, daß ich sterbe.

Ich habe versucht, es ihm zu sagen. Ich habe gesagt: Ich werde zuerst sterben. Du mußt wieder heiraten, nach mir, und dann, im Herbst deines Lebens, wirst du eine wunderschöne Romanze erleben, wie aus dem Bilderbuch, und Liebling, denk jetzt nicht daran, genieße das jetzt mit mir. Siehst du? Ich bin hier.

Siehst du? Siehst du? Sieh mich an. *Sieh mich an.*

Wie lange noch? Mein Liebster, ich weiß es nicht. Ich kann nur raten, aber ich rate allein. Wir wissen, daß ich hier bin. Siehst du? Wir wissen nicht, wie lang. Wir wissen, daß ich in der letzten Nacht, wie in so vielen anderen Nächten auch, aufgewacht bin: Das Herz stolpert – wie Blitz und Donner – ein manisches Herz, das, angetan mit Narrenkappe und Glöckchen an den Schuhen, dahintaumelt, erst hier entlang, dann dort, das tachycardische Herz, das versucht, aus der Brust zu springen, die selbst pumpt wie in einem Zeichentrickfilm, ein großes, rotes Herz zum Valentinstag, das von innen gegen meine Rippen drückt, Ragtime Tanzschritte, beruhige dich, BERUHIGE DICH MARYA, vielleicht ist es ja Julians Herz, das du hörst, vielleicht hast du einen Herzanfall HÖR AUF; vielleicht bist du ja nur erhitzt, vielleicht stirbst du SAG DAS NICHT, vielleicht hälst du beim Schlafen den Atem an, vielleicht vielleicht vielleicht – man setzt sich auf, zu schnell, alles dreht sich. Man stolpert aus dem Bett, stößt sich den Kopf am Waschbecken, legt die Wange an das kalte Porzellan wie eine Betrunkene, dreht das Wasser auf, hält den Mund unter den Wasserhahn, versucht zu atmen, langsam und gleichmäßig. Langsam. Langsam.

In manchen Nächten, vielen Nächten, krieche ins Bett zurück und kuschele mich an Julian, der schläft, ein gleichmäßig schlagendes Herz, heiß, dampfende Haut, Mund leicht geöffnet, wie in Ehrfurcht vor seinen Träumen, seine Hände vollführen die kleinen, abstrakten Gesten des Schlafes. Ich lege mich auf seine Brust und horche auf sein Herz. Und ich versuche, mir sein Herz einzuprägen. Und streng mit dem meinen zu sprechen: Hör zu, sage ich. Genau so. Gleichmäßig. Stark. Julian murmelt vor sich hin. Mein Herz sinkt zurück. Setzt sich wieder auf, brabbelt noch einmal vor sich hin, mit weit aufgerissenen Augen, und noch einmal: das letzte Beben, das letzte erschütternde Schluchzen eines Kindes, das lange geweint hat. Ich zähle, sehe dabei auf das grüne Licht der Uhr. Achtunddreißig. Ich zähle fünfunddreißig. Und dann taumelt es zur Ruhe, packt mich am Schopf und zieht mich hinunter in die Gewässer des Schlafes, die so schrecklich tief und kalt sind.

DANKSAGUNG

Ich danke meiner Agentin Sydelle (Heilige der Ewigen Geduld) Kramer sowie Frances Goldin und Lillian Lent für die harte Arbeit, die sie in dieses Projekt gesteckt haben, und für ihre unerschütterliche Unterstützung. Auch dafür, daß sie nicht über meine seltsamen Fragen gelacht, sondern sie beantwortet haben, daß sie die ganze Zeit einen beruhigenden Einfluß auf mich ausübten. Aber in der Hauptsache dafür, daß sie die Gelegenheit beim Schopfe packten. Dafür kann ich Ihnen allen gar nicht genug danken.

Dank auch an meine Lektorin, Terry Karten, die immer den Nagel auf den Kopf traf, die mir nach und nach den Rest der Geschichte aus der Nase zog, die mir sehr, sehr geduldig immer wieder jeden einzelnen Schritt unseres Weges erklärte. Danke auch für die Unterstützung, und nochmals mein unendlicher Dank dafür, daß Sie ein solch ungeheures Risiko wie dieses eingegangen sind. Herzlichen Dank auch an Kera Bolonik, die das Buch ebenfalls noch einmal überarbeitete, was ihm sehr gut getan hat.

Und ich danke den Menschen, die es gelesen haben und deren Ratschläge von unschätzbarem Wert waren: Durch ihre Fragen und ihre wunderbare Hilfe haben sie es mir erst ermöglicht, den Schrott herauszustreichen, die Kanten zu glätten; Ihr alle seid wunderbare Menschen.

Außerdem gilt mein Dank Paul Trachtman, der gesagt hat, daß es getan werden kann, was immer es ist, und ohne den dieses Buch noch nicht einmal existieren würde, denn es war seine Idee. Ebenso für Deine Freundschaft, für Deinen redaktionellen Beistand und Dein Vorbild, das mir in all den Jahren gezeigt hat, wie man leben sollte. Danke Dir.

Mein ewiger Dank gilt auch Michele Hodgson, die mir den Anfang ermöglicht hat und mich die ganze Zeit über unterstützt hat. Und Britt Robson, die den Titel für den ursprünglichen Artikel vorgeschlagen hat. Und Terry Cazatt sowie Jack Driscoll, die mir beigebracht haben, wie man schreibt.

Ich danke allen Frauen, die es mir großzügigerweise erlaubten, sie zu interviewen und ihre unermeßlichen Erkenntnisse in diesem Buch zu verwerten. Mein besonderer Dank gilt hier Megan, die nicht nur ihre Geschichte beisteuerte und mir mit ihrem brillanten Verstand zur Seite stand, sondern die mir vor allem eine wertvolle Freundin war.

Ich danke meinen Eltern, die mich auf die richtige Weise erzogen haben. Dafür, daß sie keinen Anfall bekamen, weil ich die schmutzige Familienwäsche in aller Öffentlichkeit wusch, dafür, daß sie mir mehr als einmal das Leben gerettet haben, daß sie mich in sämtlichen, noch so durchgedrehten Phasen unterstützt haben, von denen eine nicht zu unterschätzende die Arbeit an diesem Buch war. Dafür, daß sie gesund geblieben sind und gegen den äußeren Anschein an mich geglaubt haben mit jenem Starrsinn, der nur Eltern und Menschen aus dem Mittleren Westen zu eigen ist.

Mein Dank gilt auch allen Menschen, denen ich buchstäblich mein Leben verdanke, insbesondere Kati Jacobsen, Dave Auge, Jan Johnson, Ruth Davini und der Belegschaft des Lowe House, insbesondere Kim, Janet, Paul, Tara und John. Euch nur zu danken wird dem, was ich sagen will, nicht gerecht. Aber trotzdem, danke.

Und ich danke allen Menschen, die mich hingenommen haben und genauso all denen, die es nicht taten: Ruth Gila Berger, Daniel Casper, Jeremiah Chamberlain, Lora Kolodny, Jeremy Norton, Josie Raney, Kari Smalkiski, Mark Trockman, Kristen van Loon, Craig Welsh und Arwen Wilder. Ich danke Euch für so vieles, vor allem (aber keinesfalls ausschließlich) für die beharrliche Freundschaft, die ständige Inspiration, für Euer Vorbild, die koffeindurchtränkten Gespräche, den fruchtbaren Rat und die Unterstützung, die Ihr mir bei der Entstehung dieses Buches gegeben habt. Und für vieles andere mehr.

Mein Dank gilt insbesondere Brian Nelson, der mir beigebracht hat, wie man richtig lebt. Ich danke Dir für Deine blöden Witze, dafür, daß Du Tag und Nacht angerufen hast, um zu hören, ob meine Lebensuhr noch tickt, für die lebenslange Freundschaft, für alles.

Und schließlich und vor allem danke ich meinem Mann Julian. Dafür, daß Du Du selbst bist etc., dafür, daß Du mich zum Lachen bringst, daß Du all die Jahre zu mir gehalten hast; ich danke Dir für Deine unerschütterliche Geduld während der Entstehung dieses Buches und dafür, daß Du erstaunlicherweise immer der bist, der Du bist. Und hier fehlen mir, wie üblich, die Worte. Ich danke Dir, Liebster.

BIBLIOGRAPHIE

Die in diesem Buch zitierten wissenschaftlichen, medizinischen und psychiatrischen Aufsätze sind zu einem großen Prozentsatz nicht nur außerordentlich speziell, sondern auch im deutschen Sprachraum nicht erhältlich. Deshalb hat der Verlag im folgenden eine Literaturliste zusammengestellt, durch die der Leser beziehungsweise die Leserin weitere Informationen zum Thema Eßstörungen zusammentragen kann. Unsere bibliographischen Angaben erheben keinen Anspruch auf Vollständigkeit, dürften aber in jedem Fall einen umfassenden Einstieg ermöglichen.

Arold, Marliese: *Völlig schwerelos. Miriam ist magersüchtig*, 2. Aufl., Bindlach 1997.

Bauer, Barbara G./Anderson, Wayne P./ Hyatt, Robert W.: *Bulimie. Eine Behandlungsanleitung für Therapeuten und Betroffene*, 2. Aufl., Weinheim 1994.

Bourcillier, Patricia: *Magersucht & Androgynie. Oder der Wunsch, die Geschlechter zu vereinen*, Wuppertal 1992.

Bourdieu, Pierre: *Entwurf einer Theorie der Praxis. Auf der ethnologischen Grundlage der kabylischen Gesellschaft*, Frankfurt a.M. 1978.

Brownmiller, Susan: *Gegen unseren Willen. Vergewaltigung und Männerherrschaft*, 10. Aufl., Frankfurt a.M. 1994.

Bruch, Hilde: *Das verhungerte Selbst. Gespräche mit Magersüchtigen*, 3. Aufl., Frankfurt a.M. 1994.

Bruch, Hilde: *Der goldene Käfig. Das Rätsel der Magersucht*, 14. Aufl., Frankfurt a.M. 1997.

Bruch, Hilde: *Eßstörungen. Zur Psychologie und Therapie von Übergewicht und Magersucht*, 6. Aufl., Frankfurt a.M. 1997.

Brumberg, Joan Jacobs: *Todeshunger. Geschichte der Anorexia Nervosa vom Mittelalter bis heute*, Frankfurt a.M./New York 1994.

Buhl, Charlotte: *Magersucht und Eßsucht. Ursachen, Beispiele, Behandlung*, 3. überarb. Aufl., Stuttgart 1991.

Butler, Judith: *Das Unbehagen der Geschlechter*, Frankfurt a.M. 1991.

Bynum, Caroline Walker: *Fragmentierung und Erlösung*, Frankfurt a.M. 1994.

Claude-Pierre, Peggy: *Der Weg zurück ins Leben. Magersucht und Bulimie verstehen und heilen*, Frankfurt a.M. 1998.

Constam, Dorette: *Befreiung aus dem Hungerturm. Hilfe für Magersüchtige*, 3. Aufl., Wuppertal 1998.

Cuntz, Ulrich/Hillert, Andreas: *Eßstörungen. Ursachen, Symptome, Therapien*, München 1998.
Delesen, Pia: *Anorexia Nervosa. Möglichkeiten und Probleme der Diagnostik, Ätiologie und Intervention*, Pfaffenweiler 1997.
Dijkstra, Bram: *Das Böse ist eine Frau. Männliche Gewaltphantasien und die Angst vor der weiblichen Sexualität*, Reinbek, erscheint 1999.
Eichenbaum, Luise/Orbach, Susi: *Was wollen die Frauen?* München 1993.
Erpen, Heinrich: *Die Sucht, mager zu sein*, München 1994.
Faludi, Susan: *Backlash. Die Männer schlagen zurück*, Reinbek 1995.
Foucault, Michel: *Überwachen und Strafen. Die Geburt des Gefängnisses*, Frankfurt a.M. 1994.
Foucault, Michel: *Sexualität und Wahrheit*, 4 Bde., Frankfurt a.M. (in Vorbereitung).
Franke, Alexa: *Wege aus dem goldenen Käfig. Anorexie verstehen und behandeln*, Weinheim 1994.
Focks, Petra: *Das andere Gesicht. Bulimie als Konfliktlösungsstrategie von Frauen*, Frankfurt a.M./New York 1994.
Focks, Petra/Trück, Gabriele: *Maskerade der Weiblichkeit. Eß-Brech-Sucht – Gratwanderung zwischen Anpassung und Verweigerung*, Pfaffenweiler 1987.
Gast, Lilli: *Magersucht: Der Gang durch den Spiegel. Zur Dialektik der individuellen Magersuchtsentwicklung und patriarchal-gesellschaftlicher Strukturzusammenhänge*, 3. überarb. Aufl., Pfaffenweiler 1986.
Gerlinghoff, Monika: *Magersucht und Bulimie – Innenansichten. Heilungswege aus der Sicht Betroffener und einer Therapeutin*, München 1996.
Gerlinghoff, Monika: *Magersüchtig. Eine Therapeutin und Betroffene berichten*, überarb. Neuausg., München 1996.
Gerlinghoff, Monika/Backmund, Herbert/Mai, Norbert: *Magersucht. Auseinandersetzung mit einer Krankheit*, Weinheim 1988.
Gerlinghoff, Monika/Backmund, Herbert (Hg.): *Therapie der Magersucht und Bulimie. Anleitung zu eigenverantwortlichem Handeln*, Weinheim 1995.
Gerlinghoff, Monika/Backmund, Herbert: *Der heimliche Heißhunger. Wenn Essen nicht satt macht. Bulimie*, München 1997.
Gerlinghoff, Monika/Backmund, Herbert: *Schlankheitstick oder Eßstörung? Ein Dialog mit Angehörigen*, München, erscheint 1999.
Gerlinghoff, Monika/Backmund, Herbert/Mai, Norbert: *Magersucht und Bulimie. Verstehen und Bewältigen*, 2. Aufl., Weinheim 1995.
Gilligan, Carol: *Die andere Stimme. Lebenskonflikte und Moral der Frau*, München 1996.
Goffmann, Erving: *Wir alle spielen Theater. Die Selbstdarstellung im Alltag*, 6. Aufl., München 1997.
Gorzewski, Birgit: *Kognitive Leistungen bei Patientinnen mit Eßstörungen. Eine Verlaufsstudie*, München 1997.
Grant, Stephanie: *Der heilige Hunger. Die Geschichte einer Magersüchtigen*, München 1998.
Gröne, Margret: *Wie lasse ich meine Bulimie verhungern?* 2. Aufl., Heidelberg 1997.
Herpertz-Dahlmann, Beate: *Eßstörungen und Depression in der Adoleszenz*, Göttingen 1993.

Herzog, Wolfgang/Munz, Dietrich/Kächele, Horst (Hg.): *Analytische Psychotherapie bei Eßstörungen. Therapieführer*, Stuttgart 1996.
Hooks, Bell: *Black Looks. Popkultur – Medien – Rasissmus*, Berlin 1994.
Huon, Gail F./Brown, Lawrence B.: *Bulimie. Neue Wege zur Heilung. Ein Selbsthilfe-Programm*, München, erscheint 1999.
Irigaray, Luce: *Spekulum. Der weibliche Diskurs*, Frankfurt a.M. 1980.
Jacobi, Corinna/Thiel, Andreas/Paul, Thomas: *Kognitive Verhaltenstherapie bei Anorexia und Bulimia nervosa*, Weinheim 1996.
Janssen, Paul L./Senf, Wolfgang/Meermann, Rolf (Hg.): *Klinik der Eßstörungen, Magersucht und Bulimie*, Stuttgart, 1997.
Johnston, Anita: *Die Frau, die im Mondlicht aß. Die uralte Weisheit von Märchen und Mythen hilft Frauen, Eßstörungen zu überwinden*, München 1997.
Kaplan, Louise J.: *Weibliche Perversionen. Von befleckter Unschuld und verweigerter Unterwerfung*, München 1993.
Karren, Ulrike: *Die Psychologie der Magersucht. Erklärung und Behandlung von Anorexia nervosa*, 2. durchges. Aufl., Bern 1991.
Keppler, Cordula: *Bulimie. Wenn Nahrung und Körper die Mutter ersetzen*, Düsseldorf 1995.
Klessmann, Edda/Klessmann, Horst A.: *Heiliges Fasten – heilloses Fressen. Die Angst der Magersüchtigen vor dem Mittelmaß*, 2. korr. u. erg. Aufl., Bern 1990.
Kloth, Birgit: *Zum Kotzen*, Tübingen 1992.
Köhler, Henning: *Die stille Sehnsucht nach Heimkehr. Zum menschenkundlichen Verständnis der Pubertätsmagersucht*, 2. Aufl., Stuttgart 1995.
Kristeva, Julia: *Schwarze Sonne – Depression und Melancholie*, Frankfurt a.M. o.J.
Kunze, Werner H.: *Wenn Essen zum Problem wird – Männer mit Eßstörungen*, Reinbek o.J.
Laqueur, Thomas: *Auf den Leib geschrieben. Die Inszenierung der Geschlechter von der Antike bis Freud*, Frankfurt a.M./New York 1992.
Lasch, Christopher: *Das Zeitalter des Narzißmus*, Hamburg 1995.
Lawrence, Marilyn: *Ich stimme nicht. Identitätskrise und Magersucht*, Reinbek 1986.
Mead, George H.: *Geist, Identität und Gesellschaft. Aus der Sicht des Sozialbehaviorismus*, Frankfurt a.M. 1973.
Meermann, Rolf/Vandereycken, Walter: *Therapie der Magersucht und Bulimia nervosa. Ein klinischer Faden für den Praktiker*, Berlin 1987.
Minuchin, Salvador/Rosman, Bernice L./Baker, Lester: *Psychosomatische Krankheiten in der Familie*, 6. Aufl., Stuttgart 1995.
Mucha, Sabine/Hoffman, Katja: *Eßstörungen erkennen, verstehen, überwinden. Wie Magersucht und Bulimie behandelt werden*, Stuttgart 1998.
Orbach, Susi: *Magersucht. Ursachen und neue Wege der Heilung*, München 1997.
Papenfuss, Heike/Wolfrum, Christine: *Wenn die Seele nicht satt wird. Wege aus Bulimie und Magersucht*, Düsseldorf 1993.
Prien, Lars E.: *Gedächtnis von Patientinnen mit Bulimia Nervosa*, Marburg 1998.
Roth, Geneen: *Essen als Ersatz. Wie man den Teufelskreis durchbricht*, Reinbek 1989.
Schaef, Anne Wilson: *Im Zeitalter der Sucht. Wege aus der Abhängigkeit*, Neuaufl., München 1993.

Schmidt, Ulrike/Treasure, Janet: *Die Bulimie besiegen. Ein Selbsthilfe-Programm*, Frankfurt a.M./New York 1996.
Selvini Palazzoli, Mara: *Magersucht. Von der Behandlung einzelner zur Familientherapie*, 6. Aufl., Stuttgart 1995.
Seidler, Günter H. (Hg.): *Magersucht – öffentliches Geheimnis*, Göttingen 1993.
Showalter, Elaine: *Hystorien. Hysterische Epidemien im Zeitalter der Medien*, Berlin 1997.
Spangenberg, Norbert: *Psychologie der Magersucht*, Wiesbaden 1998.
Steele, Valerie: *Fetisch. Mode Sex und Macht*, Reinbek 1998.
Stroeken, Harry: *Tochter sein und Frau werden. Bericht von einer geglückten Psychoanalyse*, Göttingen 1995.
Thies, Christine: *Bulimie als soziokulturelles Phänomen. Konsequenzen für Theorie und Praxis*, Pfaffenweiler 1998.
Trück, Gabriele: *Die Sprache der Einsamkeit. Bulimia Nervosa vor dem Hintergrund der weiblichen Wahrnehmungs- und Gefühlswelt*, Pfaffenweiler 1995.
Vanderlinden, Johan/Norré, J./Vandereycken, V./Meermann R. (Hg.): *Die Behandlung der Bulimia nervosa. Eine praktische Anleitung*, Stuttgart 1992.
Wagner-Baumann, Claudia: *Mein Leben war zum Kotzen. Die Heilung einer Eß-/Brechsüchtigen*, Gießen 1997.
Wardetzki, Bärbel: *Iß doch endlich mal normal! Hilfen für Angehörige von eßgestörten Mädchen und Frauen*, 2. Aufl., München 1996.
Weiss, Lillie/Katzmann, Melanie/Wolchik, Sharlene: *Bulimie. Ein Behandlungsplan*, Bern 1989.
White, Michael/Epston, David: *Die Zähmung der Monster. Der narrative Ansatz in der Familientherapie*, 3. korr. u. überarb. Aufl., Heidelberg 1998.
Wise, Karen: *Wenn Essen zum Zwang wird. Wege aus der Bulimie*, 2. Aufl., Mannheim 1992.

ANMERKUNGEN

1 Dieser Aufsatz ist im deutschen Sprachraum leider nicht erhältlich. (Anm. d. Übers.) »The Body Politic«, in: *Listen up: Voices from the Next Feminist Generation*, hrsg. von Barbara Findlen, S. 75-84.

2 Dieses Buch ist im deutschen Sprachraum leider nicht erhältlich. (Anm. d. Übers.) Casky, Noelle, »Interpreting Anorexia«, in: *The Female Body in Western Culture*, hrsg. von Susan Suleiman, S. 183.

3 Ebd., S. 186.

4 Dieses Buch ist im deutschen Sprachraum leider nicht erhältlich. (Anm. d. Übers.) Zerbe, Kathryn J., *The Body Betrayed: A Deeper Understanding of Women, Eating Disorders, and Treatment*, Carlsbad, Calif. 1993, S. 131-32.

5 Bruch, Hilde, *Eßstörungen*, Frankfurt a.M. 1997. Zitiert nach Casky, S. 178.

6 Zerbe, S. 131-132.

7 *International Journal of Eating Disorders* (IJED), Bd. 17, H. 3, April 1995, S. 291.

8 Zerbe, S. 155-156.

9 Dieser Aufsatz ist im deutschen Sprachraum leider nicht erhältlich. (Anm. d. Übers.) Stein, Horesh, u.a., »Abnormal Psycholsocial Situations and Eating Disorders in Adolescents«, in: *Journal of the American Academy of Child and Adolescent Psychiatry*, Bd. 35, H. 7, Juli 1996, S. 291.

10 Dieses Buch ist im deutschen Sprachraum leider nicht erhältlich. (Anm. d. Übers.) Bordo, Susan, *Unbearable Weight: Feminism, Western Culture, and the Body*, Berkeley/Los Angeles 1993, S. 195.

11 Vgl. hierzu Iggers, Jeremy, *The Garden of Eating: Food, Sex, and the Hunger for Meaning*. Iggers ist Restaurantkritiker mit einem Doktor in Philosophie und arbeitet für die *Star Tribune* in Minneapolis. Sein Buch ist eine exzellente Analyse, wie kulturelle Tabus sich mittlerweile auf die Bereiche Nahrung und Körper verlagert haben. Leider ist auch dieses Buch im deutschen Sprachraum nicht erhältlich. (Anm. d. Übers.)

12 Dieser Aufsatz ist im deutschen Sprachraum leider nicht erhältlich. (Anm. d. Übers.) Bordo, Susan, »Psychopathology as the Crystalization of Culture«, in: *The Philosophical Forum*, Bd. 17, Hz., Winter 1985-86, S. 79.

13 Casky, S. 182; Zerbe, S. 338.

14 Bruch, Hilde, *Der goldene Käfig. Das Rätsel der Magersucht*, Frankfurt a.M. 1980, S. 15.

15 Zerbe, S. 261.
16 Ebd., S. 263.
17 Ebd., S. 267-68.
18 Dieser Aufsatz ist leider nicht im deutschen Sprachraum erhältlich. (Anm. d. Übers.) Frederick and Grow, »A Meditational Model of Autonomy, Self-Esteem, and Eating Disordered Behaviors and Attitudes«, *Psychology of Women Quaterly*, Bd. 20, 1996, S. 218-19.
19 Casky, S. 180.
20 Zerbe, S. 224 und S. 265.
21 Ebd., S. 183.
22 Ebd., S. 119.
23 Eine vollständigere Darstellung der Bedeutung, die das Thema Diät in westlichen Kulturen mittlerweile einnimmt, ebenso wie eine hervorragende Interpretation neuer Forschungsergebnisse zum Einfluß wirtschaftlicher Faktoren auf Körpergefühl und Gewicht sowie die Entwicklung von Eßstörungen finden Sie in Hesse-Biber, Sharlene, *Am I Thin Enough Yet?: The Cult of Thinness and the Commercialization of Identity*, New York 1996. Leider ist dieses Buch nicht in deutscher Übersetzung erhältlich (Anm. d. Übers.)
24 Vgl. hierzu den Aufsatz von Mairs, Nancy, in: *Spiegelbilder*, hrsg. v. Patricia Foster.
25 Ebd., S. 270.
26 Zwetajewa, Marina, »Schlaflosigkeit«, 1916.

INHALT